Buch

Es ist tatsächlich wahr, daß im Juli 1947 in der Nähe der Stadt Roswell in New Mexico ein Raumschiff mit Außerirdischen an Bord abstürzte – Colonel Corso, ein früherer Pentagon-Mitarbeiter, zieht mit seinem Buch einen Schlußstrich unter die zahllosen Spekulationen um die bis in die Gegenwart strengstens geheimgehaltenen Vorgänge.

In seinem aufsehenerregenden Buch beschreibt er seine eigene Mission im Rahmen des »Roswell-Projekts«. Als Spezialist für Waffentechnologie wurde er 1961 in das sorgsam gehütete Geheimnis um das abgestürzte UFO eingeweiht und damit beauftragt, die fortgeschrittene Technik, die dem Pentagon auf diese schockierende Weise in den Schoß gefallen war, für militärische wie zivile Zwecke zu nutzen. Auf subtile Weise erhielten Firmen wie IBM, Hughes Aircraft oder Bell Labs Informationen über »Neuentwicklungen« der militärischen Forschung. Außerirdische Technologie begann, nicht nur die Zukunft Amerikas, sondern die der ganzen Welt zu verändern.

Autoren

Colonel Philip J. Corso war in Korea führender Geheimdienstoffizier im Stab von General MacArthur und später Lt. Colonel in Präsident Eisenhowers National Security Council. 1963 beendete er seine militärische Laufbahn und ging als Berater und Sicherheitsspezialist in die Politik und Wirtschaft.

William J. Birnes ist Co-Autor einer Reihe von Sachbüchern.

Col. Philip J. Corso
William J. Birnes

DER TAG NACH ROSWELL

Der Beweis: Die UFO's kamen wirklich

Aus dem Amerikanischen
von Einar Schlereth

PORTO BELLO

Die Originalausgabe erschien unter dem Titel
»The Day After Roswell«
bei Pocket Books, a division of Simon & Schuster, New York

Umwelthinweis:
Alle bedruckten Materialien dieses Taschenbuches
sind chlorfrei und umweltschonend.

Portobello Taschenbücher erscheinen im
Wilhelm Goldmann Verlag, München, einem
Unternehmen der Verlagsgruppe Random House GmbH.

Einmalige Sonderausgabe Mai 2002

Umschlaggestaltung: Design Team München
Umschlagfoto: Mauritius/Haag + Kropp
Druck: Elsnerdruck, Berlin
Verlagsnummer: 55299
KvD · Herstellung: sc
Made in Germany
ISBN 3-442-55299-0
www.portobello-verlag.de

1 3 5 7 9 10 8 6 4 2

Inhalt

Zum Gedächtnis an Generalleutnant Arthur G. Trudeau.
Dieser große Mann war mein Vorgesetzter als Chef der US Army Research and Development (Abteilung Forschung und Entwicklung der US-Streitkräfte). Er war ein Mann mit großem Mut; als Feldwebel auch mit seinen Leuten am Park Chop Hill in Korea. Tief religiös zog er sich zeitweise zur Andacht ins spanische Loyola zurück.
Er war der brillanteste Mensch, den ich je getroffen habe und der mir nur einen Dauerbefehl gab:
»Behalte die Dinge für mich im Auge, die anderen verstehen das nicht.«
Seine Leistungen veränderten die Welt zum besseren.
Jeden Erfolg, den ich hatte, verdanke ich ihm und seiner Führung.

»Sei sicher, daß du recht hast,
und mach dich dann an die Arbeit.«

Davy Crockett

Danksagungen

Ich möchte den Einrichtungen der US-Streitkräfte danken, von denen ich historische und Hintergrundinformationen über Einzelheiten der Projekte und Studien angefordert habe, an denen ich selbst beteiligt war. Sie gaben sich über das übliche Maß hinaus Mühe, die für dieses Buch unumgänglichen Daten zu liefern.

Hier die Liste der beteiligten Institutionen: Historical Reference Branch; US Army Military History Institute, Carlisle Barracks, Carlisle Pennsylvania; Chief, Corps of Engineers, Washington D.C.; Department of the Army R&D, The Pentagon; US Army Missile Command, Command Historian, Redstone Arsenal, Alabama; US Army Belvoir Research, Development and Engineering Center, Ft. Belvoir, Virginia; Space and Strategic Defense CMD. Redstone Arsenal, Huntsville, Alabama; Night Vision Electronic Sensor Center, Ft. Belvoir, Virginia; US Army Research Laboratory Cmd.; Harry Diamond Laboratories, Adelphia, Maryland; Walter Reed Army Institute of Research, Washington D.C.; Department of Army Historical Service Division, Center of Military History, Washington D.C.; US Army Corps of Engineers, Office of History, Ft.Belvoir, Virginia; Hdgs. US Army Communications – Electronic Cmd., Research, Development and Engineering Center; Night Vision Electronic Sensors Directorate, Ft. Monmouth, New Jersey; Missile Command USASS DC-H, CSSD-PA, Huntsville, Alabama; US Army, Quartermaster Center, Ft. Lee, Virginia; HDGS. US Army Materiel Cmd., Research and Development, Alexandria, Virginia; Lincoln Labs, Lexington, Massachusetts und die Bell Laboratories, Westminister, Colorado.

Ich möchte auch der modernen Militärabteilung der Nationalen Archive, Washington D.C. und dem Leiter des Amtes für Patente und Warenmarken in Washington danken.

Außerdem gebührt meinen Freunden Neil Russell und Dennis Hackin von der Neil Russell Production, Los Angeles, Dank für ihr Verständnis für diesen faszinierenden Aspekt der amerikanischen Geschichte und für ihre Unterstützung. Mein besonderer Freund Andrew Russell sei an dieser Stelle nicht vergessen.

Außerdem danke ich für das Verständnis und die Unterstützung meines Lektors im Verlag Pocket Books, Tris Coburn, und unserem Verlagsdirektor Emily Bestler.

Nicht zuletzt bin ich den Memoiren von Generalleutnant Arthur G. Trudeau zu Dank verpflichtet, der mir persönlich ein Exemplar überreichte mit der Anweisung, ihren Inhalt nach meinem Gutdünken zu verwenden.

Vorwort von Senator Strom Thurmond

Als ich 1954 zum ersten Mal in den Senat der Vereinigten Staaten von Amerika gewählt wurde, befanden sich die Vereinigten Staaten und die westlichen, demokratischen Regierungen in einem bitteren, manchmal tödlichen Kalten Krieg mit den totalitären, kommunistischen Regierungen, die ihre bankrotte Ideologie über die ganze Welt zu verbreiten suchten. Obwohl diejenigen, die jene Zeit nicht miterlebt haben, es sich heute nur schwer vorstellen können, so stellten die 50er und 60er Jahre eine Periode in unserer Geschichte dar, in der man sich in den USA über eine kommunistische, insbesondere sowjetische Bedrohung unserer Sicherheit und Institutionen ernsthafte Sorgen machte.

Als Mitglied des Senatsausschusses für die Bewaffneten Streitkräfte spielte ich eine führende Rolle dabei, jene Personen in unserem Regierungsapparat ausfindig zu machen, die Militärangehörige zum Schweigen bringen wollten, welche die Amerikaner vor eben dieser Bedrohung durch unsere kommunistischen Feinde warnen wollten. Und die Menschen, die offen gegen die sichtlich fehlgeleitete, unkorrekte und, ehrlich gesagt, gefährliche Politik der Vereinigten Staaten im Umgang mit den Sowjets und den Rotchinesen Stellung bezogen – insbesondere hochdekorierte Offiziere und Patrioten wie Admiral Arleigh Burke oder General Arthur Trudeau –, wurden von ihrer eigenen Regierung wegen ihrer nicht opportunen Ansichten über den Zustand der Welt und das Ausmaß der Bedrohung für unser Land zensiert. Als Veteran des Zweiten Weltkrieges und Offizier der Reservearmee der Vereinigten Staaten wie auch als Verfechter einer schlagkräftigen Armee konnte ich nicht ruhig zusehen, wie unsere Militärs von irgendwelchen Leuten in der Regierung, die mit dem Kommunismus sympathisierten, geschwächt wurden.

In jener Zeit führte der Ausschuß für die Bewaffneten Streitkräfte ausgiebige Hearings in dieser Angelegenheit durch. Es schien ein merkwürdiger Widerspruch zu sein, daß in einem Land, das die Redefreiheit schätzte und schützte, jene Männer, die ihr Leben einsetzten, um unsere Freiheit zu schützen, und am besten wußten, wie wir unseren Feinden begegnen mußten, zum Schweigen verurteilt werden sollten. Unter diesen Umständen lernte ich Philip Corso kennen, damals Oberst der Streitkräfte der Vereinigten Staaten, der ebenfalls über den Maulkorb für unsere Militärs beunruhigt war und der meine Sorgen über die Zukunft unserer Streitkräfte teilte.

Als die Mitglieder des Streitkräfteausschusses eifrig daran arbeiteten, herauszubekommen, wer sich damit beschäftigte, unsere Soldaten, Seeleute, Marinesoldaten und Flieger einzulullen, machten mich zwei ehemalige enge Mitarbeiter auf Oberst Corso aufmerksam. Der Oberst besaß eine reiche Erfahrung und Glaubwürdigkeit nicht nur als Armeeoffizier, sondern auch im Geheimdienst und im Bereich der nationalen Sicherheit.

Als Veteran des Zweiten Weltkrieges und Koreakrieges hatte Corso auch vier Jahre für den Nationalen Sicherheitsrat gearbeitet. Kurz und gut, er war sehr vertraut mit diesen Themen, mit denen ich und meine Kollegen im Streitkräfteausschuß befaßt waren. Er wurde sehr schnell eine zuverlässige Informationsquelle. Tatsächlich war das Material, das er uns lieferte, von unschätzbarem Wert. Es zeigte uns, daß die Unterdrückung amerikanischer Offiziere durch irgendwelche Beauftragte unserer eigenen Regierung befohlen worden war.

1963 erfuhr ich, daß Oberst Corso die Armee verlassen und in den Ruhestand treten wollte. Ich dachte, ein Mann mit seinem beruflichen Hintergrund und seiner Erfahrung wäre in meinem Stab von großem Vorteil. Zwar konnte ich ihm nichts als eine Stellung mit langer Arbeitszeit und einem bescheidenen Lohn anbieten, dennoch machte sich Philip Corso erneut bereitwillig an die Arbeit, um die Vereinigten Staaten zu schützen und ihnen zu dienen, dieses Mal allerdings als Mitarbeiter in meinem Büro.

Keine Frage, Philip Corso führte ein erfülltes und abenteuerliches Leben, und ich bin sicher, daß er viele spannende Ereignisse und Berichte den Menschen mit Interesse an Militärgeschichte, Spionage und Politik mitzuteilen hat. Wir sollten alle dankbar sein, daß es Männer und Frauen vom Schlag eines Oberst Corso gibt – Leute, die bereit sind, ihr Leben in den Dienst der Nation und des Schutzes von Idealen zu stellen, die uns allen lieb und wert sind. Und wir sollten die Opfer zu schätzen wissen, die sie in ihren Karrieren und Leben gebracht haben.

Einführung

Mein Name ist Philip J. Corso und zwei unglaubliche Jahre lang führte ich in den 60er Jahren ein Doppelleben. In dieser Zeit leitete ich als Oberstleutnant im Pentagon die Foreign Technology Desk (Abteilung Ausländische Technologie) im Army Research and Development (R&D = Ressort Armeeforschung und -entwicklung). Bei meiner täglichen Arbeit mußte ich Waffensysteme für die Armee erforschen und einschätzen. Ich untersuchte beispielsweise die Helikopterbewaffnung, die von der französischen Armee entwickelt worden war, oder auch die taktischen Stationierungskomplikationen der Theatre Antiraketen-Raketen. Neue Technologien zur Herstellung und Haltbarmachung von Mahlzeiten für unsere Truppen im Feld gehörten ebenfalls zu meinem Aufgabenbereich. Ich las damals zahlreiche Technologieberichte und traf mich mit Ingenieuren auf Übungsplätzen der Armee wegen verschiedener Geschützarten und der Fortschritte, welche die laufenden budgetierten Entwicklungsprojekte machten. Ich unterbreitete ihre Berichte meinem Chef, Generalleutnant Arthur Trudeau, dem Direktor der Army R&D und Manager einer etwa 3000 Leute umfassenden Abteilung mit zahlreichen Projekten in den verschiedensten Entwicklungstadien. Oberflächlich betrachtet, besonders für Kongreßleute, die kontrollierten, wie das Geld der Steuerzahler verwendet wurde, war dies alles nur Routinearbeit.

Ein anderer Teil meiner Arbeit im Army R&D bestand jedoch in meiner Tätigkeit als Geheimdienstoffizier und Berater von General Trudeau, selbst Chef des Armeegeheimdienstes, bevor er zur R&D kam. Für diese geheimdienstliche Tätigkeit war ich ausgebildet, und ich hatte sie im Zweiten Weltkrieg und in Korea ausgeübt. Im Pentagon arbeitete ich in einigen der geheimsten Bereiche des militärischen Geheimdienstes. Ich las streng geheime Informationen für General Trudeau. Als ehemaliges Mitglied in General MacArthurs Stab in Korea wußte ich, daß bis 1961 – oder vielleicht sogar bis heute –, als die Amerikaner sich Filme wie »Dr. Kildare« oder »Gunsmoke« anschauten, gefangene amerikanische Soldaten aus dem Zweiten Weltkrieg und dem Koreakrieg noch unter Gulag-Bedingungen in Gefangenenlagern in der Sowjetunion und Korea lebten. Manche von ihnen hatte man einer psychischen Tortur unterworfen. Das waren die Männer, die niemals zurückkehrten.

Als Nachrichtenoffizier kannte ich auch das furchtbare Geheimnis, daß einige der ehrwürdigsten Institutionen unseres Landes vom KGB infiltriert worden waren und daß Schlüsselaspekte der amerikanischen Außenpolitik vom Kreml diktiert wurden. Ich bezeugte dies zuerst im April 1962 in einem Hearing vor einem Senatsunterausschuß, bei dem Senator Everett Dirksen aus Illinois den Vorsitz führte. Einen Monat später lieferte ich dieselben Informationen Generalstaatsanwalt Robert Kennedy. Er versprach mir, sie an seinen Bruder, den Präsidenten, weiterzuleiten, und ich habe alle Gründe zu glauben, daß er es tat. Ironischerweise führte ich 1964, nachdem ich von der Armee meinen Abschied genommen und anschließend in Senator Strom Thurmonds Stab gearbeitet hatte, für Senator Richard Russell, Mitglied des Warrenausschusses, Untersuchungen durch.

Aber hinter allem, was ich tat, im Zentrum meines Doppellebens, das ich führte und das niemand ahnte, und ganz tief vergraben unter der Fülle meiner Arbeit im Pentagon, gab es ein Dokumentenkabinett, das ich auf Grund meiner geheimdienstlichen Erfahrung geerbt hatte. Diese Dokumente enthielten das aufregendste und am schwersten bewachte Geheimnis der Armee: Die Roswell-Akte, ein Dossier mit den Überresten und Informationen, die ein Armee-Suchtrupp vom 509. Armeefliegerhorst aus den Trümmern einer fliegenden Untertasse geborgen hatte. Außerhalb der Stadt Roswell in der Wüste von New Mexico, in den frühen, noch dunklen Morgenstunden der ersten Woche im Juli 1947, war dieses Flugobjekt abgestürzt. Die Roswell-Akte war das Vermächtnis aus den Stunden und Tagen nach dem Absturz, als die offizielle Vertuschung durch die Regierung einsetzte. Während die Militärs noch versuchten herauszufinden, was es mit diesem Ding auf sich hatte, das da abgestürzt war, woher es kam und welche Absichten seine Besatzung verfolgte, wurde eine handverlesene Gruppe unter Leitung des

Geheimdienstchefs Admiral Roscoe Hillenkoetter zusammengestellt, die sich mit fliegenden Untertassen befassen sollte, um Informationen über Begegnungen mit diesem Phänomen zu sammeln – mit dem Ziel: Öffentlich und offiziell die Existenz fliegender Untertassen zu leugnen.

Diese Operation ist in der einen oder anderen Form bei vollständiger Geheimhaltung schon seit über 50 Jahren in Gang.

Ich befand mich 1947 nicht in Roswell. Ich erfuhr damals auch keine Einzelheiten über den Absturz, weil er streng geheimgehalten wurde, selbst innerhalb der Armee. Das ist jedoch leicht zu verstehen, wenn man sich, wie ich selbst auch, an die Radioübertragung des Mercury-Theaterstückes »Krieg der Welten« von 1938 erinnert. Das ganze Land geriet damals über die Geschichte in Panik. Jeder glaubte, Marsmenschen wären in Grovers Mill, New Jersey gelandet und würden beginnen, die örtliche Bevölkerung anzugreifen. Die Berichte fiktiver Augenzeugen über die Gewalt der Angreifer und dem völligen Versagen der Streitkräfte, diese Wesen aufzuhalten, hatte man äußerst anschaulich beschrieben. »Sie töten jeden, der sich ihnen in den Weg stellt«, rief der Erzähler Orson Welles erregt ins Mikrophon, als diese Wesen in ihren Kriegsmaschinen ihren Marsch auf New York begannen – im Hörspiel.

Das Ausmaß der Angst und des Schreckens, die diese Radiosendung in jener Halloween-Nacht verbreitet, läßt sich kaum beschreiben. Durch die nicht zu zählenden Anrufe brachen die Telefonleitungen der Polizei zusammen. Das ganze Land schien verrückt vor Angst zu sein, sogar die Behörden fingen an, sich aufzulösen.

Der Absturz einer fliegenden Untertasse im Jahr 1947 in Roswell entsprang jedoch nicht einem phantasievollen Autorenhirn. Er geschah wirklich. Und das Militär konnte ihn nicht verhindern. Dieses Mal wollten die Behörden eine Wiederholung von »Der Krieg der Welten« vermeiden. Folglich läßt sich das verzweifelte Bedürfnis verstehen, die Geschichte geheimzuhalten. Und dabei ist noch nicht einmal von der anfänglichen Angst der Militärs die Rede, daß die Maschine vielleicht eine experimentelle sowjetische Waffe gewesen sein könnte. Sie besaß nämlich Ähnlichkeit mit verschiedenen von den Deutschen entwickelten Flugzeugen, die gegen Ende des Krieges auftauchten, besonders mit dem halbmondförmigen fliegenden Horton-Flügel. Was wäre, wenn die Sowjets ihre Version jener Maschine entwickelt hätten?

Die Geschichten über den Roswell-Absturz unterscheiden sich voneinander in den Einzelheiten. Weil ich nicht dabei war, mußte ich mich auf die Berichte anderer verlassen, die es sogar aus Armeekreisen gab. Im Lauf der Jahre habe ich viele Versionen des Roswell-Absturzes gehört. In der einen wurde erzählt, die Trümmer seien von Campern gefunden worden. Andere sagten, ein Archäologenteam oder Bauer Mac Brazel hätte das Objekt entdeckt. In militärischen Berichten tauchen verschiedene Absturzstellen auf. Einmal soll es in der Nähe des Armeeflughafens von Roswell geschehen sein, bei San Augustin oder Corona und dann sogar in der Nähe der Stadt selbst. Alle Berichte bekamen den Stempel »Geheim«, und ich habe sie weder kopiert noch für mich zurückbehalten, als ich die Armee verließ. Manchmal unterscheiden sich die Daten des Absturzes von Bericht zu Bericht, vom 2. oder 3. Juli war die Rede, im Gegensatz dazu aber auch vom 4. Juli. Verschiedene Leute diskutierten die Daten vor- und rückwärts.

In allen Schilderungen aber stimmte man darin überein, daß etwas in der Wüste außerhalb von Roswell abgestürzt war und recht nahe der empfindlichsten Militäranlagen der Armee in Alamogordo und White Sands, so daß die Armee schnellstmöglich reagierte, sobald sie davon erfuhr.

Unabhängig von den unterschiedlichen Darstellungen der Roswell-Geschichte in den vielen verschiedenen Quellen, gelangte 1961 die streng geheime Roswell-Akte in meine Hände, als ich im R&D die Foreign Technology übernahm. Mein Chef, General Trudeau, bat mich, das laufende Waffenentwicklungs- und Forschungsprogramm der Armee als eine Möglichkeit zu benutzen, die Roswell-Technologie in die gängige industrielle Entwicklung über unsere Verteidigungsaufträge hineinzuschleusen. Heute sind solche Dinge wie Laserstrahlen, integrierte Schaltkreise, vernetzte Glasfaseroptik, Teilchenbeschleunigeranlagen und sogar das Kevlar-Material in schußsicheren Westen alltäglich.

Aber das ist noch nicht die ganze Geschichte. In jenen verwirrenden Stunden nach der Entdeckung des abgestürzten fremden Gefährts bei Roswell, beschloß die Armee in Ermangelung anderweitiger Informationen, daß es sich um ein außerirdisches Fahrzeug handeln mußte. Schlimmer noch: Die Tatsache, daß dieses Fahrzeug und andere fliegende Untertassen unsere Verteidigungsanlagen inspiziert hatten und eine Technologie zu bestätigen schienen, die wir bei den Nazis gesehen hatten, ließ die Armee annehmen, daß diese fliegenden Untertassen feindliche Absichten hätten und vielleicht sogar während des Krieges Einfluß genommen hätten. Wir wußten nicht, was die Besatzungen dieser Fahrzeuge wollten. Wir mußten aber aus ihrem Verhalten schließen – besonders durch ihre Eingriffe in unser Leben und durch die Berichte über Viehverstümmelungen –, daß sie potentielle Feinde sein könnten. Das bedeutete, wir hatten es mit einer uns weit überlegenen Macht zu tun, die Waffen besaß, die uns auslöschen konnten.

Zur gleichen Zeit beschäftigte uns der Kalte Krieg mit den Sowjets und den Festlandchinesen, und wir standen der Unterwanderung unserer Geheimdienste durch den KGB gegenüber.

Die Militärs mußten einen Zweifrontenkrieg führen, einen Krieg gegen die Kommunisten, die unsere Institutionen unterminieren wollten und unsere Alliierten bedrohten, und einen Krieg, so unglaublich es klingt, gegen Außerirdische, die eine noch größere Bedrohung als die Kommunisten darstellten. Also benutzten wir deren eigene Technologie gegen sie, indem wir diese an unsere Waffenlieferanten weitergaben und sie dann für unsere eigenen Verteidigungssysteme im All adaptierten. Das dauerte bis in die 80er Jahre, aber am Ende sahen wir uns in der Lage, ausreichend strategische Verteidigungsinitiativen zu entfalten: Der »Krieg der Sterne«, um feindliche Satelliten auszuschalten, die elektronischen Leitsysteme anfliegender feindlicher Sprengköpfe lahmzulegen, feindliche Raumfahrzeuge auszuschalten, falls wir dazu gezwungen sein würden. Und dafür benutzten wir außerirdische Technologie wie Laserstrahlen, Teilchenbeschleuniger-Waffen und Flugzeuge, die mit »Stealth«-Eigenschaften ausgestattet waren. Und am Ende überdauerten wir nicht nur die Sowjets und beendeten den Kalten Krieg, sondern zwangen die Außerirdischen zu einem Patt, da sie sich letztlich doch nicht als unverwundbar erwiesen.

Alles, was nach Roswell passierte, wie wir die Technologie gegen die Außerirdischen verwendeten und wie wir letztlich den Kalten Krieg gewannen, ist eine unglaubliche Geschichte. Als ich mittendrin steckte, war mir nicht bewußt, wie unglaublich sie war. Ich machte einfach meinen Job, ging tagein, tagaus ins Pentagon. Wir steckten viel Geld in die Erforschung dieser außerirdischen Technologie, bis die Ergebnisse in die Industrie und zurück in die Armee getrieben wurden.

Die volle Bedeutung dessen, was wir im Army R&D taten und was

General Trudeau unternahm, um R&D nach seinem Amtsantritt aus einer unorganisierten Einheit im Schatten des Amtes für fortgeschrittene Forschungsprojekte in das Armeeressort zu verwandeln, das mithalf, die militärischen Lenkraketen, die Antiraketen-Raketen und die mit Lenkraketen abgefeuerten Teilchenbeschleuniger-Strahlen-Kanonen-Satellitenkiller zu entwickeln, ging mir erst Jahre später auf. Erst dann begriff ich, daß wir Geschichte geschrieben hatten.

Ich hielt mich immer schlicht für einen kleinen Mann aus einer kleinen amerikanischen Stadt im westlichen Pennsylvania. Die Bedeutung unserer Leistungen im Army R&D, besonders wie wir die Technologie aus dem Roswell-Unglück uns zunutze machten, konnte ich erst 35 Jahre später abschätzen, als ich begann, meine Memoiren zu schreiben. Damals schaute ich alte Tagebücher durch, erinnerte mich einiger der Memos, die ich für General Trudeau geschrieben hatte, und da verstand ich: Was in den Tagen nach dem Roswell-Absturz geschah, ist vielleicht die wichtigste Story der vergangenen 50 Jahre. Es ist die, wie eine kleine Gruppe von militärischen Geheimdienstoffizieren den Lauf der Menschheitsgeschichte veränderte.

1

In der Wüste bei Roswell

Die Nacht senkt sich auf die Erde und verschluckt einen, wenn man aus Albuquerque hinaus und in die Wüste fährt. Fährt man östlich auf der 40 und dann auf der 285 Richtung Süden nach Roswell, dann bleibst nur du übrig und das Stückchen vom Universum vor dir, das deine Scheinwerfer beleuchten. Zu beiden Seiten und jenseits des Lichtkegels gibt es nur Gestrüpp und Sand. Der Rest ist Dunkelheit, die sich hinter dir schließt, die alles mit einem gigantischen Ozean von Schwarz überflutet und dich vorwärts schiebt auf den paar Metern beleuchteter Straße vor deiner Nase.

Der Himmel hier draußen ist anders, völlig anders als irgendein Himmel, den man jemals zuvor gesehen hat. Das Schwarz ist so klar, daß es aussieht, als seien die Sterne, die hindurchscheinen, winzige Fenster vom Beginn der Zeit, Millionen an der Zahl, die ewig weiterleuchten. In heißen Sommernächten sieht man manchmal Hitzeblitze in der Ferne explodieren. Dann herrscht dort für eine Sekunde Helligkeit, bevor die Dunkelheit zurückkehrt. Aber der Sommer ist in der Wüste von New Mexico die Regenzeit. Über dir ziehen sich aus dem Nichts Gewitter zusammen, hämmern mit Regen und Blitz auf die Erde, durchstoßen die Dunkelheit mit ihren Donnerschlägen, lassen den Boden erbeben, bis man die Erde auseinanderbrechen und dann verschwinden fühlt. Die Viehzüchter dort draußen können dir erzählen, daß örtliche Stürme die ganze Nacht andauern. Sie schießen aus den Arroyos (fast ständig trockene Flußbetten, Anmerk. d. Übers.) wie Gummibälle empor, bis sie erschöpft hinter dem Horizont verschwinden. So ein Wetter herrschte ungefähr vor 50 Jahren. Ich war zwar in jener Nacht nicht dort, habe aber viele unterschiedliche Versionen gehört. Die meisten lauten so: Das Bodenradar vom 509. Armeefliegerhorst außerhalb von Roswell sah in der ganzen Nacht vom 1. zum

2. Juli 1947 seltsame Leuchtflecken auf dem Schirm. Das gleiche geschah in der Radarstation im nahe gelegenen White Sands, der Armeebasis für Lenkraketen, wo Teststarts mit den deutschen V2-Raketen seit dem Kriegsende vorgenommen wurden, und auf dem Nukleartestgelände in Alamogordo. Die Leuchtflecken erschienen an einem Ende des Radarschirms, schossen dann mit einer für Flugzeuge unmöglichen Geschwindigkeit quer über den Schirm und verschwanden in einer anderen Ecke. Dann wiederholte sich das Ganze. Keine irdische Flugmaschine konnte damals mit solcher Geschwindigkeit manövrieren und die Richtung derart abrupt ändern. Es war ein Phänomen, das niemand deuten konnte. Ob es sich um ein und dieselbe Flugmaschine handelte oder um mehrere oder einfach nur um eine Anomalie, durch die heftigen Blitze und Donnerschläge hervorgerufen, konnte sich jeder selbst ausmalen. Nachdem die Funkmeßleute die Kalibrierung der Radarausrüstung getestet hatten, stellten sie die Geräte ab und prüften die Schaltsysteme der Bildschirme. Sie wollten sichergehen, daß die Radarschalttafeln richtig funktionierten. Nachdem diese Überprüfung zu ihrer Zufriedenheit ausgefallen war und keine Fehlerquellen gemeldet werden konnten, nahmen die Bedienungsmannschaften gezwungenermaßen an, daß da draußen tatsächlich irgend etwas war. In White Sands ließ man das Phänomen von Radarfachleuten bestätigen. Letztlich kam man zu dem Schluß, daß man nichts anderes tun könne, als die Leuchtflecken zu beobachten, die mit jeder Drehung des Radars über den Schirm schossen. Die Leuchtflecken schwärmten von Position zu Position, wie sie gerade wollten, operierten ungestört am Firmament – und das über den geheimsten Raketen- und Nukleartestanlagen der Armee.

Während jener Nacht und am folgenden Tag befand sich der Armeegeheimdienst in höchster Alarmbereitschaft, weil da draußen irgend etwas Merkwürdiges vor sich ging. Kontrollflüge über der Wüste vermochten keine fremden Objekte zu sichten, weder am Himmel noch am Boden. Doch jede Sichtung von nicht identifizierbaren Flugobjekten auf dem Radarschirm gab jedem Kommandanten einer Basis ausreichend Grund, hinter diesem »Etwas« eine feindliche Absicht zu vermuten. Und deshalb schickte der Armeegeheimdienst in Washington zusätzliches Konterspionagepersonal nach New Mexico, besonders zum 509., wo die Aktivitäten ihr Zentrum zu haben schienen.

Die Radaranomalien gingen in der nächsten Nacht weiter. Dan Wilmot, Besitzer einer Eisenhandlung in Roswell, stellte nach dem Abendessen Stühle auf seine gedeckte Veranda, um die am Himmel kreuzenden Lichtblitze zu beobachten. Kurz vor 22 Uhr wurden die Blitze intensiver. Die Erde bebte unter den Donnerschlägen eines Sommergewitters, das über dem Chaparral (immergrünes Gebüsch, Anmerk. d. Übers.) nordwestlich der Stadt niederging. Dan und seine Frau schauten dem Schauspiel vom trockenen und sicheren Sitz unter ihrem Vordach zu. Es war, als ob jeder neue Lichtblitz ein Speer wäre, der den Himmel spalten würde. »Besser als jedes Feuerwerk am 4. Juli«, müssen die Wilmots gesagt haben, als sie verblüfft ein helles ovales Objekt direkt über ihr Haus Richtung Nordwesten rasen sahen. Dort verschwand es hinter einer Erhöhung am Horizont. Der Himmel wurde wieder stockfinster. Als der nächste Blitz niederfuhr, war das Objekt schon lange verschwunden. Ein sehr ungewöhnlicher Anblick, dachte Dan Wilmot, aber es blieb seinem Blickfeld und seinen Gedanken entzogen, zumindest bis zum Ende der nächsten Woche.

Was immer über Wilmots Haus flog, es flog auch über Steve Robinson hinweg, als er seinen Milchwagen wie immer auf seiner Route nördlich der Stadt fuhr. Robinson sah das Objekt, als es über den Himmel mit einer Geschwindigkeit schoß, die größer als die irgendeines Flugzeuges war. Es handelte sich um ein helles Objekt, bemerkte er, elliptisch und solide, nicht eine Folge von Lichtern wie bei den Militärmaschinen, die auf dem Militärflughafen außerhalb der Stadt starteten und landeten. Es verschwand hinter einer Erhebung im Westen Richtung Albuquerque. Steve vergaß es wieder, als er auf seinem Weg weiterfuhr.

Für die Zivilisten in Roswell war alles in Ordnung. Sommergewitter gab es jedes Jahr, die Berichte über fliegende Untertassen in den Zeitungen und im Radio galten einfach als Zirkusnummern. Das über den Himmel sausende Objekt, das die Wilmots so fasziniert beobachtet hatten, konnte schlicht eine Sternschnuppe gewesen sein, bei der man nur einen Wunsch ausspricht, falls man das Glück hat, sie zu sehen, bevor sie in einer Flamme verpufft. Bald würde das 4.-Juli-Wochenende sein, und die Wilmots, die Robinsons und Tausende andere Bewohner erwarteten ungeduldig den inoffiziellen Beginn der Sommerferien.

Aber beim 509. gab es kein Feiern. Die Zwischenfälle mit nicht identifizierbaren Leuchtflecken auf dem Radar in Roswell und White Sands gingen weiter und nahmen in den folgenden Tagen stetig zu. Man durfte nun durchaus eine ständige, beabsichtigte Verletzung des Luftraumes annehmen. Es sah so aus, als zeichnete sich ein regelrechtes Verkehrsmuster von Überflügen durch seltsame Flugmaschinen am Himmel über der New Mexico Wüste ab. Ungehindert schwebten diese nicht zu identifizierenden Radarleuchtflecken über den geheimsten Militäranlagen der USA und schossen dann einfach davon. Bis die eigenen Militärflugzeuge sich endlich am Himmel einfanden, waren die Eindringlinge längst verschwunden. Die Kommandanten der Basis zweifelten nicht daran, daß sie sehr genau beobachtet wurden von einer Erscheinung, die sie nur als feindlich einstufen konnten. Anfangs dachte niemand an Außerirdische oder fliegende Untertassen, obwohl sie in jenem Frühjahr ständig in den Nachrichten auftauchten. Offiziere beim 509. und in White Sands glaubten, die Russen würden die erste nukleare Bomberbasis der Armee und ihre Lenkraketenabschußbasis ausspionieren. Inzwischen hatte die Armeekonterspionage (CIC), dieser höchst geheime Führungsstab, der 1947 fast zu gleichen Teilen im zivilen wie im militärischen Bereich operierte, die höchste Alarmstufe ausgelöst und die volle Bereitschaft der erfahrensten Meisteroperateure aus dem 2. Weltkrieg in Roswell befohlen.

CIC-Personal aus Washington traf ein, kurz nachdem die ersten Berichte über die merkwürdigen Radarleuchtflecken über Geheimdienstkanäle eingegangen waren. Mit zunehmender Dringlichkeit erhöhte sich in den folgenden 48 Stunden die Zahl der CIC-Leute drastisch. Offiziere, Unteroffiziere und Mannschaften stiegen aus den Transportflugzeugen und zogen Zivil an, um in dem Gebiet nach feindlichen Aktivitäten zu forschen. Sie arbeiteten gemeinsam mit Geheimdienstoffizieren von der Basis wie etwa Major Jesse Marcel und Steve Arnold, ein Unteroffizier der Konterspionage, der im Zweiten Weltkrieg auf der Roswell-Basis gearbeitet hatte, als dort der erste Atombombenangriff gegen Hiroshima im August 1945 gestartet wurde. Das lag genau zwei Jahre zurück.

Am Abend des 4. Juli 1947 (die Daten mögen verschieden sein, je nachdem, wer die Story erzählt), feierte das übrige Land den Unabhängigkeitstag und betrachtete mit großem Optimismus den teuer bezahlten Frieden, den seine Soldaten unter großen Opfern erkämpft hatten. An diesem Feiertag bemerkten die Radarmannschaften um Roswell herum, daß die seltsamen Objekte wieder auftauchten und beinahe aussahen, als würden sie auf dem Bildschirm ihre Form ändern. Sie pulsierten – anders konnte man es nicht beschreiben – glühten intensiver und dann wiederum nur schwach. Zur gleichen Zeit brach ein ungeheures Ungewitter über der Wüste aus.

Steve Arnold, der an jenem Abend Dienst im Kontrollturm des Roswell-Flughafens tat, hatte niemals zuvor in seinem Leben so ein Verhalten eines Leuchtfleckens gesehen. Der Flecken raste mit einer Geschwindigkeit von über 1600 km/h über den Schirm, pulsierte, pochte beinahe, während der Himmel über dem Stützpunkt fast in einem biblischen Urknall von Blitz und Donner explodierte. Dann bog der Flecken in die rechte untere Ecke des Bildschirms ein, schien einen Augenblick zu verschwinden, um dann aber mit einem glänzend weißen, fluoreszierenden Schein zu explodieren und direkt vor Steve Arnolds Augen zu verschwinden.

Der Schirm war klar. Die Leuchtflecken verschwunden. Und als sich die Kontrolleure und CIC-Offiziere im Raum gegenseitig anschauten, tauchte bei allen ein und derselbe Gedanke auf: Ein Objekt, was auch immer es sein mochte, ist abgestürzt. Die militärische Antwort ließ nur Sekunden auf sich warten: Hier handelte es sich um eine Frage der nationalen Sicherheit. Und es gab nur eines: sich auf das Ding in der Wüste stürzen und es zurückbringen, bevor irgend jemand sonst es finden konnte.

Noch bevor der Radaroffizier den Kommandanten Oberst William Blanchard vom 509. angerufen hatte, um von dem Absturz eines nicht identifizierten Flugapparates nordwestlich von Roswell zu berichten, wie das Radar nahelegte, hatte das CIC-Sonderteam bereits alles mobilisiert, um eine Suchmannschaft zur Ortung und Absicherung der Absturzstelle aufzustellen. Man glaubte, es wäre ein feindliches Flugzeug, das durch unser Radarverteidigungssystem geschlüpft sei, entweder von Südamerika aus oder über die kanadische Grenze, um die topgeheimen militärischen Anlagen zu fotografieren. Man wollte auch Zivilisten fernhalten, falls radioaktive Strahlung von dem Antriebssystem des Objektes austräte, das es ihm erlaubt hatte, Haarnadelkurven mit 4800 km/h zu nehmen. Niemand wußte, wie das Ding angetrieben wurde, und niemand wußte, ob irgendwelches Personal aus dem Flugobjekt hinauskatapultiert worden war und jetzt in der Wüste umherirrte. »Bull« Blanchard gab dem Suchkommando grünes Licht. Der Befehl lautete, so schnell wie möglich dort hinauszukommen und jedwede Ausrüstung für Nachtpatrouillen mitzunehmen, die man nur auftreiben konnte, dazu alle fahrbereiten Zweieinhalbtonner sowie den Abschlepptieflader der Basis, um das Flugzeug mitbringen zu können. Falls es ein Absturz wäre, sollten die Trümmer in einem Hangar sicher verstaut sein, bevor irgendeine zivile Behörde ihre Hand drauflegen könnte und mit den Zeitungen plappern würde.

Aber die Luftraumkontrolleure vom 509. blieben nicht die einzigen in jener Nacht, die meinten gesehen zu haben, wie eine Flugmaschine abstürzte. In den Außenbezirken der Stadt sahen Viehzüchter und Bewohner sowie einige Familien, die in der Wüste campten, ein Flugzeug, das zwischen den Blitzen des Unwetters mit einem hellen Lichtschein explodierte und in Richtung Corona, der Nachbarstadt Roswells im Norden, zu Boden stürzte. Sheriff George Wilcox vom Chavez County erhielt in seinem Büro kurz nach Mitternacht am Morgen des 5. Juli nach und nach Anrufe, daß ein Flugzeug draußen in der Wüste abgestürzt sei. Er benachrichtigte die Feuerwehr in Roswell, die ausrücken sollte, sobald man die Absturzstelle annähernd geortet hatte. Es machte keinen Sinn, die Lösch- und Rettungsfahrzeuge durch die Wüste irren zu lassen. Außerdem schätzte es Wilcox nicht, wenn die gesamte Feuerwehr die Stadt verließ, da ja dort durchaus ein Feuer ausbrechen könnte.

Es dauerte jedoch nicht lange, den Absturzort zu finden. Eine Gruppe von indianischen Artefaktenjägern, die im Busch nördlich von Roswell campten, hatten ebenfalls das pulsierende Licht über ihren Köpfen gesehen, das brennende Zischen gehört und den seltsamen, den Boden erschütternden »Rumms« eines Absturzes in der Nähe. Sie folgten dem Geräusch bis zu einer niedrigen Hügelgruppe hinter einer Erhebung. Bevor sie das rauchende Wrack inspizierten, funkten sie die Absturzstelle zum Büro von Sheriff Wilcox, der die Feuerwehr dann sofort zu der 60 km nordwestlich der Stadt gelegenen Stelle schickte. »Ich bin bereits auf dem Weg«, sagte Wilcox dem Funker bei der Feuerwehr, der auch bei der Polizei eine Streife anforderte.

Um 4.30 Uhr an jenem Morgen rumpelten ein einziger Feuerwehrwagen und ein Polizeiauto durch die Wüste. Sie schlugen die Pine Lodge

Road nach Westen ein, wohin Sheriff Wilcox sie dirigiert hatte. Weder der Sheriff noch die Feuerwehrmänner wußten, daß auch ein militärisches Suchteam zu dem Ort unterwegs war. Dieses Team hatte den Befehl, das Gebiet zu sichern und mit allen notwendigen Mitteln jede nicht autorisierte Verbreitung von Informationen über den Absturz zu verhindern.

Es war immer noch dunkel, als aus einer anderen Richtung Steve Arnold, der in einem der Stabswagen im Konvoi der Suchfahrzeuge vom 509. saß, am Unglücksort eintraf. Noch bevor ihre Fahrzeuge ihre Positionen einnahmen, hatte ein MP-Leutnant aus dem ersten Jeep schon eine Reihe von Wachen aufgestellt. Ein Ingenieur befahl seinen Leuten, eine Kette von Flutlichtern um das Gebiet zu ziehen. Dann näherte sich Arnolds Wagen, und Arnold konnte sich einen ersten Eindruck von den Trümmern verschaffen. Aber es waren eigentlich keine Trümmer – nicht von der Art, wie er sie von Abstürzen während des Krieges kannte. Soweit er in der Dunkelheit erkennen konnte, schien das Fahrzeug mit seiner dunklen Oberfläche größtenteils intakt zu sein. Zwar lagen Teile weit verstreut herum, aber das Gefährt selbst war bei dem Aufprall nicht auseinandergebrochen, wie es ein normales Flugzeug getan hätte.

Die ganze Szene lag immer noch im Dunkel der Nacht. Dann stellten sich die Stabswagen und Jeeps in einer Reihe auf und beleuchteten mit ihren Scheinwerfern das Arroyo, um die noch nicht vollständig einsatzbereiten Flutlichter zu verstärken. Im plötzlichen Aufleuchten der Scheinwerfer konnte Arnold sehen, daß das sanft geschwungene, deltaförmige Fahrzeug in Eiform im wesentlichen aus einem Stück bestand, auch wenn sich seine Nase tief in das Ufer des Arroyo gebohrt hatte und sein Hinterteil in die Luft ragte. Von dem Wrack stiegen immer noch Hitzeschwaden auf, obwohl der Absturz dem Radar vom 509. zufolge wahrscheinlich bereits vor Mitternacht des 4. Juli stattgefunden hatte. Dann hörte Arnold das kurze Zischen einer Batterie, die aufgeladen wurde, und das Summen eines Benzingenerators. Und da gingen endlich alle Flutlichter an, und das ganze Gelände sah plötzlich wie ein Baseballplatz vor einem großen Nachtspiel aus.

Im starken Licht der Militärsuchlampen überblickte Arnold die ganze Szenerie des Absturzes. Er dachte, es sähe eher wie eine Notlandung aus, weil die Flugmaschine noch intakt war, abgesehen von einem

Riß, der an der Seite der Länge nach verlief, und dem steilen 45°-Winkel des Flugzeugs. Er nahm jedenfalls an, daß es ein Flugzeug war, obwohl es keinem der herkömmlichen Flugzeuge glich. Mit seiner geringen Größe wirkte es eher wie ein fliegender Flügel einer alten Curtis und nicht wie eine Ellipse oder Untertasse. Und es verfügte über zwei Schwanzflossen auf der Oberseite seiner Deltaenden, die nach oben zeigten. Arnold beugte sich so weit wie möglich zu dem Riß vor, ohne die Arbeiter in Schutzanzügen zu behindern, die das Gelände nach Radioaktivität absuchten. Und da konnte er sie im Schatten erkennen. Kleine, dunkelgraue Figuren – vielleicht 120 oder 130 cm groß – die auf dem Boden hingestreckt lagen.

»Ist das die Besatzung?« hörte Arnold jemanden sagen, als Ärzte mit Bahren zu dem messerartigen Riß an der Seite des Flugzeuges herbeigeeilt kamen, durch den die Körper gekrochen oder gefallen waren.

Arnold schaute sich im Scheinwerferlicht um und sah eine weitere Figur, bewegungslos, aber trotzdem nicht bedrohlich, und noch eine, die sich gegen eine leichte Erhebung im Sand lehnte. Und nahe der Öffnung des Flugzeugs gab es eine fünfte Figur. Als die Strahlentechniker das Entwarnungszeichen gaben und die Ärzte mit den Bahren zu den Körpern eilten, warf Arnold einen Blick durch den Riß in das Innere des Flugzeuges und schaute nach oben. Josaphat! Es sah aus, als wäre die Sonne schon aufgegangen.

Um sicher zu gehen, schaute sich Arnold nochmals draußen um, und es war gewiß immer noch zu dunkel, um es Tageslicht nennen zu können. Aber durch die Decke des Flugzeuges konnte Arnold, als schaute er durch eine Linse, einen unheimlichen Strom von Licht sehen, weder Tages- noch Lampenlicht, aber es war Licht. Niemals zuvor hatte er Vergleichbares gesehen. Er dachte, dies sei vielleicht eine Waffe, die von den Russen oder sonst jemandem entwickelt worden war.

Die Szenerie der Absturzstelle war ein einziger chaotischer Mikrokosmos. Techniker mit Sonderaufgaben, Ärzte, Strahlenexperten, Signalleute und Funker sowie Wachen führten alle ihre Arbeiten so methodisch und ohne Nachzudenken aus, als wären sie die Heizer-Zombies des Kaiser Ming aus den Flash-Gordon-Serien. Aber allen anderen Chargen, einschließlich der Offiziere, verschlug es einfach die Sprache. Niemals hatten sie so etwas zuvor gesehen, und sie standen dermaßen überwältigt da, fast wie unter einem Schock, der sie nicht aus dem Griff ließ.

»He, dieser hier lebt«, hörte Arnold eine Stimme sagen. Er drehte sich um und sah eine der kleinen Figuren auf dem Boden strampeln. Mit einigen Ärzten rannte er zu ihr hin und beobachtete, wie diese Figur zitterte und einen heulenden Ton von sich gab. Arnold hörte diesen Ton nicht mit seinen Ohren, vernahm ihn aber in seinem Hirn. Er verspürte ein überwältigendes trauriges Gefühl, als die kleine Figur auf dem Boden zuckte, wobei der übergroße, eiförmige Schädel von einer Seite auf die andere schlug, als wollte er versuchen, so etwas wie Luft zu atmen.

Dann hörte Arnold eine Wache rufen: »He, du da!« Er drehte sich zu der Anhöhe auf der anderen Seite des Arroyos. »Halt!« schrie die Wache der Figur zu, die aufgestanden war und verzweifelt versuchte, über den Hügel zu kommen. »Halt!« schrie die Wache wieder und hielt ihre MP schußbereit. Andere Soldaten rannten zum Hügel und die Figur rutschte im Sand aus, begann herunterzurutschen, kam wieder auf die Füße und begann wieder zu klettern.

»Nein!« schrie einer der Offiziere. Arnold konnte nicht erkennen, wer gerufen hatte, aber es war schon zu spät. Die nervös gewordenen Soldaten hatten eine ganze Reihe von Schüssen abgegeben. Als die kleine Figur versuchte zu stehen, schleuderten die Salven, die auf sie abgegeben wurden, sie wie eine Stoffpuppe umher, bis sie dann den Hang hinunterrollte. Sie lag bewegungslos im Sand, als die ersten drei Soldaten bei ihr anlangten, neu luden und ihre Waffen auf die Brust der Figur hielten.

»Verflucht«, fauchte der Offizier, der versucht hatte, gerade dies zu verhindern. »Arnold.« Steve Arnold nahm Haltung an. »Du und deine Leute gehen dort hinüber und haltet die Zivilisten auf, damit sie die Absperrung nicht übertreten.« Er zeigte auf den kleinen Konvoi von Fahrzeugen, der sich aus dem Osten näherte. Er wußte, daß es die Polizei oder der Distrikt-Sheriff sein mußte. Dann schrie er: »Ärzte!«

Arnold machte sich gleich an die Arbeit. Während die Ärzte die kleine Figur auf eine Bahre legten, stellte er einen weiten Kreis von CIC-Personal und Wachen auf, um das Gebiet für die näher kommenden Fahrzeuge abzusperren. Er hörte, wie der Offizier den Ärzten befahl, alle Körper auf Bahren zu legen und sie auf einen LKW zu laden, um sie sofort in die Basis zu transportieren.

»Feldwebel«, schrie der Offizier wieder. »Ich möchte, daß deine

Leute hier alles aufladen, was auf die Zweieinhalbtonner geladen werden kann, und dann hievt dieses verdammte ... was immer es ist«, er zeigte auf das deltaförmige Objekt, »auf den Tieflader und schafft es weg von hier. Den übrigen von euch«, er schrie lauter, »sage ich, daß ich diesen Platz hier blitzsauber haben will. Nichts ist hier jemals passiert, verstanden? Hier bleibt nichts als ein bißchen Gestrüpp zurück wie in der restlichen Wüste.«

Die Soldaten bildeten Arm in Arm ein »Suche-und-Finde«-Gitter.

Manche rutschten sogar auf Händen und Knien, um das Gebiet von jedem noch so kleinen Wrackstück oder Splitter zu säubern. Währenddessen zog der riesige Rettungskran aus dem Luftwaffenstützpunkt das erstaunlich leichte Flugobjekt aus seinem Aufschlagkrater und hievte es auf den Ford-Tieflader. Einige MPs wurden abkommandiert, um den Zivilistenkonvoi mit seinen Hilfsfahrzeugen zu stoppen. Sie pflanzten die Bajonette auf und hielten die Maschinengewehre schußbereit.

Auf der anderen Seite der Absperrung kam der Feuerwehrmann Dan Dwyer in dem roten Ward LaFrance Pumpwagen angefahren, zusammen mit einem Tankwagen. Er konnte zuerst nur wenig erkennen, außer einer Oase von weißem Licht inmitten der Finsternis. Mit ihrem kleinen Konvoi waren sie aus dem Zentrum von Roswell mit aufgeblendeten Scheinwerfern, aber ohne Sirenen losgefahren. Am Nordende der Stadt stieß das Polizeiauto dazu, und gemeinsam fuhren sie zu der Stelle, wo ein Flugzeug niedergegangen sein sollte. Als Dan Dwyer sich der mit Flutlichtern erleuchteten Zone näherte, die eher einem Wanderzirkus ähnelte als einer Absturzstelle, sah er, wie die Soldaten in einem weiten Kreis um ein Objekt herumstanden, das am Arm eines Kranes hing. Als der LaFrance-Wagen näher kam, konnte Dwyer gerade noch die deltaartige Form des Dings ausmachen. Es baumelte am Kran, und ein paarmal wäre es durch die unachtsamen Manöver des Kranführers beinahe heruntergefallen. Selbst auf diese Entfernung konnte man das Schreien und Fluchen über die Sandfläche dröhnen hören, als sich der Kran hob und senkte und wieder hob und das Objekt endlich auf dem Tieflader absetzte.

Plötzlich steuerte das Polizeiauto vor ihm direkt auf das Zentrum des Geschehens zu und Dwyer konnte durch die aufgewirbelte Staubwolke hindurch nichts mehr sehen. Er sah nur noch den Widerschein der eigenen Scheinwerfer auf einer Sandwand. Als sich der Sand gelegt hatte, waren beide Autos fast oben auf dem Hügel angelangt und schwenkten zur Seite, um den Armeelastwagen Platz zu machen, die ihnen auf der Straße entgegenkamen und sich auf dem Rückweg in die Basis befanden. Dwyer schaute über seine Schulter, ob weitere Militärfahrzeuge in seine Richtung fuhren, doch er sah nur die ersten Sonnenstrahlen über dem Horizont aufgehen.

Als Dwyer sein Fahrzeug auf den von den Soldaten zugewiesenen Platz gestellt hatte, lag das Ding, was immer es war, auf dem Tieflader, hing aber immer noch am Haken des Krans. Drei oder vier Soldaten zurrten es gerade mit Ketten und Kabeln fest. Aber dafür, daß es wie ein Feuerball vom Himmel gefallen war, wie die Polizei betonte, sah das Objekt noch ziemlich unbeschädigt aus. Er konnte weder Risse in der Oberfläche des Dings entdecken noch abgebrochene Teile. Dann zogen die Soldaten eine olivfarbene Plane über den Tieflader, und damit war das Objekt allen neugierigen Blicken entzogen. Ein Hauptmann ging auf das Polizeiauto zu, das direkt vor dem Feuerwehrwagen geparkt hatte. Hinter dem Offizier stand eine Reihe von Soldaten mit MP-Armbinden und aufgepflanzten Bajonetten.

»Ihr könnt wieder zurückfahren«, hörte Dwyer den Hauptmann zu einem der Polizisten aus Roswell sagen. »Wir haben das Gebiet gesichert.«

»Wie steht es mit Verletzten?« fragte der Polizeioffizier, wobei er wohl mehr an seinen Bericht dachte, den er ausfüllen mußte, als an das, was man mit Verunglückten tun sollte.

»Keine Verletzten. Wir haben alles unter Kontrolle«, erwiderte der Hauptmann.

Aber als der Offizier den zivilen Konvoi heimschickte, konnte Dwyer kleine Körper sehen, die vom Boden auf Bahren gelegt und auf die Laster geladen wurden. Einige steckten bereits in Leichensäcken, aber einen hatte man auf der Bahre festgebunden. Auch der Polizeioffizier sah es. Dwyer erzählte, daß die Figur zappelte und recht lebendig schien. Er mußte näher kommen.

»Was ist mit denen?« fragte er.

»Heh, schaut zu, daß ihr sie aufladet«, brüllte der Hauptmann den Soldaten zu, welche die Bahren aufluden. »Sie haben hier heute Nacht nichts gesehen«, herrschte er den Polizisten an. »Gar nichts.«

»Aber, ich muß...«

Der Hauptmann schnitt ihm unwirsch das Wort ab: »Später am Tag wird bestimmt jemand von der Basis mit Ihnen sprechen. Jetzt laßt uns mal in Ruhe. Rein militärische Angelegenheit.«

In der Zwischenzeit hatte Dwyer einige Personen gesehen, die er vom Flugstützpunkt kannte. Er glaubte, darunter den Geheimdienstoffizier Jesse Marcel von der Basis zu erkennen, der in Roswell wohnte, und auch andere Leute, die regelmäßig in die Stadt kamen. Bruchstücke von dem, was da abgestürzt war, lagen überall herum. Der Tieflader startete, fuhr am Feuerwehrwagen vorbei und pflügte durch den Sand auf die Straße zurück und rollte Richtung Basis.

Dwyer setzte seinen Helm ab, stieg vom Wagen und umging die Flanke der MP-Soldaten. Es herrschte eine solche Verwirrung auf dem Gelände, daß Dwyer sich sicher war, nicht beachtet zu werden, wenn er sich ein wenig umschaute. Er lief um den Militärlastwagen herum zu dieser Bahre. Er schaute hinunter – direkt in die Augen des Wesens, das auf der Bahre festgebunden war und nur vor sich hin starrte. Nicht größer als ein Kind, dachte er.

Aber es war kein Kind. Kein Kind hatte einen solchen übergroßen, ballonartigen Kopf. Das Wesen sah nicht einmal menschlich aus, obwohl es menschenähnlich zu nennende Züge hatte. Seine großen, dunklen Augen standen weit auseinander auf einer etwas abfallenden Fläche. Nase und Mund erschienen besonders klein, fast wie Schlitze. Und seine Ohren bestanden eigentlich nur aus Einkerbungen an den Seiten des riesigen Kopfes.

Im Licht der Scheinwerfer konnte Dwyer sehen, daß das graubraune Wesen kein einziges Haar besaß. Es schaute ihn direkt an, als wäre es ein hilfloses Tier in einer Falle, und gab keinen Laut von sich. Irgendwie begriff Dwyer, daß das Wesen verstand, daß es sterben mußte. Er konnte das Ding gerade noch erstaunt anstarren, als es dann sehr schnell von ein paar Soldaten auf den Lastwagen geladen wurde. Einige fragten Dwyer, was er denn da tue. Dwyer wurde bewußt, daß er mehr gesehen hatte, als er je zu sehen wünschte. Rasch ging er weg. Er geriet in eine Gruppe von Leuten, die mit einem Haufen von Trümmerteilen hantierten. Das ganze Gelände war mit Dingen übersät, von denen Dwyer annahm, daß sie aus dem Flugzeug beim Aufschlag herausgefallen waren. Er konnte den Krater im Arroyo sehen, der aussah, als hätte sich dort das Objekt regelrecht hineingebohrt. Mit seinem Blick folgte er dem Trümmerfeld, das sich von dort bis in das Dunkel außerhalb der Flutlichter ausbreitete. Die Soldaten krochen überall herum und kratzten alle möglichen Sachen zusammen, die sie in Säcke legten. Manche suchten das Gelände mit Metalldetektoren ab. Sie fegten das Gebiet blitzsauber, schien es Dwyer, damit keine Kuriositätensucher, die sicher bei Tagesanbruch auftauchen würden, irgend etwas fänden, das die Identität dessen enthüllen könnte, was sich hier abgespielt hatte.

Dwyer hob ein Stück graues metallisches, stoffähnliches Material auf, das im Sand zu leuchten schien. Er rollte es in seiner Faust zu einem Ball. Dann ließ er es los, und das metallische Material nahm wieder seine ursprüngliche Form an, ohne Falten und Kniffe. Er dachte, niemand würde ihn beobachten, und stopfte es in die Tasche seiner Feuerwehrjacke, um es mitzunehmen. Dieses Teil zeigte er seiner kleinen Tochter, die es 45 Jahre später, lange nachdem das metallische Stück Stoff verschwunden war, in einer Fernsehdokumentation Millionen Menschen beschrieb.

Dwyer blieb in jener Nacht im Juli 1947 jedoch nicht unbeobachtet. »Heh, du«, schrie ein Feldwebel mit einer MP-Binde. »Was, zum Teufel, hast du hier zu suchen?«

»Ich bin mit der Feuerwehr gekommen«, antwortete Dwyer und tat so unschuldig wie nur möglich.

»Gut, dann pack deinen Zivilarsch auf deine Karre und schaff dich hier vom Acker«, befahl der Feldwebel. »Hast du irgend etwas mitgehen lassen?«

»Ich? Ich doch nicht, Feldwebel«, meinte Dwyer.

Da packte ihn der MP-Mann, als wäre er verhaftet, und schubste ihn zu einem Major, der Befehle in der Nähe des Generators schrie, der die Flutlichter mit Strom versorgte. Dwyer erkannte ihn als Jesse Marcel, der in Roswell wohnte.

»Hab diesen Feuerwehrmann erwischt, wie er zwischen den Trümmern herumschnüffelte, Sir«, berichtete der Feldwebel.

Marcel erkannte offenbar auch Dwyer und warf ihm einen gequälten Blick zu, wie Dwyer sich erinnerte. »Du mußt hier verschwinden«, sagte er. »Und niemals irgend jemandem erzählen, wo du warst und was du gesehen hast.«

Dwyer nickte.

»Im Ernst, das hier ist streng geheim; von der Art, daß es dich ins Gefängnis bringen kann«, fuhr Marcel fort. »Was immer es ist, sprich nicht darüber, sag nichts, solange dir niemand sagt, was du zu sagen hast. Jetzt fahr mit deinem Wagen weg, bevor dich jemand anderes sieht und versucht, dich und die ganze Bande einzulochen. Bewegung!« Zu dem behelmten MP-Mann sagte er: »Feldwebel, bring ihn zurück zum Feuerwehrwagen und schick ihn los.«

Für Dwyer bedurfte es keinerlei weiterer Aufforderung. Er ließ sich von dem Feldwebel vorwärtsstoßen, in den Wagen schieben, und er sagte dem Fahrer, er solle zurück in die Halle fahren. Der Feldwebel ging auf die Fahrerseite und knurrte: »Euch ist befohlen worden, den Platz zu verlassen. Sofort!«

Der Fahrer gab vorsichtig Gas, bis die Räder im Sand griffen, und fuhr geradewegs zurück in die Feuerwehrhalle von Roswell. Der Ford-Tieflader mit seiner brisanten Fracht hatte die schlafende Stadt schon in den stillen Minuten zwischen Nacht und Tag passiert. Der Lärm seiner Maschine rief bei niemandem Unruhe oder Aufregung hervor. Der Anblick eines großen, mit einer Plane abgedeckten Objekts auf einem Armeefahrzeug, das über die Hauptstraße von Roswell donnerte, ließ keinen Menschen auch nur die Augenbrauen heben, weil es nichts Ungewohntes darstellte. Später jedoch, als Dwyer seinen Wagen rückwärts in die Halle rangierte, stand die Sonne schon am Himmel. Die ersten Armeelaster kamen gerade die Hauptstraße zum 509. hochgefahren.

Der Klempner Roy Danzer, der die ganze Nacht auf der Basis Rohre verlegt hatte, merkte auch, daß etwas im Busch war, und zwar an der Art, wie die Lastwagen die Basis verließen. Er stand gerade vor der Tür des Krankenreviers der Basis, um noch eine Zigarette zu rauchen, bevor er wieder an die Arbeit ging. Da hörte er Lärm drüben von der Hauptstraße. Danzer hatte sich ein paar Tage zuvor beim Schneiden der Rohre geschnitten, und die Schwester wollte die vernähte Wunde kontrollieren, ob sich keine Entzündung gebildet hatte. Danzer nahm die Gelegenheit wahr, seinen Job für ein paar Minuten zu verlassen, damit die Schwester den Verband wechseln konnte. Auf dem Rückweg wollte er dann noch eine Tasse Kaffee trinken und eine Zigarette rauchen.

Aber an jenem Morgen kam alles ganz anders, als er es sich jemals hätte vorstellen können.

Der Lärm, den er von der Straße gehört hatte, verwandelte sich allmählich in ein wogendes Gedränge von Soldaten und Arbeitern, die von einer Abteilung MP-Soldaten zur Seite geschoben wurden, indem sie sich mit den Körpern gegen die Menge stemmten, um den Weg freizumachen. Es schien nicht einmal einen Offizier zu geben, der Befehle erteilte, sondern nur eine Menge Soldaten. Seltsam. Dann kam die Menge auf die Krankenstation zu, geradewegs zum Haupteingang, direkt auf die Stelle zu, wo Roy stand.

Niemand schob ihn zur Seite und sagte ihm, daß er das Gelände verlassen solle. Ja, es sprach nicht einmal jemand mit ihm. Roy schaute nur auf die Reihe von Soldaten, die an ihm vorbeistiefelten. Und da war es, festgebunden auf eine Bahre, die von zwei Trägern durch das Hauptportal in das Hospital getragen wurde. Roy schaute es an; es schaute Roy an, und als sich ihre Augen trafen, da wußte Roy sofort, daß er nicht auf ein menschliches Wesen hinabschaute. Es war ein Wesen von woandersher.

Der bittende Ausdruck auf dessen Gesicht, das nur einen kleinen frontalen Teil des riesigen Kopfes in Form einer Wassermelone ausmachte, und das Gefühl von Schmerz und Leiden, das sich hinter Roy Danzers Augen und in seinem Gehirn abspielte, während er auf die Figur starrte, sagten Roy, daß es die letzten Lebensminuten dieses Wesens waren. Es sprach nicht. Es konnte sich kaum bewegen. Aber Roy sah tatsächlich oder glaubte zu sehen, daß ein Gefühl über das kleine Gesichtsfeld huschte. Und dann entschwand das Wesen seinen Blicken, von den Trägern in das Hospital gebracht, die ihn im Vorbeigehen böse anschauten. Roy nahm noch einen Zug aus seiner Zigarette.

»Was zum Teufel war das?« fragte er ins Blaue hinein. Sein Kopf flog in den Nacken, als er in die Arme von ein paar MPs geworfen wurde. Sie drückten ihn gegen ein Eisengitter und hielten ihn da fest, bis ein Offizier herankam und ihm seinen Finger direkt vor das Gesicht hielt. »Wer bist du überhaupt?« brüllte er in Danzers Ohren. Noch bevor dieser antworten konnte, kamen zwei weitere Offiziere herbei und wollten wissen, was er auf der Basis zu suchen habe. Die Kerle spaßten nicht. Danzer dachte, die sehen aber unangenehm aus. Und sie redeten sich richtig in Wut. Ein paar Minuten lang dachte Danzer, er würde seine Familie nie wiedersehen, solche Angst hatte er. Aber dann kam ein Major hinzu und unterbrach das Gebrüll.

»Ich kenne den Jungen«, unterbrach der Major. »Er arbeitet hier mit anderen zivilen Arbeitern. Er ist in Ordnung.«

»Sir«, setzte ein Feldwebel zur Erklärung an. Aber der Major – Danzer kannte seinen Namen nicht – nahm den Feldwebel am Arm und führte ihn außer Hörweite. Danzer konnte beobachten, wie sie miteinander sprachen und bemerkte dann, wie der rotgesichtige Feldwebel sich allmählich beruhigte. Die beiden kamen zurück zu Danzer, der noch immer von den MPs gegen das Gitter gedrückt wurde.

»Du hast nichts gesehen, verstehst du?« sagte der Feldwebel zu Danzer, der nur nickte. »Du darfst niemandem etwas über dies hier erzählen, nicht deinen Freunden, nicht einmal deiner Familie – niemandem. Verstanden?«

»Ja, Sir«, sagte Danzer. Jetzt hatte er wirklich Angst.

»Wir werden erfahren, ob du sprichst. Wir werden erfahren, mit wem du sprichst, und von dir wird alles einfach verschwinden, wenn ...«

»Feldwebel«, unterbrach der Major.

»Sir, dieser Kerl hat hier nichts zu suchen und wenn er redet, kann ich für nichts garantieren.« Der Feldwebel beschwerte sich so, als ob er versuchte, sich Rückendeckung bei einem Vorgesetzten zu verschaffen, der nicht so viel wußte wie er selbst.

»Vergiß also alles, was du gesehen hast«, wendete sich der Major an Danzer. »Nimm jetzt die Beine in die Hand und hau ab, bevor dich jemand anderes sieht und dich vielleicht noch ruhigstellen will.«

»Ja, Sir«. Danzer schrie fast, befreite sich aus dem Griff der MPs und raste zu seinem Lieferwagen auf der anderen Seite der Basis. Er drehte sich nicht einmal mehr nach den Soldaten um, welche die Säcke mit den Leichen der anderen Körper ins Hospital trugen. Dort wurden die Wesen, bevor weitere Instruktionen kamen, wie erlegtes Wild, das zubereitet werden soll, für die Autopsie präpariert.

Der Rest der Story über jene Woche ist in die Geschichte eingegangen. Zuerst hat Bull Blanchard, der Kommandant des 509. Fliegerhorstes der Veröffentlichung der Story von der »fliegenden Untertasse« zugestimmt. Diese Version wurde von Nachrichtenmedien im ganzen Land verbreitet. Dann aber hat General Roger Ramey vom Hauptquartier der Luftwaffe der 8. Armee in Texas Major Jesse Marcel befohlen, erneut vor die Presse zu treten und die Fliegende-Untertassen-Story zu widerrufen. Diesmal sollte Marcel glaubhaft vermitteln, er habe sich geirrt und festgestellt, daß die Trümmer in Wirklichkeit von einem Wetterballon stammten. Jesse Marcel mußte also eine Story schlucken, die er selbst niemals geglaubt hätte. Der gestandene Offizier mußte sich mit ein paar getürkten Trümmern von einem echten Ballon hinstellen und einen Irrtum eingestehen. Einen Irrtum, der ihm selbst dann nie unterlaufen wäre, wenn er in einer miserablen Verfassung gewesen wäre. Dieses Dementi belastete ihn für den Rest seines Lebens, bis er endlich Jahrzehnte später, kurz vor seinem Tod, seine öffentliche Darstellung widerrief und erneut erklärte, daß er in jener Nacht tatsächlich ein außerirdisches Flugzeug in der Wüste von Roswell geborgen habe.

In den Tagen und Wochen nach dem Absturz und der Bergung schwärmten Armeegeheimdienstler und CIC-Personal in Roswell und den umliegenden Gemeinden aus, um jedes Gerede über den Vorfall zu unterdrücken. Mit unüberlegten Gewaltandrohungen, physischer Einschüchterung und, nach einigen Gerüchten zu urteilen, zumindest einem Todesfall, zwangen die Offiziere die Leute zum Schweigen. Mac Brazel, einer der Zivilisten, dessen Grundstück in der Nähe der Absturzstelle lag, und der das Gelände besucht hatte, wurde angeblich bestochen und bedroht. Plötzlich schwieg er zu allem, was er in der Wüste gesehen hatte, obwohl er vorher Freunden und Reportern mitteilungsfreudig berichtet hatte, er hätte Teile von einem abgestürzten Raumfahrzeug gefunden.

Beamte von der Bezirkspolizei in Chavez und andere Behörden wurden gezwungen, sich dem harschen Edikt der Armee zu beugen. Der Zwischenfall außerhalb von Roswell sei eine Angelegenheit der nationalen Sicherheit und nicht diskutabel. »Es ist nie passiert«, entschied das Heer und die zivilen Behörden schlossen sich bereitwillig dieser Aussage an. Selbst die Rundfunkreporter des lokalen Roswell-Radios, John McBoyle vom KSWS und Walt Whitmore Sr. vom KGFL, die Interviews mit Augenzeugen durchgeführt hatten, wurden gezwungen, sich dieser offiziellen Linie zu beugen. Die Armee hatte sie festgelegt, und deshalb durften sie ihre Berichte nicht veröffentlichen. Schluß, aus.

Einige Zivilisten, die behaupteten, von Heeresoffizieren, die nach dem Absturz Roswell förmlich überfluteten, eingeschüchtert worden zu sein, verfolgte dies Trauma für den Rest ihres Lebens. Dan Dwyers

Tochter, die im Juli 1947 ein kleines Mädchen war, gehörte zu jenen Zivilisten, die miterleben mußten, wie man mit Zeugen umsprang. Ein riesiger, behelmter Heeresoffizier, die Augen hinter einer Sonnenbrille verborgen, kam in ihr Elternhaus und beugte sich in der Küche über sie. Unmißverständlich erklärte er ihr, sie solle alles vergessen, was ihr Vater ihr erzählt hätte, anderenfalls würde sie mit ihrer ganzen Familie einfach in der Wüste verschwinden. Sally hatte ja mit dem metallischen Stoffstück gespielt, das ihr Vater an jenem Julimorgen mitgebracht hatte, und seinen Beschreibungen der kleinen Wesen, die auf Bahren weggetragen worden waren, gelauscht. Sie zitterte nun vor Angst, als der Offizier sie zwang, zuzugeben, daß sie nichts gesehen und nichts gehört hätte.

»Es ist nie passiert«, beschwor der bullige Mann sie und schüttelte sie dabei. »Und nichts wirst du jemals in deinem ganzen Leben davon erzählen, weil wir überall sind und davon erfahren werden«, wiederholte er immer wieder, wobei er einen Polizeiknüppel bei jedem Wort laut klatschend in seine offene Hand schlug. Selbst heute noch treten Sally Tränen in die Augen, wenn sie diese Szene beschreibt und sich an den verängstigten Gesichtsausdrucks ihrer Mutter erinnert. Die Frau mußte die Küche verlassen, während der Offizier mit ihrer kleinen Tochter sprach. Es ist hart für ein Kind, zu sehen, wenn ihre Eltern mit Terror zum Schweigen gebracht werden und die Wahrheit leugnen müssen.

Auch Roy Danzers Tochter erinnert sich noch gut daran, wie sehr sie beim Anblick ihres Vaters erschrak, als er an jenem Morgen des 5. Juli 1947 von der Basis zurückkehrte. Er sprach natürlich nicht darüber, was dort geschehen war, obwohl die ganze Stadt von Gerüchten nur so schwirrte, daß Wesen aus dem Weltall Roswell überfallen hätten. Stimmte es etwa nicht, daß alle Kinder in der Stadt darüber Bescheid wußten und in den Nachrichten seit Wochen Geschichten über fliegende Untertassen kamen? Aber Roy Danzer sagte kein Wort zu seiner Tochter. Sie hörte ihre Eltern nachts durch die geschlossene Schlafzimmertür miteinander reden und schnappte ein paar Wortfetzen über kleine Wesen auf und »sie werden uns alle umbringen«. Aber sie begrub diese Dinge tief in ihrem Unterbewußtsein, bis ihr Vater ihr kurz vor dessen Tod erzählte, was in jener Nacht im Juli wirklich auf der Basis passierte, als der Konvoi aus der Wüste zurückkam.

Steve Arnold blieb in Roswell und beendete seine Dienstzeit bei der Armee und war, ohne daß er es wußte, während der ganzen 60er Jahre hindurch eine Art Mitglied meines Teams. Einige behaupten, er würde immer noch für die Regierung arbeiten und einen Job machen, der ihm direkt vom Himmel New Mexicos in den Schoß fiel. Er würde gezielt Desinformationen von der Armee oder dem CIA oder wem auch immer verbreiten. Man munkelt sogar, er führe die Tarngeschichten weiter, die 50 Jahre später ein Eigenleben angenommen haben und durch ihr Beharrungsvermögen immer weiterlaufen. Man kann Steve heute in Roswell beobachten, wie er alte Freunde aus seiner Dienstzeit besucht und Journalisten vom Fernsehen, die von Zeit zu Zeit Leute in Roswell besuchen, die über den Sommer 1947 reden wollen, Interviews gibt.

Die Trümmer, die in jenem Juli in der Wüste sichergestellt wurden, ereilte ein anderes Schicksal. Man brachte sie nach Fort Bliss in Texas, dem Hauptquartier der Luftwaffe der 8. Armee. Dort wurden sie nur oberflächlich analysiert – ausschließlich unter Kontrolle der Armee. So schnell, wie sie gekommen waren, wurde einige Teile nach Ohio geflogen, wo man sie auf dem Wright-Flughafen (später Wright-Patterson) unter Verschluß nahm. Den Rest lud man auf Lastwagen und brachte ihn nach Fort Riley in Kansas zur Zwischenlagerung. Der 509. Fliegerhorst kehrte zu seiner Tagesroutine zurück. Jesse Marcel versah wieder seinen Dienst, als hätte er niemals Trümmer eines fremden Luftfahrzeugs in seinen eigenen Händen gehalten. Die zivilen Arbeiter reparierten wieder Abflußrohre, Türen und Wände der Basis, als wäre da nie etwas aus der Wüste angekommen.

Nach der ersten Juliwoche 1947 hatte man den Eindruck, als habe der Absturz außerhalb Roswells nie stattgefunden. Vergleichbar mit der stockfinsteren Wüstennacht, die einen verschluckt, wenn man durch die endlose Wüste und die Chaparrals Richtung Roswell fährt, so hat die Nacht des Schweigens die Story von Roswell für über 30 Jahre zugedeckt.

Dies sind die Geschichten, wie ich sie gehört habe, wie sie Beteiligte mir später erzählt haben. Ich war in jener Nacht in Roswell nicht dabei, ich sah die Ereignisse nicht selbst. Ich hörte nur Jahre später über sie, als mir die Aufgabe zufiel, aus all dem etwas zu machen. Aber die Trümmer des abgestürzten Objektes, die in jener Nacht vom Himmel fielen, schipperten ständig auf einem Kollisionskurs mit meinem

Leben. Unsere Wege kreuzten sich offiziell im Pentagon erst 1960. Allerdings sollte ich bereits 1947 als junger Major in Fort Riley für einen kurzen Moment etwas sehen, das ich in meiner Erinnerung verschwinden ließ und von dem ich hoffte, in meinem restlichen Leben nie wieder etwas zu sehen.

2

Konvoi nach Fort Riley

Ich kann mich an eine Zeit erinnern, als ich mich so jung und unbesiegbar fühlte, daß es nichts auf der Welt gab, vor dem ich mich fürchtete. Ich hatte die Angst in Nordafrika besiegt. Mit General Pattons Armee stand ich der Artillerie von Rommels Panzerdivisionen Auge in Auge gegenüber und vergalt es ihnen reichlicher, als sie uns zukommen ließen. Wir waren eine Armee aus jungen Leuten, die aus einem Land kamen, das den Krieg nicht begonnen hatte, sich aber mittendrin befand. Noch bevor wir die Kirche an jenem Sonntag verlassen hatten, an dem Pearl Harbour angegriffen wurde, befanden wir uns im Krieg. Als nächstes erfuhren wir, daß Hitler uns den Krieg erklärt hatte, und dann kämpften wir in Europa. Aber 1942 vertrieben wir die Deutschen aus Afrika und sprangen hinüber nach Sizilien. Dann, während Mussolini noch seine Wunden leckte, setzten wir nach Italien über und kämpften uns die Halbinsel nach Norden hoch, bis wir in Rom anlangten. Wir waren die erste Invasionsarmee seit dem Mittelalter, die Rom eingenommen hatte, und selbstverständlich die erste Armee aus der Neuen Welt, die jemals Rom besetzt hatte.

Dort saßen wir nun in Rom, Anfang 1944, nachdem Mussolini geflohen war und die deutsche Front ringsumher zusammenbrach. Man beauftragte mich, einen blutjungen Geheimdiensthauptmann, die Bildung einer Zivilregierung unter alliierter Kontrolle in der Stadt meiner Vorfahren zu beaufsichtigen. Einer Stadt, die ich nur aus Geschichtsbüchern kannte. Papst Pius persönlich gab mir eine Audienz, um unsere Pläne für eine Stadtregierung zu diskutieren. Solche Dinge kann man nicht träumen. Die müssen im wirklichen Leben passieren, und dann muß man sich selbst in den Arm zwicken, um sicherzugehen, daß man nicht in seinem eigenen Bett außerhalb von Pittsburgh an einem Wintermorgen aufwacht.

Ich blieb drei Jahre in Rom. Meine Zeit in dieser Stadt begann in den Monaten vor der Landung in der Normandie 1944, als die deutsche Front immer noch wenige Kilometer südlich von Rom verlief und unsere Jungs sich die Hänge des Monte Casino hochschlugen. Sie endete Anfang 1947, als ich in die Heimat verfrachtet wurde.

Ich war fünf Jahre fort! Nun warfen meine Frau und ich alles, was wir besaßen, in einen gebrauchten Chevy Cabriolet und fuhren auf den friedlichen Straßen Amerikas durch die Felder Pennsylvanias nach Kansas. Jetzt war ich zu Hause! Mit offenem Verdeck kurvte ich quer durch Missouri. Mich erwartete ein Posten, der für einen jungen Offizier als Sprungbrett auf der Rangleiter nach oben in der Armee angesehen wurde: Die Schule des Militärischen Geheimdienstes, nur einen Steinwurf vom Strategischen Geheimdienst entfernt, die Heeresvariante der Ivy League (die Elite der Hochschulen an der Ostküste, Anmerk. d. Übers.). Ich kam vorwärts in der Welt. Und was war ich? Nur ein Wehrpflichtiger aus Pennsylvania, der für die Offiziersanwärterschule ausgewählt wurde und jetzt gerade zurückkam von einem Geheimdienstauftrag im von den Alliierten besetzten Europa.

Ich war bereit, eine neue Karriere im Geheimdienst des Heeres zu beginnen. Nach so vielen Jahren in Afrika und Europa war ich gespannt, Amerika wiederzusehen. Inzwischen hatten sich die Menschen besser von der Last des Krieges erholt. Niemand mehr mußte in Fabriken oder in Uniform an einem verzweifelten Krieg jenseits zweier Ozeane teilnehmen. Amerika befand sich im Siegestaumel, und das konnte ich auf meiner Fahrt deutlich spüren, wenn wir durch die kleinen Städte im südlichen Ohio und Illinois und dann quer durch Mississippi fuhren. Wir blieben nicht über Nacht, um St. Louis anzuschauen oder auf der Kansas-Seite des Flusses auszuruhen. Vom Wunsch beseelt, Berufsoffizier zu werden, fuhren wir bis Fort Riley durch. In der nahegelegenen Junction City mieteten wir eine Wohnung, wo wir leben wollten, bis unser Haus auf der Basis fertig wurde.

In den folgenden Wochen versuchten meine Frau und ich, uns an das Leben in Friedenszeiten zu gewöhnen. Wir hatten im Nachkriegsrom gelebt, als ich noch half, die Stadt zu befrieden und die Versuche der Kommunisten abzuwehren, die Regierung zu übernehmen. Wir hatten das Gefühl, in Rom immer noch im Krieg zu stehen, da jeder Tag neue Herausforderungen mit sich brachte, entweder von seiten der Kommunisten oder von seiten des organisierten Verbrechens, die ebenfalls versuchten, wieder in die Zivilregierung einzudringen. Täglich schwebte ich in Lebensgefahr durch die verschiedenen Terroristenbanden in der Stadt, von denen jede ihre eigene Todesliste hatte. Fort Riley kam uns dagegen wie der Anfang eines Urlaubs vor.

Und ich drückte wieder die Schulbank. Diesmal jedoch belegte ich Kurse im beruflichen Training. Ich wußte nur zu gut, was es bedeutet, Geheimdienstoffizier zu sein, ich war ja sogar vom britischen MII9 ausgebildet worden, dem ältesten Kriegsgeheimdienst der Welt. Meine Ausbildung war so gründlich, daß wir seinerzeit in Rom selbst sowjetische Spezial-NKWD-Einheiten austricksen und sogar zerstören konnten. Vor dem Krieg hatten die Vereinigten Staaten eigentlich in Friedenszeiten keinen Geheimdienst, weshalb man bei Kriegsbeginn schnell den OSS (Office of Strategic Services = Militärischer Geheimdienst, Anmerk. d. Übers.) bildete. Aber der Geheimdienst von Armee und OSS haben während des Krieges meist nicht zusammengearbeitet, weil die Kommunikationskanäle ziemlich schlecht funktionierten, und wir eigentlich dem OSS nie richtig trauten.

Jetzt nach dem Krieg, als der Armeegeheimdienst Geltung gewonnen hatte, wurde ich Teil eines völlig neuen Kaders von beruflichen Geheimdienstoffizieren, das die Aktivitäten der Sowjets verfolgen sollte. Die Sowjets waren unsere neuen alten Feinde geworden.

Auf der Geheimdienstschule befaßten wir uns in den ersten Monaten zum einen mit den Grundlagen eines guten geheimdienstlichen Sammelns von Informationen durch Verhör von Gefangenen, Analyse von unbearbeiteten Geheimdienstdaten usw. Zum anderen lernten wir aber auch die Grundlagen der Verwaltung und wie man eine Geheimdiensteinheit unter Kriegsbedingungen führt – Aggressor Force (Angriffseinheit) genannt. Niemand von uns wußte in jenen ersten Tagen, wie schnell wir unser gerade erworbenes Können würden prüfen können, noch wo unsere Gegner angreifen würden. Aber die Tage verliefen voller Zuversicht, als das Wetter in der Ebene wärmer wurde und die Tage mit der Ankunft des Sommers länger wurden.

Bevor der Krieg ausbrach und ich noch auf die höhere Schule in California, Pennsylvania, meiner Heimatstadt ging, war ich ein ganz guter Bowlingspieler. Diesen Sport wollte ich nach Kriegsende wieder aufnehmen. Als ich dann nach Fort Riley kam, war einer der ersten Plätze, die ich aufsuchte, die Bowlingbahn der Basis, die in einem der alten Ställe untergebracht worden war. Fort Riley war ein ehemaliges Kavalleriequartier, des 7. Custer Kavallerieregimentes und hatte nach dem Krieg immer noch ein Polofeld. Ich begann also wieder mit dem Bowling und hatte bald wieder so viel Übung, daß die Wehrpflichtigen, die auch spielten, mit mir über mein Spiel zu reden begannen. Nach zwei Monaten sprach mich Hauptfeldwebel Bill Brown an – die Leute nannten ihn Brownie –, als ich gerade meine Bowlingschuhe wechselte und meinte, er wolle mit mir reden.

»Major, Sir«, begann er etwas zögernd, weil er einen Offizier ohne Uniform anredete und dazu noch in einer nicht militärischen Angelegenheit. Er konnte wirklich nicht wissen, daß ich ein Wehrpflichtiger wie er selbst war und in den ersten Monaten in der Armee ebenfalls Befehle von Korporalen im Rekrutenlager entgegengenommen hatte.

»Feldwebel?« fragte ich.

»Die Leute hier wollen eine Bowlingmannschaft aufstellen, Sir, Mannschaften haben, die gegeneinander spielen und am Ende vielleicht eine Mannschaft, welche die Basis repräsentiert«, begann er. »Und wir haben zugeschaut, wie Sie samstags immer spielen.«

»Und, was mache ich falsch?« fragte ich. Ich dachte zuerst, daß mir dieser Feldwebel den einen oder anderen Tip geben wollte und so etwas wie eine Autorität sein wollte. Aber das war es nicht.

»Nein, Sir. Gar nichts«, stotterte er verlegen. »Ich meine etwas anderes. Wir, ein paar Jungs hier, fragten uns, ob Sie schon früher gespielt haben – könnten Sie sich vorstellen, in einem Team mitzuspielen?« Er war selbstsicherer geworden, je näher er seiner Aufforderung kam.

»Ihr wollt mich für eure Mannschaft?« fragte ich. Ich war ziemlich überrascht, da man es damals gar nicht gern sah, wenn sich Offiziere mit Mannschaftsdienstgraden gemein machten. Heute ist das alles sehr viel anders als vor 50 Jahren. Das war eine andere Welt, auch für viele aus dem Offizierscorps, die als Wehrpflichtige begannen, um dann eine Offizierslaufbahn einzuschlagen.

»Wir wissen, daß es nicht üblich ist, Sir, aber es gibt kein Verbot.« Ich schaute ihn überrascht an. »Wir haben uns informiert«, erklärte er. Er hatte sich offenbar recht gut vorbereitet.

»Ihr meint, ich könnte wirklich einen Beitrag leisten?« fragte ich ihn. »Es ist lange her, daß ich gegen jemanden gespielt habe.«

»Sir, wir haben Ihnen zugeschaut. Wir glauben, daß Sie uns wirklich helfen können. Außerdem«, fuhr er fort, »brauchen wir einen Offizier in unserem Team.«

Ob aus Bescheidenheit oder weil er mich nicht abschrecken wollte, jedenfalls hatte er die Fähigkeiten des Bowlingteams sehr unter den Scheffel gestellt. Diese Jungs waren in ihren Heimatorten Champions gewesen und einige Jahre später konnte man sie beim Bowling for Dollars antreffen. Es gab keinen vernünftigen Grund, in dieser Mannschaft nicht mitzuspielen, auch wenn ich Offizier war.

Ich sagte ihm, ich käme darauf zurück, da ich gern selbst in den Vorschriften nachschauen wollte. Tatsächlich durften einfache Soldaten und Offiziere in denselben Sportmannschaften spielen. Schon sehr bald fand ich mich zusammen mit Dave Bender, John Miller, Brownie und Sal Federico in der Mannschaft. Wir wurden rasch ein bemerkenswertes Team und gewannen die meisten unserer Spiele und spielten uns bis in die Finalrunden hoch. Am Ende gewannen wir die Bowlingmeisterschaft der Armee. Der Pokal steht bis heute auf meinem Schreibtisch. Die Barriere zwischen Gemeinen und Offizieren schien auf magische Weise zu verschwinden. Und das wollte ich mit dieser Story sagen. In all den Monaten mit der Mannschaft wurden Bender, Miller, Federico, Brownie und ich Freunde. Wir hatten außerhalb des Bowlings wenig Kontakt, pflegten aber einen offenen Umgangston, und das gefiel mir. Ich fand, daß viele Berufsgeheimdienstoffiziere auch wollten, daß einige Barrieren fielen, weil die Leute aufrichtiger mit einem sprechen, wenn man nicht immer den Dienstgrad heraushängen läßt.

Also freundete ich mich weiter mit den Jungs der Mannschaft an – und das führte mich in jener Sonntagnacht am 6. Juli 1947 in das Veterinärgebäude.

Ich erinnere mich, wie brütend heiß es an jenem Wochenende mit den Feiern und Feuerwerken zum 4. Juli gewesen war. Damals besaß noch nicht jeder eine Klimaanlage, weswegen wir in der Basis vor Hitze beinahe umkamen und die dicken, fetten Fliegen verscheuchten, die uns umsummten und auf Brotkrümeln oder sonstigen Essensresten umherkrabbelten. Nach den Feierlichkeiten – am Sonntag abend – schleppten die Jungs ihre Kameraden, die zu tief ins Bierglas geschaut hatten, in die Baracken, damit die MPs sie nicht zu fassen bekamen. Alle bereiteten sich langsam auf die Arbeit der nächsten Woche vor. Niemand schien die Lkws und den Tieflader zu beachten, die voll beladen an jenem Nachmittag aus Fort Bliss in Texas angekommen waren und weiter nach Wright Field, Ohio, zum Air Materiel Command (Luftwaffenmaterialstelle) fahren sollten. Hätte man in die Frachtpapiere geschaut, hätte man darin gelesen, daß die Fracht aus Streben für die B29-Fahrgestelle, Flügeltankhülsen für die alten P51, Kolbenringe für Motorflugzeuge und Zinnkisten mit Walkie-Talkies bestand. Keiner hätte sich über die Ladung gewundert, nur vielleicht darüber, daß sie in die falsche Richtung fuhr. Diese Ersatzteile wurden nämlich eigentlich von Wright Field zu den Militärbasen wie Fort Bliss verfrachtet, also in die andere Richtung. Das alles erfuhr ich aber erst viele Jahre später, als ich mich mit der tatsächlichen Ladung dieser Fahrzeuge näher befaßte.

An jenem Sonntagabend, kurz nach Einbruch der Dunkelheit – es war sehr feucht –, konnte man in der Ferne Blitze sehen, und ich fragte mich, ob der Sturm die Basis vor Morgengrauen erreichen würde. In jener Nacht hatte ich die Postenkontrolle – ähnlich dem wachhabenden Offizier auf einem Schiff –, und ich hoffte, der Sturm ließe bis zum nächsten Morgen auf sich warten. Ich verspürte wenig Lust, durch den Schlamm von einer Wache zur nächsten während eines Sommergewitters zu waten. Ich schaute mir den Wachplan an und sah, daß Brownie an einem der alten Veterinärgebäude etwa in der Mitte des Geländes auf Posten stehen mußte.

Der Postenkontrolloffizier verbringt die Nacht in der Zentrale des Basishauptquartiers, wo er die Telefone bedient und eigentlich eine lebende Notrufsäule darstellt. Viel tun mußte man nicht, wenn nicht gerade ein Krieg ausbricht oder eine Meute von Matrosen sich entschließt, eine Bar am Ort auseinanderzunehmen. Spät in der Nacht läuft auf der Basis alles nach einem bestimmten Muster ab. Die Wachen drehen ihre Runden, die verschiedenen Verwaltungsgebäude schließen, und wer immer Wache schiebt, übernimmt das Kommunikationssystem, das 1947 hauptsächlich aus Telefon und Fernschreiber bestand. Ich mußte ein bißchen umherlaufen, um die verschiedenen Gebäude zu kontrollieren und zu schauen, ob die Wachen auf ihren Posten waren. Ich mußte auch die Freizeitclubs schließen. Nach meinem obligatorischen Rundgang zu den Clubs der Mannschaften und der Offiziere, bei dem ich alle Bars und Schnellküchen mit der nötigen Rücksicht auf die höheren

Offiziere schloß und die Betrunkenen in ihre Quartiere brachte, ging ich zu dem alten Veterinärgebäude, wo Brownie Wache schob.

Als ich dorthin kam, wo Brownie stehen mußte, konnte ich ihn nicht entdecken. Irgend etwas stimmte da nicht.

»Major Corso«, zischelte eine Stimme aus der Dunkelheit. Sie hörte sich erschrocken und erregt an.

»Was, zum Teufel, tust du da drinnen, Brownie?« Ich konnte die Gestalt ausmachen, die hinter der Tür zu mir herausschaute. »Bist du nicht ganz bei Trost?« Brownie hatte vor dem Gebäude zu stehen und sich nicht drinnen zu verstecken. Das war eine üble Pflichtverletzung.

»Sie verstehen nicht, Major«, flüsterte er. »Sie müssen das sehen.«

»Mach kein Theater«, sagte ich und ging dorthin, wo er stand und wartete auf ihn vor der Tür. »Komm jetzt da raus, damit ich dich sehen kann«, befahl ich.

Brown steckte den Kopf zur Tür heraus. »Wissen Sie, was hier drinnen ist?« fragte er unbeirrt.

Was auch immer das war, ich verspürte absolut keine Lust auf Spielchen. Auf der Liste der Postenkontrolle stand, daß das Veterinärgebäude für jedermann off-limits wäre. Nicht einmal die Wachen durften hinein, weil alles, was dort abgeladen wurde, als »Streng geheim« klassifiziert worden war. Was machte Brownie also da drinnen?

»Brownie, du weißt, daß du nicht da drinnen sein darfst«, sagte ich. »Komm raus und sag mir, was los ist.«

Er kam heraus und selbst im Halbdunkel konnte ich sein leichenblasses Gesicht sehen. Er sah aus, als sei ihm der Leibhaftige begegnet. »Du würdest es nicht glauben«, antwortete er mir jetzt endlich. »Ich glaube es nicht, dabei habe ich es gerade gesehen.«

»Wovon redest du denn?« fragte ich.

»Die Kerle, die die Laster abgeladen haben«, sagte er, »haben uns gesagt, daß sie die Boxen von Fort Bliss von einem Unfall in New Mexico hierher gebracht haben.«

»Ja, na und?« Ich wurde langsam ungeduldig.

»Sie erzählten uns, alles wäre zwar streng geheim, daß sie aber dennoch reingeschaut hätten. Alle hätten es gemacht, als sie die Laster beladen haben, obwohl MPs mit Seitengewehren herumliefen und sogar Offiziere aufpaßten«, berichtete Brownie. »Aber die Jungs versicherten, daß sie beim Aufladen wirklich reingeschaut haben. Und sie hätten gar nicht glauben können, was sie da sahen. – Major, gehen Sie rein, Sie haben den Sicherheitscode, Sie dürfen hier hineingehen.«

In der Tat durfte ich als der Postenkontrolloffizier während meines Dienstes überall hin, wohin ich wollte. Also betrat ich das alte Veterinärgebäude, das Krankenrevier für die Kavalleriepferde vor dem Ersten Weltkrieg. Ich schaute zu dem Zeug, das man hier abgeladen hatte. Außer Brownie und mir befand sich niemand im Gebäude.

»Was ist das alles für Zeug?« fragte ich.

»Das ist es doch, was niemand weiß«, erwiderte Brownie. »Die Fahrer haben gesagt, es stammte von einem Flugzeugabsturz in der Wüste, irgendwo um den 509. Fliegerhorst herum. Aber als sie hineinschauten, sahen sie etwas, was sie noch niemals gesehen hatten. Nichts von diesem Planeten.«

Das war das Verrückteste, was ich jemals gehört hatte, von all den Stories der Mannschaften, die von einer Basis zur nächsten gehen und jedesmal etwas mehr aufgeblasen werden. Vielleicht zählte ich nicht zu den cleversten Typen der Welt, aber ich hatte genügend Ingenieurserfahrung und Geheimdienstschulung, um mich in Trümmern zurechtzufinden und dann eins und eins zusammenzuzählen. Wir gingen zu den Ladecontainern, die mit einer Plane zugedeckt waren, und ich schlug eine Ecke zurück.

»Du solltest hier nicht drinnen sein«, sagte ich zu Brown. »Besser, du verschwindest.«

»Ich paß draußen auf, Major.«

Eigentlich wollte ich ihm sagen, daß er das die ganze Zeit hätte tun sollen, statt hier drinnen zwischen geheimem Material herumzuschnüffeln, aber ich hielt meinen Mund. Ich wartete, bis er seine Position vor der Tür eingenommen hatte, bevor ich mich dem Inhalt der Behälter zuwandte.

Es gab etwa dreißig hölzerne vernagelte Kisten, die an der hinteren Wand des Gebäudes standen. Da ich nicht wußte, welcher der vielen Lichtschalter zu welcher Lampe gehörte, benutzte ich meine Taschenlampe. Daher dauerte es eine Weile, bis sich meine Augen an die Dunkelheit und die Schatten gewöhnt hatten. Ich wollte nicht anfangen, Nägel herauszureißen und stellte die Taschenlampe so auf, daß sie genug Licht gab und begann nach einer Kiste zu suchen, die sich leicht öffnen ließ. Schließlich fand ich eine längliche Box, die an der Seite unterhalb des Deckels einen breiten Riß hatte. Das sah ganz danach aus, daß jemand sie bereits geöffnet hatte. Die Kiste wirkte wie ein kleiner Sarg. Vielleicht handelte es sich um die Box, von der Brownie gerade erzählt hatte. Ich verschaffte mir mehr Licht, indem ich meine Taschenlampe an die Wand hängte, dann machte ich mich an die Arbeit.

Der Deckel saß schon locker. Ganz offensichtlich hatte einer kurz zuvor die Kiste geöffnet. Ich ruckelte an dem Deckel, lockerte dann ringsherum die Seiten der 1,5 m langen Kiste, bis schließlich der Deckel hochkam. Wo oben und unten war, wußte ich nicht. Ich zog einfach den Deckel herunter. Dann leuchtete ich mit der Taschenlampe in die Kiste – und mir kam alles hoch, mir wurde speiübel.

Was immer sie hier verpackt hatten, es war ein Sarg, aber ein Sarg, wie ich ihn in meinem ganzen Leben noch nie gesehen hatte. Irgend etwas lag in einem dicken Glasbehälter in einer zähen, hellblauen Flüssigkeit, die wie eine geleeartige Diesellösung aussah. Das Objekt schwebte darin, ohne den Boden zu berühren, und es wirkte weich und durchsichtig, fast wie die Unterseite mancher Fische. Im ersten Moment dachte ich an ein totes Kind, das irgendwohin verfrachtet werden sollte. Aber dies war kein Kind, sondern eine 1,2 m große Figur, wie ein Mensch geformt, mit Armen, bizarr geformten Händen mit vier Fingern – ich sah keinen Daumen – dünnen Beinen und Füßen und einem übergroßen, leuchtenden, glühlampenähnlichen Kopf, der aussah, als würde er über einem Ballonkorb, den das Kinn darstellte, schweben. Zuerst zuckte ich verschreckt zusammen, dann überkam mich das Bedürfnis, den Deckel des Glasbehälters abzunehmen, um die blasse, graue Haut dieses Wesens zu berühren. Aber ich konnte nicht sagen, ob es überhaupt eine Haut war. Es konnte vielleicht auch ein sehr dünner Stoff sein, der in einem Stück das Fleisch des Wesens überzog. Seine Augäpfel mußten weit in den Kopf gerollt sein, da ich weder Pupillen noch Iris erkennen konnte oder sonst etwas, was an ein menschliches Auge erinnerte. Die Augenhöhlen hatten Übergröße, waren mandelförmig und auf die Spitze der dünnen Nase gerichtet, die eigentlich nicht aus dem Kopf herausragte. Sie glich eher der winzigen Nase eines Babys, die nicht mit dem Kind mitwuchs und hauptsächlich aus Nasenflügeln bestand.

Der Schädel des Wesens war so übermäßig groß, daß alle seine auf der Frontseite angeordneten Gesichtszüge nur einen kleinen kreisrunden Teil der unteren Kopfhälfte einnahmen. Wangen ließen sich nur ansatzweise erkennen. Weder die hervorstehenden Ohren eines Menschen noch Augenbrauen oder irgendwelche Gesichtshaare konnte ich entdecken. Das Wesen verfügte nur über einen kleinen, schmalen Schlitz als Mund, der vollständig geschlossen war, der eher einem Riß oder einer Vertiefung am Ende des kinnlosen Kopfes ähnelte als einer funktionstüchtigen Mundöffnung. Jahre später fand ich heraus, wie es kommunizierte. In jenem Moment in Kansas jedoch stand ich beim Anblick dieses eindeutig nicht menschlichen Gesichtes, das vor mir in einem gallertigen Konservierungsmittel schwamm, nur einfach schockiert da.

Ich konnte an dem Körper des Wesens keine Schäden entdecken und keine Anzeichen eines Unfalls. Es gab kein Blut, seine Glieder schienen intakt, und ich konnte keine Risse in der Haut beziehungsweise durch den dünnen grauen Stoff sehen.

Ich suchte in der Kiste nach einem Zettel, einem Begleitschreiben oder irgend etwas, das die Art und Herkunft des Dings erklärte. Ich fand ein verwirrendes Dokument des Armeegeheimdienstes, der das Wesen als Besatzungsmitglied eines Flugzeuges beschrieb, das in der Nähe von Roswell, New Mexico, in jener Woche abgestürzt war. Außerdem hatte man notiert, welchen Untersuchungsweg das Wesen nehmen sollte: zuerst zu dem Logistikoffizier des Air Materiel Command in Wright Field und von dort zur Abteilung Leichenpathologie im Walter Reed Armeehospital. Dort – so nahm ich an – sollte das Wesen autopsiert und aufbewahrt werden. Dieses Dokument war ganz bestimmt nicht für meine Augen bestimmt. Ich steckte es wieder in den Umschlag und legte es in die Kiste zurück.

Ich hatte mir mehr Zeit genommen, das Wesen zu betrachten, als ich eigentlich zur Verfügung hatte. In jener Nacht würde ich mit den Zeitkontrollen auf meiner Runde in Verzug geraten, und ich mußte mir eine gute Erklärung einfallen lassen, weshalb ich an den anderen Stellen zu spät gekommen war. Aber was ich gesehen hatte, lohnte den möglichen Ärger am nächsten Tag schon. Diese Sache faszinierte mich einerseits, andererseits fand ich sie äußerst schrecklich. Es stellte alle meine Vorstellungen auf den Kopf, und ich hoffte, wider besseren Wissens, nur eine Art radioaktiver menschlicher Mutation gesehen zu haben. Zweifellos konnte ich keinen anderen Menschen zu Rate ziehen. Nichts wünschte ich mir mehr, als so etwas nie wieder sehen zu müssen. Trotz der Worte, die ich auf dem Dokument gelesen hatte, legte ich mir eine Erklärung nach der anderen für seine Existenz zurecht: Es wäre von Hiroshima gekommen; es wäre das Ergebnis von genetischen Experimenten der Nazis; es wäre ein totes Zirkusmonster. Alles durfte es sein, nur nicht das, was ich wußte, aber nicht wahrhaben wollte: ein außerirdisches Wesen.

Ich schob den Deckel wieder auf die Kiste, klopfte die Nägel mit dem Schaft der Taschenlampe in ihre Löcher und zerrte die Plane wieder darüber. Dann verließ ich das Gebäude und hoffte inständig, die Tür zu dem, was ich gesehen hatte, würde sich für immer schließen. Vergiß es einfach, sagte ich zu mir selber. Du solltest es gar nicht sehen, und vielleicht kannst du dein Leben leben, ohne jemals wieder daran zu denken. Vielleicht.

Draußen traf ich Brownie auf seinem Posten. »Du weißt, daß du das nie gesehen hast«, sagte ich. »Und du sagst niemandem etwas.«

»Was gesehen, Major?« fragte Brownie, und ich ging in das Hauptquartier zurück. Bei jedem Schritt wurde das Bild von dem Wesen in seiner Flüssigkeit schwächer. Als ich mich wieder hinter meinen Schreibtisch setzte, erschien mir alles nur noch wie ein Traum. Nein, kein Traum, ein Alptraum. Aber er war vorbei, und ich hoffte, er würde nie wiederkommen.

3

Die Roswell-Gegenstände

Der Alptraum von dem Wesen, das ich in Fort Riley gesehen hatte, verschwand nie aus meinem Gedächtnis. Allerdings konnte ich ihn während meiner Dienstjahre in Europa als Lenkraketenkommandant verdrängen. Und ich sah seinen Körper in meinem Leben nie wieder, ausgenommen auf den Autopsiefotos und den Skizzen der medizinischen Untersuchung, die mich zusammen mit dem Rest von dem, was in Roswell passiert war, einholten. Dies geschah 1961, als ich aus Deutschland nach Washington ins Pentagon beordert wurde. Ich erinnere mich noch gut an meinen ersten Tag dort. Junge, Junge, als ich vor der Tür meines Chefs darauf wartete, in das Allerheiligste gelassen zu werden, da klopfte mir das Herz bis zum Hals vor Aufregung. Das letzte Mal, als ich so aufgeregt war, stand ich in Washington in dem kleinen Vorzimmer zum Ovalen Zimmer im Weißen Haus und wartete darauf, bis Präsident Eisenhower mit Telefonieren fertig sein würde. Ich wollte dem Präsidenten eine große Bitte unter vier Augen unterbreiten, ihm persönlich, nicht irgendwelchen Assistenten oder Gehilfen. Auch wollte ich nicht auf den Sonderassistenten C.D. Jackson warten, damit er die Sache regelt. Damals, in den 50er Jahren, ging ich im Ovalen Zimmer schon fast ein und aus. Ich überbrachte Präsident Eisenhower Papiere des Nationalen Sicherheitsrates, schrieb Berichte, und manchmal mußte ich warten, während er las, für den Fall, daß ich gleich eine Botschaft mitnehmen sollte. Aber diesmal war es anders. Ich mußte mit ihm persönlich und allein sprechen. Aber Ike brauchte länger als gewöhnlich, und ich lief wie ein Löwe im Käfig unruhig hin und her. Ich beabsichtigte, Präsident Eisenhower um einen persönlichen Gefallen zu bitten. Ich wollte ihn bitten, mich nach fünf Dienstjahren aus dem Nationalen Sicherheitsstab beim Weißen Haus zu entlassen, damit ich das Kommando über ein eigenes Raketenflugabwehrbataillon, das im

Red Canyon, New Mexico, aufgestellt werden sollte, übernehmen könne. Ike hatte mir einmal ein eigenes Kommando versprochen, als ich aus Korea zurückkehrte und meinen Dienst im Weißen Haus antrat. Und 1957 ergab sich die Gelegenheit, eine spannende Aufgabe auf einer Hochsicherheitsbasis mit den begehrten grünen Abzeichen und allen Zutaten zu übernehmen. Es ging dabei darum, ein Flugabwehrbataillon in der Anwendung der geheimsten und neuesten Boden-Luft-Raketen auszubilden und zu kommandieren. Der ganze Verein sollte dann für Zielübungen nach Deutschland verlegt werden, genau vor die Augen der Sowjets. Im Fall eines Dritten Weltkrieges sah unsere Strategie so aus: Die sowjetischen Bomber werden über unsere Stellungen ein Höllenfeuer niedergehen lassen, und die ostdeutschen Panzer werden direkt in unsere Baracken rollen. Wir müßten standhalten und kämpfen. Jede verfügbare Rakete ist abzufeuern, um so viele der angreifenden Flugzeuge wie nur irgend möglich abzuschießen und dann schleunigst zu verschwinden. Ich bebte vor Lampenfieber, als ich damals 1957 auf Ike wartete.

Diese Gedanken gingen mir durch den Kopf, als ich Jahre später nachmittags vor der Hintertür von General Trudeaus Büro im dritten Stock des äußeren Rings des Pentagon stand. Es war im Jahr 1961, vier Jahre nach meinem Weggang vom Weißen Haus, als ich wieder die Uniform anzog und Wache bezog, wenige Kilometer westlich des Eisernen Vorhangs mit seinem elektronischen Niemandsland aus Radarschwenks und Fotosensoren. Ike hatte sich inzwischen auf seine Farm in Pennsylvania zurückgezogen, und mein neuer Chef hieß General Arthur Trudeau, einer der letzten in Korea kämpfenden Generale. Trudeau gewann augenblicklich meine uneingeschränkte Hochachtung, als ich hörte, wie er mit seinen Leuten an den von Kratern zerfurchten Hängen von Pork Chop Hill gelegen hatte, in kleinen Erdlöchern, während die feindlichen Granaten ringsumher wie Platzregen niederprasselten. Man konnte niemandem befehlen, dort hinauf in die Hölle zu gehen, um die Jungs dort droben rauszuholen, es gab einfach zu viele Explosionen. Also riß Trudeau seine Sterne herunter, stülpte sich einen Feldwebelhelm auf den Kopf und kämpfte sich selbst den Hügel hinauf mit einer Kompanie Freiwilliger. Dann kämpfte er sich den Weg wieder hinunter. Auf die Weise erledigte er die Dinge, mit eigenen Händen, und jetzt arbeitete ich direkt für ihn in der Army R&D.

Ich war Oberstleutnant, als ich 1961 in das Pentagon kam. Alles, was ich mitbrachte, war meine Bowlingtrophäe aus Fort Riley und ein Namensschild für meinen Schreibtisch, das aus dem Flügel einer Nike-Rakete aus Deutschland geschnitten war. Meine Leute hatten es für mich gemacht und gesagt, es würde mir Glück bringen. Schon ein paar Tage, bevor meine eigentliche Aufgabe begann, merkte ich, daß ich eine gehörige Portion Glück brauchen konnte. Als ich die Tür öffnete und in das Büro des Generals trat, fand ich gleich heraus, wieviel Glück ich schon an jenem Tag nötig hatte.

»Was ist also das große Geheimnis, General?« fragte ich meinen neuen Boss. Es mag seltsam wirken, derart mit einem General zu reden, aber wir hatten Freundschaft geschlossen, als wir in Eisenhowers Stab arbeiteten. »Warum nicht den Haupteingang?«

»Weil du bereits beobachtet wirst, Phil«, sagte er, wobei er wußte, daß mir das gleich einen kalten Schauer über den Rücken jagen würde. »Und ich möchte diese Unterhaltung so schnell wie möglich privat führen, bevor du offiziell hier anfängst.« Er führte mich zu einigen Aktenschränken. »Es hat sich hier nicht allzu viel verändert, seit du nach Deutschland gegangen bist«, sagte er, »wir wissen immer noch genau, wer unsere Freunde sind und wem wir trauen können.«

Ich verstand ihn. Der Kalte Krieg erreichte seinen Höhepunkt, und es gab überall um uns herum Feinde. In der Regierung, im Geheimdienst und selbst im Weißen Haus. Diejenigen von uns im militärischen Geheimdienst, die wußten, wie sehr das Land sich in Gefahr befand, übten bei ihren Äußerungen große Zurückhaltung, selbst untereinander. Wenn man jetzt, aus der sicheren Distanz von 40 Jahren, auf jene Zeit zurückschaut, mag man kaum glauben, daß wir uns inmitten eines verräterischen Nervenkrieges befanden. Ganz gleich, wie viele 8-Zylinder-Autos von den amerikanischen Fließbändern in die Straßen der Vororte rollten und wie viele Fernsehantennen auf den Dächern brandneuer Häuser in Tausenden von Siedlungen im ganzen Land emporschossen. Mitten in unseren Geheimdiensten und selbst im Büro des Präsidenten saßen Kader von Berufsbeamten und arbeiteten – manche bewußt, manche unbewußt – den Interessen der Sowjets in die Hände. Sie setzten einfach eine Politik um, die im KGB gemacht wurde. Offensichtlich, denn einige Arbeitspapiere, die aus jenen Büros stammten, ergaben sonst überhaupt keinen Sinn. Wir wußten, daß auch der CIA von

KGB-Maulwürfen unterwandert war, und wir wußten auch, daß einige unserer Politiker Ideen vertraten, die die Vereinigten Staaten nur schwächen konnten und uns auf eine Bahn lenkten, die den Interessen unserer Feinde entgegenkamen.

Eine Handvoll von uns kannten die schreckliche Wahrheit über Korea. Wir verloren den Krieg nicht etwa, weil wir auf dem Schlachtfeld geschlagen wurden, sondern weil wir von innen heraus kompromittiert wurden. Die sowjetischen Militärberater, die an der Seite der Nordkoreaner kämpften, bekamen unsere Pläne in die Hand, noch bevor sie uns im Stab von MacArthur erreichten. Und sobald wir unsere beste Technologie zu Lande, zu Wasser und in der Luft einsetzten, lagen bei den Sowjets schon die Pläne fertig in der Schublade, wie sie die schnappen und nach Rußland bringen konnten. Als die Friedensgespräche in Panmunjom aufgenommen wurden und ein Gefangenenaustausch zustande kam, wußte ich, wo jene Amerikaner waren, nämlich knapp 20 Kilometer nördlich der Grenze, die nicht nach Hause kommen würden. Und es gab Personen in unserer eigenen Regierung, die ihre Landsleute dort einfach hängenließen, in Gefangenenlagern, wo einige von ihnen vielleicht heute leben.

General Trudeau nickte mir grimmig lächelnd zu und sagte, als er mich zu dem verschlossenen olivfarbenen Aktenschrank an der Wand seines Privatbüros führte: »Ich brauche dich, um mir den Rücken zu decken, Oberst. Ich brauche dich, um Ausschau zu halten, weil bei dem, was ich tun werde, ich das nicht selbst tun kann.«

Was immer Trudeau auch plante, er würde es mir zur gegebenen Zeit sagen. Und er würde mir nur das sagen, was ich unbedingt unter den jeweiligen Umständen wissen müßte. Für den Augenblick sollte ich nur sein besonderer Assistent im R&D sein, einer der empfindlichsten Abteilungen in der gesamten Pentagon-Bürokratie. Hier wurden die geheimsten Pläne der Wissenschaftler und Waffenerfinder in die rauhe Wirklichkeit der Verteidigungsaufträge umgesetzt. R&D bildete die Brücke zwischen der Idee und dem fertigen Prototyp des Produktes, das aus einer Fabrik rollte, um sein Potential vor den hohen Militärs unter Beweis zu stellen. Meine Aufgabe sollte darin bestehen, die Geheimhaltung während der Entwicklungsphase sicherzustellen.

»Aber, da ist noch etwas, was ich möchte, daß du es für mich tust,

Phil«, fuhr General Trudeau fort, als er die Hand auf den Schrank legte. »Ich werde diesen Schrank runter in dein Büro stellen lassen.«

Der General hatte mich in einem Büro im zweiten Stock des äußeren Ringes direkt unter ihm untergebracht. Auf diese Weise konnte ich, wie ich bald herausfand, wann immer er mich schnell brauchte, hinaufgehen und durch seine Hintertür schlüpfen, bevor irgend jemand mitbekam, wo ich steckte.

»Dieser Schrank enthält ein paar besondere Akten, Kriegsmaterial, das du nie zuvor gesehen hast, und das ich deinem Verantwortungsbereich für Ausländische Technologien unterstellen möchte«, fuhr er fort.

Meine spezielle Aufgabe war der Foreign Technology Desk (Abteilung Ausländische Technologie) im Army R&D und ich glaubte, daß es ein staubtrockener Job sein würde, weil von mir hauptsächlich erwartet wurde, daß ich mich über die Waffen und den Forschungsstand unserer Alliierten auf dem laufenden halte. Geheimdienstberichte lesen, Filme von Waffentests anschauen, Besprechungen mit Wissenschaftlern und Forschungspersonal führen über das, womit sich ihre Kollegen im Ausland beschäftigen.

Außerdem galt es, Vorschläge für Waffen auszuarbeiten, die für die Armee notwendig sein könnten. Das alles war wichtig und hatte sicherlich auch seine Schwierigkeiten. Sie ließen sich gewiß nicht mit dem vergleichen, was ich in Rom mitgemacht hatte bei der Jagd auf die Gestapo- und SS-Offiziere, die von den Nazis zurückgelassen worden waren, sowie auf NKWD-Einheiten, die sich als italienische Partisanen ausgaben. Es erschien mir aber eine gute Gelegenheit, General Trudeau zu helfen, einige Ideen zur technologischen Entwicklung des Heeres nicht in die Hände der Geheimdienste der anderen Waffengattungen geraten zu lassen. Aber zu dem Zeitpunkt wußte ich noch nicht, was der Aktenschrank in sich barg.

Die Armee teilte allgemein die Entwicklungsarbeit ihrer Waffenforschung in zwei grundlegende Kategorien ein, in die einheimische und die ausländische. Zum einen die Forschung, die aus der Arbeit hervorging, die in den Vereinigten Staaten gemacht wurde, zum anderen die Forschung, die im Ausland stattfand. Ich wußte, daß ich am Ball bleiben mußte bei dem, was die Franzosen mit ihren modernsten Helikoptertypen machten oder die Engländer. Wann die wohl in der Lage sein würden, den Senkrechtstarter zu bauen, was wir nach dem Zweiten Weltkrieg aufgegeben hatten. Dann war da diese deutsche Große Kanone, die V3, das Enkelkind der Dicken Bertha, mit der die Deutschen schon im Ersten Weltkrieg Paris bedrohten. Wir hatten die Geschützmontagebänder der deutschen Artillerie in der Nähe von Calais gefunden, nachdem wir in der Normandie einmarschiert waren. Wir wußten, daß die Nazis an etwas arbeiteten, das, ähnlich wie ihr Düsenjäger und ihr neuer Panzer, den Ausgang des Krieges erheblich hätte beeinflussen können, wenn es ihnen gelungen wäre, unseren Vormarsch zu stoppen. Ich zeichnete verantwortlich für die Entwicklung dieser Technologie, die Ideen, auf die wir nicht selber gekommen waren, und für die Ausarbeitung von Empfehlungen, wie wir sie in unsere Waffenplanung einbringen könnten.

Ich wußte nicht, warum der General immer noch leicht nervös mit seinen Fingerspitzen auf die oberste Schublade des Aktenschrankes trommelte. »Ich werde mich gleich mit diesen Akten beschäftigen, wenn Sie wollen, General«, sagte ich. »Und ein paar vorläufige Berichte schreiben, was ich davon halte.«

»Das wird dich wohl ein bißchen länger aufhalten, Phil«, meinte Trudeau. Dabei lachte er beinahe, was er in jenen Tagen selten tat. So hörte ich ihn nur einmal lachen, damals, als man ihm sagte, daß er die US-Truppen in Vietnam befehligen werde. Und er dabei erfuhr, daß ich die Geheimdienstabteilung der Sondereinheiten in Vietnam übernehmen sollte. Beide wußten wir, daß diese Mission der Armee in Vietnam im Desaster enden mußte, weil es der Krieg einer theoretisch orientierten Expertenkommission war. Und diese Leute beschäftigten sich mehr damit, der Armee Hindernisse in den Weg zu legen, als den Vietkong zu vernichten. »Wir werden entweder den Krieg gewinnen oder wir werden vor das Kriegsgericht gestellt«, sagte Trudeau. »Aber sie werden wissen, daß wir dort waren.« Und er lachte genauso, als er das sagte, wie jetzt, als er mir sagte, ich solle mir Zeit lassen mit dem Inhalt des Aktenschranks. »Du wirst dankbar sein, wenn du darüber nachdenken darfst, bevor du dich an das Schreiben von Berichten machst«, stellte er klar. Die Nervosität in seiner Stimme entging mir nicht. Und sein gezwungenes Lachen machte mich nun ebenfalls nervös. Da steckte doch etwas dahinter, was er mir nicht sagen wollte.

»Gibt es noch etwas im Zusammenhang mit diesem Aktenschrank, was ich wissen sollte, General?« fragte ich, und ich versuchte, meine

Stimme nicht zögerlich klingen zu lassen. Ganz nach dem Motto: Business as usual (Das übliche Geschäft), nichts Außergewöhnliches, nichts kann mir in die Quere kommen, was ich nicht in den Griff bekäme.

»Wirklich, Phil, das Material hier in dem Schrank ist etwas anders als das normale ausländische Zeug, das wir bisher gesehen haben«, fuhr Trudeau dann fort. »Ich weiß nicht, ob du jemals die Geheimberichte über das hier gelesen hast, als du beim Weißen Haus warst. Aber bevor du irgendwelche Zusammenfassungen schreibst, solltest du dir vielleicht die Roswell-Akte ein bißchen genauer anschauen.«

Allerdings hatte ich mehr über Roswell gehört, als ich bereit war, gleich an meinem ersten Tag im Pentagon zuzugeben. Und es schwirrten mehr wilde Gerüchte über Roswell und das herum, was wir dort immer noch machten, als sich nur irgend jemand vorstellen konnte. Aber ich konnte keinen Zusammenhang zwischen der Roswell-Akte und dem Inhalt dieses Aktenschrankes erkennen. Im Grunde hatte ich nach meinem Erlebnis in Fort Riley gehofft, daß sich alles in Luft auflöst oder ich einfach den Kopf in den Sand stecken könnte. Mir lag mehr daran, mich beispielsweise um bürokratische Grabenkämpfe in Washington zu kümmern, statt mich mit kleinen Außerirdischen, die versiegelt in ihren Särgen lagen, zu belasten.

Der General wartete nicht auf meine Antwort. Er ließ mich in seinem Büro stehen und ging in den Empfangsraum, und ich hörte, wie er Befehle in seine Sprechanlage sprach. Als er wieder in sein Büro kam, tauchten vier Soldaten mit einer Sackkarre auf, salutierten und warteten. Unterdessen starrte Trudeau mich an. Er sagte kein Wort zu mir. Statt dessen befahl er den Soldaten: »Ladet diesen Schrank auf euer Ding da und folgt dem Oberst in sein Büro im zweiten Stock. Laßt euch von niemandem aufhalten. Sprecht mit niemandem. Falls euch jemand anhält, sagt, daß er sich an mich wenden soll. Das ist ein Befehl.«

Dann wandte er sich wieder an mich. »Warum nimmst du dir damit nicht ein bißchen Zeit, Phil?« Er machte eine Pause. »Aber nicht zu viel Zeit vertun, Feldwebel!« Er richtete seine Aufmerksamkeit jetzt auf den Soldaten mit dem kürzesten Haarschnitt: »Bitte folgen Sie dem Oberst nach unten in sein Büro.«

Die Männer luden den Schrank mit Leichtigkeit auf die Karre, als wäre gar nichts drinnen, zogen ihn zur rückwärtigen Tür und starrten mich an, bis ich ihnen folgte. »Nicht zu viel Zeit, Oberst«, rief mir General Trudeau noch nach, als wir schon den Gang hinunterliefen.

Ich erinnere mich, wie ich eine ganze Zeit lang den Schrank anschaute, nachdem er in meinem inneren Büro abgeladen und aufgestellt worden war. Angesichts der Negativreklame durch die Anweisungen des Generals wollte ich eigentlich sofort die Schranktüren und Schubladen aufreißen. Dieser simple Schrank steigerte meine Neugierde wie bei einem Kind, das sein Weihnachtsgeschenk noch verpackt in der Hand hält. Mein zweites Ich aber ließ ihn erst einmal ungeöffnet stehen.

Ich dachte darüber nach, was General Trudeau über Roswell und die Papierberge gesagt hatte, die im Weißen Haus zirkulierten, als ich im Nationalen Sicherheitsstab arbeitete. Nein, ich wollte im Moment nicht die Roswell-Akte durchschauen. Nicht jetzt. Ich wollte zuerst einen eingehenden Blick auf das werfen, was in dem Schrank war. Aber auch das mußte warten, bis mein noch unvollständiges Büro ordentlich eingerichtet war. Was immer man von mir erwartete, ich wollte es richtig tun.

Eine Weile ging ich in meinem neuen Büro auf und ab und dachte über das nach, was der General gesagt hatte, warum dieser Schrank in seinem Privatbüro auf mich gewartet hatte und warum er speziell mit mir darüber reden wollte. Es war mir nicht entgangen, daß es kein Protokoll vom General gab, das die Übergabe des Materials an mich schriftlich festhielt, und eine Empfangsbestätigung existierte auch nicht. Es konnte also genausogut sein, daß dieser Aktenschrank niemals existiert hat. So weit ich wußte, hatten nur die Augen des Generals den Schrankinhalt gesehen – und nun bald auch meine. Was immer es war, so war es äußerst wichtig und sehr geheim. Vielleicht nur aus Versehen?

Ich dachte an die heiße Julinacht vor 14 Jahren in Fort Riley, als ich ein junger Geheimdienstoffizier war und gerade aus Rom zurückgekehrt war. Ich erinnerte mich, wie ich von einer der Wachen, einem Kameraden vom Bowlingteam in Fort Riley, in die Lagerhalle geschoben wurde. Worauf er mich in jener Nacht aufmerksam machte, lag unter einer dicken, olivfarbenen Plane und war auch sehr, sehr geheim. Ich hielt den Atem an und hoffte, daß das, was in dem Schrank steckte, nicht so etwas war, wie ich es in Kansas am 6. Juli 1947 gesehen hatte.

Ich öffnete den Schrank, mein Herz sank umgehend in die Hose. Vor mir standen Schachteln mit verwickelten Drähten und dem seltsamen Stoff, mit den visierähnlichen Stirnriemen und den kleinen Oblaten, die wie Cracker aussahen, aber mit abgebrochenen Ecken und dunkelgrau, und einer Sammlung von anderen Dingen, die ich mit keiner Form und keiner Art von Dingen in Beziehung bringen konnte, mit denen ich vertraut war. Und schlagartig wurde mir klar, daß mir eine einschneidende Veränderung meines Lebens bevorstand. Damals in Kansas in jener Nacht im Juli redete ich mir ein, ich hätte lediglich eine Fatamorgana gesehen, etwas, das für mich nicht existierte, wenn ich es nur fest genug wünschte. Dann, nachdem ich im Weißen Haus Dienst tat und all die Memos vom Nationalen Sicherheitsrat sah, die den »Zwischenfall« beschrieben und von der »Packung« sprachen und von den »Gütern«, da wußte ich: Die seltsame Figur, die in dem in Fort Riley gelagerten Behälter schwamm, stammte nicht aus dem Reich der bösen Träume. Es gab sie wirklich. Es war nicht einfach nur ein Alptraum gewesen, den ich vergessen konnte. Aus meinem Erinnerungsvermögen konnte ich auch nicht die Radaranomalien auf der Red-Canyon-Raketenabschußbasis streichen. Ebensowenig wie die seltsamen Alarmsignale über dem Fliegerhorst im westdeutschen Ramstein. Ich hatte gehofft, daß mir das alles in meiner restlichen Armeelaufbahn in Friedenszeiten nie wieder begegnen würde. Vergeblich, es sollte nicht sein.

Wie das durchgewühlte Reisegepäck eines Fremden lagen sie vor meinen Augen, die Sachen, die mich tiefer in etwas verwickeln würden, als ich es je gewollt habe. Was immer mein Leben sonst noch für mich bereithielt, dieser Job hier würde alles verändern.

Sie kennen vielleicht den Film, in dem der Held eine Tür öffnet, eine Leiche hängen sieht, die Tür wieder zumacht, sie wieder öffnet und die Leiche weg ist? So habe ich es tatsächlich auch mit dem Aktenschrank getrieben. Es gab niemanden, der mich sah, zumindest glaubte ich das. Ich schloß die Tür und öffnete sie wieder.

Aber der Film, den ich mir wünschte, lief nicht – das Zeug war immer noch da.

Hier lag es also, einiges von dem Material, das sie in Roswell geborgen hatten. Und jetzt, genau wie Falschgeld, tauchte es wieder auf. Ich hörte Schritte vor meiner Türe und hielt den Atem an. Es gab nachts immer Geräusche im Pentagon, weil sich rund um die Uhr immer irgendwelche

Leute in dem Gebäude aufhielten. Irgendwo, in irgendwelchen Büros, in Teilen des Gebäudes, von denen die meisten Leute nicht einmal etwas wissen, plant irgendeine Gruppe für einen militärischen Konflikt, den wir hoffentlich niemals austragen müssen. Daher, mehr als jedes andere Gebäude, mit Ausnahme des Weißen Hauses, ist das Pentagon ein Ort, wo irgend jemand immer hinter irgend etwas herläuft.

General Trudeau steckte seinen Kopf durch die Tür. »Schon reingeschaut?« fragte er.

»Was haben Sie mir angetan, General?« sagte ich. »Ich dachte, wir wären Freunde.«

»Deshalb habe ich dir das gegeben, Phil«, entgegnete er, aber er lachte nicht, lächelte nicht einmal. »Weißt du, wie wertvoll diese Sachen sind? Weißt du, was alle anderen Ressorts tun würden, um dies in ihre Hände zu bekommen?«

»Sie würden mich wahrscheinlich umbringen«, gab ich trocken zur Antwort.

»Sie wollen dich wahrscheinlich sowieso umbringen, aber dies macht sie noch wilder. Die Luftwaffe will es, weil sie meint, es gehört zu ihnen. Die Marine will es, weil die immer alles will, was die Luftwaffe will. Der CIA will es, damit er es den Russen geben kann.«

»Was soll ich Ihrer Meinung nach mit dem Zeug anfangen, General?« fragte ich. Ich konnte mir nicht vorstellen, was er dachte, sofern er nicht meinte, daß ich es einfach vergrabe und es dabei belasse.

»Ich brauche von dir einen Plan«, sagte er. »Nicht einfach nur einen Bericht, was das Zeug ist, sondern was wir damit anfangen können. Etwas, das es außer Reichweite anderer hält, bis wir genau wissen, was wir haben und was wir damit tun können.«

Das roch geradezu nach einer Verschwörung, ganz einfach. »Wer ist denn unser größtes Problem?« fragte ich. Aber es war eine Pro-forma-Frage, da ich die Antwort schon kannte.

»Dieselben Leute, die den Koreakrieg für uns verloren haben und mit denen du dich im Weißen Haus herumschlagen mußtest«, antwortet er. »Du weißt genau, was ich meine. Wir müssen alles, was wertvoll ist, hierbehalten, damit es nicht in falsche Hände gerät. Genauso sicher, wie wir hier im Pentagon stehen, so sicher würde dieses Material den Weg in den Kreml finden.«

In Washington geisterten genau in jenem Augenblick Leute umher, die, vielleicht sogar in allerbester Absicht, diese Roswell-Akten auf dem direkten Weg nach Rußland verschifft hätten. Und das, um gleichzeitig Präsident Kennedy auf die Schultern zu klopfen und ihm zu seinem Beitrag zum Weltfrieden zu gratulieren. So, wie es auch genügend Leute gab, die, wenn sie gekonnt hätten, nur zu gern Trudeau und mir die Kehle durchgeschnitten und uns auf dem Teppich verbluten hätten lassen, während sie das Zeug einpackten. Nun gut, Trudeau brauchte mir nicht von A bis Z zu erläutern, daß er mir eine der heikelsten Aufgaben übertragen hatte, die ich je von ihm erwarten konnte. Er gab mir die Schlüssel zu einem völlig neuen Reich, aber weder er noch ich wußten, was in aller Welt wir mit dem Zeug anfangen sollten. Nur eines stand glockenklar im Raum: Es durfte nicht in die Hände der Russen fallen. Das war zumindest ein Anfang.

»Zuerst müssen wir wissen, was wir haben«, stellte ich fest.

»Dann ist das deine erste Aufgabe. Was haben wir? Irgend etwas Brauchbares? Bringe Leute deines Vertrauens aus unseren Spezialistenabteilungen zusammen, und schaue die Listen mit unseren Kontaktleuten zu Lieferanten von Kriegsmaterial durch. Es liegt davon noch mehr Material unten im Aktenkellergeschoß, wovon die anderen Ressorts nichts wissen. Kam hierher direkt aus New Mexico, statt zuerst nach Ohio. Frag mich nicht, warum. Es kommt jetzt direkt zu dir – in Kisten. Stell alles zusammen, nimm dir Zeit, und mach eine Bestandsaufnahme und Bewertung für mich.«

»Weiß jemand, daß ich es habe?« fragte ich.

»Jeder weiß, daß es wichtig sein muß, wenn du irgendwo herumstocherst«, knurrte Trudeau. »Führ dich also nicht auf wie der Gockel auf dem Mist. Sie beobachten dich genauso, wie sie mich beobachten.« Dann ging er zur Tür, schaute den Gang rechts und links hinunter und drehte sich nochmals um. »Aber komm bald in die Gänge damit, weil wir in weniger als einem Jahr hier schon wieder draußen sein können. Und ich will mir keine Sorgen machen müssen, daß unsere Zeit dafür nicht reicht.« Und er war verschwunden, als hätten wir niemals diese Unterhaltung geführt.

Aber in jener Nacht räumte ich den verflixten Schrank nicht leer, auch nicht, als eine weitere nicht gekennzeichnete hölzerne Kiste, wie man sie für den Versand von Obst benutzt, von einem ebenfalls nicht gekennzeichneten Korporal in mein Büro gebracht wurde.

Auch in der nächsten Nacht ging ich das Material nicht durch. Aber in der darauffolgenden Woche machte ich mich an die Arbeit. Immer dann, wenn ich sicher sein konnte, daß niemand in der Nähe war, der ohne Vorwarnung mein Büro betreten würde, legte ich das Material aus der Kiste in den Schrank, und ich betrachtete es dabei sehr gründlich. Es war, als würde man in eine andere Welt fallen, ein Puzzle aus unterschiedlichen Stücken, die nur vage in jenen Memos aufgeführt waren, die ich im Weißen Haus gelesen hatte. Kein Wunder, daß niemand auf Grund dieser dürftigen Memos irgend etwas mit diesem Schund zu tun haben wollte. Er enthielt jedoch den Code für eine uns völlig unbekannte Welt, über die aber unsere Regierung schon 1947 entschieden hatte, sie unter absoluter Geheimhaltung zu halten.

Viele Karrieren von Leuten in der Regierung, die das große, dunkle Geheimnis von Roswell nur erwähnten, gingen durch irgendwelche unerklärlichen Umstände zu Bruch. Obwohl ich weit mehr wußte, als ich mir selbst eingestehen wollte, würde ich bestimmt nicht derjenige sein, der sich irgendwo oder irgendwann verplappert. Und ausgerechnet in meinen Besitz ist dieser Schrank gelangt, den ich später in den Gesprächen mit General Trudeau nur den »Nußschrank« nannte.

Nach etwa einem Monat hatte ich allmählich eine Vorstellung davon, wo einige der Puzzlestücke hinpaßten. Zuerst gab es da dünne, klare, einfaserige, biegsame, glasartige Drähte, zusammengedreht durch eine Art grauen Schutzmantel gezogen, als ob es Anschlußkabel wären. Es handelte sich um sehr dünne Drähte, dünner als Kupferdrähte. Wenn ich die Stränge gegen das Licht hielt, konnte ich einen unheimlichen Glanz durchschimmern sehen, so, als ob diese Gebilde schwaches Licht leiten und in seine Spektralfarben zerlegen würden. Als die Leute an der Absturzstelle in der Wüste außerhalb Roswells dieses Stück aus dem Wrack des deltaförmigen Objektes zogen, hielten sie es für eine Art Funkanlage. Vielleicht hielten es einige von ihnen auch für eine Anschlußdose oder ein elektrisches Relais. Aber für was immer sie es auch hielten, sie glaubten, es gäbe nichts dergleichen auf unserem Planeten. Als ich den Gegenstand in meiner Hand hin- und herdrehte, kam mir in den Sinn, daß die einzelnen Stränge, in der Art, wie sie vor- und zurückschnellten, ohne zu brechen, und der Art, wie sie einen Lichtstrahl durch ihre ganze Länge leiteten, eigentlich irgendwelche funktionellen Drähte sein müßten. Doch wozu dienten sie? Keine Ahnung!

Dann gab es da die dünnen, etwa 5 cm langen, mattgrauen, wie Crackers geformte Oblaten aus einem Material, das wie Plastik aussah, aber auf dessen Oberfläche winzige Drähte standen oder eingeätzt waren, die wie Autokarten aussahen. Sie hatten die Größe von 25-Cent-Münzen, aber die Ätzungen auf der Oberfläche erinnerten mich an zerquetschte Insekten, die mit ihren vielen Füßen nach oben aufgeleimt waren. Manche waren mehr rund oder elliptisch. Daß es sich um ein Schaltsystem handelte – so was kannte man 1961 schon bestens –, vor allem, wenn man es unter ein Vergrößerungsglas hielt, ließ sich für mich unschwer erkennen. Die Art und Weise jedoch, wie diese Oblaten zusammengesteckt waren, zeigten ein Schaltsystem, das ich nicht kannte. Ich konnte mir noch nicht einmal vorstellen, wie man es anschließt und welche Antriebsenergie dahintersteckt. Mit einiger Sicherheit jedoch stammte es von einer größeren Tafel mit Oblaten an Bord des fliegenden Objekts.

Meine Hand zitterte ganz leicht, als ich diese Stücke in der Hand hielt, nicht weil sie mir Angst einflößten, sondern weil ich sekundenlang über die wahrscheinlich folgenschwere Natur dieses Fundes von Ehrfurcht erfüllt war. Es war wie der Fund eines architektonischen Schatzes, die Entdeckung einer längst versunkenen Kultur, ein Stein von Rosette. Auch wenn diejenigen, deren Schiff auf den Wüstenboden stürzte, noch immer sehr aktiv waren und unsere geheimsten Heeres- und Luftwaffenbasen umschlichen.

Mein größtes Interesse galt den begleitenden Beschreibungen eines zweiteiligen Sets dunkler, elliptischer Okulare, so dünn wie Haut. Die Walter-Reed-Pathologen sagten, sie gehörten zu den Augenlinsen der außerirdischen Wesen und würden vorhandenes Licht reflektieren, selbst in scheinbar völliger Dunkelheit, so daß Bilder in der Dunkelheit beleuchtet und intensiviert würden und dem Träger erlaubten, Formen zu erkennen. In den Berichten stand, daß die Pathologen im Walter-Reed-Hospital, die eines der Wesen autopsiert hatten, versucht hätten, in der Dunkelheit hindurchzuschauen, um die Wachen und Krankenwärter zu beobachten, die einen dem pathologischen Labor benachbarten Korridor entlangliefen. Die beobachteten Personen leuchteten grünorange, je nachdem, wie sie sich bewegten, aber die Pathologen konnten nur ihre äußeren Umrisse sehen. Und wenn sie sich einander näherten, dann vermischten sich ihre Umrisse zu einer Form. Man konnte auch die Umrisse der Möbel und Wände oder Gegenstände auf den Schreibtischen erkennen. Vielleicht, so dachte ich mir, als ich diese Berichte las, könnten Soldaten eines Tages ein Visier tragen, das die Bilder durch die Reflexion und Verstärkung des vorhandenen Lichts intensivierte, so daß sie sich in der Dunkelheit einer Kampfnacht genauso sicher bewegen könnten, wie bei hellem Tageslicht, wenn sie ihre Wachen drehten. Aber diese Okulare verwandelten nicht die Nacht in den Tag, sie verstärkten nur die äußeren Umrisse von Menschen und Dingen.

Unter den Gegenständen gab es ein stumpfes, grausilbernes, folienähnliches Stück Stoff, das sich nicht falten, zurechtbiegen, zerreißen oder zerknüllen ließ, sondern bei all solchen Versuchen sofort und ohne jede Spur in seine ursprüngliche Form zurückschnellte. Diesen metallischen Faserstoff mit physikalischen Eigenschaften nannte man später »Superzähigkeit«. Als ich versuchte, das Stück mit der Schere zu zerschneiden, glitt die Schneide einfach ab, ohne einen Kratzer zu hinterlassen. Wenn man es streckte, schnellte es zurück, aber ich bemerkte, daß alle Fäden in eine Richtung zu verlaufen schienen. Als ich versuchte, das Teil in die Breite statt in die Länge zu ziehen, sah es so aus, als würden die Fäden sich in die Richtung neu orientieren, in der ich zog.

Dieser Gegenstand konnte kein Stoff sein, und es war offenbar auch kein Metall. Für mein unwissenschaftliches Dafürhalten war es ein Stoffgemisch, das mit Metallfäden verwoben war, die das Aussehen und die Dehnbarkeit von Stoff sowie die Stärke und Widerstandsfähigkeit von Metall hatten. Ich kannte die geheimsten Waffenprojekte im Pentagon, aber wir hatten nichts Vergleichbares, nicht einmal auf unserer Wunschliste.

Es lag auch eine schriftliche Beschreibung mit einer Skizze von einem Gerät vor, das aussah wie eine kurze, dicke Taschenlampe mit einer unabhängigen Energiequelle, die aber keineswegs eine Batterie war. Die Wissenschaftler in Wright Field, die es untersucht hatten, sagten, daß sie den Lichtstrahl, der herauskam, nicht sehen konnten, aber sobald sie die Lampe auf eine Wand richteten, konnten sie einen kleinen, roten Lichtkreis sehen. Es fehlte allerdings der Strahl zwischen dem Ende dessen, was wie eine Linse aussah, und der Wand. Der Lichtstrahl also, der bei einer Taschenlampe, die auf ein entferntes Objekt gerichtet wird, sichtbar ist. Hielten die Wissenschaftler einen Gegenstand vor die Lichtquelle, wurde das Licht unterbrochen, doch der Strahl war so intensiv, daß der Gegenstand zu qualmen begann. Sie spielten damals mit dem Ding ziemlich lange herum, bevor sie entdeckten, daß es sich um ein Schneidegerät handelte, ähnlich einer Lötlampe. Als sie dann einmal etwas Rauch in den Lichtstrahl bliesen, nahm plötzlich der ganze Strahl Gestalt an. Das bisher Unsichtbare besaß eine runde, mikrodünne, tunnelähnliche Form.

Wozu brauchte die Besatzung ein Schneidegerät wie dieses an Bord ihres Raumschiffes? Erst viel später, als ich die Militärberichte über die Rinderverstümmelungen las, bei denen vollständige Organe ohne sichtbare Verletzungen des umgebenden Zellgewebes entfernt worden waren, wurde mir bewußt, daß das Lichtstrahl-Schneidegerät aus Roswell in Wirklichkeit ein Operationsbesteck, eine Art Skalpell war. Die Außerirdischen verwendeten es für medizinische Experimente an unseren Rindern.

Dann gab es noch das merkwürdigste Gerät von allen: eine Art Stirnband mit elektrischen Empfangsantennen an beiden Seiten. Ich konnte mir für dieses Ding keine wie auch immer geartete Verwendung vorstellen. Allenfalls könnte man es als ausgefallenes Haarband benutzen. Es schien ein standardisiertes Stirnband zu sein, das nichts bewirkte, zumindest nicht bei Menschen. Vielleicht registrierte es Gehirnwellen wie ein Elektroenzephalogramm und projizierte ein Diagramm. Aber kein Experiment, das man mit diesem Teil anstellte, schien irgend etwas zu bewirken. Die Wissenschaftler konnten nicht einmal bestimmen, wie es angeschlossen wurde oder von welcher Energiequelle es gespeist wurde, da es ohne Batterien oder Diagramme gefunden wurde.

Es gab Nächte, in denen ich all diese Dinge um mich her ausbreitete, als wären es tatsächlich Weihnachtsgeschenke. Und es gab Nächte, in denen ich ein Ding herausgriff und so lange herumdrehte, bis ich auswendig herbeten konnte, wie es unter jedem Winkel aussah, bevor ich es zurücklegte.

Die Tage verstrichen, und ich wußte, ohne daß Trudeau etwas direkt zu mir gesagt hätte, daß er in Sorge geriet. Wir saßen in Versammlungen zusammen, wo er wegen der Leute nichts sagen durfte, und ich konnte beinahe hören, wie er innerlich platzte. Saßen nur wir beide zusammen, mochte Trudeau nicht an unser gemeinsames Geheimnis rühren.

Außerhalb des Pentagons begann wieder einmal eine Informationsschlacht wie in den besten Zeiten der Präsidentschaft von Truman und Eisenhower. Wessen Geheiminformationen waren korrekt? Welche waren glaubwürdig? Wer versuchte, das Weiße Haus zu manipulieren? Wer glaubte, daß er durch Schönen oder Verdrehen der Fakten den Lauf der Geschichte verändern könnte? John F. Kennedy stand an der Spitze einer jungen Regierungsmannschaft, die zu den außerordentlichsten Fehlern neigte. Und es gab in seiner Administration Personen, die unsere Welt nach ihrem persönlichen Wunschbild ummodeln wollten. Dafür ließen sie sich dazu verleiten, Fakten zu verdrehen, Absichten zu mißdeuten und offensichtliche Realitäten außer acht zu lassen, in der Hoffnung, daß ihre Weltsicht gewinnen würde. Schlimmer noch, es gab Leute, die – in der Regierung tief verborgen – ein Schattenkabinett bildeten, das mit Unterstützung der Meisterspione des Kremls entstand. Und diese Individuen hatten wir am meisten zu fürchten. Zum damaligen Zeitpunkt hatte die Army R&D die Verfügungsgewalt über diese Stücke und Teile einer fremden Technologie aus Roswell. Wie lange sie darüber verfügen würde, wußte ich nicht. Deswegen entschied General Trudeau bei einer Tasse Kaffee spät in der Nacht in seinem Büro, dieses Material wegzuschaffen, weit weg zu den Heereslieferanten, wo es Wissenschaftler begutachten könnten, und wo es – unter strengster Geheimhaltung natürlich – untergebracht wäre, bevor der CIA es wegstecken konnte. Niemand würde es finden, es sei denn genau der Personenkreis, vor dem wir es verstecken wollten.

»Das ist ein Teufelsplan, General«, sagte ich zu Trudeau in jener Nacht. »Was läßt Sie vermuten, daß wir damit durchkommen?«

»Nicht wir, Phil«, sagte er. »Du. Du bist derjenige, der damit verschwindet. Ich werde dir den Rücken so lange freihalten, bis du damit fertig bist.«

Das einzige, woran ich in diesem Moment denken konnte, war das, was ich in jener Nacht 1947 in Fort Riley gesehen hatte. Und natürlich, was, zum Teufel, ich mit all dem Zeug als nächstes tun würde. Ich hatte mich gefragt »Warum gerade ich?«, hunderte Male seit jener Nacht im Pentagon. Und ich fragte mich, warum man mich nach 14 Jahren und meiner Erfahrung in Fort Riley zum Erben der Roswell-Akte machte. Aber ich fand damals keine Antwort und finde auch heute keine. Ob General Trudeau diese Dinge schon beabsichtigte, als er das R&D übernommen hatte, drei Jahre bevor ich dazukam, werde ich niemals wissen. Er gab mir niemals irgendwelche Begründungen, immer nur Befehle. Aber als Meisterstratege glaubte er wohl, ich müßte einige Erfahrung mit außerirdischen Begegnungen besitzen und würde nicht von Gespenstern heimgesucht werden, wenn ich mit der Technologie aus der Roswell-Akte arbeiten würde.

Ich habe ihn niemals darüber befragt, so seltsam das auch klingen mag. Aber ein Soldat stellt nun mal keine Fragen, sondern führt Befehle aus. Folglich stelle ich jetzt, wie damals, keine Fragen. Ich erinnere mich nur, daß ich von jener Nacht an meinen Ehrgeiz daransetzte, so viel wie möglich aus der Roswell-Akte in unsere technologische Entwicklung fließen zu lassen. Und ich war überzeugt, was immer auch geschehen würde, daß ich richtig handelte.

4

In der Abteilung für Ausländische Technologie

Das Pentagon schläft niemals

Und ich schlief auch nicht in den ersten Wochen in der Abteilung für Ausländische Technologie beim R&D. Ich zermarterte mein Hirn, um eine Strategie zu entwickeln, die ich meinem Chef empfehlen konnte. Inmitten des ständigen Betriebs rund um die Uhr in einem Bürogebäude, wo immer irgend jemand arbeitet, verbrachte ich mehr Stunden an meinem Schreibtisch als bei mir zu Hause. An Abenden, Wochenenden, am frühen Morgen, bevor der Sonnenaufgang die Fenster auf der anderen Seite des Flusses in Washington orangefarben aufleuchten ließ, konnte man mich am Schreibtisch finden, wie ich auf den Aktenschrank, meinen »Nußschrank« starrte. Ich fummelte an dem Zahlenschloß herum, weil ich manchmal vor lauter Strategiesuche für diese Gegenstände so versunken war, daß ich die Zahlenfolge vergaß. Dann mußte ich warten, bis ich meine Gedanken wieder gesammelt hatte. Und immer lauerte direkt vor meiner Bürotüre der verhaltene Druck der Krise, der gespannte Hahn einer Militärmaschinerie, um zu jeder Zeit irgendwo zum Angriff überzugehen.

Man hält das Pentagon für eine amorphe Einheit, die von einem Hirn und von einer Absicht gesteuert wird. Wahrscheinlich sehen die meisten Menschen auch die amerikanische Armee so: eine Armee, ein Ziel, alle marschieren zusammen. Aber das ist fast völlig falsch. Die amerikanische Armee – und ihr Innenministerium, das Pentagon – verhält sich genauso wie jeder andere große Apparat, der mit Hunderten von verschiedenen Büros bestückt ist: Viele stehen in direkter Konkurrenz zueinander um dieselben Rohstoffe, aber mit unterschiedlichen Tagesordnungen und Zielen. Die verschiedenen Waffengattungen haben unterschiedliche

Ziele, wenn es darum geht, wie Amerika verteidigt und wie Kriege geführt werden sollen. Es ist durchaus nicht ungewöhnlich, daß selbst innerhalb einer Waffengattung Meinungsverschiedenheiten auftreten.

Schon in meinen ersten Wochen in Washington wurde ich direkt mit hineingezogen. Die Diskussionen über den Zweiten Weltkrieg hatten nach 16 Jahren immer noch nicht aufgehört, und das alles bildete den Hintergrund von Roswell. Es entstand ein wildes Gerangel innerhalb der Flotte zwischen den Befürwortern der Flugzeugträger aus dem Zweiten Weltkrieg und den Verfechtern der U-Boote unter Admiral Hyman Rickover, der die großen Flugzeugträger als eine Herde von Elefanten bezeichnete, langsam und verwundbar. U-Boote dagegen, mit Atomkraft angetrieben, konnten tief im Meer schwimmen, etwa 1500 Kilometer vor der Küste des Feindes liegen und seine verwundbarsten Ziele mit Mehrfachsprengkopf-Interkontinentalraketen (ICBM) unter Beschuß nehmen. Unsere Feinde hatten keine Möglichkeit, der Vernichtung zu entgehen, solange es unsere U-Boot-Flotte gab. Wer braucht also noch einen Flugzeugträger mit seinem Gefolge von Zerstörern und anderen Begleitschiffen, wenn ein einziges U-Boot an jedem beliebigen Ort zu jeder Zeit einen tödlichen Schlag führen kann, ohne daß Satelliten jede seiner Bewegungen verfolgen können?

Schaut, was unsere U-Boote mit den Japanern im Pazifik machten. Schaut, was die deutschen U-Boote mit uns im Atlantik machten. Aber davon ließen sich die Flottenchefs in den 60er Jahren nicht überzeugen.

Wie die Marine, so hatte die Luftwaffe die verschiedensten Verfechter für die unterschiedlichsten Ziele, und das Heer ebenso. Und wenn es konkurrierende Zielsetzungen und Strategien gibt, die von besten und hellsten Köpfen entwickelt wurden, die jemals die Universitäten und Kriegsakademien absolviert haben, so gibt es dennoch hartnäckige Leute, die ein Spiel mit hohem Einsatz gegeneinander spielen, um den großen Preis zu gewinnen: den größten Teil des Kuchens des Militärbudgets. Und im Zentrum von all dem, an der Stelle, wo die Dollars ausgegeben werden, stehen die Waffenentwicklungsfirmen, die für ihre jeweilige Waffengattung arbeiten.

Und genau das war die Situation, die ich in den ersten Tagen von 1961 vorfand. Kurz hielt John F. Kennedy seinen Einzug in die Stadt, um seine Regierung anzutreten. Ich war nach Washington gerade von der Front eines Krieges zurückgekommen, den niemand für einen richtigen Krieg hielt – bis auf die Leute, die dort gewesen waren. Es war leichter in einem richtigen Krieg, wie in Korea. Da es dein Ziel ist, die anderen so weit zurückzuschlagen, wie du kannst, so viele der gegnerischen Menschen zu töten, wie du kannst, und den Feind zur Übergabe zu zwingen. Man verfolgt eine sehr pragmatische Strategie: Man versuchst es, und wenn es funktioniert, macht man weiter so, bis es nicht mehr funktioniert. Aber an der Front des Kalten Krieges in Deutschland, wo die Kämpfe nur mit elektronischen Strahlen, Drohungen und Finten geführt wurden, mußte man berechnen, wie viele Soldaten getötet werden oder wie viele Flugzeuge abgeschossen werden könnten, wenn es richtig losginge.

Für die Amerikaner war dies der Kalte Krieg. Kein Schuß fiel. Und standen sich die riesigen Militärmaschinerien zweier riesiger Supermächte gegenüber. Beide vermochten einander in dem Moment auszulöschen, in dem der eine echte Schwäche in des anderen Vergeltungsstrategie entdeckte.

Es wurden also Schachspiele gespielt, wieder und immer wieder. Jeden Tag in der ganzen Welt wurden in unendlich vielen Räumen die unterschiedlichsten Szenarios durchgespielt, um zu sehen, wer gewinnen könnte. Es war ein Spiel mit Zahlen und Strategien mit verschiedenen Waffengattungen rund um die Welt, wo auf Computern Schlachten gewonnen und verloren wurden, sehr elegant und exakt. Aber auch Menschen außerhalb der Regierungen wußten, daß der Kalte Krieg in Wirklichkeit ein heißer Krieg war, der mit echten Kugeln und richtigen Toten ausgefochten wurde. Nur – niemand hat es zugegeben, weil die Fronten in den Regierungshauptstädten jener Länder, die kämpften, selbst verliefen. Ich sah es mit meinen eigenen Augen hier in Washington, von wo aus der Krieg seit 1947 geführt wurde. Bei all den Spannungen zwischen den verschiedenen Büros und Waffengattungen innerhalb des Pentagon brauchte ich nicht lange, um schon in den ersten paar Wochen meines neuen Jobs die Politik zu begreifen.

Da ich die Feldberichte, wissenschaftlichen Analysen, medizinischen Berichte von den Autopsien und die technischen Trümmer des Roswell-Absturzes unter Verschluß hatte, hielt ich mich eisern an meine wichtigste Faustregel: so vorsichtig wie möglich sein und nicht die Aufmerksamkeit auf meine Person lenken. Diese Fähigkeit hatte ich zehn

Jahre zuvor in MacArthurs Stab in Korea gelernt. Ich mußte der kleine Mann bleiben, den es eigentlich gar nicht gab. Sobald Menschen glauben, du seist nicht anwesend, dann reden sie. Und genau dann erfährt man etwas.

In den ersten paar Wochen im Pentagon lernte ich auch eine Menge darüber, wie die Politik hinsichtlich der Roswell-Geschichte in den vergangenen 14 Jahren seit dem Absturz und den intensiven Diskussionen im Weißen Haus mit Eisenhower herangereift war. Jede der verschiedenen Waffengattungen besaß ihr eigenes kleines, geheimes Lager mit Roswell-Akten und hatte alles darangesetzt, so viel Roswell-Material wie möglich zu ergattern. Natürlich hatten auch alle Waffengattungen ihre eigenen Berichte von Forschern am Walter Reed und Bethesda Hospital über die Natur der außerirdischen Physiologie. Meine Informationen und Studien lagen zusammen mit den Zeichnungen in meinem »Nußschrank«. Ziemlich klar ging aus der Art, wie die Luftwaffe und die Marine ihre Pläne für fortgeschrittenes militär-technologisches Material formulierten, hervor, daß viele identische Stücke in meiner Sammlung wahrscheinlich auch in anderen Abteilungen lagerten. Aber niemand brüstete sich damit, weil jeder wissen wollte, was der andere besaß. Aber da es, offiziell zumindest, Roswell niemals gegeben hatte, konnte auch keine Technologie entwickelt werden.

Die Neugier unter den Waffenexperten und Geheimdienstleuten in jeder Waffengattung war jedoch enorm groß. Niemand wollte an zweiter Stelle stehen in dem schweigenden, nicht anerkannten Entwicklungswettlauf der außerirdischen Technologie, der im Pentagon in allen Ressorts und Abteilungen ablief, und wo alle ihre Version einer geheimen Roswell-Waffe entwickelten. Ich wußte nicht, worüber die Luftwaffe oder die Flotte verfügte oder was sie eventuell schon aus ihrer Roswell-Akte weiterentwickelt hatte. Ich nahm aber an, daß jede Waffengattung herauszufinden versuchte, was ich zu bieten hatte – ein guter Geheimdienstauftrag. Wer Kenntnis davon hatte, was in Roswell gefunden wurde, der hielt Augen und Ohren offen, um Informationsschnipsel aufzuschnappen über das, was in den anderen Ressorts entwickelt wurde, was den Budgetkomitees zur finanziellen Förderung vorgelegt wurde oder welcher Waffenlieferant eine spezielle Technologie entwickelte. Wenn man die Roswell-Geschichte nicht kannte, sondern einfach nur neugierig war, wäre man in der Gerüchteküche, die durch das Roswell-Rennen von den konkurrierenden Waffenentwicklungsleuten in Gang gebracht worden war, völlig in die Irre geleitet worden. So jemand hätte Gespenster gejagt, die spurlos in Gängen verschwinden, sobald einer um die Ecke biegt.

Es kursierten aber auch wahre Geschichten, die nie verschwinden würden, gleichgültig, wie oft sie jemand offiziell dementierte. Zum Beispiel schnappte ich ziemlich schnell die Gerüchte über das UFO auf, das die Luftwaffe angeblich auf der Edwards Air Force Base in Kalifornien verbarg, sowie über die Forschung, die sie dort vor allem mit seinem elektromagnetischen Wellenantriebssystem betrieb. Es geisterten auch Gerüchte umher, die sich um die Verwendung von Roswell-Technologie beim Entwurf des All-wing-Bombers drehten, allerdings wußte ich nicht, inwieweit man ihnen trauen konnte. Die Armee hatte so einen Bomber gleich nach dem Ersten Weltkrieg entwickelt und ein Jahr nach Roswell begann die Jack Northrop Company die Testflüge mit ihren YB49-Bombermodellen. Die vierfach vertikalen Schwanzflossen des YB49 erinnerten so eindeutig an die Frontalzeichnungen des Roswell-Flugkörpers in unseren Akten, daß es schwerfiel, keine Verbindung zwischen dem Raumfahrzeug und dem Bomber herzustellen. Die Entwicklung des Nurflügels jedoch fand zehn Jahre vor dem Antritt meines Jobs in der Abteilung für Ausländische Technologie statt, weshalb ich keine direkten Beweise über einen Zusammenhang zwischen dem Bomber und dem Raumschiff hatte.

General Trudeau lag richtig, wenn er sagte, daß die Leute im Pentagon genau auf die Army R&D aufpaßten, weil sie dachten, wir hielten etwas in der Hinterhand. Sie wollten wissen, woran die Ausländische Technologie arbeitete. Für die mehr exotischen Projekte in unserem Aufgabenbereich hieß es sicherheitshalber in unseren Dienstanweisungen, wir sollten die Budgets nicht überziehen, indem zwei- oder dreimal für dieselbe Sache Geld ausgegeben wird. Es gab eine Menge Gerede und Druck von den Vereinigten Stabschefs über das Teilen der Technologie und gemeinsame Waffenentwicklung. Mein Chef aber bestand darauf, daß wir das, was wir hatten, für uns behielten, besonders das, was er im Spaß »die außerirdische Ernte« nannte.

Als wären die gierigen Augen der anderen Streitkräfte nicht schon genug, mußten wir uns auch noch mit den Analytikern des Central Intelligence Service (CIA) herumschlagen. Unter dem Deckmantel der

Zusammenarbeit und der Koordinierung riß der CIA so viel Macht an sich, wie er konnte. Wissen ist Macht, und je mehr der CIA über das Waffenentwicklungsprogramm des Heeres herauszubekommen versuchte, um so nervöser machte er uns alle im R&D-Zentrum.

Kurz nach meinem Dienstantritt ließen meine Bekannten im Geheimdienst durchblicken, daß sie mir helfen könnten, falls ich irgendwelche geheime Daten über das brauchte, was andere Länder entwickelten. Natürlich sollte eine Hand die andere waschen, und so ließen sie mich auch wissen, sie wüßten es sehr zu schätzen, wenn ich sie wissen ließe, sobald ich Spuren über den Verbleib der »Ladung« oder der »Packung«, wie die Roswell-Gegenstände gemeinhin in der Armee genannt wurden, fände. Als ich zum dritten Mal von meinen CIA-Kontakten angehauen und mir dieser Vorschlag zum Informationsaustausch unterbreitet wurde, sagte ich meinem Chef, daß unsere Freunde sich sehr für das, was wir hätten, interessierten.

»Sie haben mich wirklich auf einen heißen Ofen gesetzt, General«, sagte ich zu Trudeau bei einer unserer morgendlichen Einsatzbesprechungen am Ende meines ersten Monats. Ich arbeitete noch an der Strategie für den »Nußschrank«, und mein Boß hatte mich dankenswerterweise nicht angetrieben, Pläne zu unterbreiten. Aber das würde kommen.

»Woher weiß der CIA, was wir haben?« fragte ich Trudeau.

»Ich denke, sie stellen Vermutungen an«, antwortete er. »Und sie reimen es sich zusammen. Denk doch nur daran, daß alle ahnen, was die Luftwaffe hat.«

Trudeau hatte recht. Den Gerüchten zufolge hütete die Luftwaffe den Heiligen Gral – das Raumschiff selbst und vielleicht sogar einen lebendigen Außerirdischen. Niemand konnte es beweisen. Wir wußten nur, daß die Luftwaffe, nachdem sie 1948 zur eigenen Waffengattung geworden war, einige der Roswell-Gegenstände in Wright Airfield, außerhalb von Dayton, Ohio, behalten hatte, weil die »Packung« dorthin verfrachtet wurde – mit einem Zwischenstop in Fort Riley. Doch die Luftwaffe interessierte in erster Linie, wie die Dinger fliegen. Unabhängig davon, was R&D machte, konzentrierten sie sich darauf, wie ihre Flugzeuge dem Radar entgehen und den Sowjets davonfliegen könnten. Wo dafür die Technologie herkommt, war ihnen ziemlich gleichgültig.

»Und«, fuhr Trudeau fort, »ich bin überzeugt, daß der CIA nur allzugern in die Marine-Geheimdienstakten über Roswell eindringen würde, falls er es nicht schon getan hat.«

Mit ihrer weit fortgeschrittenen U-Boot-Technologie und ihren Raketenträger-Atom-U-Booten hatte die Marine ihre eigenen Probleme herauszubekommen, was sie mit den UUO oder USO (Unidentified Submerged Objects = Nicht identifizierte Unterwasserobjekte), wie sie genannt wurden, machen sollte. Dies war die große Frage in Marinekreisen, besonders nachdem die Kriegsplaner sich weitergehende Strategien für langwierige Kriegführung im Falle eines Erstschlages ausgedacht hatten. Was immer seit den 50er Jahren um unsere Jets seine Kreise drehte und dem Radar unserer topgeheimen Raketenbasen wie Red Canyon entging, was ich mit meinen eigenen Augen sah, konnte in den Ozean tauchen und unter der Oberfläche navigieren, wie es ihm gerade Spaß machte. Es konnte sogar auf der anderen Seite der Erde auftauchen, ohne im Wasser die geringsten Spuren zu hinterlassen, die wir hätten auswerten können.

Der Marinechef mußte herausfinden, ob die USOs Stützpunkte auf dem Meeresboden, jenseits der Tauchfähigkeit unserer besten U-Boote, vielleicht sogar jener, die noch auf dem Reißtisch lagen, aufbauten. Die Kriegsmarine hatte also genug damit zu tun, ihren eigenen Krieg mit außerirdischen Maschinen in der Luft und unter Wasser zu führen.

Blieb also noch das Heer.

»Aber sie wissen nicht genau, was wir haben, Phil«, fuhr Trudeau fort. »Und sie strengen sich aufs äußerste an, es herauszufinden.«

»Wir müssen also weitermachen wie bisher, ohne sie wissen zu lassen, was wir haben, General«, sagte ich. »Und daran arbeite ich.« Und das tat ich wirklich intensiv. Obwohl ich mir nicht sicher war, wie wir es machen sollten, wußte ich: Die Aufgabenstellungen des R&D konnten sich nicht ändern, nur weil wir die Roswell-Gegenstände im Besitz hatten. Wie immer wir unsere Entwicklung der Roswell-Technologie camouflierten, es mußte innerhalb des bestehenden Rahmens unserer Geschäftsbeziehungen geschehen, damit niemand einen Unterschied zu unserem üblichen Geschäft entdeckte. Wir arbeiteten mit einem normalen Budget für Verteidigungswaffen, der 1960 in die Milliarden ging, wovon der Löwenanteil in die Analyse neuer Waffensysteme floß. Allein in unserem Büro hatten wir unzählige Verträge mit den größten nationalen Waffenproduzenten, mit denen wir fast täglich in Verbindung standen. Eine Menge Forschung steckten wir auch in die Verbesserung bestehender Waffen auf Grund von Geheimberichten, denn unsere Feinde diktierten unser Aufrüstungstempo: schnellere Panzer, stärkere Artillerie, verbesserte Hubschrauber und, und, und …

In der Abteilung für Ausländische Technologie behielten wir im Auge, was andere Länder machten, Alliierte oder Gegner, und wie wir es für unsere Zwecke nutzen konnten. Die Franzosen, die Italiener und die Westdeutschen besaßen alle ihre eigenen Waffensysteme und massenweise Neuentwicklungen, die nach unseren Maßstäben zwar exotisch wirkten, aber dennoch gewisse Vorteile hatten. Die Russen hatten uns bei den Flüssigantriebssystemen für Raketen überrundet und benutzten einfachere, effizientere Modelle. Meine Aufgabe bestand darin, das Potential der ausländischen Technologie einzuschätzen und zu übernehmen, was wir brauchten. Ich bekam Fotos, Baupläne und Muster von ausländischen Waffensystemen, wie z.B. die der französischen Hubschraubertechnologie, und brachte sie zu amerikanischen Waffenproduzenten wie Bell, Sikorski oder Hughes, um mit ihnen zusammen durchzugehen, was wir für unseren Gebrauch verwenden konnten.

Und das war die perfekte Tarnung zum Schutz der Roswell-Technologie, nur mußten wir uns genau darüber klar werden, was wir damit anfangen wollten. Sie konnte nicht einfach für immer in den Aktenschränken liegen bleiben. Was wir vom Roswell-Absturz gerettet hatten und zum Glück festhalten konnten, war wahrscheinlich das bestgehütete Geheimnis, das die Armee hatte. Aber es war nicht viel mehr als ein Waisenkind. Bis 1961 hatte die Armee noch keinen Plan entwickelt, wie sie die Technologie nutzen konnte, ohne deren Natur oder Quelle preiszugeben, weil sie sonst die Tarnung des einzigen großen Geheimnisses, das die Regierung hatte, preisgegeben hätte. Es gab im Heer nicht ein einziges Büro, das mit der Handhabung der Roswell-Teile und anderer Aspekte von UFO-Begegnungen beauftragt war, wie es die Luftwaffe bereits hatte.

Deshalb gab es auch keine Aufzeichnungen darüber, wie die Armee anfänglich die Roswell-Technologie einheimsen konnte und folglich entfiel der Kontrollmechanismus. Alles beruhte bis 1961 auf dem Catch-as-catch-can-Prinzip (schnappe dir so viel wie möglich), doch das mußte sich jetzt ändern. General Trudeau suchte nach der großen

Lösung für die Entwicklung dieser Dinge. Ich begann systematisch nachzuforschen, wie eigentlich die ganzen Akten, die Feld- und Autopsieberichte, die Beschreibungen der im Wrack gefundenen Gegenstände und der sonstigen Einzelteile der Roswell-Technologie in den Besitz der Army R&D gelangten. Zum Glück für mich war die ganze Roswell-Story 1961 außerhalb der höchsten Militärkreise noch völlig unbekannt. Der pensionierte Major Jesse Marcel, der Geheimdienstoffizier vom 509., der sich 1947 an der Absturzstelle befand und die ursprünglichen Berichte über das Raumschiff geschrieben hatte, wollte noch immer nicht mit seiner Story an die Öffentlichkeit gehen, wenigstens in den folgenden zehn Jahren nicht. Alle anderen, die damals mit dem Unfall zu tun gehabt hatten, waren entweder tot oder zum Schweigen verpflichtet.

Die Luftwaffe, die sich beeilt hatte, die Roswell-Affäre und die fortlaufenden UFO-Kontakte und -sichtungen zu managen, ordnete immer noch alles, was sie erfuhr, der höchsten Geheimhaltungsstufe ihres Geheimdienstes zu. Sie führte zudem einen ständigen Krieg mit dem CIA wegen der Informationen über die Sichtungen und fortlaufenden Kontakte mit allen außerirdischen Phänomenen.

Das waren zwar im Moment nicht meine Sorgen, sollten es aber bald werden. Meine Nachforschungen betrafen nicht nur den Absturz bei Roswell selbst (oder bei Corona oder San Augustin – wenn jene Abstürze Anfang Juli 1947 tatsächlich stattgefunden hatten), sondern den Tag nach Roswell, den Tag, an dem Bill Blanchard vom 509. die außerirdischen Trümmer zusammenpackte und nach Fort Bliss schickte, wo der Stab von General Roger Ramey die ausschließliche Verfügungsgewalt darüber übernahm, und sich die offizielle Story zu entwickeln begann.

In den ersten Stunden nach Ankunft der »Packung« in Texas war die Verwirrung darüber, was gefunden und was nicht gefunden worden war, so groß, daß die Heeresoffiziere, die für die ganze Rettungsaktion verantwortlich zeichneten, sich schnell sowohl eine Tarngeschichte als auch einen Plan ausdachten, wie alle militärischen und zivilen Zeugen der Operation zum Schweigen gebracht werden könnten. General Ramey befahl Major Jesse Marcel, seine Story von der »fliegenden Untertasse« zu widerrufen und sich mit den Trümmern eines Wetterballons fotografieren zu lassen und diese dann als das zu beschreiben, was die Rettungsmannschaft außerhalb von Roswell gefunden hatte. Marcel befolgte Befehle und die »fliegende Untertasse« wurde damit offiziell zu einem Wetterballon.

Die militärischen Zeugen konnten sehr einfach durch einen Ukas von General Ramey an alle im 509. und in Fort Bliss zum Schweigen gebracht werden. Sie sollten leugnen, etwas anderes als einen Ballon geborgen zu haben. Sobald das Material General Rameys Kommando entzogen war und im Air Materiel Command in Wright Field unter Generalleutnant Nathan P. Twining ankam, brauchte General Ramey nur noch leugnen, was er ohnehin schon leugnete, und alles andere ging ihn nichts mehr an. Nun gehörte das Geheimnis General Twining, auf dessen Arbeitstisch eine völlig neue Ära der Verwicklung der Armee in den Roswell-Fall begann.

General Ramey interpretierte den Zwischenfall als eine Bedrohung der nationalen Sicherheit und setzte alle seine verfügbaren Kräfte ein, um das Material zu bergen und alle Gerüchte zu unterdrücken, die ein Buschfeuer der Panik hätten verbreiten können. Deshalb benutzte Ramey das im 509. bereits vorhandene Geheimdienstpersonal und befahl diesem, alle notwendigen Mittel unter den Zivilisten und in der Armee einzusetzen, um die Story des Absturzes und der Bergungsaktion unter den Teppich zu kehren. Keine Nachrichten durften nach außen gelangen, keine Spekulationen erlaubt werden, und die Stories, die über den Absturz bereits im Umlauf waren, mußten unterdrückt werden.

Am 8. Juli 1947 war die Unterdrückung der Absturzstory bereits voll im Gang. Die Armee hatte bereits eine neue Tarngeschichte an die Presse ausgegeben, als die CIC-Offiziere gerade die zivilen Zeugen unter Androhung von Strafen und Anbieten von Schweigegeld zwangen, ihre Aussagen von dem, was sie gesehen hatten, zu widerrufen. Der Viehzüchter Mac Brazel, der zuerst gesagt hatte, er sei während der Bergungsaktion am Ort des Geschehens gewesen, und der die seltsamen Gegenstände beschrieben hatte, verschwand für zwei Tage. Als er wieder in der Stadt auftauchte, besaß er einen nagelneuen Lieferwagen und leugnete hartnäckig, jemals auch nur irgend etwas gesehen zu haben. CIC-Offiziere besuchten die Einwohner der Stadt in ihren Häusern und befragten Eltern im Flüsterton, was deren Kinder möglicherweise über die Vorgänge erfahren haben könnten. Was immer über das

Geschehene geredet wurde, das Heerespersonal beharrte darauf, daß nichts geschehen war, und dabei sollte es auch bleiben.

»Du hast überhaupt nichts gesehen«, befahlen sie. »Hier ist nichts geschehen. Wiederholen Sie das!«

Das Mundtotmachen funktionierte perfekt. Es schien, als wäre diese Story für die nächsten 30 Jahre von den stillen Weiten der Wüste, wo alles zu feinem Staub gemahlen wird, verschluckt worden. Der Schleier des Schweigens, der sich über Roswell legte, wurde jedoch tausende Kilometer weiter Lügen gestraft: Teile der US-Armee wurden in Alarmbereitschaft versetzt, nachdem Einzelteile des Raumschiffes ihre Bestimmungsorte erreicht hatten. Einer dieser Bestimmungsorte, der Schreibtisch von Generalleutnant Nathan Twining in Wright Field, war der Punkt, von dem aus die Roswell-Gegenstände auf den Tisch der Ausländischen Technologie im Pentagon gelangten. Generalleutnant Twining, Kommandeur der Air Materiel Command in Wright Field gehörte also zu den ersten Spitzenmilitärs des Heeres, die man Anfang Juli über die in Roswell eingetretenen Ereignisse informierte.

Für die UFO-Forscher ist Nathan Twining eine wichtige Figur, weil er persönlich an verschiedenen hochgeheimen Treffen mit Präsident Eisenhower im Weißen Haus teilnahm. Diese Treffen hatten ausschließlich die Probleme der nationalen Sicherheit, die durch die Entdeckung der UFOs aufgeworfen worden waren, zum Thema. Außerdem hatte er enge Beziehungen zu Robert Cutler, dem Sonderbeauftragten für Nationale Sicherheit, der Verbindungsmann zwischen dem NSC und Präsident Eisenhower war, als ich in den 50er Jahren im NSC-Stab arbeitete. General Twining galt als Schlüsselfigur bei den allerersten Untersuchungen und der Verteilung des Roswell-Materials. Er wurde, zum Teil wegen seines Geschicks, mit dem er die ungemein wichtige AMC in Wright Field verwaltete, Mitglied einer Ad-hoc-Gruppe von Spitzenmilitärs und zivilen Beamten, die dann von Präsident Truman zusammengestellt wurde, um den Präsidenten über die Roswell-Entdeckung und die Implikationen für die nationale Sicherheit zu beraten.

General Twining sollte ursprünglich Anfang Juli 1947 zur Westküste reisen, aber er sagte diese Reise ab und blieb in New Mexico im Heeresfliegerhorst von Alamogordo mindestens bis zum 10. Juli. Alamogordo war wichtig, nicht nur, weil es in den 40er und 50er Jahren der Testplatz für Nuklearwaffen war, sondern weil sich dort auch das Stabsbüro der AMC befand, wo der Raketenspezialist Wernher von Braun und andere Fachleute hauptsächlich arbeiteten. Ganz in der Nähe lag die White Sands, die Basis für Lenkraketen, wo einige der fortgeschrittensten Aufspür- und Zielmarkierungsradaranlagen installiert waren. Diese Geräte stellten ein hochempfindliches Potential dar, besonders während der UFO-Aktivitäten in jener Juliwoche. Obwohl es eigentlich Twinings Aufgabe gewesen wäre, das unbekannte Objekt bei Roswell zu bergen, blieb er auf der Basis, um mit seinen Wissenschaftlern konferieren zu können.

Die Memos von Präsident Truman an General Twining betreffs dessen Reise nach New Mexico bekam ich zwar nie zu Gesicht, aber ich hatte Stories über Geheimbefehle gehört, die Truman an Twining gegeben haben soll. Aus diesen ging hervor, daß Twining die Berichte über den Absturz untersuchen und dem Weißen Haus direkt über seine Erkenntnisse berichten sollte.

Ich glaube, daß es General Twinings ursprünglicher Bericht an den Präsidenten war, der bestätigte, daß die Armee etwas aus der Wüste geborgen habe. Vielleicht trug dieser Bericht auch maßgeblich zu dem Vorschlag bei, eine Beratergruppe zu bilden, um eine Strategie zur Behandlung der Fundsachen zu entwickeln. Man darf nicht vergessen, daß in jenen ersten 48 Stunden kein Mensch wirklich wußte, um was es bei dem Roswell-Vorfall eigentlich genau ging.

Nachdem die Roswell-Trümmer von Fort Bliss abtransportiert und in Wright Field angelangt waren, traf auch General Twining dort ein, um die Analysen und Einschätzungen des Roswell-Schatzes zu überwachen. Twining fällte schnelle Entscheidungen: Unter äußerster Geheimhaltung sollten die Leichen der Außerirdischen einer Autopsie unterzogen werden, und das Raumschiff sowie sein Inhalt sollte analysiert, katalogisiert und zur Verteilung auf die verschiedenen Bereiche in der Armee vorbereitet werden. Die meisten der den Absturz betreffenden Einzelheiten unterlagen der höchsten Geheimhaltungsstufe. Für manche Dinge jedoch, deren Erwähnung für die Ausarbeitung einer glaubhaften Tarngeschichte wichtig sein konnte, galt eine niedrigere Geheimhaltungsstufe, und dafür mußten ebenfalls Stories ausgedacht werden.

Die offizielle Tarnung erwies sich für das Militär 1947 beinahe als genauso wichtig wie 1961, als ich begann, mich mit Roswell zu beschäftigen. Die Tarnung war wichtig, weil für das Militär 1947 immer noch Krieg herrschte, ein kalter Krieg zwar, aber trotzdem Krieg. Informationen über Kriegsmaterial waren ebenso wertvoll wie das Material, das in Roswell geborgen wurde, und das nicht bekannt werden durfte, aus Angst, die Russen könnten es ausbeuten. Daher behandelte die Armee vom ersten Tag an die Bergung der Trümmer, als wäre es eine militärische Operation auf einem echten Kriegsschauplatz. Roswell wurde zu einem Fall für den militärischen Geheimdienst.

General Twining hatte das Material selbst gesehen und mit den Raketenwissenschaftlern konferiert, die zu seinem Braintrust in Alamogordo gehörten. Während der restlichen Sommermonate stellte er in aller Ruhe einen Bericht zusammen, den er Präsident Truman und einer Ad-hoc-Gruppe aus hohen Militärs und Regierungs- sowie zivilen Beamten überreichen wollte. Diese Personen wurden letztendlich die wichtigsten Entscheidungsträger für den fortlaufenden Kontakt mit Außerirdischen in den folgenden 50 Jahren.

Nachdem Berichte vom Roswell-Absturz und anderen UFO-Sichtungen auf amerikanischen Fliegerhorsten über die Kommandokette der Streitkräfte einzutreffen begannen, mußte General Twining auch eine Leitung mit niedrigerer Geheimhaltung einrichten, über die er Informationen mit anderen Kommandos austauschen konnte, die keinen unmittelbaren Draht zur Spitze hatten. General Twining hatte jedoch Vorgesetzte in der Armeeführung, die zwar, was die außerirdischen Kontakte betraf, nicht derselben Sicherheitsstufe unterstanden wie er, die aber als seine Vorgesetzten das Recht auf routinemäßige Informationen vom AMC hatten. Entsprechend mußte General Twining selbst innerhalb des Militärs eine Tarngeschichte parat haben.

Der erste dieser Berichte von General Twining ging an den Generalstabschef der Heeresluftwaffe in Washington mit Datum vom 23. September 1947. In diesem Memo, an Brigadegeneral George Schulgen gerichtet, berichtete Twining in sehr allgemeinen Formulierungen über die Erkenntnisse der Air Materiel Command hinsichtlich der »Fliegenden Untertassen«. Er zog bemerkenswert viele Schlußfolgerungen, von denen die meisten, wie ich vermutete, als ich in Eisenhowers Sicherheitsrat war und erneut, als ich zum Pentagon kam, auf seiner persönlichen Sichtung der Roswell-Objekte, die sich im Besitz der Armee befanden, und anderen Sichtungsberichten beruhten. Fliegende Untertassen oder UFOs seien keine Hirngespinste, schrieb Twining. Und die Sichtung von seltsamen Objekten am Himmel sei »etwas Reales und nichts Eingebildetes oder Erdichtetes«. Obwohl er die Möglichkeit nennt, daß einige der gesichteten Objekte nur Meteore oder andere natürliche Objekte seien, so meinte er doch, daß die Berichte auf Beobachtungen von tatsächlichen Objekten basierten, »die der Form eines Diskus nahekommen, von gleicher Größe wie ein von Menschen hergestelltes Flugzeug«. In Anbetracht dessen, daß dieser Bericht keineswegs für eine Veröffentlichung gedacht war, vor allem nicht 1947, geriet Twining ins Schwärmen über die operativen Eigenschaften des Flugobjekts, und er zog weitreichende Schlußfolgerungen über das Material, aus dem es bestand, und die Berichte, die er darüber gehört und gelesen hatte. Aber wenn er schrieb, daß seine extreme Manövrierfähigkeit und seine »Ausweichmanöver«, sobald es von unseren Flugzeugen oder unserem Radar gesichtet oder »kontaktiert« wurde, ihn glauben lasse, daß das Objekt entweder »manuell, automatisch oder von fern« gesteuert würde, dann unterstellte er eine ferngelenkte Flugtechnologie. Und nicht nur das, er unterstellte ihm wegen ihrer Ausweichmanöver, um Kontakte zu vermeiden, auch feindliche Absichten. Seine Charakterisierung des Verhaltens des Flugobjektes enthüllte, schon wenige Wochen nach der physischen Begegnung, daß jene Offiziere, die das noch nicht mit einem Geheimkode belegte Projekt »Außerirdische Kontakte« betreuten, bereits solche Objekte als eine militärische Bedrohung auffaßten.

Twining beschrieb das Flugobjekt, wie es die Sichtungen ergeben hatten: »Eine leicht reflektierende oder metallische Oberfläche, Fehlen eines Kondensstreifens, außer in jenen wenigen Momenten, in denen das Objekt unter Hochleistung operierte, eine kreisrunde oder elliptische Form, unten flach, oben gewölbt, Flüge in Formationen von drei bis neun Objekten und keine Geräusche, außer in manchen Momenten, wo ein stark dröhnendes Grollen registriert wurde. Die Objekte bewegten sich schnell im Vergleich zu Flugzeugen [jener Zeit], in Bodennähe über 550 km/h.«

Außerdem schrieb Twining, wenn die Vereinigten Staaten ein solches Flugzeug bauen würden, besonders eines mit einer Reichweite von über 11 000 km, würden die Kosten, die Ausgaben für Verwaltung und Entwicklung, sowie die Beanspruchung durch laufende Hochtechnologieprojekte es erforderlich machen, das ganze Projekt unabhängig oder außerhalb der üblichen Waffenentwicklungsbüros durchzuführen. Mit anderen Worten, so wie ich das Memo interpretierte, schlug Twining dem Generalstabschef der Heeresluftwaffe (d.h. der Luftwaffe, sie wurde im folgenden Jahr zur eigenen Waffengattung) den Versuch vor, die Technologie auszunutzen, die den Vereinigten Staaten buchstäblich in den Schoß gefallen war. Allerdings sollte alles getrennt und unabhängig von dem normalen Waffenentwicklungsprogramm vor sich gehen. Die Beschreibungen der topgeheimen Projekte auf dem Nellis Fliegerhorst bzw. Area 51 in der Wüste von Nevada schienen genau die Anforderungen zu empfehlen, die General Twining in seinen Empfehlungen aussprach. Er dachte dabei wohl besonders an den Einsatz der »Skunk-works«-Gruppe von Lockheed bei der Entwicklung des Stealth-Kampfflugzeuges und der B2-Bomber.

Twining teilte dem Generalstab der Heeresluftwaffe aber nicht mit, daß er selbst den Befehl erhalten hatte, die Basen in New Mexico in den Stunden nach dem Absturz zu besuchen. Vielmehr gab er seinen Bossen den Rat, die Armee solle einerseits herausfinden, ob die »Fliegende Untertasse« heimischen Ursprungs sei, z. B. »das Produkt irgendeines Hochsicherheitsprojektes«, das von den USA vielleicht außerhalb der normalen Kanäle entwickelte worden sei. Andererseits solle sie prüfen, ob es von einer fremden Macht entwickelt wurde, mit einer »Antriebsart, wahrscheinlich atomar, die nicht im Bereich der heimischen Kenntnisse liegt«. Gleichzeitig, um eine Tarngeschichte zusammenzuschustern, die ihn der Verpflichtung enthebt, als unmittelbarer Beobachter der fliegenden Untertasse zu berichten, schreibt Twining, daß »es keine ausreichende physische Evidenz bei der Form der geborgenen Absturzstücke gibt, die zweifelsfrei die Existenz solcher Objekte belegen würde«. Im gleichen Atemzug macht er aber ganz konkrete Vorschläge, indem er Vorgesetzten empfiehlt, das Hauptquartier der Heeresluftwaffe möge eine Direktive ausgeben, um Prioritäten aufzustellen, außerdem eine Sicherheitseinstufung und einen Kodenamen zur detaillierten Untersuchung dieser Angelegenheit, einschließlich der Vorbereitung einer vollständigen Zusammenstellung aller zugänglichen und sachdienlichen Daten, die dann dem Heer, der Marine, der Atomenergiekommission (JRDB), dem wissenschaftlichen Beraterstab für Aeronautik (NACA) und den RAND- und NEPA-Projekten zur

Kommentierung und Beurteilung zugestellt werden sollten. Ein vorläufiger Bericht sollte innerhalb von 15 Tagen nach Erhalt der Daten vorliegen und ein detaillierter Bericht danach alle 30 Tage mit dem Fortlauf der Untersuchungen. Danach sollte ein vollständiger Datenaustausch durchgeführt werden.

Dies war ein wichtiger Teil des Memos, zumindest für meine Untersuchung, wie die Armee zu der Roswell-Akte gekommen war, da er eine Rechenschaft der Armee für die Verteilung des Roswell-Materials und der Begleitberichte innerhalb weniger Monate nach Ankunft des Materials in Wright Field ablegte. Als General Twining seinen vorgesetzten Generalen im AAF vorschlug, daß alle Waffengattungen, die Regierung und die zivile Kommission diese Informationen teilen müßten, war die Verteilung des Materials bereits im Gange. Auf diese Weise kam diese Technologie in den Besitz des Army R&D.

General Twining versprach in diesem Memo dem Generalstab der Heeresluftwaffe, der Air Materiel Command würde fortfahren, die Phänomene mit ihren eigenen Mitteln zu erforschen, um deren Natur besser definieren zu können, und daß man alle Erkenntnisse weitergeben würde. Drei Tage nach diesem Memo, am 26. September 1947, überreichte General Twining seinen Bericht über den Roswell-Absturz und dessen Implikationen für die Vereinigten Staaten Präsident Truman und einer kleinen Gruppe von Beamten, die er zusammenrief, um die Leitung seiner streng geheimen Kombination aus Nachforschung, Ausarbeitung einer Politik und von »ops.« (Optionen) zu übernehmen. Diese Arbeitsgruppe, der Admiral Roscoe H. Hillenkoetter, Dr. Vannevar Bush, Verteidigungsminister James Forrestal, General Hoyt Vandenberg, Dr. Detlev Bronk, Dr. Jerome Hunsaker, Sidney W. Souers, Gordon Gray, Dr. Donald Menzel, General Robert M. Montague, Dr. Lloyd V. Berkner und Twining selbst angehörten, bildeten den Kern für die anlaufende, 50 Jahre währende Operation, die von einigen Leuten »Majestic-12« genannt wurde. Im Weißen Haus zur Zeit Eisenhowers nannte man sie einfach »die Gruppe«. Sie nahm in den Tagen nach Roswell ihre Arbeit so glatt auf, wie ein Buick 1949 mit seiner »Dynaflow« Automatik fuhr. Auf diese Weise hatte General Twining nicht nur eine wasserdichte Tarngeschichte für das, was in Roswell geschehen war, inszeniert, sondern auch eine komplette, streng geheime militärische R&D-Operation gestartet, um die Herkunft dieser Phänomene zu identifizieren und das Ausmaß der militärischen Bedrohung für die Vereinigten Staaten festzustellen. Diese Lösung war ebenso elegant wie effektiv.

Der Plan war mit der Schaffung der Arbeitsgruppe jedoch noch lange nicht vollständig. Die Operation entwickelte sich sehr schnell zu etwas weitaus Komplizierterem, weil General Twinings »Fliegende Untertassen« einfach nicht verschwanden. Als mehr und mehr Informationen über Sichtungen und Begegnungen über alle nur denkbaren Kanäle hereinströmten, Polizeiprotokolle von erschrockenen Zivilisten bis hin zu Luftfahrtpiloten, die merkwürdige Objekte am Himmel ausmachten, merkte die Gruppe, daß sie eine politische Strategie brauchte, um das in den Griff zu bekommen, was sich in ein Massenmedienphänomen verwandelte. Sie brauchte einen Mechanismus, um Tausende von Berichten über fliegende Untertassen zu überprüfen, die alles mögliche sein konnten, von einem wirklichen Absturz oder einem Beinahe-Zusammenstoß bis zu ein paar Idioten, die eine Kuchenform in die Luft warfen und mit dem Fotoapparat ihrer Tante Emma ein Foto schossen. Die Gruppe mußte auch die mögliche Bedrohung durch die Sowjetunion und die Länder hinter dem Eisernen Vorhang einschätzen, wobei man natürlich vermutete, daß sich die fliegenden Untertassen nicht allein auf Nordamerika beschränkten. Und sie mußte die Informationen einholen, die unsere Alliierten über fliegende Untertassen hatten. Und sie mußte die Roswell-Technologie bearbeiten, um herauszufinden, wie sie verwendet werden konnte. Aus der ursprünglichen Gruppe entwickelte sich also eine weitverzweigte Struktur von lose angeschlossenen Komitees und Untergruppen, manchmal auch komplette Organisationen wie das Luftwaffenprojekt Blue Book. Alle waren sie durch administrative Brandwände voneinander getrennt, um ein Durchsickern von Informationen zu verhindern, aber alles wurde von oben kontrolliert.

Nachdem die Tarnungen abgeschlossen waren, konnten die Pläne für die langfristige Rekonstruierung der Roswell-Technologie umgesetzt werden. Aber wer sollte das machen? Wo sollte das Material gelagert werden? Und wie konnte die Tarnung dessen, was die Armee zu tun gedachte, inmitten der dringenden Forderung nach neuen Waffen, des

Rüstungswettlaufes mit den Sowjets und der Untertassenmanie, die Ende der 40er Jahre über das Land hinwegfegte, aufrechterhalten werden?

General Twining hatte auch dafür einen Plan. Knapp ein Jahr nach dem ersten Treffen der Gruppe im Weißen Haus, gab der Geheimdienst der Luftwaffe im Dezember 1948 einen Bericht heraus mit der Nummer 100-203-79 und dem Titel »Analyse von Zwischenfällen mit fliegenden Objekten in den USA«. Darin wurden UFOs niemals als außerirdische Objekte bezeichnet, sondern als Elemente einer »ausländischen Technologie«, die der Bericht in der Tat zum Gegenstand hatte. Der Bericht, harmlos für die meisten Leute, weil nicht darin stand, daß die Fliegenden Untertassen aus dem All kamen, ist gewissermaßen eines der ersten Anzeichen dafür, wie die Tarnung in den folgenden Jahren funktionieren sollte.

Die Schreiber des Berichtes hatten innerhalb der bestehenden militärischen Verwaltungsstruktur den richtigen Platz gefunden, an dem die ganze Forschung und Entwicklung bezüglich des Phänomens der fliegenden Untertassen geschehen konnte, nicht nur unter dem Schleier der Geheimhaltung, sondern auch einen Ort, wo niemand suchte: die Abteilung Ausländische Technologie. Dort konnte das Material sicher im Bereich der Streitkräfte deponiert werden. Unterdessen konnten die Spitzen des Heeres und der Luftwaffe überlegen, was unsere vorhandene industrielle und Forschungstechnologie überhaupt gestattete. Dort konnte es Mißerfolge geben, wenn Waffen ein Flop wurden, konnten geheime Experimente ohne Furcht vor Enthüllung stattfinden und vor allem eine fortlaufende Diskussion darüber, wie die Vereinigten Staaten diesen Schatz von Konstruktionsinformationen aufarbeiten konnten – und das alles innerhalb der vorhandenen militärischen Struktur. Man nenne es nur nicht außerirdisch, sondern einfach »ausländische Technologie«, und werfe es in die Kiste mit all dem anderen irdischen Zeug, mit dem die Technologieleute sich beschäftigen sollten. Und so geschah es, daß zwölf Jahre später ein alter Aktenschrank mit Kombinationsschloß in mein neues Pentagon-Büro gekarrt wurde.

5

Die Tarnung

Während General Twining zwischen Ohio und New Mexico hin- und herflog, platzte auf der anderen Seite der Welt in Moskau der Vorsitzende Josef Stalin vor Wut. Mit rotem Gesicht machte er nicht einmal den Versuch, seinen Zorn zu verbergen, er explodierte wie ein Vulkan. Er hielt ein Exemplar der Roswell Daily Record vom 8. Juli 1947 hoch und warf es in die Mitte des Tisches für irgendeinen der Wissenschaftler im Zimmer, der Englisch lesen konnte. Stalin brauchte die amerikanische Zeitung nicht, um zu erfahren, was ihm seine NKWD-Agenten vor Ort in Alamogordo schon Wochen zuvor berichtet hatten: Ein amerikanisches Bergungsteam hatte ein abgestürztes außerirdisches Raumfahrzeug aus der Wüste von New Mexico geholt, und die Amerikaner werteten bereits die Technologie aus, die sie erbeutet hatten. Zuerst, als die sowjetischen Geheimdienstbosse die Berichte ihrer innerhalb der amerikanischen Basen agierenden Agenten erhielten, zeigten sie sich mehr als skeptisch. Sie glaubten, die Stories wären gezielte Falschmeldungen, um die sowjetischen Spione aus der Deckung zu locken. Die Amerikaner vermuteten, daß ihre geheimsten Anlagen unterwandert waren. Wenn die sowjetische Regierung auf die Desinformationen reagierte, würden die amerikanischen Konterspionageagenten in der Lage sein, den Weg der Story zurückzuverfolgen und die Spione zu entlarven. Aber als die Zeitungen von dem Absturz berichteten, den sie dann mit Stories über Wetterballons vertuschten, wußten die Sowjets, daß sie über ein dickes Ding gestolpert waren. Also stimmte es, erklärte Stalin seinen Zuhörern, daß die Amerikaner tatsächlich über eine eigene fliegende Untertasse verfügten. Was, so fragte er, würden sie jetzt damit anstellen?

Unter den Anwesenden an diesem Tag befand sich auch einer der Chefkonstrukteure des noch jungen sowjetischen Flüssigtreibstoff-Raketenprogramms. Wie viele andere sowjetische Ingenieure hatte er nach Kriegsende die Akten über die deutschen Geheimwaffen gelesen, und er wußte ziemlich genau, an welchem Punkt der Entwicklung die Amerikaner bei ihrem Lenkraketenprogramm mittlerweile angelangt sein dürften. Die Informationen, die er nach Ansicht seiner Bosse im Kreml noch brauchte, erhielt er aus den Berichten, die von den Feldoperateuren stammten. Aber keine der Informationen über die V2-Abschüsse in White Sands oder über die neuen Aufspürradaranlagen in Alamogordo gab dem Wissenschaftler des sowjetischen Raketenprogramms irgendeinen Hinweis, daß die Amerikaner den Sowjets bei den Lenkraketen nur einen Millimeter voraus wären – bis er die Nachrichten über den Roswell-Absturz hörte.

Sowohl das russische als auch das amerikanische Raketenprogramm basierte beinahe vollständig auf den erbeuteten Ergebnissen der deutschen Waffenforschung, welche die Alliierten noch vor Ende des Krieges unter sich aufteilten. Daran war auch ich unmittelbar beteiligt, indem meine Leute deutsche Waffenexperten nach der Besetzung Roms über Italien in einer 1944 beginnenden geheimen Operation mit dem Kodenamen »Paper Clip« herausschleusten. Durch die deutschen V2-Architekten Wernher v. Braun, Willy Ley und andere, die an Experimenten in der deutschen Raketenforschung arbeiteten und die wir in die Vereinigten Staaten brachten, gelangte die Armee an sehr viel Know-how der deutschen Waffenforschung. Mit diesem Material führte sie in New Mexico ihre Experimente durch. Durch ihren Geheimdienst und die kommunistischen Parteizellen in den besetzten Ländern erhielten die Sowjets auch ihren Anteil an der deutschen Technologie. Und die Technologie der Deutschen hatte es in sich. Die Deutschen hatten halbmondförmige, düsengetriebene Messerschmitts entwickelt, die an unseren P51 vorbeizischten, als stünden diese still. Und mit ihrer V1/V2 für U-Boote wäre es den Deutschen gelungen, eine kleine Flottille vor der amerikanischen Ostküste zu verstecken und mühelos in wenigen Stunden das dicht bevölkerte Washington in Grund und Boden zu bombardieren. Sie hätten nur noch genügend Zeit gebraucht, um ihre Waffen in Gefechtsbereitschaft und die U-Boote in Position zu bringen. Und das war ja auch ihre Strategie gegen Ende 1944, als sie kehrtmachten und in Belgien mitten im Winter zum Gegenangriff übergingen und unsere Streitkräfte in der Ardennenoffensive banden. Mit ihren neuen Waffen hätten sie ein Patt erkämpfen und einen für uns bitteren Waffenstillstand erringen können.

Sowohl die Amerikaner als auch die Russen wollten jene deutschen Waffen, vor allem die V2, unbedingt in ihre Hände bekommen. Stalin mußte sich nach dem Krieg erst einmal keine großen Sorgen machen, daß jemand einen Vorteil aus den deutschen Waffen ziehen könnte. Beide Seiten hatten einen gleich großen Teil vom Kuchen abbekommen. Aber dieser Absturz der fliegenden Untertasse stand auf einem ganz anderen Blatt. Er bedeutete, daß die Vereinigten Staaten auf einen Schlag einen enormen Vorsprung in dem Rüstungswettlauf des Kalten Krieges gewonnen haben könnten. In dem Krieg, der eigentlich schon wenige Minuten nach der deutschen Kapitulation einsetzte. Worin könnte dieser Vorsprung bestehen? Darüber dachte der sowjetische Experte für Flüssigtreibstoffraketen laut nach. Was könnten die Amerikaner technologisch aus der Bergung gewonnen haben? Sowjetagenten berichteten, die Menschen in Roswell hätten erzählt, am Unfallort seien kleine Wesen gesichtet worden, und die Armee habe ein halbmondförmiges Raumschiff mit Lkws fortgebracht. Die Geschichten seien jedoch schnell von der militärischen Konterspionage im Keim erstickt worden. Daher müßten zuverlässige Informationen darüber, was die Amerikaner vielleicht entwickeln würden, von Sowjetagenten kommen, die mitten in der US-Regierung saßen. Stalin müsse das befehlen. So geschah es dann auch.

Als ob sie von einem unsichtbaren Schalter in Gang gesetzt worden wären, begannen die Spione der wohl effektivsten und rücksichtslosesten Spionagemaschinen der Welt sich mit jenen amerikanischen Militärbasen vertraut zu machen, die an der Roswell-Bergung beteiligt waren. Und sie machten sich an die amerikanischen militärischen und zivilen Schlüsselfiguren heran, von denen die Sowjets wußten, daß man sie einschalten würde.

Die Amerikaner waren 1947 vielleicht nicht die besten Agentenfänger, aber man hatte die Heereskonterspionage bereits alarmiert, bevor noch die Russen überhaupt wußten, daß eine fliegende Untertasse geborgen worden war. Ausgehend von der zentralen Verbindungsstelle der Fliegerhorste in New Mexico, verhörten die CIC-Agenten im Sommer 1947 jeden, der auch nur das geringste Interesse an den Ereignissen in Roswell zeigte. Wer zu viele Fragen stellte, bekam unweigerlich

Besuch von zwei Geheimpolizisten in Zivil, die keinen Durchsuchungsbefehl benötigten, um alles zu durchwühlen.

Obwohl die Armee vielleicht etwas übereifrig bei ihren Verhören vorging, so trugen diese jedoch Anfang August erste Früchte. Als General Twining seinen Bericht an den Generalstab der Heeresluftwaffe in Washington schrieb, wußte der Geheimdienst sowohl der Marine als auch des Heeres, daß die Sowjets mit höchster Priorität eine Spionageaktion auf den Militärbasen im ganzen Land begonnen hatten. Sowjetagenten waren überall. Darüber informierte Admiral Roscoe Hillenkoetter, CIA-Direktor und Mitglied der UFO-Beratergruppe Präsident Trumans, den Präsidenten. Es müßte sofort eine Konterspionageoperation von oben nach unten durchgeführt werden, empfahl er, sonst wäre jeder Plan hinsichtlich dessen, was sie in Roswell geborgen hatten, und den die Armee prüfen müßte, gefährdet. Tausende Fragen stellten sich. Waren diese fliegenden Objekte das Vorspiel zu einer wesentlich größeren Geschichte? Kommunizierten sie mit den Sowjets? Prüften sie unsere Verteidigung für eine außerplanetarische Invasion? Wir hatten ja bereits angenommen, daß das Verhalten dieser Flugobjekte feindlich wäre, aber was wollten sie wirklich? Unterdessen landeten weitere Berichte von Zivilisten oder Polizisten, die fliegende Untertassen gesehen hatten, bei uns oder erschienen in den Zeitungen. Selbst Piloten der zivilen Luftfahrt berichteten von seltsamen Lichtern. Uns blieb nicht viel Zeit zum Handeln. Das Geheimnis der fliegenden Untertassen erschien dermaßen erdrückend, daß es geradezu an die Öffentlichkeit drängte. Doch in dem Fall würde es eine noch nie dagewesene Panik in der Zivilbevölkerung auslösen. Eine ausgeklügelte Tarnung mußte daher schnellstens zustande kommen. Und wir mußten auf Gedeih und Verderb die Sowjets fernhalten, bis wir wußten, was da vom Himmel gefallen war. Wir brauchten einen Plan, und zwar sofort.

Manche meinten, die Idee zu diesem Plan hätte der Verteidigungsminister James Forrestal gehabt. Andere sagten, CIA-Direktor Hillenkoetter hätte das Ganze ausbaldowert. Ich weiß es ehrlich gesagt nicht aus erster Hand, denn als der Plan ausgebrütet wurde, schwitzte ich noch in Fort Riley und versuchte, die Bilder von den greulichen unirdischen Dingern, die ich in dem Behälter hatte schwimmen sehen, aus meinem Gedächtnis zu tilgen.

Aber wer immer über diese Dinge sprach, beschrieb nur das Offensichtliche, so die Aussagen von Mitgliedern des Nationalen Sicherheitsrates, mit denen ich sechs Jahre später zusammenarbeitete. Vielleicht war es doch Forrestal, als die einzige Person im Kabinett, die mit Truman so offen reden konnte.

Truman, der kaum zwei Jahre nach seinem Amtsantritt als Nachfolger Roosevelts ein sehr unpopulärer Präsident war, wurde klipp und klar gesagt: »Wir sitzen in einer echten Klemme«. Nate Twining erklärte, er wisse nicht, was zum Teufel diese Dinger seien. Doch es sei unumstößlich, daß sich manches gewaltig ändern würde, wenn die Sowjets sie in die Hand bekämen.

»Schreibt ihr mir eine Art Bericht?« fragte der Präsident.

»General Twining sagt, er hätte es lieber in Form einer Lagebesprechung, Sir, vorerst jedenfalls«, schlug Admiral Hillenkoetter vor. »Nur für Ihre Ohren. Dann müssen wir eine Arbeitsgruppe bilden, die sich dieser ganzen Angelegenheit annimmt. Vielleicht kann die Arbeitsgruppe eine Analyse der Situation erstellen, sobald sie geprüft hat, was General Twining in Wright Field unter Verschluß genommen hat. Niemand will Spekulationen anstellen, bevor wir nicht wissen, was eigentlich tatsächlich geschehen ist.«

»Vielleicht sollten Sie sich zuerst mit General Twining zusammensetzen«, schlugen sowohl Forrestal als auch Hillenkoetter vor. Beide wußten, daß Harry Truman Informationen aus erster Hand schätzte, also von Leuten, welche die Situation mit eigenen Augen gesehen hatten. Sein Vorgänger Roosevelt hielt mehr von kollektiver Arbeit und wußte, wie man Berichte handhaben mußte. Er glaubte seinen Untergebenen. Aber Truman reagierte da anders. Er wußte, wie man ein Herrenmodengeschäft führte: Falls ein Hut nicht paßte, mußte er als Verantwortlicher zur Fabrik gehen, um herauszufinden warum. Dieses Prinzip wandte er jetzt auch in der Roswell-Sache an. General Twining war am Unglücksort gewesen. Wenn er, Truman, Antworten wollte, dann mußte er mit den Augen desjenigen sehen, der dort gewesen war.

»Weiß Twining, worauf diese SOBs aus sind?« fragte Truman. Er bezog sich damit auf die Außerirdischen in der abgestürzten Untertasse.

»Das ist eine der Fragen, die wir angehen wollen«, erwiderten Forrestal und Hillenkoetter und baten, der Präsident möge unbedingt anhören, was General Twining zu sagen hätte. Dann könne man sich auf eine Untersuchungsgruppe aus vertrauenswürdigen Militärs, Zivilisten und Geheimdienstlern einigen. Auf diese Weise entstünden nicht unzählige Memos, wodurch sich die Gefahr des Durchsickerns von Informationen an die Sowjets wesentlich verringern würde.

»Wir wollen auch nicht, daß die Zeitungs- oder Rundfunkleute diese Dinge hier in die Hände bekommen«, sagten sie dem Präsidenten.

»Winchell würde mich ans Kreuz schlagen, wenn er herausfände, was wir machen«, soll Truman bei dieser Zusammenkunft gesagt haben.

Keiner der Eingeweihten mochte Präsident Truman besonders gern, und der war sich dessen bewußt.

»Es ist genau wie das Manhattan-Projekt«, erinnerte ihn Admiral Hillenkoetter. »Es war Krieg. Wir konnten es niemandem sagen.«

Dann erklärten Forrestal und Hillenkoetter, daß sie, sobald eine Arbeitsgruppe aufgestellt sei, die Aufgaben zur Erforschung der Technologie verteilen würden. Sie müßten aber gleichzeitig jedes Arbeitsergebnis von der sowjetischen Spionagemaschinerie fernhalten, die bereits innerhalb der Regierung auf vollen Touren laufe.

»Wir verbergen es auch vor der Regierung«, erklärte der Verteidigungsminister.

»Wir schaffen eine ganz neue Ebene der Sicherheitsklassifizierung nur für dies hier«, sagte der CIA-Direktor. »Jede Information, die wir zur Freigabe beschließen, selbst intern, wird so runtergestuft, daß die Personen, die sie erhalten, niemals die Sicherheitsstufe haben, die ihnen erlaubt, bis zur Spitze durchzukommen. Die einzige Möglichkeit, diese Angelegenheit vor den Russen zu verstecken, ist, sie vor uns selbst zu verstecken.«

Aber der Präsident äußerte immer noch Bedenken wegen der Schwierigkeiten, eine so umfassende Operation aus den Medien heraushalten zu können, vor allem, seit die fliegenden Untertassen zu einem der heißesten Themen geworden waren. Was sollte er denn sagen, wenn die Bürger die Regierung über die Stories der fliegenden Untertassen befragten? Das und noch mehr wollte er wissen. Wie könnten sie diese seltsamen Wesen untersuchen, ohne daß die Medien davon Wind bekämen? Und wie könnten sie das viele physikalische Material, das Hillenkoetter ihm beschrieben habe, erforschen, ohne Leute außerhalb der Regierung dazuzuholen? Der Präsident begriff einfach nicht, wie diese Regierung-in-der-Regierung-Tarngeschichte funktionieren sollte, ohne daß das Ganze außer Kontrolle geriet. Trotz Forrestals beruhigender Versicherungen blieb der Präsident skeptisch.

»Und da gibt es noch einen entscheidenden Punkt«, soll Truman zu seinem CIA-Direktor und dem Verteidigungsminister gesagt haben. »Werden wir jemals dem amerikanischen Volk erzählen, was wirklich geschehen ist?« Es herrschte Schweigen.

Fragen Sie mich nicht, woher ich das alles weiß. Mein alter Freund und Feind vom KGB wollte mir nicht erzählen, woher er es wußte, und ich drang nicht in ihn. Aber akzeptieren Sie es als eine Tatsache aus der einzigen Quelle, die es wissen konnte, so wie ich es damals akzeptierte, als ich es erfuhr, daß weder der Verteidigungsminister noch der CIA-Direktor eine derartige Enthüllung überhaupt nur als entfernte Möglichkeit in Betracht gezogen hätten.

»Nun«, hakte Präsident Truman nach. »Werden wir?«

Dies war eine grundlegende Ja-Nein-Frage. Forrestal und Hillenkoetter hatten schon eine spontane Antwort auf der Zunge, nämlich: ein klares Nein. Forrestal begriff jedoch schnell, daß alles nicht so einfach wäre. Als Mitglieder einer Verwaltung, die den Krieg mitgemacht hatte, war ihre erste Antwort natürlich nach dem Motto gestaltet: bloß nichts enthüllen. Ganz nach dem alten Sprichwort: Was man nicht weiß, macht einen nicht heiß. Aber Präsident Truman, der keine militärische Ausbildung hatte, war etwas aufgefallen, was weder Forrestal noch Hillenkoetter bis dahin gesehen hatten. Wenn diese Raumschiffe unser Radar vermeiden und landen konnten, wo sie wollten, was könnte sie daran hindern, direkt vor dem Weißen Haus zu landen – oder vor dem Kreml? Die US-Luftwaffe bestimmt nicht.

»Was sagen wir also, wenn sie landen?« wurde mir erzählt, habe Truman damals gefragt, »und mehr Panik in den Straßen verursachen, als wenn wir enthüllt hätten, was wir jetzt zu wissen glauben?«

»Aber wir wissen wirklich noch nichts«, erwiderte der CIA-Direktor. »Gar nichts, solange wir nicht analysieren, was wir geborgen haben.« Aber sowohl der Verteidigungsminister als auch der CIA-Direktor stimmten mit Präsident Truman jetzt überein, daß Skepsis angebracht sei, insbesondere, was den Punkt der Enthüllung betraf.

»Können wir zumindest jegliche Beschlußfassung verschieben, bis Sie General Twining getroffen haben?« fragte Admiral Hillenkoetter. »Ich denke, daß er einige der Antworten haben wird, nach denen wir suchen.«

Während Admiral Roscoe Hillenkoetter und James Forrestal die Lagebesprechung mit Präsident Harry Truman über den Plan, eine Arbeitsgruppe aufzustellen, führten, stellte General Nathan P. Twining gerade seine vorläufige Analyse der Berichte und des nach Wright Field geschickten Materials fertig. Beinahe umgehend hatte er die Körper der Außerirdischen zum Bethesda Marinehospital und dem Walter-Reed-Heereshospital zur weiteren Analyse geschickt. Das Luftfahrzeug selbst blieb in Wright Field. Wie er in dem Memo an den Generalstab der Heeresluftwaffe versprochen hatte, bereitete General Twining die Verteilung des Roswell-Materials auf die verschiedenen militärischen und zivilen Büros zur weiteren Einschätzung vor. Er war bereits von Admiral Hillenkoetter informiert worden, daß die neuen Sicherheitsbestimmungen bezüglich der Roswell-Datensammlung in Kraft getreten seien. Niemand innerhalb des Militärs, außer den Personen, deren Namen er vom Präsidenten persönlich bekommen würde, hätte die nötige Sicherheitsstufe, um die volle Wahrheit über Roswell zu erfahren. Diese dürfe Twining allein dem Präsidenten und anderen Mitgliedern der Arbeitsgruppe mitteilen.

Drei Monate, nachdem man ihn nach New Mexico geschickte hatte, um herauszubekommen, was in Roswell geschehen war, traf General Twining mit Präsident Truman zusammen, wie es Hillenkoetter und Forrestal vorgeschlagen hatten. Twining erklärte dem Präsidenten genau, was er glaube, daß die Armee aus der Wüste geholt hatte. Es wäre fast unbegreiflich, so beschrieb er es dem Präsidenten, und es sei nichts, was von diesem Planeten stammen könnte. Wenn die Russen an so etwas wie diesem arbeiten würden, dann wäre es so geheim, daß nicht einmal ihre eigenen Militärbefehlshaber irgend etwas darüber wüßten, und die Vereinigten Staaten müßten ein Sofortprogramm erstellen, um eine Verteidigung des Landes vorzubereiten. Aus allem sprach Twinings Gewißheit: »Das, was sie da außerhalb Roswell gefunden haben, ist nicht von dieser Erde.«

»Jetzt hatte Präsident Truman es gehört, aus erster Quelle«, sagte Forrestal, nachdem Twining Ohio verlassen hatte, »und er war überzeugt.«

Das war größer als das Manhattan-Projekt und erforderte, daß man es in größerem Maßstab behandelte und offenbar auch über eine längeren Zeitraum. Die von Forrestal und Hillenkoetter vorgeschlagene Untersuchungsgruppe mußte also erwägen, womit sie es eigentlich zu tun hatte, und für wie lange. Sollte sie nur versuchen, ein einziges Geheimnis zu wahren – daß ein außerirdisches Fahrzeug bei Roswell zerschellt ist –, oder sollte sie auch das verheimlichen, was schnell zum größten militärischen R&D-Unternehmen der Geschichte werden sollte, das Management dessen, wie Amerika seine Beziehung zu den Außerirdischen regeln sollte?

General Twining hatte schon in seiner vorläufigen Analyse zum Ausdruck gebracht, daß sie das gesamte Phänomen der fliegenden Untertassen, einschließlich Roswell und jeder weiteren Begegnung, die stattfinden würde, untersuchen wollten. Dies seien feindliche Einheiten, erklärte der General, die nicht, wären sie mit friedlichen Absichten gekommen, jeden Kontakt vermeiden würden, indem sie Ausweichmanöver machten, auch wenn sie unseren Luftraum verletzten und unsere geheimsten Militärinstallationen beobachteten. Sie hätten eine Technologie, die unserer bei weitem überlegen wäre, die wir studieren und ausbeuten müßten für den Fall, daß sie sich als noch aggressiver erweisen sollte. Wenn wir gezwungen würden, einen Krieg im Weltall zu führen, müßten wir zuerst die Natur des Feindes besser verstehen, besonders wenn es darum ginge, das amerikanische Volk auf einen Feind vorzubereiten, dem es gegenübertreten müßte. Er schlug vor, zuerst Untersuchungen anzustellen, aber sich auf den Tag vorzubereiten, an dem das ganze Unternehmen offengelegt werden müßte. Das konnte Truman verstehen. Er hatte Twining von dem Moment an vertraut, diese potentielle Krise zu managen, als Forrestal ihn mit dem Absturz konfrontiert hatte. Und Twining hatte eine brillante Arbeit geleistet. Der General hielt den Deckel auf der Story und brachte alles, was er konnte, unter einem Dach zusammen.

Alles, was Twining ihm erklärte, begriff der Präsident: Das Eigenartige an dem Raumschiff, das keine Maschinen zu haben schien, keinen Brennstoff, noch sonst irgendwelche offensichtlichen Antriebsmethoden und dennoch schneller als unsere schnellsten Jagdflieger flog. Die wunderlichen, kinderähnlichen Wesen, die drinnen waren, und wie eines von ihnen durch einen Gewehrschuß getötet worden war. Die Art, wie man Tageslicht im Innern des Raumschiffes sehen konnte, auch wenn die Sonne noch nicht aufgegangen war. Die Streifen eines metallischen Stoffes, den man nicht verbrennen oder schmelzen konnte. Die dünnen Lichtstrahlen, die man nicht sehen konnte, bevor sie nicht auf ein Objekt trafen, durch das sie sich dann hindurchbrannten usw., usw. Alles mehr Fragen als Antworten.

Es würde Jahre dauern, um Antworten zu finden, hatte Twining gesagt, und es würde außerhalb der aktuellen militärischen Fähigkeiten liegen, daran etwas zu ändern. Es werde sehr vieler Kräfte bedürfen, sagte der General, und der Hauptteil der Arbeit müßte insgeheim vonstatten gehen.

General Twining zeigte Fotos von den außerirdischen Wesen und die Autopsieberichte, die nahelegten, daß diese Wesen auch menschlich seien. Sie müßten in gewisser Weise zu unserer Spezies gezählt werden. Sie waren offensichtlich intelligent und in der Lage zu kommunizieren, hätten Augenzeugen berichtet, und zwar durch eine Art Gedankenübertragung, die aber nichts mit der mentalen Telepathie auf Jahrmärkten zu tun habe. Wir wüßten nicht, ob sie von einem Planeten wie dem Mars aus unserem Sonnensystem kämen oder von einer Galaxie, die wir kaum mit unseren stärksten Teleskopen erkennen könnten. Aber sie besäßen eine militärische Technologie, deren Vorteile wir verstehen und ausnutzen könnten, und sei es nur zur Selbstverteidigung gegenüber den Sowjets. Aber indem wir studierten, was diese Außerirdischen hätten, könnten wir in die Situation geraten, auch gegen sie ein Verteidigungssystem aufbauen zu müssen. Wenigstens, so gab Twining zu bedenken, würde das halbmondförmige Fahrzeug jenen deutschen Horton-Fliegern so unangenehm ähnlich sehen, die unsere Flieger gegen Ende des Krieges gesehen hätten. Daher hege er den Verdacht, die Deutschen seien auf etwas gestoßen, wovon wir nichts wüßten. Und seine Gespräche mit Wernher von Braun und Willy Ley in Alamogordo in den Tagen nach dem Absturz hätten dies bestätigt. Sie wollten nicht für verrückt erklärt werden, aber sie befürchteten, daß es noch größere Geheimnisse hinter dem geben könnte, was die Deutschen erfunden hätten. Nein, die genannte Ähnlichkeit sei wahrscheinlich kein Zufall.

Wir fragten uns immer, wie die Deutschen in der Lage waren, in so kurzer Zeit eine so hochentwickelte Waffentechnologie auf die Beine stellen, noch dazu in Zeiten der großen Depression. Hatten sie Hilfe? Vielleicht hätten wir ja jetzt dasselbe Glück wie die Deutschen und könnten für uns ein Stück dieser Technologie herausschneiden. Mit einer Beschleunigung und einer Manövrierfähigkeit, wie nie zuvor gesehen, würde dieses Raumfahrzeug die amerikanischen Flugzeugbauer auf Jahre hinaus beschäftigen, um lediglich das, was sie sahen, mit den nächsten Entwürfen zu verbinden.

Das nationale Thema Sicherheit wäre von höchster Bedeutung, aber die Frage der Offenlegung vor der Nation ebenfalls, erinnerte Truman General Twining. Diese Sache wäre zu groß, um sie zu verbergen, und sie würde mit der Zeit nur noch größer werden, wenn sich erst einmal die Journalisten wie Hunde auf der Fährte befänden. Es einfach mit einer höheren Sicherheitsstufe zu belegen und jedem zu drohen, der zu nahe käme, wäre nicht genug, um ein so großes Geheimnis zu wahren. Man könne undichte Stellen nicht verhindern, und am Ende käme sowieso alles heraus. General Twining solle darüber nachdenken, bevor die Untersuchungsgruppe endgültige Beschlüsse fasse, riet der Präsident.

Mitte September waren alle Mitglieder von Präsident Trumans Arbeitsgruppe im Bilde. Zu der Gruppe gehörten:

- CIA-Direktor Admiral Roscoe Hillenkoetter
- Verteidigungsminister James Forrestal
- General Nathan Twining vom AAF und dann USAF Air Materiel Command (Flugzeugmaterialstelle)
- Professor Donald Menzel, Harvard Astronom und Experte für Kryptographie beim Marinegeheimdienst
- Vannevar Bush, Vorsitzender des Vereinigten Forschungs- und Entwicklungsausschusses
- Detlev Bronk, Vorsitzender des Nationalen Forschungsrates und Biologe, der schließlich in das Nationale Beratungskomitee für Aeronautik entsandt wurde
- General Robert Montague, der General Twinings Klassenkamerad in West Point gewesen war, Kommandeur von Fort Bliss, der auch die operative Kontrolle über den Führungsstab in White Sands hatte
- Gordon Gray, Präsident Trumans Armeesekretär und Vorsitzender des Ausschusses für strategische Psychologie des CIA
- Sidney Souers, Direktor des Nationalen Sicherheitsrates
- General Hoyt Vandenberg, CIA-Direktor vor Roscoe Hillenkoetter und später Generalstabschef der US-Luftwaffe
- Jerome Hunsaker, Flugzeugbauer und Direktor des Nationalen Beratungskomitees für Aeronautik
- Lloyd Berkner, Mitglied des Vereinigten Forschungs- und Entwicklungsausschusses

Solange diese Gruppe nicht einen Langzeitplan zum Schutz und zur Entwicklung des Roswell-Projektes aufstellte, würden die Geheimnisse durchsickern. Ich meine, daß es General Twining war, der der Gruppe klarmachte, daß die Story in der Tat schon durchgesickert sei. Es sickerte schon Stunden nach dem Absturz durch und sei dann widerrufen worden. Die Leute würden zwar noch in New Mexico darüber reden, aber nach der Wetterballon-Story der Armee würden die Zeitungen die Berichte von fliegenden Untertassen als Phantasien von Leuten behandeln, die zu viele Buck-Rogers-Filme gesehen hätten. Die nationale Presse würde bereits die Arbeit des Komitees leisten. Wirklich notwendig sei auch, schlug Twining vor, eine Methode zum Sammeln von Informationen über weitere UFO-Aktivitäten – insbesondere über Abstürze, hochwahrscheinliche Sichtungen von Piloten oder Militärs oder tatsächliche, physische Begegnungen mit Individuen – zu entwickeln. Und man müsse einen Weg für die heimliche Weitergabe dieser Informationen an die Gruppe finden. Dies sei notwendig, während man nach praktischen Erklärungen suchte, womit die unidentifizierten fliegenden Untertassen zu vollständig identifizierbaren und erklärlichen Phänomenen würden.

Unter dem Tarnmantel des Wegerklärens der gesamten Fliegenden-Untertassen-Aktivitäten könnten die jeweiligen Behörden, die durch Mitglieder der Arbeitsgruppe vertreten seien, frei entscheiden, das eigentliche Phänomen der fliegenden Untertassen zu erforschen, wie sie es für richtig hielten. Aber bei all dem, so hob Twining hervor, müßte die Leugnung des Fliegenden-Untertassen-Phänomens unbedingt aufrechterhalten werden, während man gleichzeitig die Öffentlichkeit auf eine Enthüllung vorbereitete, indem man sie allmählich immun machte gegenüber dem potentiellen Schrecken einer Konfrontation mit einem mächtigeren biologischen Sein aus einer anderen Welt. General Twining zufolge würde es gleichzeitig die größte Tarngeschichte und das größte Public-Relations-Programm aller Zeiten sein. Die Gruppe war einverstanden, daß dies im Zentrum ihrer Bemühungen stehen müßte. Sie würde nichts weniger als eine Regierung innerhalb der Regierung bilden, die von einer Präsidentenverwaltung der nächsten übergeben werden würde, gleichgültig, welche politische Partei die Macht hätte. Diese Gruppe würde gnadenlos ihre Geheimnisse wahren, während sie jede noch so kleine neue Information über die fliegenden Untertassen untersuchen würde. Gleichzeitig würde sie die Enthüllung einiger der am weitesten hergeholten Informationen zulassen, ob wahr oder unwahr, weil es helfen würde, ein Klima in der Öffentlichkeit zu schaffen, in dem man leichter die Existenz außerirdischen Lebens akzeptieren könnte, ohne eine allgemeine Panik auszulösen.

»Es wird ein Fall sein«, sagte General Twining, »in dem die Tarnung die Enthüllung ist und die Enthüllung die Tarnung. Alles leugnen, aber laßt das öffentliche Gefühl seinen Lauf nehmen. Laßt den Skeptizismus die Arbeit für uns tun, bis die Wahrheit allgemein akzeptiert wird.«

Die Gruppe kam auch überein, ein Informationssammelprojekt einzurichten, das schließlich Blue Book genannt wurde, und ausschließlich von der Luftwaffe geführt wurde. Es sollte der Öffentlichkeitsarbeit dienen, indem man den Leuten erlauben würde, Berichte über gesichtete fliegende Untertassen einzubringen. Während die Beamten des Blue Book die berichteten Sichtungen mit allgemeinen Erklärungen abtaten, war das ganze Projekt zugleich ein Mechanismus, fotografische Dokumentationen von Aktivitäten fliegender Untertassen für die Forschung und Einschätzung zu erhalten. Die ungewöhnlichsten Sichtungen mit der höchsten Wahrscheinlichkeit, daß es sich um unidentifizierte Objekte handelte, würden nach oben an die Arbeitsgruppe weitergegeben werden zur Verteilung an die autorisierten Forschungsbehörden. Als ich zum Pentagon kam, wurde die allgemeine Kategorie aller Fliegenden-Untertassen-Phänomene einfach als »ausländische Technologie« bezeichnet.

6

Die Strategie

Es gibt eine alte Geschichte, wie man Geheimnisse wahrt, die ich vor langer Zeit hörte: Eine Gruppe von Männern versuchte, ihre größten Geheimnisse vor dem Rest der Welt zu verbergen. Sie packten ihre Geheimnisse ein und versteckten sie in einer Hütte, deren Lage wiederum ein Geheimnis war. Aber die geheime Hütte wurde bald entdeckt, und damit entdeckte man die Geheimnisse, die von der Gruppe versteckt worden waren. Aber bevor alle Geheimnisse enthüllt werden konnten, bauten die Männer rasch eine zweite Hütte, wo sie die Geheimnisse verbargen, die sie noch hatten. Bald wurde auch die zweite Hütte entdeckt und die Gruppe merkte, daß sie ein paar Geheimnisse preisgeben mußte, um den Rest behalten zu können. Sie baute abermals rasch eine Hütte und verbarg darin alle verbliebenen Geheimnisse. Dies wiederholte sich immer wieder, bis jeder, der herausbekommen wollte, was für Geheimnisse das waren, bei der ersten Hütte beginnen mußte und weiter zur nächsten und übernächsten gehen mußte, bis er zu der Hütte kam, wo es nicht weiterging, weil er den Ort der nächsten nicht kannte.

Dies war 50 Jahre lang die Methode, mit der die Geheimnisse von Roswell in verschiedenen, aufeinanderfolgenden Inkarnationen durch streng geheime Arbeitsgruppen in den verschiedenen Regierungsämtern geschützt wurden, und sie wird heute noch immer angewandt. Wollte man jedes Regierungsdokument durchgehen, um die freigegebenen Geheimnisse über Roswell und die Kontakte, die wir mit den Außerirdischen hatten, die uns vorher besuchten und es seither immer wieder taten, zu finden, dann würde man ein mit Kodenamen versehenes Projekt nach dem anderen finden. Jedes dieser Geheimnisse verfügte über eine eigene Akte, eigene Sicherheitsbestimmungen, war dem Militär oder der Regierung zugehörig und versehen mit Überwachungsmechanismen, irgendeinem Budget und sogar Berichten von streng geheimen Dokumenten.

Alle diese Projekte wurden in Gang gesetzt, um einen Teil derselben Aufgabe zu erfüllen: Die fortlaufende Beziehung mit den außerirdischen Besuchern in den Griff zu bekommen, die wir in Roswell entdeckt hatten. Auf jeder Ebene jedoch, sobald die Sicherheit, aus welchem Grunde auch immer, durchbrochen wurde – selbst absichtlich –, wurde ein Teil des Geheimnisses durch Freigabe enthüllt, während der Rest in ein neues streng geheimes Projekt verschoben oder einem bestehenden zugeschlagen wurde, das noch nicht enthüllt worden war. Das macht heute noch Sinn, besonders für jene unter uns, die wissen, daß die Regierung nicht ein monolithischer Granitblock ist, der sich nie bewegt und reagiert. Für uns innerhalb der Militär- oder Regierungsmaschinerie ist die Regierung dynamisch, reaktionsschnell und auch sehr aktiv, wenn es darauf ankommt, Methoden zu entwickeln, um ihre größten Geheimnisse zu wahren.

In all den Jahren nach Roswell waren wir nicht nur einen Schritt den Personen voraus, die wissen wollten, was eigentlich geschehen war, sondern hundert Schritte, ja tausend oder noch mehr. Eigentlich versteckten wir die Wahrheit niemals vor jemandem, wir tarnten sie nur. Sie war immer da, die Leute wußten nur nicht, wonach sie suchen mußten oder erkannten es nicht als das, was es war, wenn sie es fanden. Und sie fanden es wieder und wieder. Das Projekt »Blue Book« (Blaues Buch) wurde geschaffen, um die Öffentlichkeit zufriedenzustellen, damit sie eine Anlaufstelle hatte, der sie ihre Beobachtungen mitteilen konnte. Die Projekte »Grudge« (Groll) und »Sign« (Zeichen) hatten eine höhere Sicherheitsstufe. Sie erlaubten dem Militär, Berichte von Sichtungen und Begegnungen zu studieren, die nicht leichthin als Ballons, Gänse oder der Planet Venus erklärt werden konnten. »Blue Fly« (Blauer Flug) und »Twinkle« (Zwinkern) hatten andere Aufgaben, ebenso zahlreiche andere Tarnprojekte wie »Horizon« (Horizont), »HARP« (Harfe), »Rainbow« (Regenbogen) und selbst die »Space Defense Initiative« (Raumverteidigungsinitiative) – sie alle befaßten sich mit der außerirdischen Technologie. Aber niemand bekam es je zu wissen. Und wenn Berichterstatter wirklich glaubwürdige Beschreibungen von Begegnungen mit Außerirdischen erhielten, fielen sie entweder vor Lachen um, oder sie verkauften die Story an Revolverblätter, die dann eine Zeichnung von einem großköpfigen, mandeläugigen Außerirdischen mit sechs Fingern druckten. Wieder lachten alle. Aber genauso sehen diese Dinger aus, denn ich habe eines gesehen, das sie nach Wright Field gebracht hatten.

Als ein Projekt nach dem anderen geschaffen und verwaltet wurde, streuten wir gleichsam Brotkrumen aus für jene, die Geheimnisse finden wollten, und gaben allmählich Informationsbröckchen an Leute weiter, von denen wir wußten, sie würden etwas daraus machen.

Fliegende Untertassen summten 1952 wirklich über Washington D.C., und es gibt genug Fotos und Radaraufzeichnungen, um es zu beweisen. Aber wir leugneten es und ermunterten gleichzeitig Leute, Science-fiction-Filme wie »The Man from Planet X« (Der Mann vom Planet X) zu produzieren, um etwas Druck abzulassen hinsichtlich der Wahrheit über die fliegenden Untertassen. Dies wurde Tarnung durch begrenzte Enthüllung genannt, und es funktionierte. Wenn die Leute es als Unterhaltung genießen konnten, sich in Maßen erschreckten und Spuren ins Nichts verfolgten, die von der Arbeitsgruppe gelegt wurden, dann war die Wahrscheinlichkeit gering, daß sie über das stolpern würden, was wir wirklich taten.

Und was taten wir wirklich? Wie General Twining in seinem Bericht an die Heeresluftwaffe vorgeschlagen hatte, war die »Ausländische Technologie« die Abteilung, in der die Forschung über die außerirdischen Gegenstände von Roswell stattfinden sollte. Ausländische Technologie war einer der großen Allerweltsbegriffe, worunter alles fiel, angefangen von den Fortschritten der französischen Flugzeugtechniker bei der Weiterentwicklung von Hubschrauberrotoren bis hin zu erbeuteten russischen MIGs, die von gewitzten Piloten aus Kuba herübergeflogen wurden, die unsere Radaranlagen an der Südflanke besser kapierten als unsere eigenen Piloten. Was war da schon dabei, wenn ein paar Stücke technologischer Trümmer von einem seltsamen, halbmondförmigen Flügelflugzeug in einer alten Akte irgendwo in den Aktenschränken der Armee auftauchten? Wenn niemand danach fragte – und niemand tat es, weil ausländische Technologie für die meisten Reporter zu langweilig war –, brauchten wir darüber auch nichts zu sagen. Außerdem war der größte Teil ausländischer Technologie sowieso geheim, da sie mit Waffenentwicklungen zu tun hatte, die wir vor den Sowjets verstecken mußten, und das wußten die meisten Reporter.

Ausländische Technologie war die absolut perfekte Tarnung. Ich mußte mir, als ich dann im Pentagon saß, nur etwas ausdenken, was mit dem Zeug, das ich hatte, geschehen sollte. Und General Trudeau hatte keine Lust, länger zu warten.

»Komm schon, Phil, laß uns loslegen.« Die Stimme des Generals erfüllte plötzlich den Raum über die Gegensprechanlage auf meinem Tisch. Ich stellte meine Kaffeetasse ab und ging die Treppe zum hinteren Eingang seines Büros hoch. Es war eine Routine, die sich drei- bis viermal täglich wiederholte.

Der General wünschte immer, persönlich mit jemandem zu sprechen, weil selbst in den sichersten Abteilungen des Pentagons die Wände dazu neigten, Ohren zu haben. Unsere Sitzungen waren immer vertraulich und aus der Art, wie unsere Unterhaltung von einem Thema zum nächsten sprang, hätte man nicht glauben können, daß Offiziere miteinander reden, wären da nicht seine drei Sterne und meine Blätter gewesen. Der Umgang war herzlich und freundschaftlich, aber mein Boß war mein Boß. Selbst als wir beide in Pension gingen und wie zwei alte Schlachtrösser auf die Weide geschickt wurden, waren unsere Treffen niemals »schulterklopfend«.

»Hast du herausgefunden, wie das Zeug hergekommen ist?« fragte er mich, nachdem ich mich gesetzt hatte. Ich hatte es herausbekommen, indem ich alle Akten, die ich überhaupt bekommen konnte, durchgegangen war und den Weg der Roswell-Informationen vom 509. nach Fort Bliss und bis Wright Field, dem Verteilerort, verfolgt hatte. Es war 10.30 Uhr, und ich wußte, daß es wenigstens noch zwei Sitzungen an dem Tag geben würde.

»Ich weiß, daß es nicht mit der Paketpost gekommen ist«, antwortete ich, »ich glaube nicht, daß die so einen großen Lastwagen besitzt.« »Hilft dir das herauszufinden, was wir tun sollen?« fragte Trudeau.

Zu wissen wie das Material unter die Akten des Ressorts »Ausländischen Technologie« geraten war, hatte gewiß seine Bedeutung, weil das hieß, daß es von Anfang an so vorgesehen war. Auch wenn man es in all den Jahren vernachlässigt hatte, war klar, daß die »Ausländische Technologie« in dem R&D-System als Bestimmungsort beabsichtigt war, als ein Teil des ursprünglichen Plans. Und ich besaß sogar die Dokumente von General Twinings eigenen Akten, die das bestätigten. Aber damals hätte ich sie niemals öffentlich gemacht. General Twining erkannte mehr als irgend jemand sonst nach dem Kriege die sensitive und geschützte Funktion des R&D. Und jetzt, wo ich begriff, wie die Tarnung zustande gekommen war, erkannte ich auch die Brillanz von Twinings Plan. R&D, obwohl wichtig und mit der Bearbeitung der Nazi-Waffenentwicklungen beschäftigt, die nach dem Krieg erbeutet wurden, war dennoch eine Art abgelegener Verschiebebahnhof. Unbeachtet von den meisten Offizieren auf ihrem Weg nach oben, und bis Ende der 40er Jahre mit kaum mehr als Registrierungsarbeiten beschäftigt, erwies sich das R&D als das perfekte Versteck, als in den frühen 50er Jahren die CIA-Söldlinge im Pentagon begannen, nach der Roswell-Technologie zu suchen. Obwohl sie in der Arbeitsgruppe nicht von Anfang an dabei waren, wußten sie im Gegensatz zu Mitgliedern von Eisenhowers Nationalem Sicherheitsstab im Weißen Haus, daß das R&D der Ablageplatz für die Roswell-Gegenstände war. Ich war dort. Ich kann dafür bürgen. Und erst, als ich die Akten selbst gesehen hatte und ihren Weg bis zu meiner Bürotür zurückverfolgt hatte, merkte ich, was General Twining und die Arbeitsgruppe vollbracht hatten. Zu dem Zeitpunkt aber, als ich ins Weiße Haus kam, war das schon alles Schnee von gestern. Die Leute machten sich mehr Sorgen über die Informationen von UFO-Sichtungen, die täglich das Blue-Book-Projekt überschwemmten, als über die Roswell-Story.

Meine Gedanken schweiften ab, während der General sprach. Er wollte wissen, was meine Nachforschungen erbracht hatten und was ich über Roswell während meiner Jahre im Weißen Haus erfahren hatte, was ich gesehen hatte und wie weit die konzentrischen Kreise der Gruppe und der Leute, die für sie arbeiteten, gingen.

»Phil, wir beide wissen, daß die ›Packung‹, die du da hast, keine Überraschung ist«, meinte er ganz offen. Dazu hatte ich wenig zu sagen, und das erwartete er auch nicht, weil reden in dem Fall bedeutet hätte, daß ich meine Geheimhaltungspflicht verletzt hätte, die zu halten ich geschworen hatte, als ich vom NSC-Stab im Weißen Haus eingestellt wurde.

»Du brauchst offiziell nichts zu sagen«, fuhr er fort. »Und ich erwarte es auch nicht von dir. Aber kannst du mir eine Vorstellung davon vermitteln, wie die Leute, die für die Gruppe arbeiteten, von der ›Packung‹ sprachen?«

»Ich arbeitete nicht für die Gruppe, General«, sagte ich. »Und was ich hörte oder sah, war rein zufällig. Man erwartete von mir nicht, damit etwas anzufangen.«

Aber er drängte mich, mir in Erinnerung zu rufen, ob der NSC-Stab irgendwelche direkten Absprachen mit der Gruppe getroffen hatte. Er wollte auch wissen, wie stark die CIA-Leute im Weißen Haus Druck ausübten, um Informationen darüber zu bekommen, woran die Gruppe arbeitete. Natürlich erinnerte ich mich an die Fragen, die überall herumschwirrten, was wohl in Roswell geschehen sei, was wirklich hinter Blue Book steckte, und über all die Lichter, die 1952 das Washington Denkmal umsummten. Ich hatte meinem Boß nichts von Bedeutung über meine Beteiligung zu sagen, aber seine Fragen halfen mir, mir ein besseres Bild zu machen, als ich für möglich hielt.

Aus meiner Sicht, besonders nach Durchsicht aller erreichbaren Dokumente über die Ereignisse nach dem Absturz in Roswell, konnte ich 1961 die Dinge weitaus besser als 1955 beurteilen. Ich ahnte damals nicht, weshalb der CIA über die wiederholten Meldungen von fliegenden Untertassen so furchtbar nervös reagierte und weshalb er so eifrig hinter jeder Information über die Roswell-Technologie herjagte. Selbstverständlich gab ich keine Informationen weiter, auch nicht über die Teile der »Packung«, die ich in Fort Riley gesehen hatte, vor allem deshalb nicht, weil mich niemand danach fragte. Ich hielt einfach nur die Stellung als militärisches Mitglied des Nationalen Sicherheitsstabes. Natürlich hörte ich bei allem, was um mich herum passierte, aufmerksam zu.

General Trudeaus Fragen zwangen mich, ihn nach dem großen Zusammenhang zu fragen, den er sah. Offenbar suchte er nach etwas in meinen Beschreibungen über die Zusammensetzung der Gruppe, wie ich sie aus meiner Erforschung der Geschichte kennengelernt hatte, sowie der Zusammensetzung der Stabsleute der unteren Ränge, wie ich sie im Weißen Haus erlebt hatte. Trudeau wollte vollständig begreifen, wie die Bürokratie funktionierte, wieviel Aktivität die Gruppe selbst entfaltete, welche Art strategischer Fragen in meiner Gegenwart aufgeworfen wurden, und ob ich gebeten wurde, irgend etwas zu kommentieren, was mit den Angelegenheiten der Gruppe zu tun hatte. Hatte Admiral Hillenkoetter viele Lagebesprechungen mit Präsident Eisenhower, an denen die Generäle Twining, Smith, Montague und Vandenberg anwesend waren? General W.B. Smith hatte Verteidigungsminister

Forrestal ersetzt, nachdem dieser im zweiten Jahr von Trumans Amtszeit Selbstmord begangen hatte. Waren Professor Menzel und Dr. Bush und Dr. Berkner regelmäßige Besucher des Weißen Hauses? Trafen sie im Weißen Haus mit Admiral Hillenkoetter oder den Generälen zusammen? Wie stark war der CIA bei all diesen Gelegenheiten im Weißen Haus vertreten? Und kannte ich irgendwelche Mitglieder des Vereinigten Forschungs- und Entwicklungsausschusses oder der Atomenergiebehörde, die an den Lagebesprechungen teilnahmen, die Admiral Hillenkoetter durchführte? An General Trudeaus Fragestellungen konnte ich einiges ablesen: Er kannte die Gründungsgeschichte der Gruppe fast ebenso gut wie ich. Aber er hatte auch ein Gespür dafür, mit welchen Problemen die Army R&D konfrontiert war und wieviel Zeit ihm bliebe, sie zu lösen. Wie die meisten Ad-hoc-Kreationen der politischen Führung mußte die Gruppe an irgendeinem Punkt eine Eigendynamik entwickeln, wie es jedes andere Komitee auch tat, je länger es bestand und je mehr seine Aufgaben zunahmen. In dem Maße, wie die Tarnung der fliegenden Untertassen wuchs, wuchs auch das Gewicht der Gruppe.

Eines besaß die Gruppe allerdings nicht. Die meisten Regierungskomitees hatten die Fähigkeit, aus anderen Regierungsbereichen Gelder abzuziehen. Diese Gruppe arbeitete topgeheim, offiziell gab es sie also gar nicht. In dem Maße, wie ihre Aufgaben in den folgenden zehn Jahren zunahmen und die Untersuchung der anderen Sichtungen von fliegenden Untertassen, die Forschung über weitere Begegnungen mit außerirdischen Flugmaschinen oder mit den Außerirdischen selbst umfaßten, wurde ihre Finanzdecke immer dünner, so daß sie sich gute Gründe überlegen mußte, um aus anderen Regierungsbereichen Geld abzweigen zu können. Als Folge dieser Finanznot wurden aufgabenspezifische Untergruppen gebildet, um Teilbereiche der Untersuchung oder Forschung zu übernehmen. Diese mußten nicht dieselbe Sicherheitsstufe haben, allein schon aus dem Grunde, weil die Menge des Personals nicht auf die Schnelle durchleuchtet werden konnte, und weil die zusätzlichen, von der Gruppe übernommenen Aufgaben drängten.

Die Arbeit der Gruppe wurde tatsächlich mit der Zeit unüberschaubar. Diese und jene Information sickerte durch, und die Gruppe mußte entscheiden, was sie der Öffentlichkeit preisgeben wollte und was nicht. Wie in der Geschichte mit den Hütten, zogen sich die Gruppenmitglieder zurück, um neue Strukturen für die Informationen zu schaffen, die sie bewahren wollten. Die offizielle Tarnung ächzte unter dem Gewicht der Informationen, die von der Gruppe untersucht werden mußten, und unter dem Zeitdruck, unter dem dies geschehen mußte. Bald fanden die Vertreter des Militärs, genau wie im Koreakrieg, daß sie den Berufsgeheimdienstlern, insbesondere denen vom CIA, nicht trauen konnten. Diese Herren hegten offensichtlich völlig andere politische Vorstellungen.

Vielleicht weigerten sich auch die Militärs, alle Informationen weiterzugeben, die man unabhängig von der zentralen Gruppe sammelte? Vielleicht sahen die Militärs, in Ermangelung einer bindenden Gesetzgebung, welche die Bezahlung der Gruppe regelte, wertvolle und unterstützenswerte Waffenentwicklungen durch ihre Finger in das Budget des CIA gleiten?

Vielleicht – und ich bin mir da eigentlich ziemlich sicher, daß dies geschah – kam es zu einem Machtkampf innerhalb der Gruppe. Die Struktur der Arbeitsgruppe hatte sich seit ihrer Gründung Ende der 40er Jahre vollkommen verändert. Was wie eine Verschwörergruppe alter Schulfreunde begonnen hatte, wuchs sich innerhalb von fünf Jahren zu einem unhandlichen Haufen aus. Viele Stücke des Kuchens schwirrten umher, und die verschiedenen Waffengattungen wollten sich große Brocken aus dem schwarzen Budget herausbrechen. Man benötigte eine extra Verwaltung, nur um die Manager der Tarnoperation zu managen. Zu einem gewissen Zeitpunkt, etwa um die Mitte der Eisenhower-Legislaturperiode herum, platzten die Nähte der großen Tarnoperation, und niemand wußte mehr, was der andere machte. Und wegen der Tarnung gab es auch keinen Grund, daß man wußte, weshalb niemand irgend etwas wußte. Die einzigen Personen, die Informationen und konkrete Dinge in die Finger bekommen wollten, waren die Leute vom CIA. Kein Mensch jedoch, selbst jene nicht, die nur vage wußten, was 14 Jahre zuvor geschehen war, traute dem CIA. Offiziell wußte also niemand irgend etwas und nichts passierte. In den 50er Jahren entwickelte sich dann ein Lawineneffekt. Was als eine Tarnoperation mit einem einzigen gemeinsamen Ziel begann, zerbrach in kleinere Einheiten. Die Kommando- und Kontrollfunktionen wurden immer machtloser, und wie bei einem U-Boot, das auf dem Grund des

Ozeans auseinanderbricht, blubberten Informationsteile an die Oberfläche. Die CIC der Armee, einst eine mächtige Kraft, um die Roswell-Story zu unterdrücken, war durch die geschickte Unterwanderung durch den CIA und das FBI schwach geworden. Zu dem Zeitpunkt sprang mein alter Freund J. Edgar Hoover in den Ring. Ihm paßte es schon lange nicht mehr, uninformiert vor sich hin zu arbeiten, und er begann langsam den Roswell-Zwischenfall zu untersuchen. Dadurch kamen die Dinge in Bewegung, und kurze Zeit danach begannen auch ganz andere Regierungsbehörden, die offiziell rechenschaftspflichtig waren, in Erscheinung zu treten. Damit siechte das ursprüngliche System einer ausgetüftelten Tarnung Ende der 50er Jahre dahin. Dessen Funktionen wurden jetzt von einer Reihe einzelner Gruppen innerhalb der militärischen und zivilen Geheimdienste ausgeübt, die nur sehr begrenzt Informationen untereinander austauschten. Alle betrieben ihre eigenen Forschungen und Untersuchungen, und sie alle taten – erstaunlicherweise – immer noch so, als gäbe es einen übergeordneten Geheimdienst mit Kommandogewalt. Aber es gab ihn nicht, diesen Supergeheimdienst. Seine Funktionen waren längst von unteren Gruppen absorbiert worden. Aber niemand machte sich die Mühe, es weiterzusagen, da eine Supergruppe offiziell auch gar nicht existieren sollte.

Das, was offiziell nicht existierte, konnte auch offiziell nicht aufhören zu existieren. Folglich machten in den folgenden 40 Jahren die Überreste dessen, was einmal eine Supergruppe gewesen war, zwar jede Art von Schwankung mit, aber die eigentlichen Aktivitäten wurden von einzelnen Behörden durchgeführt, die blind daran glaubten, sie würden von höchster Stelle gemanagt werden.

Man erinnere sich nur an die Autoschlangen an den Tankstellen während der Erdölkrise 1973: Ein Fahrer meinte, eine Tankstelle wäre offen, und er wartete an einer Benzinpumpe. Innerhalb weniger Minuten reihte sich hinter ihm Wagen an Wagen zu einer Riesenschlange. Kilometerlange Schlangen bildeten sich so vor Tankstellen, die niemals öffneten, weil es ja kein Benzin gab. So ähnlich lief es mit der großen Tarnung der fliegenden Untertassen ab, als Präsident Kennedy sein Amt antrat.

»Es ist niemand am Drücker, Phil«, sagte General Trudeau zu mir, als wir an jenem Morgen unsere Aufzeichnungen miteinander verglichen. »Niemand außer uns. Wir müssen unsere eigene Politik machen.«

Ich war Soldat und folgte Befehlen, aber Trudeau war ein General, damit auch das Produkt eines politischen Prozesses, der die Billigung des Kongresses hatte, und somit hatte er sich einer zivilen Behörde gegenüber zu verantworten. Generäle werden in den USA von der Regierung bestellt, nicht von der Armee. Sie sitzen zwischen der Regierung und der riesigen Militärmaschinerie. Und vom Generalstabschef bis hinunter zum Stabsoffizier in den Basen in aller Welt schaffen die Generäle die Grundlage für die Funktionsweise der amerikanischen Militärpolitik. Und am Morgen dieser Lagebesprechung – bei einer Tasse Kaffee im Büro im dritten Stock des Pentagon – stand Generalleutnant Trudeau im Begriff, Politik zu machen und nachzuholen, was in zehn Jahren die geheimen Arbeitsgruppen und Komitees sowie Forschungsplaner versäumt hatten: Die Roswell-Technologie für Amerika auszunutzen.

»Ich muß von dir wissen, wie wir aus diesem Durcheinander herauskommen«, sagte Trudeau zu mir. »Es muß ein Technologieteil in deinen Akten sein, der für eine Waffe taugt, die wir für unsere Hubschrauber nutzen können. Was gibt es da, Phil?« Dann sagte er: »Zeit ist jetzt das Wichtigste. Wir müssen etwas tun, weil es niemand sonst tut.«

In der dunklen Wolke von Unwissenheit, die sich hinsichtlich der Roswell-Packung über das Pentagon gelegt hatte, trauten die fünf oder sechs Leute von uns in der Marine, der Luftwaffe und dem Heer, die Bescheid wußten, niemandem außerhalb ihrer eigenen Waffengattung. Und ganz gewiß sprachen sie mit niemandem vom CIA. Die Tarnung wurde zur Tarnung einer Tarnung, und die wenigen unter uns, die Bescheid wußten, konnten tun und lassen, was sie wollten. General Trudeau und ich waren, was die »Packung« anging, allein am Ball. Die kläglichen Überreste der Gruppe, die es noch gab, hatten einfach die Spur des Materials verloren, das 14 Jahre zuvor an das Ressort »Ausländische Technologie« geliefert worden war. Und der General hatte recht, es saß niemand am Drücker.

Die Roswell-Packung bedeutete echtes Kapital, und wenn wir nichts daraus machten, dann würden es bald die Russen tun. Und sie hingen uns schon dicht auf den Fersen. Unser eigener Militärgeheimdienst teilte uns mit, die Sowjets würden derartig heftig um unsere militärischen Geheimnisse schachern, daß sie Dinge über uns im Kreml schon wußten, bevor sie im Kongreß bekannt waren. Die Armee wußte zumindest, daß der KGB den CIA infiltriert hatte, und die Führung des CIA galt von Anfang an als ein integrierender Bestandteil der Arbeitsgruppe über die fliegenden Untertassen. Folglich waren alle Geheimnisse, welche die Gruppe zu haben glaubte, mit Sicherheit keine Geheimnisse für den KGB. Aber das verhinderte andererseits auch, daß uns allen das Dach auf den Kopf fiel. Der KGB und der CIA waren eigentlich nicht die Todfeinde, wie die meisten Leute meinten. Sie bespitzelten sich gegenseitig, aber für alle praktischen Zwecke, auch weil beide Organisationen einander unterwandert hatten, benahmen sie sich wie eine einzige Organisation. Sie waren alle professionelle Spione in einer einzigen riesigen Organisation, die alle dasselbe Spiel spielten und mit Informationen schacherten. Information ist Macht, die angewandt wird. Man schenkt sie nicht einfach der politischen Führung der eigenen Regierung, seien es die Republikaner, die Tories oder die Kommunisten, nur weil die es wollen. Man kann den Politikern nicht trauen, aber den Spionen des Gegners. Zumindest glauben das die Spione, weshalb ihre Loyalität vorwiegend ihrer eigenen Gruppe und in zweiter Linie der anderen Gruppe gilt, die dasselbe Spiel spielt. Der CIA, KGB, der britische Secret Service und ein ganzer Haufen anderer Geheimdienste sind loyal sich selbst und ihrem Beruf gegenüber, ihrer Regierung gegenüber aber erst zuletzt. Das ist einer der Gründe, warum wir in der Armee wußten, daß die professionelle KGB-Führung und nicht die Kader der Kommunistischen Partei, die nur aus politischen Gründen da saßen, der Sowjetregierung ebenso viele Informationen vorenthielten wie der CIA seiner eigenen Regierung. Professionelle Spionageorganisationen wie der CIA und der KGB neigen dazu, nur um ihrer selbst willen zu existieren. Aus diesem Grund trauten ihnen weder die US-Militärs noch die Sowjetmilitärs. Wenn man sich anschaut, wie die großen Spionagekriege des Kalten Krieges ausgefochten wurden, sieht man, wie KGB und CIA als eine gemeinsame Organisation handelten: Jede Menge professionelle Höflichkeit, jede Menge Informationen, um sicherzugehen, daß niemand gefeuert würde, und ein paar Menschenleben hin und wieder, nur damit alle sauber blieben. Aber ging es um echte Loyalität, dann verhielt sich der CIA loyal dem KGB gegenüber und umgekehrt. Ich glaube, beide Vereine hatten einen rationalen Grund für das, was sie taten. Ich weiß, sie glaubten, alle anderen wären einfach zu dumm, um die Welt sicherer zu gestalten. Ihre

Hauptsorge galt dem Teilen der Informationen, um uns aus einem Atomkrieg herauszuhalten. Ich glaube dies, weil ich genug KGB-Agenten im Lauf der Zeit kennenlernte und genug Informationshäppchen unter dem Mantel der Verschwiegenheit erhielt, um mir ein gutes Bild von der Sowjetunion während der 50er und 60er Jahre machen zu können. Es unterschied sich sehr von dem auf der ersten Seite der »New York Times«.

Die Durchdringung des CIA durch den KGB, die allmählich zu einem gemeinsamen Ausspionieren des Militärs führte, war eine Tatsache, die wir in den 50er und 60er Jahren akzeptierten, auch wenn die meisten von uns im Pentagon »Spion gegen Spion« spielten, so gut wir konnten. Diejenigen unter uns, die wie ich, während des Zweiten Weltkrieges eine Geheimdienstausbildung erhalten hatten und einige Tricks der Konterspionage kannten, brachten die Leute, die uns beobachteten, ins Schwitzen. Wir änderten unsere Arbeitsroutine, legten immer wieder falsche Informationen als Köder aus, um Telefone zu testen, die wir nicht für sicher hielten. Wir suchten unsere Büros nach Wanzen ab und verwendeten immer Kodes, wenn wir miteinander über heikle Themen sprachen.

Wir hatten einen Konterspionagemann im Büro des Militärattachés im russischen Konsulat in Washington. Dessen Freunde in der sowjetischen Armee trauten dem KGB noch weniger als ich dem CIA. Wenn mein Name in Zusammenhang mit einer Story auftauchte, ließ er es mich sofort wissen. Aber er teilte es niemals dem CIA mit. Man mag es glauben oder nicht, aber in der Hauptstadt meines eigenen Landes half mir diese Art von Information, um überhaupt am Leben zu bleiben. Es irritierte mich sehr, daß der CIA mich in den ganzen vier Jahren im Weißen Haus beschattete. Ja, es machte mich ganz verrückt, aber ich konnte daran nicht viel ändern. Dann, als ich wieder nach Washington kam, um für General Trudeau zu arbeiten, wurde ich wieder beschattet. Ich führte meinen »Wachhund« in jede nur erdenkliche Sackgasse und in alle üblen Gegenden, die ich kannte. Aber er ließ nicht locker. Am nächsten Tag, nachdem ich meinen Boß informiert hatte, was ich tun wollte, lockte ich meinen gesichtslosen Verfolger direkt nach Langley, Virginia, vorbei an einer wütenden Sekretärin, direkt in das Büro meines alten Gegners, Direktor für Deckoperationen Frank Wiesner, einem der besten Freunde, die der KGB jemals besaß. Ich sagte Wiesner ins

Gesicht, daß morgen der letzte Tag sei, an dem ich mit einer Pistole durch Washington laufen würde. Und ich legte meine 45er Automatik auf seinen Tisch. Ich sagte, wenn ich morgen seinen Typen wieder hinter mir sähe, könnten sie ihn am folgenden Tag im Potomac mit zwei verdammten Löchern statt Augen finden – falls sie sich überhaupt die Mühe machten, nach ihm zu suchen.

Wiesner sagte: »Sie werden das nicht tun, Oberst!« Aber ich erinnerte ihn sehr entschieden daran, daß ich wüßte, wo alle seine Leichen lägen, die Menschen, die durch seine eigene Unfähigkeit getötet wurden und, schlimmer noch, durch seine Zusammenarbeit mit den Russen. Ich würde seine Story allen im Kongreß erzählen, die ich kenne. Wiesner machte einen Rückzieher. Später beging er auf einer Reise nach London Selbstmord. Er wurde erhängt in seinem Hotelzimmer aufgefunden.

Ich erzählte die Geschichte über Wiesner nie. 1963, zwei Jahre später, sagte mir einer von Wiesners Freunden im Geheimdienst, daß das »alles nur Spaß war, Phil«. Es war Teil eines raffinierten Rekrutierungsversuchs, um mich in den CIA zu holen, nachdem ich die Armee verlassen hatte. Aber ich arbeitete lieber für Senator Strom Thurmond in der Kommission für Auswärtige Beziehungen und dann für Senator Richard Russell in der Warren-Kommission.

Unsere gemeinsame Erfahrung, daß wir dem CIA und dem KGB auswichen, bedeutete nur, daß – als General Trudeau unter allen Umständen den CIA von unseren Überlegungen fernhalten wollte – er wußte, daß alles, was wir diskutierten, innerhalb von 24 Stunden beim KGB landen würde. Der Informationsfluß lief noch schneller, wenn es für den KGB wichtig war, daß seine CIA-Kumpane irgendein Chaos anrichten sollten. Woher ich das alles weiß? Auf die gleiche Weise, wie ich wußte, daß der KGB im Koreakrieg uns immer um eine Nase voraus war. Der KGB konnte seine Freunde, die Nordkoreaner, immer dazu bewegen, unsere gefangenen Soldaten beim Austausch zurückzuhalten. Wir hatten im Kreml unsere Leute, wie sie im Weißen Haus ihre Leute hatten. Was General Trudeau und ich im Army R&D wußten, das wußten auch unsere Ansprechpartner in der Marine und in der Luftwaffe. Der CIA war der Feind. Traue niemandem. Als dem General noch vor 1961 klar wurde, daß niemand mehr wußte, was die Armee sich in Roswell angeeignet hatte, da betrachtete er es jetzt auf jeden Fall als seine

Angelegenheit, die er entsprechend seiner eigenen Strategie weiterentwickeln konnte. Aber wir mußten es so machen, daß der CIA und letztlich unsere Regierung keine Chance hatte, es uns wegzunehmen.

Wenn General Trudeau also sagte, daß wir über die Roswell-Packung Stillschweigen bewahren müßten, da wußte ich ganz genau, wovon er sprach. Die Logik und eindeutig nicht mein militärischer Genius diktierte den folgerichtigen Kurs: Wenn niemand weiß, was du hast, dann mache es nicht bekannt. Aber wenn du glaubst, du kannst etwas aus dem machen, was du hast, dann tu es. Benutze alle deine dir zur Verfügung stehenden Mittel, aber sage niemandem etwas über das, was du tust. Die einzigen Menschen in dem Zimmer, in dem wir unseren Plan machten, waren der General und ich, und er versprach: »Ich werde nichts sagen, wenn du nichts sagst, Phil.«

»Es ist niemand hier außer uns alten Hasen, General«, antwortete ich. Wir begannen also, unsere Strategie zu entwickeln.

»Welche wäre hypothetisch, Phil«, formulierte Trudeau die Frage, »die beste Methode, unsere Sachen zu nutzen, ohne daß jemand erfährt, daß wir etwas Besonderes machen?«

»Einfach, General«, antwortete ich, »wir tun nichts Besonderes.«

»Hast du einen Plan?« fragte er.

»Eher eine Idee, denn einen Plan«, begann ich. »Und das fängt damit an, was Sie gefragt haben: Wenn wir nicht wollen, daß irgend jemand denkt, daß wir etwas außer der Reihe tun, dann tun wir nichts außer der Reihe. Als General Twining seine ursprüngliche Empfehlung an Präsident Truman und die Armee aussprach, schlug er vor, daß sie mit diesem ›Nußschrank‹ nichts anderes machen sollten, als das, was sie immer machten. Geschäft wie gehabt. Genauso arbeitete auch die ganze Gruppe. Niemand machte etwas Besonderes. Was sie taten, war nur das Organisieren nach einem Geschäftsplan, auch wenn die Operation etwas war, was zuvor noch nie getan worden war. Das ist die Tarnung. Nichts im geringsten verändern, sondern einfach dieselbe Prozedur anwenden, um diese außerirdische Technologie zu bearbeiten.«

»Was also empfiehlst du, wie wir vorgehen sollen?« fragte Trudeau. Ich glaube, er wußte schon genau, was ich gemeint hatte, wollte aber, daß ich es ausspreche, damit wir anfangen konnten, den ›Nußschrank‹ aus dem Pentagon rauszuholen und somit auch aus dem Bereich des CIA.

»Wir beginnen damit, womit dieses Ressort immer begonnen hat, mit Berichten«, sagte ich. »Ich werde Berichte über die außerirdische Technologie schreiben, als wäre es irgendein Geheimbericht. Was ich sehe, was ich über das mögliche Potential denke, wo wir es entwickeln könnten, welches Unternehmen wir damit beauftragen könnten und was für einen Vertrag wir aufsetzen müssen.«

»Wo wirst du anfangen?« fragte der General.

»Ich werde alles, was im ›Nußschrank‹ ist, auflisten«, begann ich. »Alles, angefangen bei dem, was einigermaßen identifizierbar ist, bis zu dem, worauf ich mir absolut keinen Reim machen kann. Und ich werde Wissenschaftler aufsuchen, denen wir vertrauen können und welche die nötige Sicherheitsstufe haben, etwa Oberth und von Braun, um sie um Rat zu fragen.«

»Ich verstehe, was du meinst«, sagte Trudeau. »Gewiß, und wir werden auch unsere Vertragsfirmen auflisten und sehen, welche der laufenden Entwicklungsprojekte es erlauben würden, deine Entwicklungsprojekte mit einfließen zu lassen.«

»Genau. Auf diese Weise werden die bestehenden Verträge zur Tarnung für das, was wir entwickeln wollen«, sagte ich. »Nichts wird außerhalb des Üblichen liegen, weil wir nicht etwas anfangen werden, was nicht schon in einem vorhandenen Vertrag begonnen wurde.«

»Wir müssen nur die Karten gut mischen und gut spielen«, so beschrieb es Trudeau.

»Nur mit dem Unterschied, General, daß wir die Technologie, die wir entwickeln, mit der Technologie mischen, die nicht von dieser Erde ist«, sagte ich. »Und wir lassen die Firmen, mit denen wir Verträge abschließen, selbst um die Patente nachsuchen.«

»Natürlich«, meinte Trudeau. »Wenn sie die Patente besitzen, dann haben wir die Technologie vollständig umgepolt.«

»Ja, Sir, das ist richtig. Niemand wird je davon erfahren. Wir werden nicht einmal den Firmen, mit denen wir arbeiten, erzählen, woher die Technik kommt. Die Geschichte des Patents ist die Geschichte der Erfindung, soviel wird die Welt erfahren.«

»Es ist eine perfekte Tarnung, Phil«, meinte der General. »Wann wirst du anfangen?«

»Ich werde meine erste Analyse und Empfehlung heute nacht schreiben«, versprach ich. »Es gibt keine Zeit zu verlieren. Die Fotos sind in meiner Akte.«

Ich begann meinen Bericht mit den Autopsiereporten, die ich beilegte:

»Die Fotos zeigen ein Wesen, etwa 120 cm groß. Der Körper scheint zerfallen zu sein, und die Fotos sind nicht von großem Nutzen, Neugierige ausgenommen. Die medizinischen Berichte sind von einigem Interesse. Die Organe, Knochen und die Zusammensetzung der Haut unterscheiden sich von den unsrigen. Das Herz und die Lungen der Wesen sind größer als beim Menschen. Die Knochen sind dünner, aber scheinen stärker zu sein, als ob die Atome anders angeordnet seien, um ihnen eine größere Dehnfestigkeit zu verleihen. Auch die Haut hat eine andere Atomanordnung, und zwar auf eine Weise, daß die Haut scheinbar den inneren Organen einen Schutz vor kosmischer Strahlung oder Wellen oder Gravitationskräften geben kann, was wir noch nicht verstehen. Insgesamt legt der Bericht nahe, daß die Mediziner mehr von den Ähnlichkeiten zwischen den Wesen, die in dem Raumfahrzeug gefunden wurden (Anmerkung: Die NSC-Berichte bezeichnen dieses Wesen als Außerirdische ›Biologische Einheit‹ [engl. EBE]), und den menschlichen Wesen überrascht waren, als von den Unterschieden. Dies betraf besonders das Gehirn, das bei den EBEs größer ist, aber nicht anders als unseres.«

Ich schrieb bis tief in die Nacht, der in diesem Jahr noch viele Nächte folgen sollten. Ich tippte die Berichte zwar formgerecht ab, aber außer General Trudeau würde sie niemand zu sehen bekommen. Die Schlußfolgerungen, zu denen ich gelangte, klangen mehr nach Science-fiction als nach Realität. Ich fühlte mich ausgesprochen wohl bei dem Gedanken, daß diese Berichte niemals ans Licht einer informationshungrigen Öffentlichkeit gelangen würden. Heute wie damals hörten sich diese Berichte im grauen Dienstalltag geradezu phantastisch an.

Noch phantastischer, erinnere ich mich, waren die erschreckenden Schlußfolgerungen, die zu ziehen ich mir erlaubte. War wirklich ich es, der das schrieb, oder war es jemand anders?

»Falls wir ähnliche biologische Faktoren in Betracht ziehen, die bei einem Menschen etwas krankhaft verändern, beispielsweise wie bei Langstreckenläufern, deren Herzen und Lungen größer als

durchschnittlich sind, Hügel- und Bergbewohnern, deren Lungenkapazität größer ist als von Leuten, die nahe der See leben, und bei Athleten, bei denen bestimmte Muskeln anders angeordnet sind, als bei weniger sportlichen Menschen, können wir da nicht annehmen, daß die EBEs, die in unseren Besitz gekommen sind, das Ende der genetischen Entwicklung sind, die dazu dient, sie an lange Raumfahrten anzupassen in einem elektromagnetischen Feld bei Geschwindigkeiten, welche die physikalischen Bedingungen von Einsteins Relativitätstheorie herstellen? (Anmerkung: Dr. Hermann Oberth schlägt vor, daß wir die Roswell-Maschine aus der Wüste von New Mexico nicht als Raumschiff, sondern als Zeitmaschine betrachten. Sein technischer Bericht über den Antrieb wird folgen.)

7

Der EBE

»Wir sollten vielleicht die EBEs, wie sie in den medizinischen Autopsieberichten beschrieben wurden, statt als Lebensformen eher als humanoide Roboter, die speziell für Langzeitreisen durch Zeit und Raum konstruiert wurden, bezeichnen.«

Über dem Potomac und der Stadt lag bereits ein heißer Washingtoner Sommermorgen wie ein feuchtes Handtuch, als ich den ersten meiner Berichte für General Trudeau fertiggestellt hatte. Und was für ein Bericht das war. Ich bestimmte den Ton für alle anderen Berichte und Empfehlungen, die ich für den General in den zwei folgenden Jahren machen sollte. Er begann mit dem größten Fund, den wir hatten: außerirdische Wesen. Jede Beschreibung dieser Wesen hätte ich für Sciencefiction gehalten, wenn ich nicht mit eigenen Augen den medizinischen Bericht vom Walter-Reed-Hospital gelesen und die Fotos und Skizzen der Armee von 1947 betrachtet hätte. Und hätte ich nicht gesehen, wie eines der »Etwas« in einem durchsichtigen Sarg in Fort Riley schwamm, hätte ich es nicht geglaubt. Aber hier tauchte das Ding wieder auf, in vergilbten Papieren und auf ein paar rissigen Glanzdrucken in einer braunen Mappe, die zwischen allen möglichen Dingen, Trümmerstücken und merkwürdigen Geräten in meinem ›Nußschrank‹ stand. Noch merkwürdiger als der medizinische Bericht fiel meine Reaktion aus: Was konnten wir aus dieser Sache für Nutzen ziehen? Ich schrieb dem General, daß »es im R&D-Rahmen nicht so wichtig ist, daß wir eine Außerirdische Biologische Einheit gefunden haben, sondern daß das Entscheidende die Methoden sind, die wir aufnehmen und entwickeln können, damit die Menschen im Weltraum reisen können«. Das wurde schnell zum alles beherrschenden Thema bei allen Roswell-Gegenständen, das Generalthema aller meiner Berichte. Als ich erst einmal das Überraschungsmoment bei all diesen lebensverändernden Informationen überwunden hatte – was manchmal gar nicht so einfach war –, konnte ich mich besser auf meine Arbeit konzentrieren. Ich sortierte aus, was für die R&D vielversprechend aussah, um es weiterzuentwickeln über das hinaus, was für uns eine realistische Beherrschung der Gegenwart schien.

Ich begann mit dem EBE. Der medizinische Bericht und die Fotos vor mir ließen vermuten, daß das Wesen bemerkenswert gut an Langstrecken-Weltraumreisen angepaßt war. Die medizinischen Fachleute am Walter-Reed-Hospital stellten zum Beispiel die Hypothese auf, daß die biologische Zeit sehr langsam für dieses Wesen verstrichen sein muß, weil es einen sehr niedrigen Stoffwechsel besaß. Dies ließe sich, wie sie sagten, durch die enorme Kapazität des Herzens und der Lunge beweisen. Die Physiologie dieses Dings deutete an, daß es nicht ein Wesen war, dessen Körper hart arbeiten mußte, um es am Leben zu halten. Ein größeres Herz, so hieß es im Ärztebericht, bedeutete, daß bei dem Herz des Wesens im Vergleich zum Menschenherzen weniger Schläge nötig sind, um die dünne, milchige, beinahe lymphatische Flüssigkeit durch ein begrenztes, mehr primitiv aussehendes und offenbar reduziertes Kreislaufsystem zu treiben. Im Ergebnis schlug seine biologische Uhr langsamer als die des Menschen und erlaubte wahrscheinlich dem Wesen, große Distanzen in einer kürzeren biologischen Zeit als ein Mensch zurückzulegen. Das Herz war schon sehr verwest zu dem Zeitpunkt, als die Pathologen vom Walter-Reed-Hospital es in die Hände bekamen. Es schien ihnen, als ob sich unsere Atmosphäre auf die Organe des Wesens ziemlich giftig auswirkte. Angesichts der kurzen Zeitspanne zwischen dem Absturz des Flugobjektes und der Ankunft im Walter-Reed-Hospital waren alle Organe viel schneller zerfallen, als es bei einem Menschen der Fall gewesen wäre. Besonders diese Tatsache machte Eindruck auf mich, da ich ja eines dieser Dinger gesehen hatte, wie es in einer geleeähnlichen Flüssigkeit schwamm, wenn auch nicht das hier beschriebene. Es kann nach menschlichem Ermessen nur kurze Zeit unserer Atmosphäre ausgesetzt gewesen sein, denn das medizinische Personal vom 509. Walker Field Fliegerhorst legte es sehr schnell in die Konservierungsflüssigkeit. Trotzdem konnten die Pathologen am Walter-Reed nicht mit Sicherheit die Herzstruktur des Wesens feststellen. Sie konnten nur vermuten, daß es nicht auf die gleiche

Weise wie das Vierkammerherz des Menschen funktionierte, weil es sowohl als passiver Blutspeicher als auch als Muskelpumpe fungierte. Sie sagten, das Herz des Außerirdischen habe wohl membranähnliche Muskeln, die nicht so hart arbeiteten wie der menschliche Herzmuskel, weil die Wesen dazu bestimmt waren, in einem reduzierten Gravitationsfeld – was wir unter Schwerkraft verstehen – zu überleben.

Wie Kamele Wasser speichern, so speicherte dieses Wesen eine Gasmischung in seiner riesigen Lunge. Die Lungen funktionierten ähnlich wie unsere Unterwasseratemgeräte und entließen die Luft nur sehr langsam in das System des Wesens. Wegen seines großen Herzens und seiner Speicherfunktion, die es, wie wir glaubten, besaß, vermuteten wir auch, daß es weit weniger Luft bedurfte, um das Wesen am Leben zu halten, wodurch die Notwendigkeit entfiel, große Mengen Luft auf die Reise mitzunehmen. Vielleicht besaß das Gefährt auch ein Gerät, um die verbrauchte Luft wiederaufzuarbeiten. Darüber hinaus beanspruchten die großen Lungen, weil die Wesen nur etwa 120 cm groß waren, einen viel größeren Platz in der Brusthöhle als die menschlichen Lungen, was die Pathologen auch sehr beeindruckte. Auch das deutete darauf hin, daß wir es vielleicht mit einer Daseinsform zu tun hatten, die speziell für Langstreckenreisen entwickelt worden war.

So wie wir von Herz und Lunge annahmen, daß sie für Langstrekkenreisen konstruiert wurden, so konnte man über die Skelettstruktur die gleiche Aussage machen. Obwohl das Skelett sich in einem Zustand fortgeschrittenen Zerfalls befand, sahen die Knochen des Wesens für die Heeresmediziner aus, als wären sie fasrig, auch viel dünner als vergleichbare menschliche Knochen wie Rippen, Schlüsselbeine, Brustbein und Becken. Die Pathologen spekulierten, daß die Knochen flexibler als die menschlichen Knochen waren und eine Spannkraft hatten, die als »Stoßdämpfer« fungierte. Die spröderen menschlichen Knochen würden leichter zerbrechen bei dem Streß, den diese außerirdischen Wesen routinemäßig zu ertragen hatten. Diese Wesen waren jedoch mit ihrem flexibleren Knochensystem offenbar gut auf mögliche Stöße und physische Traumata von extremer Stärke vorbereitet und konnten Brüchen, die menschliche Raumfahrer zu Krüppeln machen würden, widerstehen. Das militärische Bergungsteam in Roswell hatte berichtet, daß die beiden nach dem Absturz noch lebenden Wesen Schwierigkeiten hatten, unsere Luft zu atmen. Ob diese Atembeschwerden daher rührten, weil sie plötzlich aus dem Raumfahrzeug schutzlos in unser Gravitationsfeld geschleudert worden waren oder ob unsere Luft für sie giftig war, wissen wir nicht. Wir wissen auch nicht, ob das eine Wesen, das kurz nach dem Absturz starb, um Atem rang, weil es durch Schüsse tödlich verwundet wurde oder aus anderen Gründen. Militärische Zeugen erzählten unterschiedliche Geschichten über das Wesen, das überlebt hatte und versuchte davonzurennen. Einige berichteten, es rang um Atem von dem Augenblick an, als die Soldaten das Gebiet abgesperrt hatten. Andere sagten, es hätte erst nach Luft geschnappt, nachdem es von einer der Wachen angeschossen worden war. Meine Einschätzung ging dahin, daß das Wesen erst einmal durch das plötzliche Ausgesetztsein in der starken Schwerkraft unserer Erde in Panik geriet. Das konnte ein Grund dafür gewesen sein, daß es schwer Luft bekam.

Dann, als es floh und angeschossen wurde, rang es wegen seiner Wunden um Atem. Die Ärzte erwähnten nichts über giftige Gase oder von einer besondere Luft, die das Wesen normalerweise einatmen würde.

Wenn das Roswell-Raumfahrzeug ein Aufklärungsflugzeug oder Überwachungsluftschiff war, wie die Militäranalytiker in Wright glaubten, dann war es auch mehr als wahrscheinlich, daß die Wesen nie beabsichtigten, das Raumschiff zu verlassen. Es handelte sich um eine Flugmaschine, die mit einer Anlage ausgerüstet war, die sie befähigte, nächtliche Finsternis zu durchdringen oder die Temperaturunterschiede verschiedener Objekte auszunutzen, um ein visuelles Bild zu schaffen. Das versetzte die Besatzung in die Lage, im Schutz der Dunkelheit zu navigieren und zu beobachten. Weil das Objekt unseren Abfangjägern ausweichen und auf unseren Radarschirmen nach Gutdünken auftauchen und verschwinden konnte, glaubten wir, daß die Besatzung einfach drinnen blieb und beobachtete, statt außerhalb umherzuschweifen. Vielleicht gab es andere Typen von Flugmaschinen derselben Kultur, die landen und Missionen ausführen konnten. Dafür hatten sie dann wohl auch Atemgeräte und Antischwerkraftapparate für ihre Mannschaft an Bord, die der Besatzung erlaubten, das Schiff ohne unliebsame Folgen zu verlassen. Die Ärzte stellten darüber keinerlei Spekulationen an.

Den Leuten, die das Flugzeug in Wright Field inspizierten, fiel auf, daß jegliche Apparatur für die Zubereitung von Speisen fehlte. Es gab auch keinerlei Nahrungsmittel an Bord. Zur Zeit, als die Reisen durchs Weltall noch der Phantasie der Science-fiction-Schriftsteller überlassen blieb, formulierten militärische Analytiker bereits Ideen, wie man eine solche Technologie verwirklichen könnte. Dabei ging es nicht ums Reisen ins All. Man dachte viel bescheidener an Erdumkreisungen mit einer Technologie, von der die militärischen Planer annahmen, daß die Deutschen sie als Nebenprodukt ihres V2-Raketenprogramms entwickelt hätten.

Man hatte sich viele Fragen gestellt: Wie bringt man Menschen in eine Erdumlaufbahn? Wie könnte man ihre Abfallprodukte verarbeiten, ausreichende Mengen Sauerstoff liefern und sie über längere Zeiträume versorgen? Man brauchte eine Abschußrakete mit genügend Schubkraft, um ein Raumschiff auf die Erdumlaufbahn zu bringen. Doch dann stellt sich die nächste Aufgabe: Wie hält man es lange genug dort oben, damit es eine Mission durchführen kann? Das Roswell-Raumschiff schien dieses Problem gelöst zu haben, weil es von irgendwoher zu uns gekommen war. Aber es gab keinerlei Anhaltspunkte dafür, wie die Haushaltprobleme – Nahrungszubereitung und Müllentsorgung – gelöst wurden.

Die verschiedenen Mediziner spekulierten über die Zusammensetzung dieser Wesen und rätselten, wovon sie sich ernährten. Die Ähnlichkeit dieser Wesen mit uns Menschen beunruhigte die Ärzte jedoch weitaus mehr als die Unterschiede. Die Wesen sahen weniger wie die schreckeneinjagenden Insekten oder die Reptilien-Menschenfresser aus, die in »Krieg der Welten« die Erde angriffen, sondern eher wie eine kleinere Version von uns, nur eben anders.

Es war unheimlich. Zwar konnten die Ärzte sich nicht vorstellen, wie die grundlegende Körperchemie der Wesen funktionierte, aber sie stellten fest, daß sie keine unbekannten Elemente enthielt. Die Berichte, die ich einsehen konnte, vermuteten jedoch neue Kombinationen organischer Zusammensetzungen, die noch weitere Untersuchungen erforderten, bevor die Ärzte sich eine Meinung bilden konnten. Von besonderem Interesse war die Flüssigkeit, die als Blut diente, aber auch die Körperfunktionen zu regulieren schien, ähnlich wie es im menschlichen Körper die Drüsensekrete tun. In diesen biologischen Wesen schienen die Lymphsysteme und das Blut kombiniert zu sein. Und wenn ein Austausch von Nährstoffen und verbrauchten Stoffen in ihren Systemen stattfand, konnte dieser Austausch nur durch die Haut oder die äußere Schutzschicht der Wesen stattgefunden haben, weil sie keinen Verdauungsapparat und kein Ausscheidungssystem besaßen.

Der Ärztebericht enthüllte, daß die Wesen in eine Schutzschicht von einem Stück bzw. in eine äußere Haut gehüllt waren, deren Atome so angeordnet waren, daß sie eine größere Dehnbarkeit und Flexibilität erhielt. Ein Experte schrieb, daß es ihn an das Netz einer Spinne erinnerte, das sehr zerbrechlich zu sein scheint, aber in Wirklichkeit sehr stark ist. Die einzigartigen Eigenschaften eines Spinnennetzes resultieren aus der Anordnung der Fasern, die eine große Zähigkeit bewirkt, wodurch es sich bei großem Druck ausdehnen kann. Gleichzeitig aber verfügt es über eine solche Elastizität, daß es in die ursprüngliche Form zurückschnellen kann, selbst nach starken äußeren Einwirkungen. Ähnlich schien der Raumanzug der Wesen oder ihre äußere Haut beschaffen zu sein. Die Hülle schien um das Wesen herum gespannt oder buchstäblich gewoben und festgezurrt zu sein, wodurch sie einen perfekten und dichten Schutz bot. Die Ärzte hatten niemals etwas Ähnliches zuvor gesehen.

Jahre später, nachdem ich das Pentagon verlassen hatte, glaubte ich den Mechanismus dieser Umhüllung zu verstehen: Als ich einen Weihnachtsbaum kaufte, schaute ich zu, wie der junge Mann, der den Baum transportfertig machte, ihn mit der Spitze vorneweg in eine Maschine steckte, die automatisch ein netzartiges Geflecht um die Zweige spann, damit sie für den Transport fest anlagen. Zuhause mußte ich das Netz mit einem Messer durchschneiden, um den Baum herausnehmen und die Zweige ausbreiten zu können. Ich erinnerte mich daran, was in dem Arztbericht über die Wesen vom Roswell-Absturz stand, und ich stellte mir vor, daß vielleicht die Außenhaut der Wesen in einem ähnlichen Prozeß angepaßt wurde.

Die der Länge nach angeordneten Fasern ließ die medizinischen Analytiker auch vermuten, daß der Anzug vielleicht auch seinen Träger vor den kosmischen Niedrigenergiestrahlen schützen sollte. Vor jenen Strahlen, die jedes Raumfahrzeug auf einer langen Reise automatisch bombardieren.

Die inneren Organe der Wesen schienen so zerbrechlich und überdimensioniert zu sein, daß die Mediziner vom Walter-Reed-Hospital glaubten, die Wesen wären ohne den Anzug für das kumulative physische Trauma einer ständigen Energiepartikelbombardierung anfällig gewesen. Reisen im Weltall ohne Schutz vor dem subatomaren Partikelbombardement könnten auf den Reisenden denselben Effekt haben, als würden wir in einem Mikrowellenofen gebacken werden. Die Partikelbombardierung in einem Raumschiff, wenn sie so stark wie eine Dusche ist, würde die atomare Struktur des Wesens derart beschleunigen und anregen, daß die dadurch entstehende Hitzeenergie das Wesen buchstäblich zum Kochen bringen würde.

Die Walter-Reed-Ärzte waren auch fasziniert von der Natur der inneren Haut der Wesen. Sie ähnelte einer unbekannten, dünnen, fettigen Gewebeschicht. In ihren Berichten stand allerdings nichts über chemische Analyse. Diese Schicht war völlig durchlässig, als wenn sie ständig Chemikalien mit dem kombinierten Blut-Lymph-System austauschen würde. War dies die Art und Weise, wie die Wesen sich auf ihren Reisen ernährten und wie die Abfälle verarbeitet wurden? Die sehr kleinen Münder und das Fehlen eines Verdauungsapparates verwirrten die Ärzte anfangs, weil sie nicht wußten, wie diese Dinger sich ernährten. Aber ihre Hypothese, daß sie Chemikalien verarbeiteten, die von ihrer Haut freigegeben wurden, und daß sie vielleicht sogar Abfallchemikalien wiederverarbeiteten, könnte das Fehlen von Anlagen zur Nahrungszubereitung oder zur Abfallentsorgung im Fahrzeug erklären. Ich spekulierte jedoch, daß sie weder Nahrung noch Anlagen für eine Abfallentsorgung benötigten, weil sie keine wirklichen Lebensformen darstellten, sondern nur eine Art Roboter oder Androide waren.

Eine andere mögliche Erklärung, die von den Experten in Wright Field angesprochen wurde, besteht darin, daß es keiner Essenszubereitungsanlagen bedurfte, wenn das Gefährt nur ein kleines Aufklärungsschiff war, das sich nicht weit von einem größeren Fahrzeug aufhielt. Der niedrige Stoffwechsel der Wesen deute darauf hin, daß sie sich längere Zeit vom Mutterschiff entfernen konnten und sie von irgendeiner Form vorfabrizierter Nahrung lebten, bis sie zu ihrer Basis zurückkehrten.

Weder die Experten in Wright Field noch die Mediziner vom Walter-Reed-Hospital hatten eine Erklärung für das Fehlen von Abfallanlagen an Bord des Gefährts, und sie konnten auch nicht erklären, wie der Abfall der Wesen sonst verarbeitet worden sein konnte. Vielleicht gingen meine Spekulationen über Roboter und Androide in meinem Bericht für General Trudeau zu weit, aber ich denke weiterhin, daß die Hautanalyse, die ich gelesen hatte, sich eher nach der Haut einer Topfpflanze anhörte als nach der Haut eines menschlichen Wesens. Das könnte auch eine Erklärung für das Fehlen von Nahrung oder Abfallanlagen sein.

Viel Aufmerksamkeit schenkte man bei der vorläufigen und allen späteren Autopsien der Wesen der Größe, Art und Anatomie ihrer Gehirne. In den Beschreibungen aus erster Hand von dem sterbenden Wesen hieß es, es litte offensichtlich und habe große Schmerzen. Diesen Darstellungen wurde durchaus Glauben geschenkt. Niemand hörte das Wesen irgendwelche Laute von sich geben, folglich müsse, so nahm der Armeegeheimdienst an, jedweder Eindruck durch irgendeine Art emphatische Projektion oder direkte mentale Telepathie hervorgerufen worden sein. Zeugen sagten, sie hätten ihrer Auffassung nach keine Wörter gehört, nur die Resonanz eines geteilten oder projizierten Eindrucks, viel schlichter als ein Satz, aber viel komplexer, weil sie in der Lage waren, mit dem Wesen ein Gefühl zu teilen, nicht nur des Leidens, sondern tiefer Trauer, als ob es um die anderen traure, die an Bord des Fahrzeugs zugrunde gingen.

Die Berichte dieser Zeugen verwirrten mich mehr als alle anderen Informationen, die wir von der Unfallstelle hatten. Die medizinischen Experten glaubten, daß das Gehirn des Außerirdischen im Vergleich zum menschlichen Gehirn und im Verhältnis zur zarten Statur des Wesens viel zu groß war und vier verschiedene Sektionen aufwies. Die Wesen waren tot, und der Zersetzungsprozeß der Gehirne hatte bereits begonnen, als man sie aus den weichen, schwammigen Schädeln nahm. Die Schädelknochen fühlten sich für die Ärzte eher wie Gaumenknorpel an, nicht wie die harten Knochen des menschlichen Schädels. Selbst wenn die Wesen bei der Untersuchung noch am Leben gewesen wären, hätten die Ärzte keine Möglichkeit gehabt, die Natur der Gehirnlappen oder »Sphären«, wie man sie in dem Bericht nannte, zu bestimmen. 1947 kannte man noch nicht das Ultraschall-Scanning oder die MRI-Tomographie.

Trotz üppiger Spekulationen über die Natur der Gehirne dieser Wesen – Gedankenprojektion, psychogenetische Kräfte und ähnliches – hatten sie keine handfesten Beweise für irgend etwas. Den Berichten mangelte es schlichtweg an wissenschaftlichen Daten.

Die Möglichkeit, das Funktionieren der außerirdischen Gehirne zu erkennen und zu beweisen, bestand bei den Stirnbändern, wie ich sie in meinen Berichten nannte. Unter den Gegenständen, die wir bargen, fanden sich Dinger, die wie schmucklose Stirnbänder aussahen. Durch eine sehr fortgeschrittene Art einer Vulkanisierungsmethode lag in einer Form aus flexiblem Kunststoff das eingebettet, was wir jetzt als elektrische Konduktoren oder Sensoren kennen, ähnlich den Konduktoren in einem Elektroenzephalographen oder Polygraphen. Dieses Band lag um den Kopf direkt über den Ohren, wo der Schädel sich ausdehnte, um das riesige Gehirn aufzunehmen. Damals deuteten die Protokolle vom Absturz und die folgenden Analysen in Wright Field an, daß die Experten im Air Materiel Command glaubten, daß es sich dabei um Kommunikationsvorrichtungen handle, ähnlich den Kehlkopfmikrofonen, die unsere Piloten während des Zweiten Weltkrieges trugen. Aber ich fand heraus, als ich die Vorrichtung untersuchte und sie rekonstruieren ließ, daß der Vergleich zu diesen Mikrofonen ungefähr so ausfiel, als würde man einen Kopierstift ernsthaft als Vorläufer eines Farblaserkopierers ansehen.

In den wenigen Stunden, die das Material in Walker Field in Roswell lag, hatte sich mehr als ein Offizier vom 509. das Ding vorsichtig auf den Kopf gesetzt, um herauszufinden, was passierte. Zuerst geschah gar nichts. Es gab keine Knöpfe, keine Schalter, keine Drähte, nichts, was nur entfernt als eine Steuerung angesehen werden konnte. Folglich wußte niemand, wie man es ein- oder ausschaltete. Auch in der Größe ließ sich das Band nicht verstellen, es hatte allerdings genug Elastizität, um allen Wesen zu passen, deren Köpfe groß genug waren, um das Ding tragen zu können.

Die Berichte, die ich las, hielten jedoch fest, daß die wenigen Offiziere, deren Köpfe die Größe hatten, damit das Band rundherum Kontakt hatte, den Schock ihres Lebens bekamen. In ihren Beschreibungen sagten diese Offiziere, daß sie ein schwaches kribbelndes Gefühl in ihrem Kopf spürten. Auch von heftigen Kopfschmerzen war die Rede, außerdem vom Erscheinen einer kurze Folge von tanzenden oder explodierenden Farben auf den Innenseiten ihrer Augenlider, sobald sie das Ding um ihren Kopf drehten und die Sensoren mit verschiedenen Teilen ihres Schädels in Berührung brachten.

Diese Berichte ließen mich vermuten, daß die Sensoren verschiedene Gehirnteile stimulierten und gleichzeitig Informationen mit dem Gehirn austauschten. Wenn man die Analogie mit dem EEG nimmt, dann waren diese Vorrichtungen ein sehr raffinierter Mechanismus, um die elektrischen Impulse in den Gehirnen der Wesen in spezifische Befehle umzuwandeln. Vielleicht bargen diese Stirnbänder das Pilot-Interface für das Navigations- und Antriebssystem des Raumschiffes in Kombination mit einem weitreichenden Kommunikationssystem. Zuerst hatte ich keine Ahnung, aber als wir mit der Entwicklung der Hirnwellenforschung begannen, gegen Ende meiner Zeit im Pentagon, wurde mir klar, was wir hatten und wie es entwickelt werden könnte. Es dauerte lange, bis wir diese Technologie nutzen konnten, aber 50 Jahre nach Roswell wurden endlich Versionen dieser Vorrichtung zu einer Komponente des Navigationskontrollsystems für einen der technisch fortgeschrittensten Hubschrauber der Armee, und bald werden sie auf dem Elektronikmarkt der amerikanischen Verbraucher sein als User-Input-Geräte für Computerspiele.

Die Analytiker und Ingenieure der Heeresluftwaffe, sowohl auf dem 509. als auch in Wright Field, verwirrte, daß sie in dem abgestürzten Flugobjekt nicht eines der bekannten Kontroll- und Antriebssysteme fanden. Betrachtet man jedoch ihre Berichte und die Gegenstände unter dem Blickwinkel von 1961, konnte ich mir vorstellen, daß der Schlüssel zum Verständnis dessen, was das Gefährt fliegen und seinen Flug lenken ließ, nicht nur in dem Fahrzeug selbst zu finden war, sondern auch in der Beziehung zwischen den Piloten und dem Fahrzeug. Gehen wir hypothetisch von einem Hirnwellenleitsystem aus, das sowohl zur elektronischen Signatur des Piloten als auch des Flugzeuges paßte, dann standen wir vor einem absolut revolutionären Konzept für gelenkte Flüge, bei denen der Pilot das System ist. Man stelle sich Transportgeräte vor, bei denen der Zündschlüssel ein digitalisierter Kode aus unserer Elektroenzephalogramm-Signatur ist und von einer Art Stirnband mit Sensoren, das man sich aufsetzt, automatisch gelesen wird. Auf diese Weise, so glaubte ich, wurde das Fahrzeug gelenkt, durch eine direkte Interaktion zwischen den elektronischen Wellen, die im Gehirn der Piloten erzeugt wurden und der Führungskontrolle des Fahrzeugs. Die elektronischen Gehirnsignale wurden interpretiert und von dem Stirnband, das als Interface diente, übermittelt.

Mir gelang es nie, eine Kopie der Bethesda-Autopsie des außerirdischen Körpers zu erhalten, den General Twining der Marine gegeben hatte. Ich hatte nur den Armeebericht. Die restlichen Leichen wurden anfänglich in Wright Field gelagert. Dann wurden sie auf die Waffengattungen verteilt. Als die Luftwaffe eine eigene Waffengattung wurde, schickte man die restlichen Leichen zusammen mit dem Flugkörper zur Norton Air Force Base (Norton-Luftwaffenbasis) in Kalifornien. Dort begann die Luftwaffe mit Experimenten, um die Technologie des Flugobjektes zu imitieren. Das war sinnvoll. Die Luftwaffe kümmerte sich um die Flugfähigkeit des Objektes und um Möglichkeiten, sich dagegen zu verteidigen. Die Experimente fanden in Norton statt und letztendlich auf der Nellis Air Force Base (Nellis-Luftwaffenbasis) in Nevada am berühmten Groom See, wo die Stealth-Technologie entwickelt wurde. Die Armee kümmerte sich nur um die Waffensysteme an Bord des Flugobjektes und wie sie für den eigenen Bedarf nachgebaut werden konnten.

Das ursprüngliche Raumfahrzeug blieb jedoch in Norton, wo die Luftwaffe und der CIA eine Art Museum für außerirdische Technologie unterhielten, der endgültige Ruheplatz des Roswell-Raumfahrzeugs. Aber die Experimente mit kopierten außerirdischen Flugzeugen wurden durch all die Jahre weiterhin durchgeführt, als die Ingenieure versuchten, das Antriebs- und Navigationssystem an unseren Technologielevel anzugleichen. Dies geht bis heute weiter, unter den Augen von Personen mit entsprechender Sicherheitsstufe, die man dorthin bringt, wo diese Maschinen aufbewahrt werden.

Im Lauf der Jahre sind die kopierten Maschinen zu einer Art unendliche Sicherheitsgeschichte geworden, vor allem unter hochrangigen Militärs und Mitgliedern der Regierung, besonders unter den umschmeichelten Senatoren und Parlamentsmitgliedern, die immer für das Militär stimmen. Jene, denen die Geheimnisse gezeigt werden, sind dann ab sofort der nationalen Geheimhaltungsgesetzgebung unterworfen und dürfen nicht erzählen, was sie gesehen haben. Auf diese Weise wird die offizielle Tarnung aufrechterhalten, trotz der vielen Menschen, die tatsächlich die Wahrheit kennen.

Ich gestehe, daß ich das Gefährt in Norton niemals mit eigenen Augen gesehen habe, aber es sind während meiner Dienstzeit in der Ausländischen Technologie genug Berichte über meinen Tisch gegangen, daß ich weiß, was das Geheimnis war und wie es unterhalten wurde. Keine konventionelle technologische Erklärung konnte für die Art und Weise, wie das Antriebssystem des Roswell-Fahrzeugs funktionierte, herhalten. Es fanden sich weder atomare Maschinen oder Raketen noch Düsen oder irgendeine Propellerantriebskraft. Etliche von uns im R&D aus den drei Waffengattungen versuchten jahrelang, das Antriebssystem des Flugzeugs an unsere Technologie anzupassen, aber in den 60er und 70er Jahren gelang uns das nicht. Die Maschine war in der Lage, die Schwerkraft durch die Verbreitung magnetischer Wellen zu verlagern, indem die magnetischen Pole um das Fahrzeug verschoben wurden, nicht um ein Antriebssystem zu kontrollieren oder zu leiten, sondern die Repulsionskraft gleicher elektrischer Ladungen. Als sie erst einmal so weit waren, begannen die Ingenieure in den wichtigsten Waffenschmieden des Landes um die Wette zu arbeiten, um herauszufinden, wie das Fahrzeug seine elektrische Leistungsfähigkeit erhalten konnte und wie die Piloten, die es lenkten, in dem Energiefeld von Wellen leben konnten. Es stand nicht nur eine große Erfindung auf dem Spiel, sondern auch die grundlegende Chance, einen Multi-Milliarden-Vertrag für die Entwicklung einer ganzen Generation von Militärflugzeugen und Unterseebooten zu ergattern.

Die ersten Entdeckungen über die Natur des Raumfahrzeuges und seines Piloten-Interface wurden recht schnell in den ersten Jahren durch Tests in Norton gemacht. Die Luftwaffe fand heraus, daß das ganze Fahrzeug einfach wie ein riesiger Kondensator funktionierte. Mit anderen Worten: Das Fahrzeug selbst speicherte die notwendige Energie, um die magnetischen Wellen zu erzeugen, die es in die Luft hoben und ihm erlaubten, die notwendige Geschwindigkeit zu entwickeln, um der Erdanziehungskraft zu entkommen, und die es befähigten, Geschwindigkeiten von über 11 000 km/h zu fliegen. Die Piloten wurden nicht von den ungeheuren Kräften beeinträchtigt, die bei der Beschleunigung von konventionellen Flugzeugen entstehen. In dem Fahrzeug für die Außerirdischen schien es, als ob die Schwerkraft um die Wellen, die das Fahrzeug einhüllten, außen herumgewickelt gewesen wäre. Vielleicht war es wie eine Fahrt im Auge eines Hurrikan.

Aber wie sah das Interface der Piloten mit der Wellenform, die sie erzeugten, aus? Ich berichtete General Trudeau, daß das Geheimnis dieses Systems in dem einteiligen hautengen Gewebe, in das die Wesen eingesponnen waren, gefunden werden könnte. Die eigenartige Faserstruktur des Gewebes war für mich der Hinweis dafür, daß die Piloten irgendwie Teil der elektrischen Speicherung und Stromerzeugung des Fahrzeugs wurden. Sie führten oder lenkten nicht einfach das Fahrzeug, sie wurden Teil des elektrischen Stromkreises des Fahrzeugs und leiteten es in ähnlicher Weise, wie man einen einzelnen Muskel veranlaßt, sich zu bewegen. Das Fahrzeug stellte lediglich eine Erweiterung ihrer eigenen Körper dar, weil es in ihr neurologisches System auf eine Art und Weise eingebunden war, die wir erst heute zu nutzen beginnen. Die Wesen konnten also ausgedehnte Perioden innerhalb von energiereichen Wellen überleben, indem sie zum Primärschaltsystem bei der Kontrolle der Wellen wurden. Sie wurden von ihren Anzügen geschützt, die sie von Kopf bis Fuß bedeckten. Aber ihre Anzüge befähigten sie auch, eins mit dem Fahrzeug zu werden, buchstäblich Teil der Wellen. 1947 war dies eine neue wie erschreckende Technologie, die uns zudem frustrierte. Wenn wir doch nur die notwendige Energiequelle entwickeln könnten, um eine gleichbleibende, genau definierte Welle um das Fahrzeug zu erzeugen, dann könnten wir eine Technologie nutzbar machen, die alle Arten von Raketen und Düsenantrieben übertreffen würde. Daran arbeiten wir noch heute – 50 Jahre nachdem das Fahrzeug in unseren Besitz gelangte.

Ich strengte mich die ganze Nacht an, um meinen Bericht für General Trudeau fertigzustellen. Ich sollte zumindest ansatzweise sehen, daß unsere Strategie die Wahrscheinlichkeit in sich barg, daß selbst bei einer elementaren Einschätzung des geborgenen Materials schon der Same für spezifische Produkte lag, die wir entwickeln könnten. Ich wollte den ganzen Prozeß in Gang bringen, indem ich einen Hintergrundbericht über die Natur der Wesen, die wir untersucht hatten, für ihn schrieb, sowie über das, was wir von der Technologie bei der Analyse ihres Fahrzeugs begriffen hatten. Bei Sonnenaufgang war ich in doppeltem Sinn fertig, und der Tag begann, an dem ich als erstes meinen Bericht dem General auf den Tisch legen würde. Ich würde mich vor ihm aufbauen und sagen: »Hier ist der Bericht, auf den Sie gewartet haben, General.« Und ich war mir sicher, daß er mehr enthielt, als der General jemals zu erwarten gehofft hatte, weil die Materie so neu und kompliziert war.

Doch zuvor wollte ich mich erst mal ordentlich rasieren und mir ein frisch gebügeltes Hemd anziehen. Auf Schlaf konnte ich verzichten, weil mein Optimismus und meine Zuversicht in jenem Moment viel stärkender waren, als es ein paar Stunden Schlaf hätten bewirken können. Ich wußte, ich war einer Sache auf der Spur, einer Sache, die die Welt verändern konnte. Hier im Keller des Pentagon lagen fast ein Jahrzehnt lang vergessene Geheimnisse, die meine Vorgänger eben erst zu entdecken begonnen hatten, bevor sie gestoppt wurden. Vielleicht hatten der Krieg in Korea, der CIA oder andere Geheimdienste einen Schleier des Vergessens über die Operationen des R&D gezogen. Aber jene Tage waren jetzt vorbei. Das Material befand sich jetzt beim Ressort Ausländische Technologie, und die Verantwortung für das Material lag bei mir. Genauso hatte sich General Twining das 14 Jahre zuvor gedacht. In einem Aktenschrank hatte ich die Puzzlestücke für ein völlig neues Technologiezeitalter gefunden. Dinge, die nur ein Aufblitzen in den Köpfen von Ingenieuren und Wissenschaftlern gewesen waren, lagen nun direkt vor mir als harte, kalte Gegenstände einer überlegenen Kultur. Maschinen, die von Gehirnwellen gesteuert wurden und auf einer Welle elektromagnetischer Energie schwammen, Wesen, die durch Vorrichtungen sehen konnten, welche die Nacht zum Tag machten, und Lichtstrahlen, die so dicht und eng waren, daß man sie nicht sehen konnte, wenn sie nicht auf einen entfernten Gegenstand trafen.

Jahrelang haben Wissenschaftler darüber nachgedacht, wie es sein könnte, im Weltraum zu reisen, besonders seit die Russen ihren Sputnik hochgeschossen hatten. Pläne für militärisch betriebene Basen auf dem Mond waren in den 50er Jahren von der Armee unter der Führung von General Trudeau im R&D entwickelt worden, wurden aber wegen der Gründung der NASA zu den Akten gelegt. Jene Pläne hatten versucht, die Probleme eines längeren Aufenthalts im Weltall zu lösen, sowie die Anpassung an die geringere Schwerkraft auf dem Mond. Aber hier, direkt vor unserer Nase, lag der Beweis, wie eine fremde Kultur sich angepaßt hatte: an langwierige Reisen im All, an verschiedene Arten von Schwerkraft und an den Beschuß durch Energieteilchen und -wellen, die milliardenfach das Raumschiff bombardieren. Man mußte jetzt nur noch eines tun: der R&D das riesige Potential an Fähigkeiten in der Armee und der Industrie zur Verfügung stellen, um jene Technologie nutzbar zu machen. Es lag alles vor uns ausgebreitet, wir mußten es nur zu nutzen wissen. Dies war der Anfang, und ich war dabei.

Als das erste schwache Licht über den Horizont trat, machte ich mich auf den Weg nach Hause, um zu duschen, mich zu rasieren, eine Tasse Kaffee zu trinken und die flotteste Uniform anzuziehen, die ich besaß. Ich fuhr in östlicher Richtung in die Morgendämmerung eines brandneuen Zeitalters, und mein Bericht lag neben mir in der Aktentasche auf dem Beifahrersitz. Ich wußte, es würde weitere Berichte geben und Details von langfristigen, komplizierten Projekten, die in der Zukunft auf mich zukommen würden, aber dieser Bericht hier war die Grundlage, der Lichtstrahl in eine dunkle Vergangenheit und eine unsichere Zukunft. Aber es war ein Licht, und das war das Wichtigste.

Jetzt war keine Zeit zum Schlafen. Es gab zuviel zu tun.

8

Die Projekte kommen in Gang

»Das ist ja ein Wahnsinnsbericht, Phil«, begeisterte sich General Trudeau und schaute von den maschinengeschriebenen Blättern auf, die ich ihm als erstes an jenem Morgen gegeben hatte. Ich war schon vor 6 Uhr wieder im Pentagon gewesen und hatte ungeduldig gewartet und alle paar Minuten zum Fenster hinausgeschaut, wo die hellen, Sonnenstrahlen in einem Fenster reflektiert wurden, als hätte es Feuer gefangen.

»Wie hast du das gemacht? Die ganze Nacht aufgewesen, um es zu tippen?« fragte mich Trudeau.

»Ich habe ein paar Überstunden gemacht«, erwiderte ich. »Ich wollte mich nicht zu lange mit dem ›Nußschrank‹ beschäftigen, während die Leute hier arbeiten.«

Der General lachte, als er die Papiere durchblätterte, aber man konnte sehen, daß er beeindruckt war. Obwohl ich ihm gegenüber die Roswell-Akten als Schubladen voller altem Zeug herabsetzte, für das gewisse Leute mich gern aus dem Wege räumen würden, so wußten wir doch beide, daß sie sehr viel von der Zukunft unseres R&D enthielten. Die militärischen Forschungs- und Entwicklungsfirmen waren unter zunehmenden Druck des Kongresses geraten, endlich ein paar Erfolge auf den Tisch zu legen oder die ganze Raketengeschichte für immer zu vergessen. Die frühen Mißerfolge mit der WAC Korporal der Marine und der Redstone der Armee hatten das amerikanische Raketenprogramm zum Treppenwitz der Weltgeschichte degradiert. Die Sowjets dagegen konnte mit ihren Erfolgen prahlen wie Basketballspieler, die ihre Bälle quer über das Feld in den Korb landeten. Das Projekt »Horizon« – eine Basis auf dem Mond – der Armee hatte einen eigenen Aktenschrank, wo sich der Staub auf ihm ansammelte.

Und es gab auch unter den Militärs zunehmende Sorgen, weil wir gedrängt wurden, die fehlgeschlagene Mission der Franzosen in Indochina zu übernehmen, wo der Vietcong, der Pathet Lao und die Khmer Rouge daran gehindert werden sollten, die ganze Region dem kommunistischen Einfluß preiszugeben. Es war ein Krieg, den wir nicht gewinnen konnten, der aber wichtige Kräfte binden würde, die an der Front in Osteuropa fehlen würden. General Trudeau brauchte also nicht nur ein paar Basketballtore, sondern vielversprechende Entwicklungsprojekte, welche die zivilen Behörden davon abhielten, uns auf Sparflamme zu setzen und unsere Mittel anderswo einzusetzen.

Jetzt hielt mein Boß meinen ersten Bericht in seinen Händen, und er wußte, daß unser strategischer Plan eine mehr als konkrete Begründung gefunden hatte. Jetzt drängte er, einen taktischen Plan zu entwickeln.

»Wir wissen, was wir tun wollen«, sagte er. »Jetzt müssen wir wissen, wie wir es tun.«

»Ich habe auch darüber nachgedacht, General«, sagte ich. »Und ich würde gerne so beginnen.« Dann erklärte ich ihm, daß ich eine Liste zusammenstellen wollte mit allen unseren technischen und menschlichen Ressourcen, wie etwa den Raketenspezialisten aus Deutschland, die immer noch in Alamogordo und White Sands arbeiteten. Ich kannte genügend Raketentreibstoff- und Lenkungsspezialisten des Raketenprogramms aus meiner Zeit in Red Canyon, als ich Kommandant des Nike Bataillons war. Aber wir arbeiteten auch mit empirischen Wissenschaftlern zusammen, mit erfahrenen Leuten, welche die kalte Präzision eines Ingenieurs mit der spekulativen Vision eines freien Denkers verbinden konnten. Dies waren die Leute, die ich zu einem Braintrust zusammenfassen wollte, Leute, mit denen ich über merkwürdige Gegenstände und Geräte, die keine Verankerung in der irdischen Wirklichkeit hatten, frei und offen reden konnte. Das waren die Wissenschaftler, die mir genau sagen konnten, welches Potential in Dingen steckte wie den waffelförmigen, hauchdünnen Siliziumstücken mit mysteriösen Silberätzungen.

»Und wenn du erst diesen Braintrust hast«, fragte General Trudeau, »was dann?«

»Sie mit den Technologien zusammenbringen«, sagte ich. Ich gab zu, daß wir bei manchen Dingen, die wir hatten, im dunkeln tappten. Wir konnten nicht zu gewöhnlichen Wissenschaftlern gehen, um sie um Rat zu fragen, weil wir dann schnell die Kontrolle über unsere Geheimnisse verlieren würden. Außerdem hatten viele von ihnen mit Waffen zu tun, und es gab sehr strenge Regeln für das, was wir ohne entsprechende Sicherheitskontrollen enthüllen konnten oder nicht. Aber unser Braintrust würde unbezahlbar sein. Und mit der richtigen Orientierung und entsprechenden Sicherheitskontrollen würden die Beteiligten unsere Geheimnisse wahren, so wie sie es seit Ende des Zweiten Weltkrieges getan hatten.

»Welche Wissenschaftler hast du im Auge?« fragte Trudeau und holte ein kleines, schwarzes Notizbuch aus seiner Innentasche hervor.

»Ich dachte an Robert Sarbacher«, sagte ich. »Wernher von Braun natürlich. Hans Kohler. Hermann Oberth. John von Neumann.«

»Was wissen sie über Roswell?« wollte Trudeau wissen.

Wenn sie schon 1947 wegen des Roswell-Materials konsultiert wurden, so wie Wernher von Braun durch General Twining, dann verrieten wir keine Geheimnisse. Hatte man sie niemals über den Absturz informiert, dann würden wir uns in eine gefährliche Lage begeben, wenn wir ihnen Informationen gäben, die immer noch mehr als geheim waren. General Trudeau mußte wissen, wie gefährlich es war, diese Wissenschaftler einzuweihen. Aber ich versicherte ihm, daß sie alle etwas über Roswell wüßten, wegen ihrer Verbindung zum R&D-Vorstand. Unter Eisenhower wurden Informationen über die geheimen Projekte zur Forschungs- und Datensammlung über Außerirdische routinemäßig an das R&D weitergegeben, weil der Vorstandsvorsitzende von R&D eines der ursprünglichen Mitglieder der ersten Arbeitsgruppe gewesen war.

»Ich war im Weißen Haus, als Sarbacher im Vorstand war, General«, erzählte ich meinem Boß. »Folglich bin ich ziemlich sicher, daß er davon wußte. Und Hermann Oberth. Er hatte mir gesagt, er glaube, daß die Objekte, die seinerzeit auf unseren Radarschirmen in Red Canyon auftauchten und wieder verschwanden, als wären sie nie dagewesen, wahrscheinlich die gleiche Art außerirdischer Luftfahrzeuge seien, wie wir sie in Roswell gefunden hätten. Er wußte es also, aber ich weiß nicht woher.«

»Gut, das zumindest sind gute Nachrichten«, sagte der General. »Ich möchte ungern derjenige sein, der die Freigabe des geheimen Materials an irgend jemanden autorisiert, der nicht schon vorher davon wußte.

Und ich will dich auch nicht in die Lage bringen, Phil, daß du Vorgesetzten erklären mußt, warum du beschlossen hast, Informationen an Leute ohne die notwendigen Sicherheitskontrollen weiterzugeben.«

Ich war dankbar dafür, aber für unseren Arbeitsplan brauchten wir die technische und wissenschaftliche Expertise, die Leute wie von Braun, Oberth und Sarbacher zur Rückverfolgung von Erfindungen und zur Produktentwicklung beitragen konnten.

»Wie willst du sie ansprechen?« fragte Trudeau.

»Wir werden zuerst eine Inventarliste aller unserer Verträge aufstellen, die wir mit der Kriegsindustrie gegenwärtig abgeschlossen haben, General«, sagte ich. »Dann legen wir die Verträge und Systeme, die wir entwickeln, neben das Material im ›Nußschrank‹ und schauen, was zueinander paßt. Dann fragen wir die Wissenschaftler um Rat, um unsere Kenntnisse von dem, was wir glauben zu besitzen, bestätigen zu lassen, bzw. ob sie sich überhaupt Vorstellungen von dem machen können, was wir haben.«

»Laß uns zuerst eine potentielle Produktliste durchgehen«, schlug der General vor. »Dann sehen wir, wo unsere Verträge synchron laufen und wo die Wissenschaftler helfen können. Und weißt du, was dann passiert?« fragte Trudeau.

Ich war mir nicht sicher, worauf er hinauswollte.

»Dann stecken wir dich in Zivil und schicken dich los, um unsere Freunde in den Vertragsfirmen aufzusuchen.«

»Dann darf ich nicht einmal meine Auszeichnungen tragen«, scherzte ich.

»Ich möchte nicht, daß irgend jemand weiß«, erklärte General Trudeau, »daß irgendein Oberstleutnant auf der CIA-Liste der gesuchtesten Personen unsere größten Vertragspartner in der Waffenindustrie aufsucht, mit einer mysteriösen Tasche voller weiß der Himmel was. Dann kannst du dir gleich ein Schild umhängen«, lachte er. »Wir müssen jetzt diese Liste unbedingt fertigstellen.«

Noch am selben Nachmittag machte ich mich wieder an die Arbeit mit dem Bericht über die EBE und ihr Fahrzeug. Ich begann, die Rätsel aufzulisten, die es enthielt, und die Möglichkeiten für Produktentdeckungen, die darin steckten. Das ganze Roswell-Ereignis war für uns wie ein Rätsel, weil einfach jedes übliche Requisit fehlte, das man an dem Unfallort, in dem Fahrzeug oder an den EBEs selbst zu finden erwartet hatte. Wo steckte die Maschine oder die Energiequelle für das Fahrzeug? Es verfügte weder über Düsenaggregate noch Propeller. Es hatte keinen Raketenantrieb wie die V2-Raketen, noch hatte es auch nur einen Tropfen Treibstoff an Bord. Auf der Norton Air Force Base, wo das Fahrzeug schließlich gelagert wurde, waren die Ingenieure begeistert von der dünnen Legierung aus reinstem Kupfer und Silber, womit die Unterseite des Raumschiffs bedeckt war. Das Bemerkenswerte an dem Metall war seine Leitfähigkeit, als ob das ganze Fahrzeug ein elektrischer Kreislauf wäre und keinerlei Widerstand für den Stromfluß böte. Dennoch war es etwas, das unsere militärischen Ingenieure nicht kopieren konnten. In den 50er Jahren hatte man auf der Norton Air Force Base zumindest zwei Prototypen des außerirdischen Fahrzeugs hergestellt, aber keines verfügte über die Energiequelle des abgestürzten Fahrzeugs. Statt dessen versuchte man es mit groben atomaren Antrieben, aber die blieben ineffektiv und gefährlich. Selbst die tragbaren atomaren Generatoren, welche die noch schlichten sowjetischen und amerikanischen Satelliten in den 60er Jahren antrieben, erwiesen sich als unzureichend für den Bedarf der nachgebauten Raumschiffe. Folglich blieb die Frage offen: Wie wurde das Roswell-Raumschiff angetrieben? Ich schaute von neuem alle meine Entdeckungen auf der Checkliste durch: Das halbmondförmige Raumfahrzeug hatte keine Steuerung, wie wir sie definieren. Es gab keine Steuerknüppel oder -räder, keine Drosselklappen, Pedale, Kabel, Landeklappen oder Ruder. Wie konnten die Wesen das Schiff dirigieren und die Geschwindigkeit kontrollieren? Wie konnte das Gefährt wie ein Hubschrauber über einem bestimmten Fleck stehen oder auf Geschwindigkeiten von über 11 000 km/h in Sekundenschnelle beschleunigen? Was schützte die Wesen vor den ungeheuren Kräften, denen sie in jedem konventionellen Flugzeug ausgesetzt gewesen wären? Unsere eigenen Piloten im Zweiten Weltkrieg mußten spezielle Atemgeräte tragen, wenn sie hochzogen, weil sonst der Sauerstoff nicht aus ihrem Gehirn fließen konnte und sie ohnmächtig geworden wären. Aber wir fanden nichts in den Fliegeranzügen der Wesen, das darauf hingedeutet hätte, daß sie es mit demselben Problem zu tun hatten. Wir konnten uns nicht vorstellen, wie sie damit fertig wurden. Keine Steuerung, kein Schutz, keine Energiezufuhr, kein Treibstoff: Das waren die Rätsel, die ich auflistete. Außerdem schrieb ich:

»Das Fahrzeug selbst ist ein elektrischer Stromkreis. Die Fluganzüge – ›Flughäute‹ ist eine bessere Beschreibung – der Wesen sind aus einer Substanz hergestellt, deren molekulare Struktur in die Länge gezogen war, der Länge nach sich verstärkend, um jedem möglichen Stromfluß eine Richtung zu geben.«

Die Ingenieure, die dies zuerst entdeckten, waren erstaunt über die ungeheure Leitfähigkeit dieser Häute, die genauso funktionell wie die Außenhaut des Fahrzeugs waren, und ihre offensichtliche Fähigkeit, den Träger zu schützen und gleichzeitig irgendeine Art elektronisches Feld zu erzeugen. Wo war die physische Verbindung zwischen dem Piloten und dem Schiff? Wurde es irgendwie ein- und ausgeschaltet von dem Piloten selbst durch einen Schalter, von dem wir nichts wußten? Neben dem Rätsel von der offenbaren Abwesenheit eines Navigationssystems schrieb ich »Sensor-Stirnband« hin, das war das Ding, das die Offiziere auf Walker Field bei Roswell so verwirrt und auch mich fasziniert hatte. Wenn, wie wir alle vermuteten, dieses Gerät die elektronische Signatur der überdimensionalen Gehirne der Wesen auffangen konnte, was machte es dann damit? Ich glaubte, daß diese Stirnbänder die elektronischen Signale des Gehirns in Systemkommandos übersetzten, die Geschwindigkeit, Richtung und Höhe kontrollierten. Vielleicht mußten die Stirnbänder geeicht oder für jeden Piloten besonders eingestellt werden, oder vielleicht mußten sogar die Piloten – ich glaubte ja, daß sie genetisch erzeugte und biologisch hergestellte Wesen für langwierige Forschungsaufträge wären – auf die Stirnbänder geeicht werden.

Wie auch immer, die Stirnbänder waren das Interface zwischen Piloten und dem Schiff. Aber das löste immer noch nicht die Frage des Fehlens von Kabeln, Getrieben und Drähten. Vielleicht lag die Antwort nicht im Fehlen von technischer Steuerung, sondern in der Art, wie Anzug, Stirnband, die Gehirne der Wesen und das ganze Raumschiff zusammenwirkten. Mit anderen Worten: Wenn ich die mögliche Funktion des ganzen Systems betrachtete, die Synchronisation zwischen dem Interface von Gehirn und Stirnband, der reinen Leitfähigkeit des Raumschiffes und der länglichen Struktur der Raumhäute, die auch als Stromkreis dienten, konnte ich verstehen, wie Leitinstruktionen von den Stirnbändern in eine Art von Strom umgesetzt wurden, der durch die Haut und zu der Reihe von erhabenen »Schalttafeln« floß, wo es Vertiefungen für die Hände der Wesen gab. Die Vertiefungen in den Schalttafeln, wie die Roswell-Berichte sie beschrieben, sahen wie Handabdrücke aus. Waren die Leitbefehle eine Serie von elektronischen Instruktionen, die direkt von den Gehirnen der Wesen entlang ihrer Körper und durch die Schalttafeln an das Schiff selbst weitergegeben wurden, als ob das Schiff nur eine Erweiterung der Körper der Wesen wäre? Wenn das der Fall war, fehlte aber immer noch etwas: die Maschine.

Die Trümmer und das Flugobjekt machten deutlich, daß eine Maschine nicht irgendwie beim Aufprall des Flugkörpers herausgefallen war. Eine konventionelle Maschine war also von Anfang an nicht vorhanden. Wir fanden nur heraus, daß das Fahrzeug große Mengen von Strom sowohl speichern als auch leiten konnte. Was wäre, wenn das Fahrzeug selbst die Maschine darstellte, die mit einem ständigen Strom aus einer anderen Quelle versorgt würde, den sie lagerte wie eine riesige Speicherbatterie? Das wäre, als würde man die Batterie in einem elektrischen Auto laden und es so lange fahren, bis die Batterie leer wäre. Ist das zu weit hergeholt? Es ist ja nicht so viel anders, als ein Auto an der Tankstelle mit Benzin aufzutanken und es zu fahren, bis der Tank leer ist. Oder ein Flugzeug aufzutanken und dafür zu sorgen, daß man landet, bevor die Tanks leer sind.

Ich hatte den Verdacht, daß das Roswell-Flugzeug einfach ein Stromspeicher war, der den Strom aufnahm, der dann von dem Piloten kontrolliert oder geleitet wurde, und daß es in der Lage war, irgendwie geladen zu werden oder sich selbst durch irgendeine Art eingebautem Generator laden konnte. Das könnte die Energiezufuhr erklären, schrieb ich neben das Rätsel der fehlenden Maschine.

Aber wie stand es mit dem Antriebsaggregat und der Steuerung? Wenn es eine Kraft gab, die irgendwie als Schubkraft funktionierte, dann ließ sich nicht auf Anhieb erkennen, wie sie hervorgerufen und dirigiert wurde. Schon im September 1947 hatten Wissenschaftler, die sich die Trümmer auf dem Air Materiel Command in Wright Field angeschaut hatten, spekuliert, das elektronische Potential der Roswell-Maschine würde sie an die deutschen und britischen Anti-Schwerkraft-Experimente der 20er und 30er Jahre erinnern. Und General Twining soll mehr als einmal gesagt haben, daß der Name des serbischen Elektrotechnikers und Erfinders des Tesla-Transformators (ein spezieller

Transformator zur Erzeugung hochfrequenter Wechselströme geringer Stromstärke, Anmerk. d. Übers.), Nikola Tesla, immer wieder in den Gesprächen auftauchte. Er wurde immer dann erwähnt, wenn die Wissenschaftler, die das beschädigte Flugzeug untersuchten, die Art beschrieben, wie es ein elektromagnetisches Feld in ein Anti-Schwerkraft-Feld verwandelte. Und das Flugzeug selbst erinnerte sie natürlich an den deutschen experimentellen Jäger, der gegen Ende des Krieges auftauchte, mit dessen Entwicklung man aber schon in den 30er Jahren begonnen hatte. Tesla und einige andere europäische Wissenschaftler zählten zu den Pionieren bei der Umwandlung elektromagnetischer Felder in begrenzte, kleine Anti-Schwerkraft-Felder.

Die Bemühungen jedoch, funktionierende Anti-Schwerkraft-Flugzeuge herzustellen, führten bei den Herstellern konventioneller Flugzeuge zu keinem Ergebnis, weil Benzin-, Düsen- und Raketenantriebe eine perfekte Waffentechnologie lieferten. Aber die Theorie vom elektromagnetischen Anti-Schwerkraft-Antrieb war nicht unbekannt, auch wenn sie nicht gründlich verstanden wurde, und ohne eine Energiequelle, etwa einem kleinen, tragbaren Atomreaktor, keineswegs machbar war.

Was aber, wenn das fliegende Fahrzeug bereits ausreichend elektrische Energiemengen und Speicherkapazitäten für einen gleichmäßigen Antrieb besaß, vielleicht wie eine sehr weit entwickelte, fliegende Batterie? Dann könnte es die nötige Energie besitzen, die es brauchte, um eine Welle zu erzeugen und sie durch Veränderung seiner magnetischen Pole gezielt zu leiten. Wenn die Experimente mit der magnetischen Feldtheorie, die von den Technikern und Pionieren der Elektroenergie Paul Biefeld und Townsend Brown in den 20er Jahren an dem California Institute for Advanced Studies (Institut für wissenschaftliche Forschung) richtig wiedergegeben wurden – das US-Militär sowie die wissenschaftlichen Registrierer in Hoovers neuem Federal Bureau of Investigation (FBI) hielten sehr genau fest, was die Techniker machten –, dann existierte die technologische Theorie für Anti-Schwerkraft-Flüge bereits vor dem Zweiten Weltkrieg. Sogar Prototypen von diskusähnlichen Senkrechtstartern hatte es schon vor dem Krieg auf den Konstruktionszeichentischen im California Institute gegeben. Nur in den Vereinigten Staaten beachtete das niemand sonderlich. Geheimdienstberichte behaupteten, daß die Deutschen fliegende Scheiben entwickelt und ausprobiert hatten. Dies nahm allerdings keinen Einfluß auf den Ausgang des Zweiten Weltkrieges. Es heizte lediglich den Wettlauf zwischen Russen und Amerikanern an, so viel deutsche Technologie wie nur möglich zu erbeuten.

Auch wenn also Techniker schon früher versucht hatten, Senkrechtstarter- und Einflügelflugzeuge zu bauen und Erfolg damit hatten, stellte das Roswell-Gefährt eine enorme technologische Herausforderung für die Wissenschaftler im Air Materiel Command dar. Die Gründe dafür lagen in seiner erstaunlichen Funktionalität und an seiner Geschwindigkeit, die alle unsere Flugzeuge übertraf – und natürlich an der Tatsache, daß es im Weltall fliegen konnte. Wir wußten, was die EBEs machten, aber wie sie es machten, konnten wir jedoch nicht kopieren.

Meine Berichte für das Army R&D waren Analysen von Technologien, die wir entwickeln mußten, um entweder solche Weltraumfahrzeuge mit einer glaubwürdigen Verteidigung militärisch herausfordern zu können oder aber sie selbst zu bauen. In meinen Aufzeichnungen für General Trudeau beschrieb ich alle technologischen Implikationen, die meiner Meinung nach in jeder Diskussion über das, was wir aus dem Roswell-Fahrzeug herausholen könnten, relevant wären. Ich schrieb auch auf, was ich von der magnetischen Feldtechnologie begriffen hatte und wie unkonventionelle Konstrukteure und Techniker einige Jahrzehnte zuvor Prototypen dieser »Antigravs« (Anti-Schwerkraft-Flugzeuge) hergestellt hatten. Ich deutete an, daß all dies in eine Richtung weise: Daß wir jetzt ein Raumfahrzeug hatten und an die Industrie die Komponenten vergeben können, einschließlich dieses Anti-Schwerkraft-Antriebs und der durch Gehirnwellen dirigierten Steuerung. Dazu brauchten wir den Rat der Wissenschaftler, die schließlich unseren Braintrust bilden würden, Leute, denen wir vertrauen und mit denen wir über die Roswell-Hinterlassenschaft reden könnten. Diese Wissenschaftler würden routinemäßig mit unseren Vertragspartnern in der Waffenindustrie zusammenarbeiten, und sie könnten uns sagen, wen wir in deren R&D-Abteilungen für vertrauliche Überlegungen ansprechen könnten.

Ich hoffte, daß all das, was wir von den EBEs und ihrem Fahrzeug lernen könnten, mich der Lösung einiger physiologischer Probleme näherbringen würde, von denen wir wußten, daß unsere Astronauten im Weltall mit ihnen zu kämpfen haben würden. Anfang der 60er Jahre hatten Astronauten sowohl aus den Vereinigten Staaten als auch aus der UdSSR ihre ersten Orbitalflüge hinter sich und hatten mehr als ein negatives physisches Symptom durch den Zustand der Schwerelosigkeit während des Fluges erlebt. Trotz unserer offiziellen Behauptungen, daß Menschen im Weltall sicher reisen könnten, wußten unsere Ärzte, daß selbst kurze Perioden der Schwerelosigkeit auf einige unserer Astronauten außerordentlich desorientierend wirkten. Je länger die Flüge dauern würden, um so unangenehmer würden diese Symptome werden. Wir machten uns Sorgen wegen des Nachlassens der physischen Kräfte, der Reduzierung der Muskeltätigkeit des Herzens und der Lungenkapazität sowie des Nachlassens der Zugfestigkeit der Knochen.

Es hatte jedoch außerhalb von Roswell in der Wüste Wesen gegeben, die vollständig an Raumflüge angepaßt gewesen zu sein schienen. Diese Wesen zu untersuchen war eine einmalige Gelegenheit. Aber ich wußte, daß wir sogar die Fähigkeit hatten, das auch anzuwenden, was wir an den Außerirdischen beobachtet hatten. Neben den Spekulationen über die EBEs und ihr Fahrzeug hatte ich aufgelistet, was für die Produktentwicklung geeignet schien. Entwicklungen, die uns befähigen könnten, uns für einen längeren Zeitraum im All aufzuhalten. Sowohl Sauerstoff als auch Nahrungsmittel müßten erneuerbar sein, das war das Wichtigste. Schon in den 60er Jahren entwickelten NASA-Techniker Mittel und Wege, die Atmosphäre in der Raumkapsel aufzuladen und Nahrungsspeicher anzulegen. Die Army R&D half dabei, zum Beispiel durch unsere Entwicklung eines Bestrahlungsprozesses für Nahrungsmittel, die selbst heute noch die Basis für nicht tiefgekühlte Nahrung an Bord von Raumschiffen darstellt.

Einfach Leute in die Umlaufbahn der Erde zu bekommen oder sogar auf den Mond zu schießen und sie wieder sicher zurückzubringen, das waren rein technische Probleme. Aber die Wiedergewöhnung des menschlichen Körpers an die Schwerkraft auf der Erde nach einer längeren Zeit der Schwerelosigkeit oder reduzierter Schwerkraft war weitaus schwieriger zu bewerkstelligen. Die Physiologie der EBEs lieferte einen wichtigen Schlüssel. Neben der Entwicklung von superdehnbaren Fibern zum Schutz der Astronauten und des Raumfahrzeugs und der Entwicklung von Möglichkeiten zur Haltbarmachung von Nahrung, die jene Bakterien, von denen Nahrungsmittel zerstört werden, neutralisieren, müßten wir untersuchen, auf welche Weise die

Astronauten physisch trainiert werden müßten, damit sie den Perioden der Schwerelosigkeit und Desorientierung im Weltall gewachsen sein könnten.

Und wir müßten Nährkonzentrate entwickeln, damit das menschliche Verdauungssystem nicht unnötigem Streß ausgesetzt sein würde, wenn es die fehlende Schwerkraft kompensieren muß. Da es an Bord des Roswell-Raumschiffs keine Geräte zur Essenzubereitung gab, wußten wir nicht, wie die Nahrungsmittel gelagert oder zubereitet wurden, und nicht einmal, was diese Wesen aßen, wenn sie das überhaupt taten. Mein Interesse an einer Methode, Nahrung für Raumfahrten zu konservieren, wurde noch gesteigert durch die Herausforderung, die das Fahrzeug selbst darstellte. Aus dem, was die Armee bei Roswell gefunden hatte, ergab sich, daß zumindest eine Kultur über die Technologie verfügte, im Weltall zu fliegen. Falls auch wir das tun wollten, mußte das R&D eine Möglichkeit finden, unsere Piloten im Weltall zu ernähren. Aus diesem Grund mußten wir eine Methode zur Konservierung von Nahrungsmitteln für die Weltraummissionen finden, die keine Kühlung oder großen Energieverbrauch erforderte.

Das Problem der sehr lang andauernden Weltraumfahrten ist immer noch nicht völlig gelöst worden, teilweise weil wir uns weiterhin auf konventionelle Antriebsmittel verlassen, die unsere Astronauten vor allem während des Abhebens längere Zeit großem physischen Streß unterwerfen. Wir haben auch noch kein Zaubermittel für die Astronauten gefunden, um sich der Erdschwerkraft nach einer langen Reise in einer Raumstation wie der russischen Mir oder unserer eigenen für Anfang des nächsten Jahrtausends geplanten Raumstation wieder anzupassen. Bemannte Raumfahrten zum Mars, die ebenfalls schon auf den Reißtischen für Anfang des 21. Jahrhunderts geplant sind, werden auch ein Problem sein, weil sie Monate dauern und unsere Astronauten großen Belastungen aussetzen werden.

Ich schlug General Trudeau in meinem Bericht damals vor, obwohl das nicht eigentlich zum Aufgabenbereich der Army R&D gehörte, die NASA solle mit der Auswahl und Ausbildung von Astronautenkandidaten schon beginnen, wenn diese noch zur Schule gingen.

»Wenn wir unsere zukünftigen Astronauten schon während ihrer Schulzeit so trainieren, wie wir künftige Athleten in Sportlagern ausbilden, oder die vielversprechendsten Kandidaten zum Flugtraining und mit Militär- oder Regierungsstipendien auf ROTC-Schulen schicken, dann werden wir einen Kader von Offizieren heranziehen können, der physisch vorbereitet und theoretisch geschult ist, um die nächste Generation von Weltraumreisenden zu bilden«, schrieb ich. Ich weiß, daß General Trudeau diese Empfehlung weiterreichte, da die NASA innerhalb weniger Jahre nach meiner Pensionierung ein Weltraumtrainingslager für künftige Astronauten eröffnete.

Neben den Problemen der Ausbildung von Astronauten für Raumflüge mit konventionellem Antrieb stellten sich bei der Untersuchung der EBE-Körper und des Antriebssystems ihres Raumschiffes weitere verwirrende Fragen. Was wäre, wenn die EBEs zusätzlich zu ihrer Biokonstruktion für interstellare Raumflüge nicht den gleichen Kraftfeldern ausgesetzt wären wie in der Regel die menschlichen Piloten? Wenn die EBEs eine Wellenerzeugungstechnologie als ein Anti-Schwerkraft-Antriebs- und Navigationssystem benutzten? Dann reisten sie innerhalb einer Art von einstellbarer elektromagnetischer Welle.

Ich schlug General Trudeau vor, daß wir die möglichen physiologischen Auswirkungen auf Menschen studieren sollten, wenn sie über längere Zeit der Art von Energieaustritten ausgesetzt wären, die bei der Erzeugung elektromagnetischer Felder entstehen. Biologen müßten feststellen, ob derlei Raumreisen machbar wären und ob nicht die Strahlenenergie die Zellenaktivität des menschlichen Körpers aus dem Gleichgewicht bringen würde. Vielleicht lieferten die einteiligen Außenhäute den EBEs Schutz vor den Auswirkungen des Eingeschlossenseins in einem tragbaren elektromagnetischen Feld. Obwohl Army R&D solche Studien niemals durchgeführt hatte, weil die medizinischen Fragen betreffs der Raumflüge in den Bereich der NASA fielen. Durch deren vertragliche Bindungen an die Armee wurden später allerdings indirekte medizinische Forschungen durchgeführt. Die Untersuchungen über die physiologischen Auswirkungen auf Personen, die nahe von Hochspannungsleitungen lebten, und Menschen, die Zellular-Handtelefone mit ausziehbaren Antennen benutzten, waren nicht schlüssig. Während einige Leute meinten, die Zahl der Krebsfälle bei beiden Gruppen läge höher, behaupteten andere Studien genau das Gegenteil oder fanden andere Gründe für das Auftreten von Krebs. Ich glaube, daß noch eine Menge Studien über die Auswirkungen von Niederfrequenzwellen getätigt werden müssen, weil letztlich außer Atomenergie auch Ionenantrieb oder Erzeugung elekromagnetischer Felder zu den Systemen gehören werden, mit denen wir nach 2050 unsere interplanetaren Reisen durchführen werden. Damit die Menschen Ziele jenseits unseres Sonnensystems überhaupt erreichen können, werden radikal andere Antriebssysteme erforderlich sein, die Lichtgeschwindigkeiten erlauben. Folglich enthielt mein zweiter Bericht die Forschungsmöglichkeiten, die uns die Autopsieergebnisse der EBEs und der Absturz ihres Fahrzeugs boten. Meiner Auffassung nach war es nichts weniger als die Bestätigung, daß die Forschung mit der Elektromagnetik der 20er Jahre und die äußerst experimentellen Entwicklungen von teller- und halbmondförmigen Flugzeugen durch die Alliierten und die Achsenmächte zu einer völlig neuen Generation von Luftfahrzeugen geführt hätten. Ich weiß, daß meine Berichte von den höheren Militärs in der Hierarchie gelesen wurden, weil die topgeheime Forschung mit unterschiedlichen Formen und Antriebssystemen bis zum heutigen Tag weitergegangen ist, vom Stealthjäger und -bomber bis zu Prototypen von sehr hoch fliegenden suborbitalen Abfangjägern, die auf der Stelle stehen und Geschwindigkeiten von über 11000 km/h entwickeln (von Nellis und Edwards entwickelt und jetzt auf den Reißbrettern).

Sobald ich mit meinem Bericht über die Schlüsse, die wir aus den EBEs und ihrem Fahrzeug ziehen konnten, fertig war, wandte ich meine Aufmerksamkeit der Ausarbeitung einer kurzen Liste schnell umsetzbarer Möglichkeiten zu, die durch Rekonstruktion verschiedener Geräte für die Army R&D erfolgversprechend wären. Es handelte sich um spezielle Teile, die keine so außerordentlich theoretischen Fragen, wie die Physiologie der EBEs oder die Beschreibung ihres Fahrzeugs aufwarfen. Wenn auch manche dieser Gegenstände irdischen Geräten sehr ähnlich waren, so half doch jedes dieser Teile, eine ganze Industrie neuer technologischer Produkte und Waffen zu entwickeln. Unter all den Roswell-Gegenständen, den Fragen und Problemen, die sich aus dem Roswell-Absturz ergaben, über die eine dringende Entscheidung entweder zur Entwicklung oder nur zur einfachen Nachprüfung durch unsere militärisch-wissenschaftlichen Berater gefällt werden mußte, standen auf meiner vorläufigen Liste:

- Bildverstärker, aus denen man letztlich Nachtsichtgeräte entwickelte
- Superzugfeste Fibern
- Laser
- Metallegierungen mit molekularer Längsrichtung
- Integrale Schaltkreise und mikroverkleinerte Elektronikschalttafeln
- HARP (High Altitude Research Project = Forschungsprojekt in großer Höhe)
- Horizon (Projekt Mondstation)
- Tragbare Atomgeneratoren (Ionenantrieb)
- Bestrahlte Nahrung
- »Drittes Gehirn« Führungssystem (EBE-Stirnbänder)
- Teilchenstrahlenbündel (die Anti-Raketen-Energiewaffen der »Star Wars«)
- Elektromagnetisches Antriebssystem
- Leere Urangeschoße

Bei jedem Punkt auf meiner Liste zog General Trudeau sein Notizbuch zu Rate und fand darin die Namen von Wissenschaftlern, Waffenentwicklungsaufträgen der Regierung oder an alliierten Forschungsprojekten an Universitäten Arbeitenden. Von ihnen konnte ich Rat und Hilfe einholen.

Ich war nicht weiter überrascht, bei jeder Raketenantriebsfrage den Namen Wernher von Braun zu hören. Von Braun hatte 1959 schriftlich angekündigt, das US-Militär würde eine neue Technologie als Ergebnis topgeheimer Forschung über unidentifizierte Flugobjekte entwickeln. Es wunderte mich auch nicht, den Namen von John von Neumann neben der Erwähnung der seltsam aussehenden, silbern bedruckten Siliziumplättchen zu finden, die für mich wie elliptische Cracker aussahen.

»Falls diese Dinger das sind, was ich glaube, daß sie sein könnten«, sagte General Trudeau, »dann gibt es nur diese eine Person, mit der wir sprechen können.«

Dr. Robert Sarbacher galt als eine besonders wichtige Kontaktperson auf unserer Liste von Wissenschaftlern, da er während der Eisenhower-Präsidentschaft im Vorstand der R&D gesessen hatte.

Sarbacher wurde nicht nur von Mitgliedern von Admiral Hillenkoetters und General Vandenbergs Arbeitsgruppe über die UFOs in den

50er Jahren konsultiert, sondern er hatte auch Anteil an General Twinings Entscheidung, alle Roswell-Teile nach Wright Field für eine preliminäre Untersuchung zu bringen, bevor man sie dann auf die verschiedenen Forschungslabors der Armee verteilte. Schon 1950 kommentierte Sarbacher Trümmer: Er wäre sicher, daß die leichten und zähen Materialien von den Regierungslaboratorien sehr sorgfältig untersucht würden. Weil Sarbacher bereits die Roswell-Geschichte kannte, war er selbstverständlich ein Kandidat für den Braintrust der Army R&D.

Wir setzten auch Dr. Wilbert Smith auf die Liste, der in einem Memo vom November 1950 an das Telekommunikationswerk die Regierung Kanadas gedrängt hatte, die Beschaffenheit der außerirdischen Technologie zu untersuchen, die man in der Wüste aus dem abgestürzten außerirdischen Flugapparat geborgen hatte. Der Untersuchungsleiter hieß Vannevar Bush. Dr. Smith, der über die US-Forschungsergebnisse von Sarbacher informiert worden war, meinte, ganz gleich, ob die UFOs nun in unser irdisches Glaubenssystem paßten oder nicht, Tatsache wäre, daß sie vor uns auf dem Tisch lägen. Für ihn sei es von fundamentaler Bedeutung, die in den Objekten enthaltene Technologie auszubeuten. Er bat die Regierung eindringlich, intensive Anstrengungen zu unternehmen, die außerirdische Technologie anzuwenden.

General Trudeau scherzte, daß Dr. Smith, obwohl er wußte, daß wir die Roswell-Technologie gefunden hatten, nicht wirklich wußte, worum es ging. »Ich würde gern sein Gesicht sehen, wenn du deine Aktentasche vor ihm öffnest, Phil«, sagte der General, der daran dachte, wie sein alter Freund schon immer die Einzelheiten über das erfahren wollte, was er selbst 1947 zum Geheimnis erklärt hatte.

Jeder dieser Wissenschaftler hatte während der 50er Jahre Beziehungen zu zahlreichen Waffenschmieden. General Trudeau hatte auch Beziehungen zu Armeelieferanten, die in einem Teil ihrer Produktionsanlagen neue Waffensysteme entwickelten und in einem anderen Teil dieselbe Technologie für Konsumprodukte verwendeten. General Trudeau wollte, daß wir mit diesen Firmen – Bell Labs, IBM, Monsanto, Dow, General Electric und Hughes – über die Liste möglicher technologischer Produkte aus unserer Roswell-Akte sprächen. »Zuerst wirst du unsere Wissenschaftler anrufen«, befahl General Trudeau. »Und machst mit ihnen Gesprächstermine.«

»Wo werden Sie sein, General?« fragte ich.

»Ich werde auch ein paar Reisen unternehmen«, sagte er. »Zuerst zum Generalstabschef, um sicherzustellen, daß wir ein getarntes Budget bekommen, das wir unbedingt brauchen. Und sobald du Rückendeckung von den Wissenschaftlern für die Projekte auf deiner Liste hast, werde ich mit einigen weiteren Personen sprechen.«

»Womit sollen wir anfangen?« fragte ich.

»Was möchtest du?« fragte der General zurück.

»Wir haben schon seit einiger Zeit mit Bildverstärkern gearbeitet«, sagte ich. »Wir haben sogar Geräte in die Hände bekommen, an denen die Deutschen Ende des Krieges arbeiteten.«

»Also gut, warum machst du nicht erst einmal eine Reise nach Fort Belvoir«, sagte der General. »Sie haben seit zehn Jahren ein Nachtsichtgerät in Arbeit, aber es ist nichts im Vergleich zu dem, was du in deiner Akte hast.«

»Also fahre ich zuerst dorthin«, sagte ich.

»Ja, Phil, aber zu allererst ziehst du deine Uniform aus und legst dir einen schmucken Zivilanzug zu«, befahl der General. »Und nimm nicht deinen Dienstwagen.« Er merkte, wie ich die Augenbrauen hob. »Deine Hauptaufgabe besteht darin, ein wichtiges Projekt zu unterstützen«, fuhr der General fort. »Ein Projekt, das schon seit Kriegsende in Gang ist. Sie haben die Grundlagen, aber du wirst ihnen zu einem gewaltigen Vorwärtsschritt verhelfen. Wenn du ihnen die Hilfe gegeben hast, wirst du verschwinden und ich werde hier einen Manager für ein Nachtsichtgerätprojekt bestimmen, damit er sich die Entwicklungen anschaut.«

Ich wollte sein Büro verlassen. »Niemand wird davon etwas erfahren, Phil«, sagte er. »So, wie du dir es vorgestellt hast. Das Roswell-Nachtsichtgerät wird in irgendeinem Kopf in Fort Belvoir einen inspirativen Funken auslösen, und es wird Teil einer Langzeitprojektgeschichte werden. Es wird – wie du – in der Geschichte der Produktentwicklung verschwinden.«

»Ja, Sir«, sagte ich. Mir wurde allmählich klar, wie einsam ich bei dieser Arbeit sein würde.

»Hast du noch einen Anzug, der paßt?« fragte der General. »Ich glaube schon«, antwortete ich. »Vielleicht ist der, den ich im Weißen Haus trug, etwas aus der Mode, aber er wird passen.«

»Viel Glück, Phil«, sagte General Trudeau. »Vergewissere dich, daß niemand weiß, wohin du fährst. Und ich werde sicherstellen, daß du all die Gelder erhältst, die du brauchst.«

Das war der Anfang. Ich salutierte, aber der General hielt mir seine Hand hin, und ich schüttelte sie. In jenem Moment, als jeder seiner Wege ging, war uns beiden klar, von welch großer Tragweite dieser Kampf sein würde. Ein General, der Gelder für sein Entwicklungsbudget besorgte, und ein Oberst, der einen Menschen suchte, der ihm ein harmlos aussehendes (außerirdisches) Augenschild in ein hochwertiges irdisches Nachtsichtgerät verwandeln konnte. Was für ein Paar wir abgegeben haben mögen.

9

Feindliche Absichten und der zweite Kalte Krieg

Das Projekt hatte offiziell begonnen. General Trudeau lief ans Ende des Bürogebäudes zu seinem Boß, um gleich mit dem Auftreiben der Gelder für die neuen Projekte zu beginnen. Und ich fuhr an jenem Abend nach Hause und probierte meinen dreiteiligen Anzug aus der Zeit im Weißen Haus an. Präsident Eisenhower sagte mir einmal, daß er immer einem Mann traue, der eine Weste trage. Das habe ich niemals vergessen. Obwohl es Anlässe gab, bei denen der Präsident mich bat, meine Uniform anzulegen, trug ich in der Regel bei der Arbeit Anzüge. Aber nach meinen Jahren auf der Raketenbasis Red Canyon und mit meiner Kampfuniform in Deutschland verlor ich die Lust, zivile Kleidung zu tragen.

Und nun war es wieder soweit nach all den Jahren, daß ich einen Anzug wie jeder normale Mensch trug, als ich nach Fort Belvoir fuhr – zur vielleicht wichtigsten Militärbasis im ganzen Militärdistrikt von Washington. Fort Belvoir war einer jener Militärposten, wo die irdische Aktivität eines militärischen Alltags eine effektive Tarnung für das bildete, was später als das geheime Leben von Fort Belvoir bekannt werden sollte. Das Fort lag im bequemen 30-Autominuten-Abstand vom Pentagon. Und in diesem Fort führte man einige der geheimsten Forschungen der Armee über die UFO-Technologie durch. In Fort Belvoir lag die Engineering School (Ingenieursschule) der Armee, und man unterhielt dort – interessant für einen ehemaligen Artillerie- und Raketenoffizier wie mich – eine wichtige Datenbank über ballistische Tests und die Entwicklung neuer Waffen. Aber insgeheim war Fort Belvoir auch der Sitz der Signal School, in der Offiziere für den Nationalen Sicherheitsrat in topgeheimen Kryptotechniken ausgebildet wurden. Selbst Jahre nach meiner Pensionierung drangen Geschichten über das

in Fort Belvoir gelagerte Archivmaterial über UFOs nach draußen, unter dem sich Fotos und sogar Filme von militärischen Bergungen abgeschossener außerirdischer Flugobjekte befanden. Aber nur sehr wenige Eingeweihte wußten, daß eine geheime Eliteeinheit der Luftwaffe von Fort Belvoir aus operierte, die für die Bergung abgeschossener UFOs verantwortlich war. Dadurch wurde Fort Belvoir zu einem Lager für unter Verschluß gehaltene UFO-Fotos. Diese Geheimnisse blieben all die Jahre streng bewacht in Fort Belvoir. Für all jene, die nur vermuten konnten, welche Informationen auf der Basis gehütet wurden, blieb Fort Belvoir eine Brutstätte der Legenden, von denen die offizielle militärische Tarnung der UFOs umgeben war.
Ich befand mich nun auf dem Weg dorthin, um über das Nachtsichtprojekt zu sprechen und im Archiv über die deutschen Infrarotsichtgeräte zu recherchieren. Geräte, die von den Nazis versuchsweise bei Nachtgefechten eingesetzt worden waren. Es handelte sich um klobige, schwere Geräte, wodurch die Infanterie in ihrer Mobilität eingeschränkt wurde. Sie waren im Weltkrieg noch nicht effektiv, aber sie enthielten die Zukunftsmusik, Kämpfe auch nachts führen zu können. Unsere Streitkräfte stellten bei Kriegsende alle deutschen Bestände an Nachtsichtgeräten sicher, die auf Waffen montiert oder am Kopf befestigt getragen werden konnten. Als wir jedoch in das abgestürzte Raumschiff in Roswell schauten und diesiges Tageslicht durch die Luken einfallen sahen, wurde uns erst bewußt, welches militärtaugliche Potential in Nachtsichtgeräten stecken konnte. Schon kurz nachdem General Twining das Gefährt nach Wright Field gebracht und seinen ersten Bericht geschrieben hatte, begriffen wir, daß wir in den Augen der EBE ein blinder und hilfloser Feind sein mußten. Diese Wesen kontrollierten unseren Nachthimmel, beobachteten uns mit problemloser Leichtigkeit, die uns technologisch nicht vergönnt war. Erst Jahre später kamen unsere Nachtsichtgeräte zum Einsatz und glichen das militärische Gleichgewicht aus und verbesserten dieses Kräftespiel zwischen uns und ihnen sowie den Sowjets.
Mein gepflegtes tiefblaues Oldsmobile – mit Sicherheit keine Geheimwaffe in Amerikas Arsenal – enthielt eine Beschreibung dieser winzigen Komponenten, die zu einer der effektivsten Waffen im Kalten Krieg beitragen sollten. Guerillaarmeen nutzten den Schutz der Nacht auf ihrem vertrauten Heimatterritorium als taktische Waffe, die es ihnen

erlaubte, die feindlichen Linien zu durchbrechen, ohne bemerkt zu werden. Sie besaßen im Kampfgebiet den Vorteil schier unsichtbar zu sein. Man rüste jedoch eine Patrouille mit Nachtsichtgeräten aus, montiere sie auf Panzer und Aufklärungsfahrzeuge, oder rüste einen Schlachthubschrauber damit aus, der nachts über dem Kampfgebiet steht – und siehe da: Die Nacht wird zum Tage. Der bislang unsichtbare Feind taucht in deinem Visier wie das Wild für einen Jäger auf. Für die EBEs waren wir die Jagdbeute, und wir wußten, sie überwachten unsere Verteidigungsanlagen und schwebten über den Versuchssatelliten, die wir ins All hochschickten. Wir konnten sie auf unserem Radar sehen, ich hatte sie mit eigenen Augen auf unseren Oszilloskopen gesehen. Wir wußten genau, daß ihre Gegenwart nichts Gutes bedeutete. Aber sie waren uns noch zu überlegen. Wir konnten diesen technologischen Vorsprung einfach nicht wettmachen, solange wir nicht die Fähigkeit besaßen, eine ausreichende Verteidigung aufzubauen, um ihre etwaigen Verluste in einem umfassenden Krieg für sie zu einem zu großen Risiko werden zu lassen. Wir waren förmlich gezwungen, bei unseren Begegnungen jedes Quentchen Technologie zu ergattern, das nur möglich war. Und dies war einer der vielen Gründe, die uns Stillschweigen über die Gegenwart der Außerirdischen auferlegte. Wenn es keinen Feind in der Öffentlichkeit gab, dann konnte es auch von seiten der Öffentlichkeit keinen Informationsbedarf geben. Deshalb leugneten wir einfach jede außerirdische Aktivität, denn keine Außerirdischen bedeuteten auch keine militärische Verantwortung. So mußte man offiziell auch keiner Bedrohung begegnen.

Unterdessen jedoch gingen unsere Planungen weiter. Wir schätzten dabei ihre feindlichen Absichten ein und setzten Waffenentwicklungen durch, die ihren technologischen Vorsprung verringern konnten. Allein dieser Bedrohung zu begegnen, wäre auch vom militärischen Potential her betrachtet fast ein Ding der Unmöglichkeit gewesen. Doch erhielten wir keine große Hilfe von unseren alten Gegnern, den Sowjets und Chinesen. Die Sowjets machten kein Hehl aus ihrer Absicht, die Welt mit ihren kommunistischen, revolutionären Coups zu beherrschen und begannen, uns schon herauszufordern, bevor noch der Zweite Weltkrieg endete. 1948 ging der Eiserne Vorhang über Osteuropa nieder, und die Sowjets versuchten, uns eine Appeasementpolitik aufzuzwingen. 1949 vertrieb Mao Tse-tung General Chiang Kai-shek vom Festlandchina auf die Insel Taiwan. Die Vereinigten Staaten hatten somit einen weiteren großen Gegner, der versuchte, seinen Willen seinen asiatischen Nachbarn aufzuzwingen. Einen Vorgeschmack bekamen wir in Korea und in Vietnam, Laos, Thailand und Kambodscha zu spüren. Wir wären beinahe daran erstickt.

Schwere Zeiten, die noch schwerer dadurch wurden, weil das US-Militär wußte, daß nicht nur die freie Welt, sondern die gesamte Weltgemeinschaft der militärischen Bedrohung durch eine Macht ausgesetzt war, die sich stärker als die Sowjetunion und die Volksrepublik China zusammen durchsetzen konnte. Wir wußten zuerst nicht, was die EBEs wollten, aber wir wußten, daß zwischen den Viehverstümmelungen, der Überwachung unserer geheimen Verteidigungsanlagen, Berichten über merkwürdige Entführungen von Menschen und diesen erkennbaren Aktivitäten auf dem Radar gerade bei unseren Raumflügen ein direkter Zusammenhang bestand.

Wir wußten auch, daß die EBEs nicht einfach ein freundlicher Besuch waren, der mal höflich »Guten Tag« sagt. Sie führten Schlimmes im Schilde, und wir ahnten es. Wir konnten anfangs nichts daran ändern, und alles, was wir dagegen zu unternehmen gedachten, mußte unter absoluter Geheimhaltung geschehen, sonst hätte es vielleicht eine weltweite Panik gegeben. Und da erwies sich der Kalte Krieg für uns als eine ungeheure Hilfe, da er uns erlaubte, unsere militärische Bereitschaft in der Öffentlichkeit als Kampf gegen den Kommunismus darzustellen, während wir insgeheim ein Arsenal und eine Strategie aufbauen konnten, um uns gegen die Außerirdischen zu verteidigen. Kurz und gut, der Kalte Krieg, gefährlich genug, diente uns auch als Tarnung, ein planetares Aufspür- und Verteidigungssystem zu entwickeln, das sowohl in das Weltall als auch in den Hinterhof der Sowjetunion reichte. Und die Sowjets reagierten genauso wie wir: Sie schauten nach oben wie auch nach unten. In einer stillschweigend verabredeten, kooperativen Anstrengung versuchten beide, Amerikaner wie Russen, während jeder versuchte, einen Vorteil über den anderen zu gewinnen, die militärische Potenz zu erlangen, sich gegen die Außerirdischen zu verteidigen. Es gab subtile Anzeichen dieser Politik sowohl in der Art von Waffen, die beide Länder entwickelten, als auch in dem Verhalten gegenüber dem anderen, sobald eine Seite in Versuchung kam, auf den berühmten Knopf zu drücken. Ich kann das behaupten, denn ich habe mitgeholfen, den nuklearen Krieg zu verhindern. Die Begründung: Beide Generalstäbe befanden sich in der Lage, einen Rückzieher ohne Gesichtsverlust zu machen, sobald der totale Vernichtungskrieg traurige Realität zu werden drohte. An diesem Abgrund stand die Menschheit viermal zwischen 1945 und 1975. Die Berliner Luftbrücke, die chinesische Invasion in Korea, die kubanische Raketenkrise und der Yom-Kippur-Krieg, um nur ein paar Konflikte dieser Zeit beim Namen zu nennen.

Als Präsident Nixon aus China zurückkehrte und eingewilligt hatte, Vietnam den Kommunisten zu überlassen, war er den Sowjets im Kalten Krieg effektiv in die Flanke gefallen. Im nächsten Jahrzehnt fühlten sich die Sowjets von den USA und den Chinesen in die Zange genommen. Als Präsident Ronald Reagan Michail Gorbatschow vorführte, daß die Vereinigten Staaten eine effektive Anti-Raketen-Raketen-Verteidigung aufgebaut hatten und sowjetische Kooperation wünschte, um sie gegen die Außerirdischen anzuwenden, wurden alle Argumente zur Fortsetzung des Kalten Krieges ad absurdum geführt. Der sowjetische Monolith in Osteuropa und seine osteuropäischen Satellitenstaaten gerieten ins Wanken. Der Kalte Krieg jedoch motivierte beide Supermächte, weiter ihre Verteidigung gegen eine außerirdische Bedrohung aufzubauen, ohne jemals der Öffentlichkeit darüber Rechenschaft abzulegen.

Allein schon eine nur oberflächliche Analyse der weltpolitischen Lage dieser Zeit würde belegen, daß es während des gesamten Kalten Krieges noch eine zweite Agenda gegeben haben muß. Aus welchem Grund verfügten beide Seiten über die zehn- oder zwanzigfache Zahl an Sprengköpfen, die gebraucht wurden, um das nukleare Material und die größeren Bevölkerungszentren des Gegners vollständig auszulöschen? Das Vorhandensein dieses riesigen Raketenarsenals, der gewaltigen Bomberflotten, der U-Boote mit ICBK-Bestückung, über die beide Seiten verfügten, war in der Bedrohung durch die Außerirdischen begründet. Wenn sie entweder die Vereinigten Staaten oder die Sowjetunion angriffen, um ein Arsenal außer Gefecht zu setzen, hatten wir immer noch genügend Raketen, um sie einen so hohen Preis für einen Krieg bezahlen zu lassen, daß es den Versuch gar nicht erst lohnte. Hinter der riesigen militärischen Aufrüstung der 50er und 60er Jahre steckte auch der Plan, einen Teil des Planeten zu opfern, damit der Rest von uns leben könnte.

Diese Aufrüstung befähigte die Vereinigten Staaten und die Sowjetunion, einander einzuschüchtern. Aber dieses Waffenpotential diente den Chefs der militärischen Geheimdienste auch dazu, außerirdische Kulturen einzuschüchtern. Niemand schrieb jemals ein Memo darüber, weil die militärische Drohgebärde während des Kalten Krieges als Tarnung für die geheime Politik gegen die Außerirdischen diente.

Gewiß ging in jenen knapp fünfzig Jahren zwischen 1940 und 1989, bis endlich die Berliner Mauer fiel, auch eine Art sportlicher Wettkampf vonstatten. Jede Seite versuchte, die andere zu höheren Rüstungsausgaben zu stimulieren, um so die Wirtschaft des Gegners zu schwächen. Unser CIA versorgte uns ständig mit Fehleinschätzungen, da er uns mit KGB-Informationen fütterte. Und wir, das weiß ich genau, trieben dasselbe Spiel mit den Sowjets. Aber am Ende stand ein verändertes Denken, das eine gegenseitige Zerstörung in einem Dritten Weltkrieg unmöglich gemacht hatte.

Nun konzentrierte sich unsere Aufmerksamkeit mehr und mehr auf den gemeinsamen Feind: Die Außerirdischen, die sich weigerten zu verschwinden. Es gab subtile und weniger subtile Hinweise während des Kalten Krieges, daß eine geheime Agenda im Spiel war. Viele wußten nur nicht, wo sie suchen sollten. Die es wußten, und es gab genug von ihnen, denen lagen die Antworten klar auf der Hand. Obwohl es eine starke Zensur gab, berichteten damals viele militärische und zivile Quellen über Sichtungen von fliegenden Untertassen. Geschichten von Entführungen erschienen weiterhin, auch wenn vieles sich als eine Ausgeburt der Phantasie herausstellte oder einfach nur ein kompensierter Komplex einer verkorksten Kindheit war. Manche Berichte riefen unter den Mitgliedern der UFO-Arbeitsgruppe großes Erstaunen hervor. Sollte die Regierung nicht einmal Privatleute vor Entführungen durch Außerirdische schützen können, würde das nicht einen Zusammenbruch jeglicher Regierungsautorität bedeuten? Eine berechtigte Sorge, die aber nicht eintraf.

Und überhaupt, falls zu viele fliegende Untertassen von zu vielen Leuten zur gleichen Zeit gesehen wurden, wäre das nicht ein Armutszeugnis für die militärische Stärke der Supermächte, die nicht einmal ihre Bürger schützen könnten? Eine Zeitlang stimmte das, aber die Öffentlichkeit war sich dessen niemals bewußt.

Wir waren sehr bald in der Lage, die Verteidigung unseres Luftraumes zu verbessern, so daß wir viele Staffeln von Abfangjägern gegen die begrenzten Ressourcen der EBEs aufstellen konnten, was für sie zu einer echten Bedrohung wurde. Sie wichen zurück und testeten unsere Verteidigung nur, falls es sicher schien. Folglich verbrauchte der Wettlauf der Supermächte Milliarden von Dollar für den Bau der schnellsten und besten Abfangjäger und hatte tatsächlich einen doppelten Zweck. Wir brauchten alle diese Flugzeuge, weil sie den Supermächten die Alternative einer flexiblen Vergeltungsstrategie gaben, statt sich einfach gegenseitig mit Lenkraketen zu vernichten, aber gleichzeitig entwickelten beide Supermächte ihre Luftverteidigungstechnologie, um den Planeten gegen Außerirdische zu verteidigen.

Die zweite Agenda war ständig vorhanden, und der Kalte Krieg lieferte die Geldmittel, die das Militär benötigte: Wir bauten Flugzeuge, um uns vor den fliegenden Untertassen zu schützen. Und das gelang uns auch ganz konkret. Sowohl die Vereinigten Staaten als auch die UdSSR zeigten sich auch auf einem anderen Gebiet sehr empfindlich, auf dem die Außerirdischen unser militärisches Personal angriffen: Unsere jeweiligen Weltraumforschungsprogramme. Unmittelbar nach Beginn unserer Bemühungen, Satelliten in die Erdumlaufbahn zu schicken, überwachten uns die Außerirdischen, und sie behinderten dann aktiv unsere Trägerraketen. In einigen Fällen versuchten sie, die bemannten und unbemannten Schiffe selbst zur Umkehr zu bewegen, indem sie ihren Funkverkehr störten, elektrische Probleme in den Systemen der Raumschiffe verursachten oder mechanisches Versagen herbeiführten. Amerikanische Astronauten und russische Kosmonauten haben getrennt voneinander so häufig über UFO-Sichtungen berichtet, daß es schon zum Alltag gehörte. Die Audio-Video-Übermittlungen zwischen Raumkapseln und der NASA sind jedoch kodiert, so daß Kommentare zu UFOs, die das Raumschiff beschatten, nicht von Privatleuten mitgehört werden können. Trotzdem werden die Astronauten gesondert instruiert, bis zur Lagebesprechung nach ihrer Landung nichts über UFOs zu berichten.

Astronaut Gordon Cooper zum Beispiel berichtete, daß er noch als Jägerpilot über Deutschland in den 50er Jahren mit anderen Sabre-Düsenjägerpiloten aufstieg, um eine UFO-Formation abzufangen, die über seinem Fliegerhorst kreiste. Aber als sein Geschwader zu nahe kam, flogen die UFOs einfach fort. Cooper filmte auch auf dem Edwards Fliegerhorst in Kalifornien 1957 eine UFO-Landung. Er sagte, daß er den Film nach Washington schickte und später bei den Beamten vom Projekt »Blue Book« nachgefragt hatte, aber nie eine Antwort erhalten hätte. Ähnlich hat der X-15-Pilot Joe Walker enthüllt, daß er 1961, als er einen neuen Fluggeschwindigkeitsrekord aufstellen sollte, bei seinen Flügen in großen Höhen auch die Aufgabe hatte, UFOs zu jagen. Er meldete auch, daß er ein Jahr später während eines X-15-Fluges UFOs gefilmt habe.

Die Astronauten von Mercury 7 behaupteten steif und fest, von UFOs beschattet worden zu sein. Und Neil Armstrong versicherte, er habe eine Basis von Außerirdischen gesehen, als er mit Apollo 11 den Mond überflog und dort landete.

Die NASA gab natürlich nichts von all dem hier zu, und ebenso natürlich wird das Ganze als Angelegenheit mit höchster Geheimhaltungsstufe behandelt. Die Präsenz von Außerirdischen auf dem Mond, ob wahr oder nicht, war 1950 eine Sache von einer solchen militärischen Bedeutung, daß sie beinahe zum Thema vor dem Nationalen Sicherheitsrat hochgepuscht worden wäre, hätten nicht Admiral Hillenkoetter und General Twining sowie Vandenberg die ganze Sache unter die Sicherheitshaube ihrer Arbeitsgruppe gesteckt. Das Thema gelangte so niemals formell vor den Nationalen Sicherheitsrat. Obwohl der Army R&D unter General Trudeaus neuer Führung arbeitete, 1958 beispielsweise an vorläufigen Plänen für Horizon, einem Projekt zum Bau einer Mondbasis, um den Vereinigten Staaten einen militärischen Beobachtungsposten auf der Mondoberfläche zu sichern, geriet nichts an die Öffentlichkeit. Die Fertigstellung sollte sogar laut Planung zwischen 1965 und 1967 erfolgen.

Horizon beinhaltete den Aufbau von Verteidigungsanlagen auf dem Mond, gegen einen Versuch der Sowjets, den Mond als militärische Basis zu nutzen. Außerdem plante man, ein Frühwarnsystem gegen sowjetische Raketenangriffe und, am allerwichtigsten, ein Überwachungs- und Verteidigungssystem gegen die UFOs. Es sollte, offen gesagt, eine Frontlinie im Weltall sein, um die Erde vor einem Überraschungsangriff zu schützen. Aber Horizon wurde auf Eis gelegt, als das Nationale Raum- und Aeronautikgesetz die Kontrolle über die Erforschung des Weltraums der zivilen NASA-Behörde übertrug. Die Waffengattungen wurden effektiv bis in die späten 70er Jahre davon ausgeschaltet und konnten nur ihre eigenen Projekte verfolgen.

Die Ängste vor einem außerirdischen Angriff fanden im Nationalen Sicherheitsrat und in den militärischen Stäben in den 50er Jahren ihre weite Verbreitung. Nachdem General Douglas MacArthur seinen Abschied genommen hatte, führte er einen aufreibenden Kampf, um die Armee dazu zu bringen, sich auf den, wie er glaubte, nächsten großen Krieg vorzubereiten. 1955 sagte er der »New York Times«, daß »die Nationen der Welt sich für den nächsten Krieg zusammenschließen müßten, denn der nächste Kampf dürfte sich zu einem interplanetarischen Krieg auswachsen. Die Nationen der Erde werden eines Tages eine gemeinsame Front gegen einen Angriff von ›Menschen‹ eines anderen Planeten bilden müssen«.

Die Öffentlichkeit nahm kaum Notiz von dieser Erklärung, aber eigentlich kann sie als Enthüllung für militärisch-strategisches Denken um 1950 gelten. Sie macht zum Teil die Paranoia der Regierung in bezug auf alle Informationen über fliegende Untertassen und nicht identifizierbare Flugobjekte plausibel. Die Antwort des Militärs auf das, was es als Bedrohung seitens der Außerirdischen auffaßte, bestand darin, die spezifische Art und Weise herauszufinden, mit der die außerirdischen Raumschiffe »passiv« unsere Verteidigung und weltweite Kommunikation durch elektrische wie magnetische Feldstörungen lahmlegten. Außerdem wurden störunempfindliche Stromkreise entwickelt.

Zweitens untersuchten General Trudeau und seine Kollegen in den anderen Waffengattungen im Pentagon, die sich mit strategischer Planung befaßten, das aggressive Verhalten der EBEs. Sie beschatteten oder überwachten nicht einfach unsere Raumfahrzeuge auf der Erdumlaufbahn; sie behinderten unsere Flüge und verursachten ein solches Chaos in unseren Kommunikationssystemen, daß die NASA mehr als einmal die Sicherheit der Astronauten bei den Mercury- und Gemini-Raumfahrtprogrammen überdenken mußte.

Jahre später gab es bei Armee-Geheimdienst-Analytikern, die nicht zum Strategiekreis der NASA gehörten, sogar Spekulationen, daß das Apollo-Mondlandungsprogramm letztlich deshalb aufgegeben wurde, weil es keine Möglichkeit gab, unsere Astronauten vor möglichen Bedrohungen durch Außerirdische zu schützen.

Die außerirdischen Raumfahrzeuge behinderten auch in aggressiver Weise unsere vordersten Linien in Europa. Sie suchten nach blinden

Flecken und Schwächen oder testeten unser Radar, um zu sehen, wie schnell wir reagierten. Das zumindest glaubte ich, weil ich vor Ort war. Wir konnten Leuchtflecken über unsere Radarschirme huschen sehen, plötzlich verschwanden sie, für uns alle nicht zu identifizieren. Dann kamen sie wieder. Nur diesmal noch näher an unsere Landebahnen oder Raketenabschußrampen.

Nachdem wir uns vergewissert hatten, daß wir nicht von den Sowjets oder Ostdeutschen provoziert wurden, entschieden wir uns manchmal, auf ihre Bedrohungen nicht zu antworten. Oft verschwanden sie dann einfach. Aber dann wieder spielten sie Katz und Maus mit uns, kamen immer näher heran, bis wir antworten mußten. Und darauf warteten sie offensichtlich: Wie schnell konnten wir reagieren, wie schnell erfaßten wir sie mit unserem Zielradar, oder wieviel Zeit brauchten wir, um sie mit unseren Jägern einholen zu können. Aber sobald wir ihnen zu nahe kamen, verschwanden sie aus der Atmosphäre mit Geschwindigkeiten von über 11 000 km/h. Wenn wir sie zu verfolgen suchten, hielten sie uns hin, bis unsere Jäger abdrehen mußten. Unsere einzigen Verteidigungserfolge damals in den 50er und 60er Jahren errangen wir, sobald wir in der Lage waren, unser Suchradar fest auf eine Spur einzustellen. Dann wurde das Zielradar ebenfalls fest eingestellt, wodurch unsere Signale, denen unsere Raketen bis zum Ziel folgten, irgendwie ihre Navigationsfähigkeit beeinträchtigten und ihr Flug unregelmäßig wurde. Hatten wir besonders viel Glück und konnten das Signal weiter verstärken, bevor sie davonflogen, vermochten wir sie sogar abzuschießen. Manchmal landeten wir tatsächlich mit einer Rakete einen Treffer, bevor das UFO entfliehen konnte, wie beispielsweise im Mai 1974 mit einer Bodenluftrakete in der Nähe des Fliegerhorstes Ramstein in Westdeutschland. Das Raumschiff zerschellte in einem Tal. Die Trümmer wurden geborgen und zum Fliegerhorst Nellis in Nevada geflogen.

Den Roswell-Absturz umgab ein anderes Szenario. Das sah folgendermaßen aus: Eine Kombination aus Wüstensturm mit Blitz und Donner und unser hartnäckiges Suchradar in Alamogordo brachten in der Nähe des 509. Fliegerhorstes das außerirdische Raumfahrzeug über der Wüste von New Mexico 1947 herunter. Dann sollte man noch über die vermutlichen Viehverstümmelungen sowie die Entführungen sprechen. Vielleicht handelte es sich um die unmittelbarste Form eines Eingriffs in unsere Kultur, kurz vor einem direkten Angriff auf unsere Militäranlagen.

Unter den Entdeckern dieser außerirdischen, kriminellen Handlungen brachen handfeste Meinungsverschiedenheiten aus. Man glaubte, es wäre eine Mischung aus Jahrmarktschwindel, Angriffen gewöhnlicher Raubtiere, psychologischen Rückerinnerungen an Ereignisse von Kindsmißbrauch oder reine Erfindungen der Medien. Forscher aber meinten, man könne einige der Viehverstümmelungen nicht wegdiskutieren, besonders bei denen anscheinend Laseroperationen durchgeführt worden seien. Psychologen entdeckten alarmierende Übereinstimmungen in den Berichten entführter Personen, die keinerlei Kenntnis von der Geschichte der anderen hatten.

Der militärische Geheimdienst nahm all diese Dinge sehr ernst. Man erarbeitete Beschreibungen dreier getrennter Szenarien, in denen

- die EBEs einfach wissenschaftliche Experimente über irdische Lebensformen durchführten und alle Arten sammelten, die sie finden konnten, ohne allzu großes Aufheben zu machen und uns zu alarmieren;
- die EBEs aktiv Arten sammelten und Experimente durchführten, um festzustellen, ob dieser Planet für sie eine günstige Umgebung zur Besiedlung wäre, irgendwelche Störungen würden sie überhaupt nicht interessieren;
- alle diese Experimente und das Sammeln von Arten nur das Vorspiel für irgendeine Infiltration oder Invasion unseres Planeten wären.

Wir kannten nicht ihre Motive, konnten daher nur das Schlimmste annehmen und mußten uns deshalb verteidigungsbereit halten, so gut es eben ging.

Analytiker des militärischen Geheimdienstes unterstützten die Idee – nicht in der Öffentlichkeit –, daß die Erde bereits irgendeiner Form versuchsweiser Angriffe durch eine oder mehrere außerirdische Kulturen ausgesetzt wäre, die sowohl unsere Fähigkeit als auch unsere Entschlußkraft zur Verteidigung testen wollten. Ohne jemals direkt zu sagen, ob Kontakte zwischen Außerirdischen und irdischen Regierungen bereits stattgefunden hatten – denn die Notizen und Memoranden der Hillenkoetter-Arbeitsgruppe wurden nie an die Stäbe und ihre

Geheimdienstler weitergegeben –, entschieden die Stabschefs kollektiv, daß es besser wäre, für einen Krieg rechtzeitig zu planen, statt sich Überraschungsangriffen auszusetzen. Gleichzeitig kam die Leitung des zivilen Nationalen Weltraumprogramms der NASA zu dem Schluß, daß der militärische Geheimdienst auf das Beschatten und Überfliegen unserer Raumfahrzeuge überreagierte. Die NASA, die alle Berichte über außerirdische Aktivitäten um unsere Raumfahrzeuge als höchst vertraulich behandelt hatte, beschloß nichtsdestoweniger, eine intern offizielle »Abwarten-und-Sehen«-Haltung einzunehmen.

Man glaubte, es wäre unmöglich, ein explizit militärisches Verteidigungsprogramm aufzustellen und gleichzeitig die zivilen wissenschaftlichen Ziele zu erreichen. Folglich beschloß die NASA, sich bedeckt zu halten. Zur Tarnung stimmte die NASA 1961 zu, mit den militärischen Planern zusammenzuarbeiten, um an einem »zweitrangigen« Raumfahrtprogramm mitzuwirken, das nach außen durch zivile wissenschaftliche Missionen gedeckt wird. Man kam auch überein, eine vertrauliche »Hintertür«-Kommunikationsverbindung zum militärischen Geheimdienst herzustellen wegen der feindlichen Aktivitäten von EBEs gegen unsere Raumfahrzeuge, auch wenn es sich nur um Beschattung und Überwachung handelte. Ich wußte davon durch meine Kontakte im militärischen Geheimdienst. Aber die NASA erzählte natürlich dem Militärgeheimdienst nicht, daß sie schon eine noch geheimere »Hintertür«-Verbindung zur Hillenkoetter-Arbeitsgruppe hatte, über die man sie auf dem neuesten Stand über jedes einzelne Auftauchen außerirdischer Fahrzeuge auf dem laufenden hielt, das von Astronauten gesichtet wurde. Das betraf vor allem die ersten Apollo-Flüge, als die EBE-Raumschiffe die Mondraketen auf ihren Flügen behinderten, sobald diese die Atmosphäre durchstoßen hatten. Obwohl der Militärgeheimdienst von dem operativen Kreis zwischen NASA und Arbeitsgruppe ferngehalten wurde, hatten ich und ein paar andere Leute Kontakte zum zivilen Geheimdienst, der uns immer brav informierte.

Die Armee und die Marine konnten sogar mindestens 122 Fotos finden, die von Astronauten auf dem Mond gemacht worden waren und Anzeichen von der Gegenwart Außerirdischer aufwiesen. Es war ein erschreckender Fund und einer von vielen Gründen, weshalb Reagan 1981 so sehr auf seine Weltraumverteidigungsinitiative Wert legte.

U.S. ARMY

1945 in Rom. Major Philip Corso erhält seine Bronzemedaille von Brigadegeneral Brown.

U.S. ARMY

Tokio 1953. Von links: Oberstleutnant Howard Steele Jr., Major Corso, Oberst Kalle Rasmussen, Oberstleutnant John Thames und Oberleutnant Lee Sherman nach einer Ordensverleihung.

AUTHOR'S COLLECTION

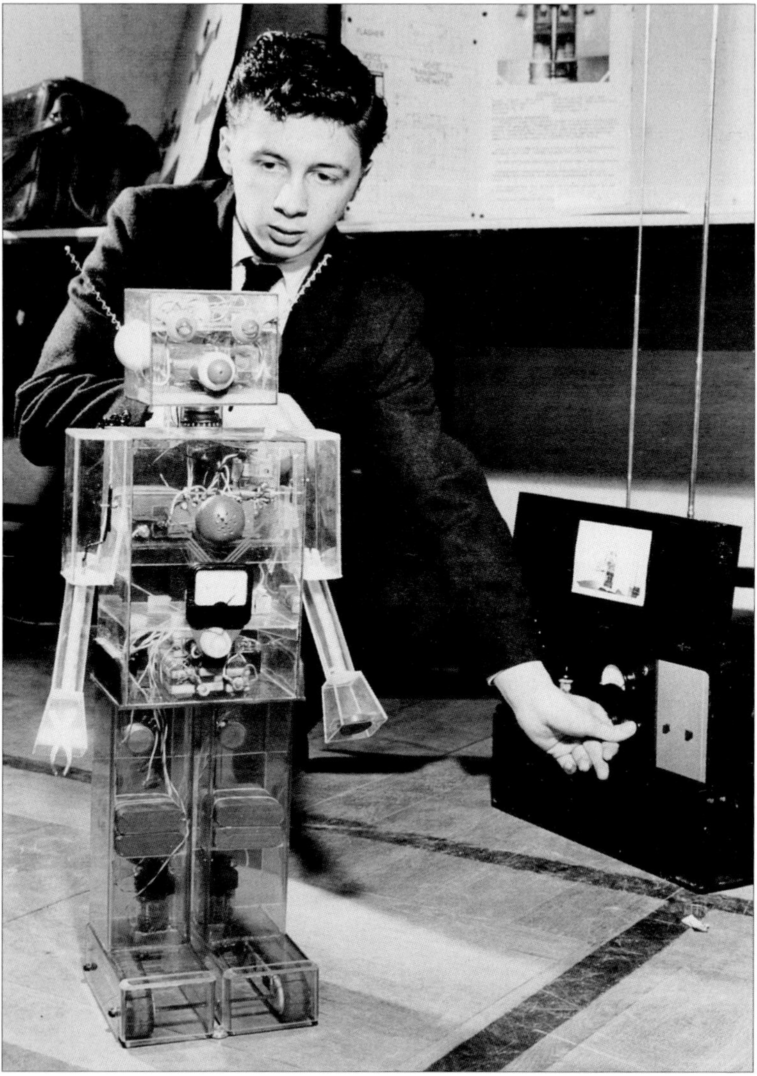

Deutschland 1958. Der 13jährige Philip Corso Jr. führt eines seiner Wissenschaftsprojekte vor: einen selbstgebastelten, ferngesteuerten Roboter, der laufen und sprechen kann. Phils Leidenschaft für elektrische Motoren hält immer noch an.

U.S. ARMY

1960 in Deutschland. Oberstleutnant Corso, Generalinspekteur der 7. Armee (rechts), besucht eine Hubschrauberbasis der Armee.

U.S. ARMY

Oberstleutnant Corso tauscht Formalitäten mit einem der Offiziere der Basis aus.

AUTHOR'S COLLECTION

Von links: Edward O'Connor, Oberstleutnant Corso, Generalleutnant Arthur Trudeau und Victor Fediay im neuen Büro des Generals in Pittsburgh, wo er Präsident der Gulf Oil Research war. Corso, Berater im Stab des Senats für Auswärtige Beziehungen, gab Fediay eine Liste mit Fragen über UFOs, die er den Sowjets in Moskau stellen sollte. Fediay sagte, daß der KGB-General, als er die Liste sah, ihm die Frage stellte: »Wollen Sie etwa, daß ich umgebracht werde?«

NATIONAL ARCHIVES

Aufklärungsfotos vom Mond, die im Rahmen des Projekts »Horizon« aufgenommen wurden, das der Errichtung einer ständigen Militärbasis auf der Mondoberfläche galt.

NATIONAL ARCHIVES

NATIONAL ARCHIVES

Oberstleutnant Corso konnte niemals die Echtheit dieser UFO-Fotos feststellen. Die Fotos befanden sich in den Akten des Armeegeheimdienstes zur Förderung der R&D-Projekte, um die Technologie der Außerirdischen für militärische Zwecke zu nutzen.

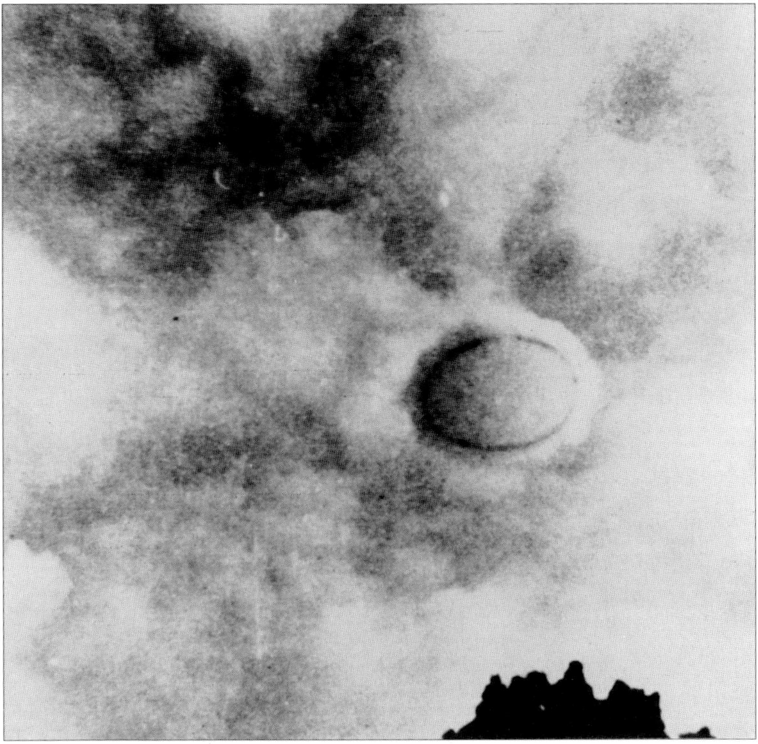

NATIONAL ARCHIVES

NATIONAL ARCHIVES

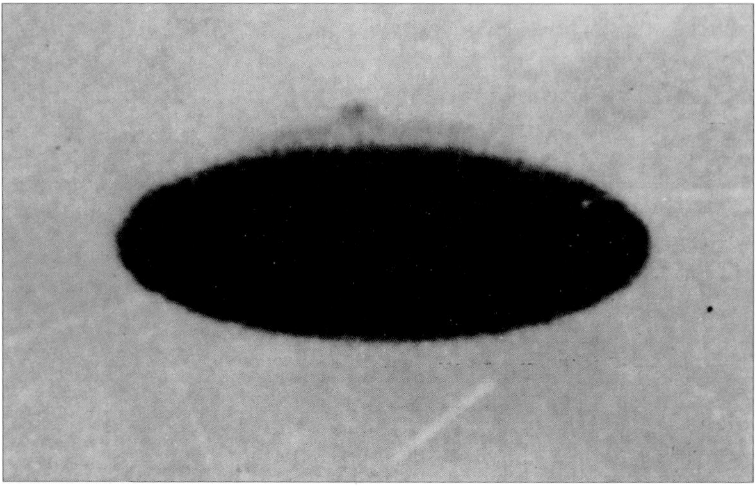

NATIONAL ARCHIVES

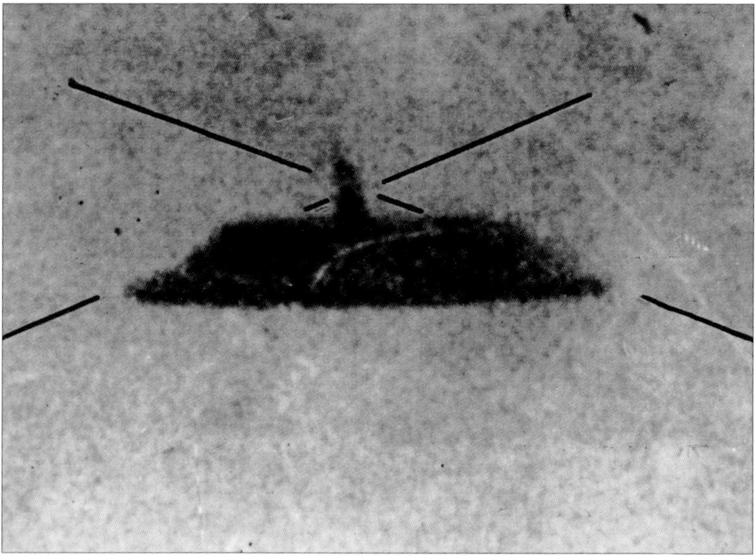

1960, nach vertraulicher Billigung der Arbeitsgruppe und auf Verlangen des Nationalen Sicherheitsrates, der sich über die Verwundbarkeit der U2-Flüge Sorgen machte, zeigte sich die NASA einverstanden, daß einige ihrer zivilen Missionen zur Tarnung für militärische Überwachungssatelliten benutzt wurden. Diese Satelliten, die zwar auch die sowjetischen Interkontinental-Raketen überwachen sollten, hatten vornehmlich die Aufgabe, Aktivitäten von Außerirdischen in abgelegenen Gebieten der Erde auszumachen. 1960 hatten wir noch nicht die Technologie, um ihre Raumschiffe abzufangen. Aber indem wir neue Satellitenüberwachungstechniken anwandten, glaubten wir in der Lage zu sein, Anzeichen außerirdischer Aktivitäten frühzeitig auf der Erde feststellen zu können. Wenn wir es ihnen erschwerten, auf der Erde Basen einzurichten, so spekulierten Planer des Militärgeheimdienstes, dann würden sie vielleicht einfach wegbleiben.

Dies war ein anderes Beispiel dafür, wie die Strategie des Kalten Krieges zu einem doppelten Zweck genutzt wurde: Unter dem Vorwand, sowjetische Aktivitäten zu überwachen, versuchte man auch, die Aktivitäten der Außerirdischen in den Griff zu bekommen. In den 60er Jahren jedoch wurden im Ressort für Ausländische Technologie kritische Projekte begonnen, um lebenswichtige Kommando- und Kontrollsysteme zu schützen, einschließlich der Kommunikations- und Verteidigungscomputer, indem Komponenten »vergraben« wurden, die für elektromagnetische Impulse anfällig waren, dieselbe Art Energie, die durch Atomexplosionen freigesetzt wurde, aber auch von den EBE-Raumschiffen. Unsere Forschung über die Effekte der elektromagnetischen Impulse (EMP) war in der Tat so wichtig, daß seit Ende der 50er Jahre das Verteidigungsministerium EMP simulierte, um festzustellen, wie die Stromkreise in seinen Flugzeugen, Panzern, Raketen und Schiffen geschützt werden konnten.

EMP-Generatoren wurden an einigen Punkten im ganzen Land aufgestellt, beispielsweise bei den Harry Diamond Laboratories in Adelphia, Maryland für die Armee und die EMP Empress I und II Simulatoren für die Marine inmitten der Chesapeake Bay und am China Lake in Kalifornien. Die Luftwaffe stellte EMP Simulatoren auf dem Kirkland Fliegerhorst in New Mexico auf und die Armee zusätzliche Generatoren in White Sands, New Mexico und am Redstone Arsenal in Alabama.

Aber heute hatte ich die Nachtsichtgeräte im Kopf, als ich an den Wachen vorbei den Haupteingang von Fort Belvoir passieren konnte. Von einem Armeespezialisten, der überrascht schien, mich nicht in Uniform zu sehen, wurde ich zum Flügel der Entwicklungslaboratorien begleitet.

»Oberst Corso«, begrüßte mich Dr. Paul Fredericks, technischer Berater für die Entwicklung von Nachtsichtgeräten freundlich, indem er mir die Hand entgegenstreckte und mich zu seinem berühmten tabakfarbenen Ledersessel führte. Eigentlich war der Sessel für sein Büro etwa zu groß geraten, doch offenbar Fredericks Lieblingsplatz. Ich wußte die Ehre zu schätzen, auf ihm Platz nehmen zu dürfen.

»General Trudeau hat mir erzählt, daß Sie uns bemerkenswerte Informationen über eines der Projekte, die wir hier in der Entwicklung haben, bringen.«

»Ich hoffe, es wird für Sie hilfreich sein, Dr. Fredericks«, begann ich. »Ich bin kein Physiker, aber ich glaube, wir haben hier etwas, das die Forschungszeit erheblich verkürzt und neue Möglichkeiten eröffnen könnte.«

»Wir nehmen alles, was uns weiterbringt, Oberst, alles«, sagte er neugierig geworden, als ich meine Aktentasche öffnete und den Inhalt ausbreitete.

10

Das U2-Programm und das Projekt »Corona«

Spione im All

»Natürlich hat General Trudeau bereits Don und das ganze Entwicklungsteam hier kontaktiert«, fuhr Dr. Fredericks fort, als er zuschaute, wie ich die Akte über das Nachtsichtgerät öffnete. »Und mir ist klar, welcher Art das Material ist. Es ist etwas, worüber wir nicht am Telefon reden wollten.«

»Ich weiß zu schätzen, daß Sie verschwiegen sind, Dr. Fredericks«, sagte ich. »Wenn Sie glauben, daß das, was ich Ihnen zeigen werde, Ihnen bei der Entwicklung der Geräte helfen kann, dann gehört es Ihnen. Aber es bleibt abgemacht, daß alles hier in Fort Belvoir entwickelt wird. R&D wird lediglich dafür sorgen, daß Sie die nötigen Gelder bekommen, um das Projekt zu entwickeln. Zur Herstellung verwenden Sie dann Ihre eigenen Mittel, und Sie tragen die Verantwortung für die ganze Unternehmung.«

»Und diese Unterhaltung?« fragte Dr. Fredericks.

»Sobald Sie mir gesagt haben, daß Sie es verwenden können, was ich gebracht habe, und wir das Geld bekommen haben, das Sie verlangen«, begann ich, »hat diese Unterhaltung nie stattgefunden und Sie werden meinen Namen aus Ihrem Terminkalender streichen.«

»Nun haben Sie wirklich meine volle Aufmerksamkeit«, sagte er mit einem Hauch Sarkasmus, als ob er so etwas schon Hunderte Male erlebt hatte. »Was haben Sie da in der Tasche, was so geheim ist?«

Und schon hielt ich ihm die erste Zeichnung hin, die von der Armee 1947 von dem Nachtsichtgerät gemacht worden ist, das aus dem abgestürzten Flugzeug bei Roswell geholt worden war. Ich reichte sie Dr. Fredericks über den Tisch, der sie anschaute und mit den Fingerspitzen wendete, als hätte er eine Schriftrolle vom Toten Meer in der Hand.

»Sie müssen damit nicht so vorsichtig umgehen, Dr. Fredericks, ich habe etliche Kopien davon«, sagte ich.

»Haben Sie das Gerät selbst?« fragte er.

»Ja, im Pentagon.«

»Wer hat das getragen?« fuhr er fort.

»Zum Zeitpunkt des Auffindens niemand«, sagte ich ihm. »Laut den Berichten wurde es im Sand gefunden in der Nähe einer der Leichen.«

»Leichen? Beim Roswell-Absturz?« Jetzt schaute er völlig ungläubig. »General Trudeau hat niemandem etwas von Leichen erzählt.«

»Ja, das stimmt,« erwiderte ich. »Das ist eine Information, die wir freigeben. General Trudeau hat mich beauftragt, alle Fragen, die Sie stellen, bis zu einer gewissen Sicherheitsstufe zu beantworten.«

»So weit sind wir noch nicht«, antwortete er gleichzeitig fragend und feststellend.

»Aber ziemlich dicht dran«, deutete ich an. »Ich darf über das Gerät reden, darüber, wo wir es gefunden haben, aber über mehr auch nicht. Wenn General Trudeau mich autorisiert, Hintergrundinformationen zu liefern, dann kann ich noch weiter gehen.«

»Komisch, aber ich habe immer geglaubt, daß Roswell irgendeine Legende ist. Sie wissen: Man glaubt schon, daß man etwas gefunden hat, es aber vielleicht doch unseren sowjetischen Freunden gehörte«, meinte Dr. Fredericks. Dann fragte er noch, ob irgend jemand bei der Roswell-Bergung beobachten konnte, wie so ein Wesen das Ding getragen habe.

»Nein«, sagte ich. »Es gab nur eine Menge Sachen, die aus dem Flugobjekt gefallen waren. Die Soldaten der Bergungseinheit hatten durch einen Spalt geschaut, der entlang der Längsachse des Flugobjekts aufgebrochen war, und sie hatten Luken in der Ummantelung entdeckt. Besonders überrascht waren sie, daß sie Tageslicht sahen, als sie durch die Luken schauten, so ein grünliches, etwas diffuses Licht, das wie Dämmerung aussah, obwohl es draußen noch vollständig dunkel war.«

Dr. Fredericks rutschte jetzt an den Rand seines Stuhls.

»Niemand am Bergungsplatz hatte eine Ahnung über die Nachtsichtgeräte, die von den Deutschen während des Krieges entwickelt worden waren«, erklärte ich. »Selbst die Offiziere zeigten sich überrascht über das, was sie sahen. Als sie auf dem 509. eine Autopsie vornahmen und den Wesen diese »Augenstücke« – ich kann sie nur so nennen – abnahmen, merkten sie, daß es komplizierte Reflektoren waren, die alles vorhandene Licht auffingen und das Gerät zu einem Verstärker von Nachtbildern machten«, fuhr ich fort und deutete dabei auf die Skizze in der Hand von Dr. Fredericks. »Irgendein Mediziner hat einen abgedunkelten Korridor damit angeschaut, und da wurden alle Dinge deutlich sichtbar. Aber sonst wurde damit nicht weiter experimentiert, und alles zusammen mit den Überresten der Außerirdischen wurde einfach weggepackt.«

»Stellte man später irgendwelche Analysen damit an?« fragte Fredericks neugierig.

»Einige«, berichtete ich. »Aber auf dem 509. hatten sie nicht die rechten Möglichkeiten dafür. Man mußte warten, bis es nach Wright geschickt wurde. Erst, als die Geheimdienstler auf dem Air Materiel Command es in die Hände bekamen, merkte man, daß es etwas war, was die Deutschen schon verwenden wollten.«

»Aber dies hier ist viel weiterentwickelt«, sinnierte Dr. Fredericks. »Die Deutschen gelangten noch nicht einmal in der Nähe dieser Qualität von etwas wie dem Teil hier.«

»Genau, Sir«, sagte ich bestätigend. »Nicht einmal in die Nähe. Und das ist es, was die Geheimdienstler in Wright so beunruhigte. Wie nahe dran waren die Deutschen, als der Krieg zu Ende ging? Was hatten sie noch in die Hände bekommen? Hatten sie Hilfe?«

»Oder«, sagt Dr. Fredericks ganz langsam, nachdenkend, »hatten sie vielleicht auch ein solches Ding wie wir hier?«

»Genau, das ist die Frage, Dr. Fredericks«, antwortete ich. »Was haben sie gefunden?«

»Und wie bekamen die Deutschen es in ihre Hände, und was ist dann überhaupt mit den Sowjets?« fragte er zögernd. Aber jetzt sprach er eigentlich mehr zu sich selbst. Jedenfalls klang es so, als würde er nur laut denken. »Und warum dann nicht die Chinesen oder unsere europäischen Alliierten auch? Wieviel von dem Zeug gibt es eigentlich?« fragte er mich abrupt.

»Wir haben auf dies alles keine klaren, konkreten Antworten«, mußte ich zugeben. »Zumindest wir in der Armee nicht. Aus einleuchtenden Gründen läuft niemand herum, um Informationen auszutauschen, weder unter den Geheimdienstlern noch bei anderen Regierungsstellen. Wir haben, was wir haben, und mehr können wir nicht bieten.«

»Und Sie möchten nicht, daß ich darüber rede oder nach weiteren Informationen Ausschau halte?« fragte er.

»Falls wir geglaubt hätten, Sie tun so etwas, dann säße ich gar nicht hier«, antwortete ich lächelnd. »Ich habe alle Berichte hier und die Beschreibungen von dem Gerät. Ich lasse sie Ihnen da. Wenn Sie meinen, Sie könnten diese in Ihre Entwicklungen einarbeiten, kann ich das Gerät auch herschicken, und dann sind wir es endgültig los. Verwenden Sie es dort, wo immer Sie es für richtig halten. Bieten Sie Ihren Vertragspartnern in den Streitkräften an, es zu patentieren. Nur erzählen Sie niemals, woher Sie es haben oder welchen Ursprung das Gerät haben könnte. Wir haben nichts dagegen, ganz gleich, wer am Ende mit Ihnen einen Vertrag über Nachtsichtgeräte abschließt, um sie bauen. Der kann auch seinen Namen draufsetzen. Wir wollen nur, daß das Ding entwickelt wird. Das ist alles.«

»Gestatten Sie?« fragte Dr. Fredericks und langte nach dem Bericht, den ich auf der Sessellehne ausgebreitet hatte.

Ich gab ihm den Rest des Packens, und er blätterte alle noch mal durch, als wäre er ein Professor, der gerade eine Abschlußarbeit anschaute. Er summte, brummte und nickte bestätigend bei jeder Seite.

»Der Bericht gibt mehr Auskunft darüber, wie sie den Außerirdischen in Wright Field behandelten, als über die Augenstücke selbst«, unterbrach ich sein Lesen. »Eigentlich hatten die keine Ahnung, wie das Ding funktionierte und auseinandernehmen wollten sie es auch nicht.«

»Sie warfen es also einfach zu all dem andern?« fragte er etwas spitz.

»Genauso ist das passiert«, erwiderte ich achselzuckend. »Erstens wußten sie nicht, wie es funktioniert. Zweitens dachten sie vielleicht auch, es würde Menschen blind machen oder so etwas ähnliches. Sie hatten ziemliche Angst. Nach einer Weile ließ man es einfach in irgendeiner Ecke liegen. Sie hofften, es würde ihnen jemand abnehmen.«

»Und das waren Sie?« meinte Dr. Fredericks.

»Nein, Sir, wenn Sie es wollen«, sagte ich ihm.

»Ich muß dieses Material gründlicher lesen und überlegen, an welcher Stelle wir dieses Nachtsichtding in das Projekt einbauen können, um keinen Bruch in unserer Informationspolitik zu verursachen«, erklärte Dr. Fredericks bestimmt.

»Wird das schwer werden?« fragte ich.

»In Fort Belvoir«, antwortete er, »wird den Teams gesagt, daß sie ihre Gedanken für sich behalten sollen. Wenn Sie denen mitteilen, es handle sich um ein Stück ausländischer Technologie, das unser Geheimdienst aus irgendeinem Land herausgeholt hat, und daß wir es in irgendeines unserer Projekte einbinden sollen, dann war es das.«

»Niemand stellt hier unliebsame Fragen?« drängte ich zweifelnd.

»Kein Mensch. Sie können sich darauf verlassen«, bekräftigte Dr. Fredericks und fuhr fort: »Allerdings würde alles etwas schneller gehen, falls wir das Geld für ein Sofortentwicklungsprogramm hätten, und wir eine Deadline für das fertige Produkt einrichten könnten.«

»Was passiert dann?« fragte ich hellwach.

»Na, es ist eben wie in der Werkstatt vom Weihnachtsmann in der Vorweihnachtszeit. Keine seiner fleißigen Feen schaut von ihrer Arbeit auf, bis alles fertig ist. Dann kommt das nächste Projekt, und das alte ist schon vergessen. Wenden die Truppen das Ding erst einmal erfolgreich im Feld an, dann wird das Nachtsichtgerät nur noch eine glückliche Erinnerung sein, deren Details umgeschrieben werden, um in die Geschichtsauffassung zu passen, die im Augenblick gefragt ist. Niemand wird jemals etwas ahnen, Oberst Corso«, beruhigte er mich. »Von dem Augenblick an, an dem Sie uns das Material aushändigen, kommt es in die Entwicklungseintopf in Fort Belvoir, und am anderen Ende kommt es als Waffe fürs Feld heraus.«

Ich stand auf und schloß zufrieden meine Aktentasche. Dr. Fredericks kam um den Tisch eilfertig herum und fragte interessiert: »Was werden Sie also General Trudeau empfehlen?«

»Ich möchte ihm vorschlagen, daß wir Ihnen das Teil schicken. Sie geben an, wieviel Mittel Sie benötigen werden, und General Trudeau wird für den Zuschlag sorgen«, antwortete ich.

»Und Sie?« fragte Dr. Fredericks.

»Es war mir ein außerordentliches Vergnügen, Sie zu treffen, Dr. Fredericks«, lächelte ich zufrieden. »Ehe ich es vergesse, natürlich wird es im R&D einen Verbindungsmann geben, der offiziell für die Entwicklung des Nachtsichtgerätes zuständig sein wird. Er wird General Trudeau Bericht erstatten, und alles, was ich wiederum davon wissen muß, erfahre ich vom General. Ich bin schon richtig gespannt auf die Berichte über den Fortgang ihrer Arbeit. Meinen Glückwunsch zu Ihrer neuen technologischen Errungenschaft. Und Glückwunsch für die Firma, die diesen Verteidigungsauftrag bekommt.«

»Glückwunsch, kann man wohl sagen«, meinte Dr. Fredericks nachdenklich.

Wir schüttelten uns die Hände, und er begleitete mich aus seinem Büro. Eine Sekunde lang schien es mir, als käme man aus der Irrealität in die Realität zurück. Eben hatten wir etwas von unserem Roswell-Material in die militärpolitische Wirklichkeit überführt, ein Stück Geschichte geschaffen. Die Techniker in Fort Belvoir würden von ihren Beratern ein Gerät in die Hand bekommen mit dem Hinweis, daß es von einem unserer Feinde »entliehen« worden sei. Aber keine Fragen! Das war jedoch genau das, was die Laborleute in Fort Belvoir wollten: Sehen, wie das fertige Produkt aussehen könnte. Wären sie in der Lage, einen Plan für eine Art Rekonstruktion zu erstellen? Gibt es eine Firma, mit der zusammen sie bereits ein Nachtsichtgerät entwickeln? Und innerhalb weniger Monate würde irgendeine Firma, welche auch immer, einen fertigen Plan besitzen, ein Budget für die Produktion und eine neue Identität für das seltsam aussehende Augenstück, das ich in meiner Roswell-Akte entdeckt hatte. Es mochte vier oder fünf Jahre dauern, doch wenn es irgendwann vom Fließband rollen würde, irgendwo in Pennsylvania, Maryland, Ohio oder sonstwo, dann würde »Made in USA« draufstehen, und ich würde in den Zeitungen darüber lesen oder das Ding im Fernsehen sehen.

Das Nachtsichtgerät, das erste Projekt, das wir während meines ersten Amtsjahres in der Ausländischen Technologie »aussäten«. Dies ließ sich allerdings leichter unterbringen, als die meisten anderen Dinge, allein wegen der Geschichte der deutschen Entwicklung während des Krieges und wegen der Forschungsarbeit, die bereits in den 50er Jahren stattgefunden hatten.

Zu dem Zeitpunkt, als ich das Gerät nach Fort Belvoir brachte, paßte es wunderbar in ein bestehendes Entwicklungsprogramm, eine geradezu perfekte Tarnung für die Roswell-Technologie. Den einzigen Haken an der Geschichte, den jemand beim Zurückverfolgen entdecken könnte, wäre eine gewisse auffällige Beschleunigung des Entwicklungsprogrammes kurz nach 1961. Das Nachtsichtgerät wurde mit erheblich mehr Mitteln ausgestattet. General Trudeau ernannte einen neuen Mann für das Projekt. Sein Name tauchte regelmäßig im Zusammenhang mit der wohlwollenden Unterstützung des Programms auf. 1963, als der General und ich nicht mehr im Pentagon arbeiteten, lag das Projekt in den Händen von Martin Marietta Electronics – jetzt zu Lockheed Martin gehörig – und bereits auf dem Weg zum ersten Einsatz, der in Europa und Vietnam geschehen sollte.

Aber das wußte ich nicht, als ich durch das Tor von Fort Belvoir fuhr, zurück in mein Büro im Pentagon. Ich fühlte mich zufrieden, da es so aussah, als hätten wir erfolgreich unser erstes dieser »Ausländischen Technologieprojekte« in einem bereits laufenden Entwicklungsprojekt gut getarnt untergebracht.

Ich fuhr nordwärts, den Potomac entlang und durch die grünen Wälder von Fairfax County, Virginia, zurück an meinen Schreibtisch, auf dem sich bald andere Projekte häufen sollten, die ebenfalls untergebracht werden mußten. Eines davon, das parallel zum Nachtsichtgerät lief, das »Projekt Corona«, beruhte auf einer Idee, die plötzlich sehr akut geworden war durch den Abschuß eines U2-Aufklärungsflugzeuges und die Gefangennahme seines Piloten Francis Gary Powers.

Unter Eisenhower führten Luftwaffe und CIA gemeinsam eine Weile das U2-Programm durch. Die Berichte und Fotos darüber gingen routinemäßig über meinen Tisch im Nationalen Sicherheitsrat. Wie so viele andere Dinge während des Kalten Krieges hatte die U2 nicht nur die Aufgabe, die Sowjetunion und ihr Lenkraketenprogramm zu überwachen. Sie hatte eine dreifache Aufgabe. Natürlich wollten wir schon genau wissen, was die Sowjets vorhatten, aber wir wollten auch den Stand ihrer Luftverteidigung testen. Wir wollten wissen, wie genau ihr Radar unsere U2 aufspüren und ob irgendeine ihrer Raketen sie abschießen konnte. Wir provozierten die Sowjets also absichtlich, indem wir sie unsere Präsenz in der Luft spüren ließen, denn wir wollten, daß sie auf uns schießen. Konnten sie uns abschießen? Kameras in der U2 filmten den Abschuß der Bodenluftraketen, als unser Flugzeug ihre geheimen Anlagen überflog. Die Sowjets mußten entweder reagieren oder uns die Kontrolle über ihren Luftraum überlassen.

Wir ließen uns mit ihnen auf eine Art sportlichen Wettkampf ein, erprobten ihre Verteidigung, opferten bewußt Piloten. Denn falls ihre Flugzeuge abgeschossen wurden, besaßen sie keine Chance. Wir stritten immer alles ab, selbst als Chruschtschow Eisenhower anschrie, daß das U2-Programm ihn selbst im Kreml gefährde.

»Wir können miteinander ins Geschäft kommen«, sagte der Generalsekretär der KPdSU zu Ike, »aber nicht, wenn Sie mich aus dem Amt zwingen.«

Präsident Eisenhower liebte dieses U2-Programm nicht, vor allem belastete ihn das Risiko, dem die amerikanischen Piloten ausgesetzt wurden. So mußte er sich dem zweiten Programmpunkt nationaler Verteidigung – neben der Überwachung – fügen: Der fortgesetzten Suche nach Beweisen für Landungen oder Abstürze außerirdischer Flugzeuge innerhalb des Territoriums der riesigen Sowjetunion.

Wir wollten auch herausfinden, ob die Sowjets irgendwelche Technologien außerirdischer Maschinen für sich ausnutzten. Das machte das U2-Programm zu wertvoll, um es aufzugeben, solange wir keine Alternative dazu hatten. Und die entsprechende Alternative ließ nicht mehr lange auf sich warten. Obwohl es ein Programm der Luftwaffe und nicht der Armee war, gehörte dieses Gemeinschaftsprogramm allen staatlichen Institutionen wie Geheimdiensten und Nationalem Sicherheitsrat sowie dem CIA-Apparat. Und diese Alternative befand sich bereits bei Lockheed in der Entwicklung, in einer Abteilung, die »skunk works« genannt wurde.

Unsere U2-Flüge zur Provokation der Sowjets erwiesen sich als zu risikoreich. Wir wußten genau, wir würden letztlich irgendwann Piloten und Flugzeuge verlieren. Aus diesem Grund begann der Nationale Sicherheitsrat 1957, meinem letzten Dienstjahr im Weißen Haus, intensiv nach einer sichereren Überwachungsmethode Ausschau zu halten. Der Geheimdienst beschloß, orbitale Satellitenfotos von sowjetischen Installationen zu schießen, aber nur, wenn man so ein Ding auf eine Umlaufbahn bekäme, das zuverlässig wäre. Die Sowjets sollten auch nicht erfahren, daß wir die Erdatmosphäre zur Überwachung nutzen wollten, denn wir beabsichtigten nicht, sie zu ermutigen, unsere Satelliten zu jagen. Der Trick bestand darin, bei vollständiger Geheimhaltung einen Satelliten ins All zu schießen. Aber wie sollte man das bewerkstelligen, da die ganze Welt doch so scharf aufpaßte?

Armee und Luftwaffe hatten eine Idee. Die Firma Lockheed hatte bereits bewiesen, daß sie ein Überwachungsflugzeug bauen konnte, die U2 und später die SR71, abseits vom öffentlichen Interesse, und daß sie die Testflüge ohne allzu große Einmischung durch Senatskomitees und ohne Medienrummel durchführen konnte. Wäre es für Lockheed möglich, das gleiche mit einem Satelliten durchzuführen? Und, falls ja, würden dann die Spionagefotos des Satelliten ebenso zuverlässig sein wie die von der U2?

In der Regel hätte ich in so einem Fall gesagt: Jungs bringt euren Satelliten auf die Umlaufbahn, macht, was ihr wollt, denn was das Heer anpackte, hatte Hand und Fuß. Jedoch wurden sowohl die Armee als auch die Luftwaffe gegen Ende der Eisenhower-Ära aus dem Satellitengeschäft gedrängt, und zwar durch die zivile NASA (National Aeronautics and Space Agency = Nationales Aeronautik- und Raumfahrtamt), wo alle Gelder und Mittel in ein Sofortprogramm gesteckt wurden, um Satelliten ins Weltall zu transportieren und aller Welt Flagge zu zeigen.

Die Sowjets hatten uns anfänglich mit dem Sputnik die Show gestohlen, und die fehlgeschlagenen Raketenversuche der Armee und der Luftwaffe machten alles noch viel schlimmer. Wie ich aus zuverlässiger Quelle erfuhr, als die »New York Daily News« die ganzseitige Schlagzeile »Oh Dear« veröffentlichte, war die Corporal nur ein paar Zentimeter zu hoch gestiegen, sackte zurück und zerbarst in tausend Stücke. Niemand auf der ganzen Welt hat damals lauter gelacht als Nikita Chruschtschow.

Nach weiteren Fehlstarts gab der Nationale Sicherheitsrat Eisenhower den Rat, das Handtuch zu werfen. Alle nationalen wissenschaftlichen Ressourcen sollten zusammengefaßt werden und der US-Wettlauf ins All unbedingt von einem zivilen Amt geleitet werden. Die militärischen Geheimdienste, die alle an derselben Technologie teilweise konkurrierend beteiligt waren, mußten zurücktreten und zuschauen, wie die NASA in den Ring stieg.

Die NASA konnte unmittelbare Erfolge verzeichnen, und noch vor dem Ende der Eisenhower-Amtsperiode 1960 hatte sie Satelliten in die Erdumlaufbahn gebracht und damit begonnen, Tiere auf Orbital-Flüge zu schicken. Alles sehr viel weiterreichende Experimente als die kläglichen Versuche der Armee mit kleinen Primaten in V2-Raketen auf Alamogordo Ende der 40er und Anfang der 50er Jahre.

Als die Geheimdienste von Luftwaffe und Armee sich die Erfolge der NASA-Satelliten anschauten und gleichzeitig die zunehmende Verwundbarkeit ihrer U2-Flüge hinnehmen mußten, da sahen sie nur noch einen Ausweg aus ihrem Dilemma: ein sicheres Überwachungsprogramm.

Als die NASA mit ihrem Discoverer-Programm begann und eine Nutzlast auf eine niedrige Erdumlaufbahn schickte und sie wieder zurückholen konnte, glaubten die militärischen Geheimdienste eine Lösung zu sehen. Sobald es gelänge, irgendwie einen effektiven Spionagesatelliten zu bauen, der klein genug wäre, um in den sehr engen Raum einer Nutzlastkapsel der Discoverer zu passen, dann das Überwachungsgerät auf der Erde wieder zu entnehmen, verfügte man endlich über eine gut getarnte Überwachung. Wenn der Orbiter zur Erde zurückgekehrt ist und das ganze militärische Spähprogramm in ein ziviles wissenschaftliches Forschungsprogramm eingebaut ist, das von allen Seiten entsprechende Vorschußlorbeeren erhält, müßte nur die militärische Nutzung verborgen bleiben und die Interessen aller Seiten wären zufriedengestellt.

Wir wußten, daß die Sowjets sehr schnell über das Programm Bescheid wissen würden, aber das wäre gar nicht so schlecht. Wir argumentierten, es gäbe keine Möglichkeit, angesichts der Durchdringung des CIA durch den KGB, das Programm absolut geheimzuhalten. Wüßten die Sowjets jedoch, daß wir in der Lage wären, sie zu überwachen, könnte sie das zur Offenheit zwingen. Und Chruschtschow würde sich keine Sorgen mehr über unsere Verletzungen seines Luftraums machen müssen, was ihn aus einer delikaten Situation im Kreml befreien würde, wofür er uns dankbar sein müßte. Wir brauchten den gesamten Komplex nur von der Öffentlichkeit fernzuhalten und wären aus dem Schneider. Das ganze Programm hing davon ab, ob wir das, was von nun an »Corona« genannt wurde, in das bestehende Discoverer-Programm ohne geringstes Aufsehen einbauen könnten. Die Sowjets würden dann nicht protestieren, und wir hätten hervorragende Spionagefotos. Als Anreiz luden wir die Sowjetunion ein, sich am Corona-Programm zu beteiligen, um ihre geheimen Freunde im CIA davon abzuhalten, die Story an befreundete Journalisten weiterzugeben und dadurch die Tarnung der ganzen Operation zu gefährden.

Der militärische Nachrichtendienst ließ, mit ausdrücklicher Billigung Eisenhowers und des Nationalen Sicherheitsrates (NSC), die Kollegen des Sowjetmilitärs wissen, daß wir alle durch »Corona« gewonnenen Erkenntnisse über die Anwesenheit von Außerirdischen auf sowjetischem Territorium an sie weitergeben würden. Was sie dann damit machten, wäre nicht unsere Sache. Und die sowjetischen Militärs zeigten sich mehr als dankbar. Diese professionellen Militärs trauten den Kommissaren der Kommunistischen Partei nicht über den Weg und haßten es, unter ihrer Fuchtel zu stehen. Aus diesem Grund war es möglich, die russischen Militärs über außerirdische Aktivitäten auf ihrem Territorium zu informieren und dennoch keine Informationen an die Partei weiterzugeben. Es gab einen tiefen Riß in der sowjetischen Führung zwischen der Kommunistischen Partei und den Militärs.

Unser Köder funktionierte, und der KGB arrangierte sich mit dem CIA. Ich war überrascht, wie effektiv beide zusammenarbeiteten. Jetzt lag es bei der Luftwaffe und der Abteilung »skunk works« bei Lockheed, den Corona-Überwachungssatelliten zu bauen und das Gerät in die Discoverer-Rakete einzubauen, direkt unter den Augen der amerikanischen Presse. Eine der trickreichsten Operationen des Kalten Krieges begann, weil die Russen wußten, was wir taten, die NASA das Ganze ermöglichte, aber die amerikanische Presse, die jeder Information über das Raumfahrtprogramm nachhechtete, vollständig im dunkeln tappte. Falls notwendig, sollten wir sie anlügen, ihnen Tarngeschichten erzählen, sie in dem Glauben lassen, alle Amerikaner würden nur an eines denken: an den kleinen Affen, der in das Weltall geschickt wurde, und einen passenden kleinen Helm trug.

Und uns blieb nicht viel Zeit dafür, weil wir wußten, daß die Sowjets versuchten, Eisenhower am Ende seiner Amtszeit durch den Abschuß einer unserer bemannten U2-Maschinen zu brüskieren. Wir befanden uns nun mit den Sowjets in einem Wettrennen gegen die Uhr, die U2 durch Corona zu ersetzen.

Eine der Ironien des Kalten Krieges: Die Konstrukteure bei Lockheed bauten die Satellitenkamera, die genau in die Nutzlastkegel der Discoverer-Kapsel hineinpaßte. Sie arbeiteten unter brutalem Zeitdruck, weil Präsident Eisenhower auf den Nationalen Sicherheitsrat Druck ausübte, die U2-Flüge vollständig einzustellen. Der alte General wußte, es wäre nur noch eine Frage der Zeit, bis die Sowjets einen amerikanischen Piloten lebend fangen würden, ihm ein Geständnis entlocken und vor die Fernsehkameras bringen würden, um die Vereinigten Staaten zu demütigen. Eisenhower war ein Ehrenmann, der zu seinem Wort stand, und Politiker verabscheute, weil sie immer die nützlichste Lösung suchten, nicht die sauberste.

Als Chruschtschow sich jedoch über die U2-Flüge beschwerte, leugnete Eisenhower stets, sie befohlen zu haben. Es war eine zu offensichtliche Lüge. Chruschtschow verhöhnte Eisenhower ständig, weil der sich derart bloßstellen mußte. »Wir schießen irgendwann eins ab, Sie werden sehen«, sagte er immer wieder zu Eisenhower, wenn er sich beklagte, »und was werden Sie dann sagen?«

Aber Eisenhower leugnete die Existenz der U2, warf den Hörer hin und stürzte sich wütend auf seinen Stab, weil der ihn in eine solch unhaltbare Position gebracht hatte. »Stoppt die Flüge«, befahl er. Aber der CIA drängte auf einen weiteren Flug zur Erkundung des sowjetische Luftverteidigungssystems, der aber gleichzeitig mögliche Landegebiete außerirdischer Flugobjekte überwachen konnte.

Mit oder ohne Wissen der Russen, machten die U2s den Außerirdischen es einfach unmöglich, sich wegen unserer hohen Luftbildauflösung zu verbergen. Ich weiß heute nicht, ob wir wirklich irgendwelche Beweise für eine Landung Außerirdischer auf sowjetischem Territorium durch die U2-Überwachung fanden.

Der CIA behauptete, die U2 wäre so wichtig für unsere nationale Sicherheit, daß er sogar bereit wäre, einen seiner Piloten zu opfern. Ich glaube jedoch, daß die KGB-Maulwürfe, die ihn unterwandert hatten, Eisenhower vor der ganzen Welt bloßstellen wollten. Und als Francis Gary Powers im Mai 1960 abhob, da bekamen die Sowjets ihre Chance.

Der Abschuß von Powers U2 wirft noch viele ungeklärte Fragen auf. Seine Aufgabe bestand darin, die geheimsten Raketeninstallationen der Sowjets zu überfliegen und sich damit zum Zielobjekt zu machen. Wir glaubten, die russischen SAM-Raketen könnten seine Höhe nicht erreichen. Aber, ob Powers nun am Steuer wegen Sauerstoffmangels einschlief oder ob seine CIA-Kontrolleure ihn zwangen, niedriger zu fliegen, um bessere Fotos zu bekommen oder zum besseren Ziel zu werden, das wissen wir nicht. Ich glaube, daß Powers wahrscheinlich aus seiner Lethargie durch Sauerstoffmangel von der Explosion einer SAM aufgeschreckt wurde, die so nahe explodierte, daß er die Kontrolle verlor. Sein Flugzeug wurde von der Rakete nicht getroffen. Die U2 war ein Flugzeugtyp, der sehr schwierig zu fliegen war. Powers geriet wahrscheinlich auf eine falsche Flugbahn und war nicht in der

Lage, die Maschine wieder auf Kurs zu bringen. Als sein Flugzeug zur Erde torkelte, war Powers zu desorientiert, um die Kontrolle über sich und die Maschine wiederzugewinnen. Er zog den Hebel neben seinem Sitz, wodurch sein Schleudersitz betätigt wurde.

Powers wurde lebend gefangengenommen, vor die Kameras geführt und zum Geständnis gezwungen, daß er in der Sowjetunion spioniert habe. Chruschtschow nahm den Zwischenfall zum Anlaß, das Gipfeltreffen mit Eisenhower abzusagen und eine seiner großen Selbstdarstellungen vor dem Obersten Sowjet abzugeben. Eisenhower wurde weltweit gedemütigt und mußte öffentlich zugeben, daß er die U2 über die Sowjetunion geschickt habe. Er versprach Chruschtschow, die U2-Flüge würden eingestellt. Mit einem Federstrich beseitigte er damit ein wertvolles Überwachungsinstrument und ließ uns im unklaren darüber, was die Sowjets und die Außerirdischen anstellten. Für den Präsidenten war das Ganze eine furchtbare Erfahrung, denn er glaubte, von seiner eigenen Administration bloßgestellt worden zu sein.

Während der letzten Vorbereitungen für den Gary Powers U2-Flug hatte die NASA die Konstruktionsdetails für den Einbau von Corona in die Nutzlast der Discoverer fertiggestellt. Ginge alles gut, dann würde der Corona-Flug dem Nationalen Sicherheitsrat die erwarteten Ergebnisse liefern, und das U2-Programm könnte eingestellt werden. Dann aber wurde Gary Powers abgeschossen, und das U2-Programm wurde beendet, weil Eisenhower es beschlossen hatte. Die Vereinigten Staaten waren blind.

Dann endlich wurde die Discoverer von Cape Canaveral auf die Umlaufbahn geschickt. Diejenigen unter uns in der Armee und der Luftwaffe, die über Corona Bescheid wußten und was auf dem Spiel stand, hielten die Luft an. Falls es funktionierte, könnten wir wieder sehen. Ginge es schief, hätten wir unsere beste Überwachungsgelegenheit verpaßt.

Sie können sich den Jubel im Pentagon vorstellen, als die Corona-Nutzlast geborgen wurde und wir die ersten Fotos entwickelten. Sie waren schärfer als die U2-Fotos, und Corona blieb für die Sowjets völlig unsichtbar. Chruschtschow hielt vor dem Obersten Sowjet seinen Mund, und Eisenhower gab natürlich auch keine öffentliche Erklärung vor dem Kongreß ab. Wir waren wieder im Geschäft mit unserer fotografischen Aufklärung. Wir konnten nicht nur das sowjetische Raketenbauprogramm im Auge behalten, sondern auch alle möglichen Versuche der EBEs, Basen in entlegenen Teilen von Asien, Afrika oder Südamerika einzurichten. Wir zogen mit den EBEs gleich, ein kleiner Sieg, aber immerhin ein Sieg.

Was mich an dem Corona-Projekt am meisten befriedigte, so dachte ich auf dem Rückweg von Fort Belvoir nach Washington, war seine Eleganz und sein Erfolg. Der gleiche Erfolg wie beim Nachtsichtgerät, das wir in das Entwicklungs- und Konstruktionsprogramm von Fort Belvoir hineingeschmuggelt hatten. Niemand konnte erkennen, wie effektiv das Militär traditionelle Programme als Tarnung für seine eigenen geheimen Waffenentwicklungen nutzte.

Außerdem wußten wir, daß wir mit den EBEs gleichzogen. Mit jedem erfolgreichen Start eines neuen Projektes, von denen manche auf der Roswell-Technologie basierten und andere speziell konstruiert wurden, um die Fähigkeiten der Außerirdischen, die wir in Roswell kennengelernt hatten, auszugleichen, meinten wir, daß wir unsere Schachfiguren ein Stück weiter vorwärts brachten. Wir waren davon überzeugt, die Außerirdischen besäßen nicht die militärische Macht, um einen globalen Feldzug gegen uns zu führen. Sie würden uns studieren, uns infiltrieren, bis wir nicht mehr fähig wären, ihnen zu widerstehen, aber sie hatten weder die Absicht noch die Fähigkeit, den Planeten zu zerstören, um ihn für sich selbst in Besitz zu nehmen. Dafür waren wir zu stark.

Was wir aber brauchten, das war ein echter Außenposten an einem Ort, der uns einen strategischen Vorteil brächte, eine Basis, um gegen sie außerhalb der Erde kämpfen zu können, damit es hier nicht zur Panik käme. Wir brauchten unbedingt eine Basis auf dem Mond. Das war etwas, wovon die Armee seit den ersten Monaten nach unserer Begegnung mit den Außerirdischen bei Roswell träumte, und was wir ohne Wissen der Öffentlichkeit finanzieren wollten – ein ehrgeiziges Projekt, das innerhalb der Armee über ein Jahr lang von einem Skeptiker zum nächsten geschoben wurde, bis es plötzlich auf meinem Schreibtisch landete. Und als ich die »Ausländische Technologie« übernahm, war es ein Projekt, das wir damit schon fast in der Tasche hatten.

11

Projekt »Mondbasis«

»Ich erwarte eine schnelle Bearbeitung des Vorschlags, einen Außenposten auf dem Mond zu errichten, der für die US-Armee der Zukunft von entscheidender Bedeutung wäre. Diese Einschätzung wird offenbar vom Generalstabschef geteilt, angesichts seiner prompten Billigung und enthusiastischen Zustimmung bei Vorlage dieser Studie«, schrieb General Trudeau an den Chef des Waffenamtes im März 1959 zur Unterstützung des »Projektes Horizon« der Armee, dem strategischen Plan zur Installierung eines Militärpostens auf der Mondoberfläche. Es handelte sich um die ehrgeizigste Antwort der Armee auf die Bedrohung durch die Außerirdischen, und als ich im Pentagon zu arbeiten begann, war es eines der Projekte, die General Trudeau mir überreichte, um es in Gang zu bringen.

»Die Jungs von der NASA übernehmen das gesamte Raketenabschußgeschäft, Phil«, sagte er säuerlich. »Und für die Armee bleiben nicht einmal Krümel übrig.«

Ich hatte gerade das Weiße Haus verlassen, als 1958 das Nationale Aeronautik- und Raumfahrtgesetz in Kraft trat, und ich wußte, was das bedeutete. Es übertrug die Verantwortung für den Weltraum von den militärischen Nachrichtendiensten auf eine zivile Behörde, von der erwartet wurde, die amerikanischen Verpflichtungen anderen Ländern gegenüber zur Entmilitarisierung des Weltraums zu erfüllen. Ein lobenswertes Ziel, würde jeder sagen: Den Weltraum entmilitarisieren, damit die Länder forschen und experimentieren könnten, ohne Risiko, ihre Raumfahrzeuge durch feindliche Aktivitäten zu verlieren. Für die Vereinigten Staaten und die Sowjets bedeutete das Abkommen, daß unsere jeweiligen Astronauten und Kosmonauten sich nicht bekämpfen würden. Gute Idee. Aber jemand vergaß, das auch den Außerirdischen zu sagen, die systematisch seit Jahrzehnten, wenn nicht Jahrhunderten, den Luftraum unseres Planeten verletzt hatten, und bereits auf dem Mond über eine Basis verfügten.

Für General Trudeau und die meisten hochrangigen US-Militärs bedeutete die Fähigkeit der Sowjets, relativ problemlos schwere Nutzlasten und Kosmonauten in den Weltraum bringen zu können, eine erschreckende Aussicht. Wenn die Vereinigten Staaten sich nicht mit dem eigenen laufenden Raketenprogramm dieser sowjetischen Technologieherausforderung stellten und unsere Satellitenüberwachung ausdehnten, glaubte die Armee, würde man der Sowjetunion einen entscheidenden Vorteil überlassen.

1960 erreichten wir einen kritischen Punkt. Durch die Zeit, die es brauchte, um Projekte zu entwickeln, würden 1960 begonnene Programme 1970 bereits veraltet sein, während die Sowjets dagegen im Weltraum schon präsent wären.

Wie schon beim U2-Programm gab es noch andere Gesichtspunkte, die uns mehr Sorgen bereiteten, als nur die sowjetische Fähigkeit, uns mit Nuklearraketen vom Weltraum aus zu bedrohen. Wir waren uns auch der Möglichkeit bewußt, daß eine starke Militärmacht auf Erden ihre eigene Version eines Friedensvertrages mit den Außerirdischen schließen könnte. Wir hatten bereits erlebt, wie Stalin einen separaten Nichtangriffspakt mit Hitler aushandelte, wodurch die Deutschen ihre Ostfront stabilisieren und Westeuropa überfallen konnten. Wir wollten nicht, daß Chruschtschow im Weltraum so viel Macht gewinnt, daß die Außerirdischen nur zu gern mit einer Art Arrangement einverstanden wären, die beiden ermöglichte, die politische Richtung unseres Planeten zu bestimmen. Das mag jetzt, in den 90er Jahren, paranoid klingen, aber Ende der 50er Jahre beherrschten genau diese Gedanken die Geheimdienste.

General Trudeaus Sorgen waren die Sorgen all jener, die die Wahrheit über außerirdische Präsenz um unseren Planeten herum kannten und über ihre Fähigkeit, über unseren Köpfen aus dem Nichts aufzutauchen, wie sie es in Roswell getan hatten und 1952 in Washington, D.C. sowie an zahllosen anderen Orten rund um die Welt. Und wir wußten nicht, ob irgendeine dieser Sichtungen sich nicht irgendwann in eine Invasion verwandeln würde oder ob sie möglicherweise schon begonnen hätte. Könnten sie die Sowjetunion in einen Vasallenstaat mit einer Stellvertreterarmee verwandeln, dann mochte es zu spät sein, auszutesten, ob sie unseren Planeten kolonisieren oder sich unsere natürlichen Ressourcen aneignen wollen. Stimmten die Berichte über Viehverstümmelungen sowie Entführungen von Personen, dann könnten sie auch ungestraft organisierte Experimente oder Testprogramme auf diesem Planeten durchführen. Beim Fehlen jeder Information, die unsere Befürchtungen zerstreuen könnte, war es die Verpflichtung der Militärs, das schlimmst mögliche Szenario anzunehmen. Deshalb trieb die Armee das Projekt »Horizon« voran. Wir mußten einen Plan haben.

Die Horizon-Dokumente drückten unverblümt ihr Anliegen aus: Wir müßten einen voll bewaffneten, militärischen Außenposten auf dem Mond einrichten, schon deshalb, um einen strategischen Vorteil vor den Sowjets zu erringen. Außerdem würden wir lieber Verteidiger einer stark befestigten Enklave sein als Angreifer. Unser Außenposten müßte stark genug sein, um einem Sturm standhalten zu können, und mit genug Personal versehen sein, um wissenschaftliche Experimente und die ständige Überwachung der Erde und ihres Luftraumes vornehmen zu können.

Anfänglich, so argumentierte General Trudeau, müßte der Außenposten groß genug sein und ausreichend Ausrüstung enthalten, um das Überleben und eine bescheidene Entwicklung durch etwa zehn bis zwanzig Mann zu sichern. Diese ständigen Anlagen müßten ausbaufähig sein. Für das Personal müßte das Rotationsprinzip gelten, und der Nachschub müßte für einen festgelegten Zeitraum gesichert sein. Der General wollte nicht nur, daß der Außenposten auf dem Mond ein Brückenkopf sei, es sollte ein ständiger und für längere Zeit autarker, von der Erde unabhängiger Posten werden. Deshalb wären Lage und Konstruktion entscheidend und erforderten, nach Ansicht der Armee, ein Triangulationsüberwachungssystem mit Mond und Erde als Basislinie, das ermöglichen würde:

- Kommunikation mit der Erde und ihre optimale Überwachung,
- Routineflüge zwischen Mond und Erde,
- die besten Erforschungsmöglichkeiten nicht nur der unmittelbaren Umgebung auf dem Mond, sondern weitreichendere Forschungsexpeditionen sowie, am wichtigsten für die Armee,
- die militärische Verteidigung der Mondbasis.

Das vordringlichste Ziel der Armee wäre, die erste ständige, bemannte Raumstation auf dem Mond. Das militärische Potential des Mondes wäre überragend, aber die Mission müßte außerdem eine fortlaufende Untersuchung kommerzieller und wissenschaftlicher Aspekte eines Außenpostens in ihre Überlegungen mit einbeziehen.

Die Armee wollte »Horizon« in Übereinstimmung mit der bestehenden nationalen Raumfahrtforschung bringen, auch unter Berücksichtigung einer Entmilitarisierung des Weltraums. Aber das war schwierig, weil wir alle in den Streitkräften, die mit der Roswell-Akte in Kontakt gekommen waren, glaubten, daß wir bereits irgendeiner Form von Angriff ausgesetzt waren. Den Weltraum zu entmilitarisieren bedeutete nur, einer Kultur in die Hände zu spielen, die feindliche Absichten gegen uns hegte. Aber wir waren uns auch bewußt, daß die offenkundige Errichtung eines Militärpostens im Weltraum die Sowjets ermutigen würde, Schritt für Schritt mit uns gleichzuziehen, was zu einem Waffenwettkampf im Weltraum führen würde und damit die Spannungen des Kalten Krieges nur verstärkte. Das Kriegspotential im Weltraum ließe sich schwieriger kontrollieren, und die Chance eines bewaffneten Zusammenstoßes könnte leicht eine weltpolitische Krise heraufbeschwören.

Das Problem, wie man eine militärische Präsenz im Weltall errichten sollte, blieb also vorerst ein Rätsel. »Horizon« war der Versuch der Armee, militärische Zielsetzungen mit der Entmilitarisierungspolitik der Regierung zu synchronisieren.

Die Armee hatte es bei ihren Plänen mit einem weiteren Hindernis zu tun, den Mitgliedern der Roswell-Arbeitsgruppe, die immer noch ihre eigene Politik verfolgten und auch durchsetzten auf einer Ebene, die noch über der streng geheimen lag. Die Arbeitsgruppe verstand ganz richtig, daß jede unabhängige militärische Expedition ins Weltall, insbesondere die Errichtung eines Außenpostens auf dem Mond, mit hoher Wahrscheinlichkeit auf Außerirdische stoßen würde. Bei solch einer Begegnung gab es keine Garantie, daß es nicht zu einem bewaffneten Zusammenstoß käme oder nicht zumindest ein Militärbericht darüber zusammengestellt werden mußte. Selbst wenn diese Berichte geheimgehalten würden, wäre es mit Hinblick auf die Militärbürokratie und die legislativen Kontrollinstanzen sehr unwahrscheinlich, daß die Presse nichts über die militärische Begegnung mit Außerirdischen erfahren würde. Folglich würde die grundlegende Prämisse der Arbeitsgruppe und ihrer Aufgabe, die Tarnung unserer Entdeckung von außerirdischen Lebensformen, die die Erde besuchten und wahrscheinlich bedrohten, unterminiert werden und Jahre erfolgreicher Operationen könnten leicht zu einem unbefriedigenden Ende gebracht werden. Nein, die Arbeitsgruppe würden lieber die Erforschung des Weltraums in die Hände einer zivilen Behörde legen, deren Bürokratie leichter kontrolliert werden und deren Personal die Mitglieder der Arbeitsgruppe, zumindest am Anfang, von Hand verlesen könnte.

Damit war also die Lunte ans Pulverfaß für den bürokratischen Kampf unter Mitgliedern ein und derselben Organisation gelegt, die unterschiedliche Sicherheitsstufen, unterschiedliche Ziele und auch unterschiedliches Wissen über die Ereignisse der Vergangenheit hatten. Über allem lag die grundlegende Annahme, die zivile Bevölkerung der Welt wäre nicht reif, die Wahrheit über die Existenz der außerirdischen Kulturen zu erfahren und die mögliche Bedrohung, die diese Kulturen für das Leben auf Erden bildeten.

General Trudeau war so unerschrocken wie eh und je, als er mir das Projekt Horizon überreichte. »Wir marschieren, Phil«, sagte er fest, und das war alles, was ich zu hören brauchte.

Als die zivilen NASA-Leute der Armee mitteilten, daß all die Argumente, die von den Militärs aufgeführt wurden, zuerst durch zivile Missionen abgedeckt würden, entgegnete General Trudeau, die zivilen Pläne erforderten nicht unbedingt eine Mondstation, sondern nur eine Außenstation in der Erdumlaufbahn. Diese könnte vielleicht, vielleicht auch nicht, als Zwischenstation für Flüge zum Mond oder zu anderen Planeten dienen. Und der Zeitrahmen für die Konstruktion so einer Orbitalstation würde diese überflüssig machen, noch bevor sie auf die Reißbretter käme. Außerdem, belehrte Trudeau die Wissenschaftler in Eisenhowers Weltraum-Beraterkomitee – gegen Ende der Amtszeit des Präsidenten –, könne man einer zivilen Behörde nicht zutrauen, eine militärische Mission zu erfüllen. Das habe es nicht in der Vergangenheit gegeben, das werde es auch in Zukunft nicht geben. Wolle man eine militärische Mission durchführen, dann könne diese nur das Militär realisieren. Präsident Eisenhower verstand diese Art von Logik.

Ende der 50er Jahre hatte das Weiße Haus an General Trudeau Fragen zur R&D-Politik über das Projekt »Horizon« gerichtet. Weshalb gerade die Militärs auf dem Mond sein müßten, und weshalb eine zivile Mission nicht annähernd so viele wissenschaftliche Aufgaben durchführen könnte? Das war zu der Zeit, als das Weiße Haus das National Aeronautics and Space Gesetz und die Bildung der zivilen NASA vorantrieb.

General Trudeau antwortete, daß er nicht unmittelbar den vollen Umfang des militärischen Programms darlegen könne. »Aber«, schrieb er in seinem Bericht, »es ist wahrscheinlich, daß die Beobachtung der Erde und der Raumfahrzeuge vom Mond aus sich als sehr vorteilhaft erweisen könnte.«

Später schrieb er, die Benutzung von Mond und Erde als Basislinie zur Überwachung durch Triangulation – mit anderen Worten: Man benutzt einen Referenzpunkt auf der Erde und einen auf dem Mond, um die genaue Position feindlicher Raketen, Satelliten oder Raumfahrzeuge feststellen zu können – verspräche eine größere Effizienz. Statt nur einen Beobachtungspunkt zu haben, würden wir einen zweiten Winkel besitzen, da wir über eine Basis auf dem Mond als weiteren Beobachtungspunkt verfügten. Das wäre besonders wichtig für die Mond- und Marsmissionen, die von der NASA Anfang der 60er Jahre geplant waren. Er sagte, daß die Typen von erdgestützten Aufspür- und Kontrollnetzen, die sich gegenwärtig im Planungsstadium befänden, bereits jetzt für Operationen im ferneren Weltraum, die ebenfalls von der zivilen Behörde geplant seien, unzureichend wären. Es würde also keinen Sinn machen, Geld für Kommunikations- und Kontrollnetze auszugeben, die für die Zwecke, für die sie erdacht seien, untauglich seien. Die militärische Kommunikation würde durch die Benutzung einer mondbasierten Relaisstation unermeßlich verbessert werden. Sie würde einen größeren Bereich abdecken und wahrscheinlich auch einem Angriff eines konventionellen Nuklearkrieges, der auf der Erde stattfände, besser standhalten. General Trudeau hatte noch einen besonderen Trumpf in der Hand.

»Die Verwendung eines mondbasierten Waffensystems gegen Ziele auf der Erde oder im Weltraum könnte sich als machbar und wünschenswert erweisen«, schrieb er dem Chef des Waffenamts. Damit enthüllte er erstmals, wie Douglas MacArthur, daß die Armee eventuell einen Krieg sowohl im Weltall als auch auf der Erde führen müßte. General Trudeau sah die Möglichkeit voraus, daß eine Kommunikationsbasis auf dem Mond von Vorteil wäre beim Aufspüren von Lenkraketen, die auf der Erde abgeschossen würden. Aber er war sich auch bewußt, daß Waffen auch aus dem Weltall abgeschossen werden könnten, und nicht nur von irdischen Regierungen, sondern auch von außerirdischen Fahrzeugen. Eine Mondbasis, so glaubte er, würde die Zivilbevölkerung und die Streitkräfte auf Erden vor Angriffen schützen können, die entweder aus der Erdumlaufbahn oder aus dem Weltall kämen. Aber ein Verteidigungssystem mit dem Mond als Basis hätte einen weiteren Vorteil.

»Eine mondbasierte Militärmacht würde ein starkes Abschreckungsmoment vor einem Krieg sein wegen der extremen Schwierigkeit für den Feind, unsere Fähigkeit zur Vergeltung auszulöschen«, so vertrat er seine Hypothese. »Jede militärische Operation vom Mond aus wird vom Feind schwer zu beantworten sein, wegen der Schwierigkeit, den Mond zu erreichen. Sind unsere Streitkräfte bereits dort, dann haben sie die Mittel, eine Landung zu verhindern oder feindliche Kräfte, die schon gelandet sind, zu vernichten.« Und zu mir sagte der General, das gälte, ob die feindlichen Kräfte nun Sowjets, Chinesen oder EBEs wären.

Die Situation würde allerdings in ihr Gegenteil verkehrt werden, »wenn den feindlichen Kräften erlaubt würde, als erste anzukommen. Sie könnten dann wiederum militärisch unsere Landung verhindern und versuchen, uns politisch die Nutzung ihres Eigentums zu verweigern.«

Die Armee sah in der Entwicklung einer Mondbasis die gleichen Probleme wie beim Bau der Atombombe: Eine riesige Menge Ressourcen auf eine spezielle Mission verteilt, vollständige Geheimhaltung als Wesen dieser Mission und ein Sofortprogramm zum erfolgreichen Abschluß dieser Mission noch vor Ende des nächsten Jahrzehnts. Trudeau sagte, die Errichtung eines Außenpostens sollte als gesondertes Projekt gelten, aber mit gleicher Dringlichkeit wie das Manhattan-Projekt im Zweiten Weltkrieg behandelt werden.

Stünde sie erst einmal, würde die Mondbasis von einem vereinigten Weltallkommando kontrolliert werden, das hieße, eine Erweiterung bestehender militärischer Kommando- und Kontrollstrukturen. Der Weltraum, besonders der imaginäre Bereich, der Erde und Mond umfaßt, würde als militärisches Gelände erklärt, auf dem die militärischen Rechte und Pflichten Geltung hätten, die dann zu dem Zeitpunkt in Kraft träten. Die Kontrolle aller amerikanischen Streitkräfte durch einen vereinigten Generalstab war bereits seit Ende der 50er Jahre in Kraft getreten, deshalb stellte General Trudeaus Plan eines vereinten militärischen Weltraumkommandos nichts Ungewöhnliches dar. Der einzige Unterschied: Der General wollte nicht, daß der Generalstab nur über die Mondbasis seine Autorität ausüben sollte. Trudeau selbst wollte diese Kompetenz ausgeweitet wissen auf sämtliche militärische Satelliten, militärische Raumfahrzeuge, Weltraum-Überwachungssysteme und den gesamten logistischen Apparat zur Unterstützung dieser militärischen Anlagen.

Für den General würde es »verheerend« gewesen sein, als zweiter nach der Sowjetunion einen ständigen Außenposten auf dem Mond zu haben, nicht nur wegen unseres nationalen Prestiges, sondern auch wegen der dann erfolgten Schwächung unseres demokratischen Systems.

Nach Arthur Trudeaus Einschätzung plante die Sowjetunion bereits, bis Mitte der 60er Jahre eine befestigte Mondbasis, die sie zum sowjetischen Territorium erklären wollte, zu installieren. Er glaubte, wenn die Vereinigten Staaten dann auf dem Mond zu landen versuchten, um dort ihre Operationsbasis zu errichten, die Sowjets das als eine kriegerische Handlung erklären würden, als Invasion ihres Territoriums. Und sie würden versuchen, die Vereinigten Staaten als Aggressor hinzustellen. Wenn die Sowjets den Mond als eine ihrer Kolonien verteidigten, oder wenn sie als Stellvertretermacht der Außerirdischen aufträten, mit denen sie vielleicht einen Militärvertrag abgeschlossen hätten, würden sich die Vereinigten Staaten in einer total geschwächten Position befinden. Deshalb riet General Trudeau seinem Chef des Waffenamts, es wäre von äußerster Dringlichkeit, einen Plan für die US-Armee zu entwickeln, um im Frühjahr 1965 auf dem Mond eine bemannte Landung vornehmen zu können. Schon Ende 1966 sollte sich auf dem Mond ein voll einsatzbereiter amerikanischer Außenposten befinden. Die Kosten betrügen, über sechs Jahre verteilt, 6 Milliarden Dollar.

Die zwei ersten Astronauten, die Speerspitze einer Scouter-Mannschaft, sollten im April 1965 auf dem Mond landen, in einem Gebiet nahe dem Mondäquator, von dem die Armee auf Grund verschiedener

Gutachten glaubte, dieses Gelände eigne sich besonders für Mehrfachlandungen und Abschußmöglichkeiten sowie für den Bau zylindrischer, ranchhausähnlicher Quartiere unter der Erde in einer Erdfalte, die anfangs zwölf Mann aufnehmen könnten. Der größte Teil des Baumaterials für den Mondaußenposten, etwa 270 Tonnen, würden bereits durch Transporte in den vorangegangenen drei Monaten vor Ort sein. Dem Plan der Armee zufolge würden weitere 170 Tonnen von April bis November 1966 auf den Mond transportiert werden. Von Dezember 1966 bis Dezember 1967 sollten dann weitere 240 Tonnen Nachschub für die inzwischen funktionsfähige Mondbasis eintreffen.

Es ist April 1965 und ein Mondfahrzeug mit zwei Astronauten ist gerade auf dem Mond gelandet. Das Fahrzeug ist in der Lage, die Astronauten bei Gefahr sofort zur Erde zurückzubringen, aber die Orbitalaufklärung hat ergeben, daß das Gebiet sicher ist und keine Gefahren weder von Sowjets noch von Außerirdischen drohen. Das Radio krächzt von den ersten Instruktionen für das Team:

»Hier ist Horizon-Kontrolle, Mondbasis. Ihr bleibt für die nächsten 24 Stunden«, weist die Horizon-Kontrolle in Cocoa Beach, Florida, Cape Canaveral Space Commando Center die Astronauten an. Sie sichern ihr Landefahrzeug, das, wenn sie O.K.-Meldung bekommen, letztlich ihre Unterkunft für die nächsten zwei Monate sein wird, bis eine Bautruppe von der Erde eintrifft, um mit dem Zusammenbau des Mondaußenpostens zu beginnen.

Bevor das erste bemannte Nutzlastraumschiff landet, wird die Voraustruppe aus zwei Astronauten den Zustand der bereits am Ort gelandeten Ladung untersuchen, die Untersuchung der Umgebung, die von unbemannten Satelliten gemacht wurden, verfeinern, und prüfen, ob die ursprünglichen Messungen und Annahmen für den Mondlandeplatz stimmen.

Im Juli 1965 trifft die erste Mannschaft von neun Mann ein, um die zylindrischen Röhren unter die Erde in die Erdspalte zu legen und die beiden tragbaren Atomreaktoren zu installieren, die Strom für den ganzen Außenposten liefern sollen. Die Entscheidung der Armee, die Hauptanlagen unter die Erde zu verlegen, wurde durch verschiedene Faktoren bestimmt. Der wichtigste war die konstante Temperatur, die Isolation des Mondmaterials, Schutz vor potentiell gefährlichen Niederschlägen von Meteoren und Meteoriten, Sicherheit und Schutz vor

Strahlungspartikeln, die auf der Erde durch die Atmosphäre aufgehalten werden.

Armeeingenieure konstruierten die zylindrischen Wohneinheiten wie Vakuumthermosflaschen mit doppelter Wandung und speziellem Isolationsmaterial. Die Thermosform würde Wärmeverlusten vorbeugen und die Wohneinheit derart isolieren, daß die Wärme künstlicher Lichtquellen im Innern für eine mehr als angenehme Innentemperatur sorgen würden. Die Atmosphäre für die Mannschaft wurde durch isolierte Tanks mit flüssigem Sauerstoff und Stickstoff geschaffen, wobei die entstehende Feuchtigkeit und das Kohlendioxyd durch feste Chemikalien gebunden und durch ein Gerät zur Feuchtigkeitsentziehung recycelt würden. Am Ende, wenn die Basis zur Dauereinrichtung geworden wäre und ständig Mannschaften ausgetauscht würden, könnte ein effizienteres Recyclingsystem installiert werden.

Das anfängliche Konstruktionsteam sollte in den provisorischen zylindrischen Quartieren wohnen, bis die Mannschaftsstärke um sechs Mann erhöht würde. Genau wie diese Anlage sollten auch die provisorischen Kabinen eingegraben werden. Allerdings sollten diese kleiner sein und Labors, die nur bei den Arbeitseinheiten eingebaut werden sollten. Aus den vorab zum Landeplatz geschickten Bauteilen sollte das Team einen Mondrover zusammenbauen, eine Maschine zum Graben und Gräbenziehen und eine Art Gabelstapler, der auch als Kran dienen könnte. Mit diesen Maschinen, glaubte die Armee, könnte eine Mannschaft von 15 Mann aus vorfabrizierten Teilen den Außenposten zusammensetzen. Der Horizon-Plan zum Bau von Anlagen in einer schwerelosen, luftfreien Umgebung diente letztlich als Modell zum Bau sowohl der russischen Mir, als auch der amerikanischen Freedom-Raumstationen.

Während der Bau der unterirdischen Station im Gange wäre, würden die übrigen Mitglieder des Teams das Kommunikationssystem mit mehreren Antennen aufstellen, das von geosynchronen Erdsatelliten abhängig wäre, um die Übermittlung von Nachrichten zwischen Erde und Mond herzustellen. Das Aufspür- und Überwachungsradar auf dem Mond würde die Erde ständig im Blick behalten und könnte jedes Orbital-Fahrzeug, das von der Erde abhöbe, oder Raumschiff, das in die Erdatmosphäre aus dem Weltall eindränge, aufspüren. Die Mitglieder der Mannschaft würden untereinander und mit dem Außenposten per

Funkgerät kommunizieren, das auf dem Helm ihres Raumanzuges montiert wäre.

Als die Armee damals das Projekt »Horizon« vorschlug, hatten Armeeingenieure eine Reihe von Abschußstellungen ausgewählt. Statt Cape Canaveral wählte die Armee einen Ort in der Nähe des Äquators, da die Erde sich am schnellsten am Äquator dreht, was jeder Rakete mit besonders schwerer Nutzlast zusätzlichen Schub geben würde. Die Armee wählte einen geheimen Ort in Brasilien, wo sie den Bau von acht Abschußrampen vornehmen wollte, um das ganze Projekt unterbringen zu können. Die Fahrzeuge würden von Cocoa Beach kontrolliert und überprüft, wo Armee und Marine bereits ihre Satellitenabschußrampen hatten.

Wir teilten das Programm in sechs verschiedene Phasen ein, den Juni 1959 als frühesten Startpunkt. Dieser Termin wurde General Trudeau mitgeteilt – die Phase I des gesamten Plans. Phase II, der Anfang 1960 abgeschlossen sein sollte, als ich das Projekt übernahm, erforderte einen detaillierten Entwicklungs- und Finanzierungsplan in Verbindung mit vorläufigen Experimenten einiger wesentlicher Komponenten. Während dieser Phase hatte ich geplant, unsere regulären R&D-Prozeduren zu nutzen, um die Tests zu managen. Ich wollte dann auch sichergehen, ob wir einhalten könnten, was wir in unserer ursprünglichen Durchführbarkeitsstudie versprochen hatten.

In der Phase III planten wir die vollständige Fertigstellung der Hardware und die Systemintegrierung für das ganze Projekt. Dies umfaßte Raketen, Raumkapseln, alle Mondtransport- und Baufahrzeuge, Abschußrampen am vorgeschlagenen Ort in Brasilien und Komponenten des Mondpostens sowohl für die vorläufige als auch für die ständige Basis. Sie schloß zudem die Entwicklung des gesamten Kommunikationssystems, einschließlich Relaisstation, Überwachungssystem und die persönliche Schutz- und Kommunikationsausrüstung der Astronauten mit ein. Und schließlich sollten in Phase III all die Aufgaben erledigt werden, um »Horizon« zum Erfolg zu verhelfen, wie etwa das Orbital-Rendezvous, das Orbital-Auftanken der Mondtransportfahrzeuge, der Transfer von Nutzlasten und der Abschuß und das Testen der Nutzlastraketen.

In Phase IV, für 1965 geplant, sollte die erste Mondlandung stattfinden. Die Errichtung des ersten Zwei-Mann-Außenpostens und der Bau der vorläufigen Wohn- und Arbeitsräume wäre genau vorbereitet. Im Plan hieß es, daß am Ende dieser Phase »ein bemannter Außenposten auf dem Mond errichtet sein wird«.

Die Phasen V und VI wären operative Phasen des Projektes und sollten über einen Zeitraum von zwei Jahren, zwischen Dezember 1966 und Januar 1967, durchgeführt werden. In diesen Phasen würde der Außenposten von der provisorischen Bauphase zum Bau der ständigen Anlagen übergehen. Die Anlagen nehmen die Überwachung der Erde auf, bauen die militärische Präsenz aus durch Errichtung befestigter Stellungen, und man beginnt mit den ersten wissenschaftlichen Experimenten und Untersuchungen.

Für die Phase VI, vorausgesetzt, der ständige Außenposten arbeitet erfolgreich und es gelingt die Erforschung der Mondterrains, plante die Armee auch, den Außenposten auszudehnen durch weitere Materiallandungen und den Bau zusätzlicher Anlagen. Es sollte über die Ergebnisse der biologischen und chemischen Tests und die ersten Versuche, den Mond als kommerzielle Einheit auszubeuten, berichtet werden. Die Armee glaubte auch, auf diese Weise die enormen Entwicklungskosten amortisieren zu können, denn durch die kommerzielle Ausbeutung des Mondes würden Milliarden Dollar in die Staatskasse zurückfließen. Vielleicht müßten dabei ähnliche Prinzipien zur Geltung kommen, wie sie der Staat bei der Vergabe von Bohr- und Schürfungsrechten anwendet.

Das Projekt »Horizon« beinhaltete auch die Entwicklung einer Raumstation zur Erdumkreisung als Ergänzungsprojekt zur Unterstützung der Mondlandemanöver. Die Orbitalstation sollte eine »einfache, auf das Nötigste beschränkte« Plattform sein, die den Astronautenteams auf ihrem Weg zum Mond einen Rendezvouspunkt liefern würde, zum Um- oder Beladen, zum Auftanken und erneuten Starten. Die Orbitalstation würde auch hinsichtlich des Projektes »Horizon« zum Lastentransport äußerst wichtig sein, weil die Mannschaften Ladungen in der Schwerelosigkeit des Weltraums schneller und einfacher befördern könnten als auf der Erde. Lasten könnten getrennt hochgeschickt werden und mit der Orbitalstation um die Erde kreisen. Und sie könnten dann von Mannschaften zusammengestellt werden, die in ihrem eigenen Raumschiff leben würden, statt in der Raumstation, und dann zur Erde zurückkehren, sobald ihr Auftrag erledigt wäre.

Falls die provisorische Raumstation erfolgreich sein sollte, wollte die Armee eine technisch perfekte Station aufbauen, mit eigenen wissenschaftlichen und militärischen Aufgaben, die als Relaisstation für Mannschaften auf dem Weg zum Mond dienen könnte. Diese Station würde über eine verbesserte militärische Schlagkraft verfügen. Mit ihr könnten die Vereinigten Staaten den Luftraum ihrer Feinde beherrschen, feindliche Satelliten »blind«machen und feindliche Raketen abschießen. Die Armee sah in einer verbesserten Raumstation auch eine weitere Komponente eines verzweigten Verteidigungssystems gegen die Außerirdischen, wenn es dem Militär gelingen würde, Hochenergielaser und Waffen mit Teilchenstrahlen zu entwickeln, die wir an Bord des Roswell-Raumschiffs gesehen hatten. Die Raumstation würde, laut Plan der Armee, auch eine effektive Plattform zum Testen von Boden-Weltraum-Raketen liefern. In erster Linie, da waren General Trudeau und ich uns einig, würden diese gegen die feindlichen Außerirdischen gerichtet sein, der eigentlichen Bedrohung unseres Planeten.

Der Plan für eine getrennte Verwaltungs- und Managementstruktur innerhalb der Armee trug der Tatsache Rechnung, daß das Projekt »Horizon« die größte Forschungs-, Entwicklungs- und Einsatzoperation in der Geschichte der Armee wäre. Größer als das Manhattan-Projekt, hätte das Projekt »Horizon« leicht eine vollständig eigene Einheit innerhalb der Armee werden sollen. So gesehen stellte das Projekt »Horizon« eine unmittelbare Bedrohung für die anderen Waffengattungen sowie für die zivile Raumfahrtbehörde dar.

Die Marine besaß ihren eigenen Lieblingsplan zur Errichtung von Unterwasserbasen, welche die kommerziellen und wissenschaftlichen Gegebenheiten auf dem Meeresboden nutzen sollten. Sie sollten gleichzeitig zur Errichtung einer Anti-U-Boot-Verteidigung führen, um der Bedrohung durch die sowjetischen Atom-U-Boote zu begegnen. Wir nahmen an, daß die Marinepläne, wie unsere eigenen Pläne für die Mondbasis, die Marine auch in die Lage versetzen würden, unidentifizierte Unterwasserobjekte zu orten und zu überwachen, falls die EBEs solche tatsächlich auf die Erde schickten.

Trotz des zivilen Widerstands gegen den Plan der Armee, schrieb General Trudeau, daß der Armee keine andere Wahl bliebe, als ihre Pläne für eine Mondbasis durchzusetzen. »Die Geheimdienste der Vereinigten Staaten sind sich einig, daß die Sowjetunion zu jeder Zeit nach

1965 eine bemannte Mondlandung vornehmen könnte.« Dies, sagte er, würde den Präzedenzfall schaffen, daß die Mondoberfläche sowjetisches Territorium wäre, der in sich selbst schon den nächsten Krieg beschleunigen könnte – falls die Vereinigten Staaten versuchen sollten, dort ebenfalls eine Präsenz zu errichten.

»Wie der Kongreß festgestellt hat«, fuhr General Trudeau fort, »sind wir von einem Strudel erfaßt, der uns keine andere Wahl läßt, als weiterzumachen.«

Je mehr wir jedoch versuchten, das Projekt »Horizon« zu finanzieren und zu entwickeln, desto stärker wurden wir letztlich eingebremst. Das Weltraumprogramm der Nation gehörte zum Besitz der zivilen Raumfahrtbehörde, und die NASA setzte ihre eigenen Prioritäten und ihre eigenen Termine für die Erforschung des Weltraumes. Die Armee zeigte sich erfolgreich bei diskreten Projekten, wie etwa »Corona«, aber die NASA wollte uns nicht das Maß an Kontrolle überlassen, das zur Errichtung einer Mondbasis im Rahmen des Projektes »Horizon« notwendig gewesen wäre.

Ich wurde General Trudeaus Vorhut für das Projekt in Washington. Ich konnte etliche Abgeordnete dafür gewinnen, und »Horizon« gab auch eine effektive Tarnung für all die technologischen Entwicklungen aus der Roswell-Akte ab. Niemand wußte, wieviel von der Roswell-Technologie in die militärischen Objekte geflossen wäre, die »Horizon« implizit erforderlich gemacht hätte, allein wegen der Präsenz der Außerirdischen und ihrer feindlichen Absichten. Nach seinem ersten Amtsjahr begriff Präsident Kennedy ebenfalls den Wert des Horizon-Projektes. Aber er sah sich nicht in der Lage, die NASA aufzulösen oder ihr etwa zu befehlen, der Armee die nötige Kontrolle zur Entwicklung einer Mondbasis zu überlassen.

Kurz nachdem ich vor dem Senat in einer geschlossenen, topgeheimen Sitzung darüber ausgesagt hatte, wie der KGB den CIA durchdrungen hatte sowie spätestens seit dem Koreakrieg einige unserer Geheimdiensteinschätzungen diktiere, bestellte mich Generalstaatsanwalt Robert Kennedy, der meine geheime Aussage gelesen hatte, zu sich ins Justizministerium.

Wir führten an jenem Tag eine vertrauliche Unterredung. Ich überzeugte ihn, daß die offiziellen Berichte der Geheimdienste, die der Präsident erhielt, nicht nur fehlerhaft, sondern bewußt entstellt waren.

Robert Kennedy begann einzusehen, daß einige von uns im Pentagon nicht nur eine Horde kalter Krieger waren, die einen Krieg wollten. Er begriff, daß wir die nationale Bedrohung erkannten und die Vereinigten Staaten durch sowjetische Unterwanderung unserer Geheimdienste echt gefährdet waren. Wir sprachen nicht über Roswell und irgendwelche Außerirdischen. Ich sagte ihm nichts davon, aber ich konnte ihn überzeugen, daß die Sowjets vor uns auf den Mond kämen und der Sieg im Kalten Krieg noch vor Ende des Jahrzehnts ihnen gehören würde. Bobby Kennedy äußerte den Verdacht, die Armee verfolge noch andere Absichten mit der Errichtung einer Mondbasis. Er versprach aber, mit dem Präsidenten darüber zu sprechen.

Für mich war es ein persönlicher Erfolg, als Präsident John F. Kennedy kurz nach meinem Treffen mit Bobby im Justizministerium der Nation bekanntgab, eines der strategischen Ziele der Vereinigten Staaten sei es, vor Ende der 60er Jahre eine bemannte Expedition auf den Mond zu schicken. Jack Kennedy hatte die eigentlichen Konsequenzen des Kalten Krieges verstanden und was geschehen könnte, wenn die Russen vor uns auf dem Mond landeten.

Wie der Gang der Geschichte zeigte, waren es unsere Mondexpeditionen, eine nach der anderen in den 60er Jahren, die nicht nur das Interesse der Welt fanden, sondern auch allen unseren Feinden demonstrierten, daß die Vereinigten Staaten entschlossen wären, ihren Einflußbereich abzustecken und den Mond zu verteidigen.

Niemand wollte einen totalen Krieg, vor allem nicht die EBEs, die versuchten, uns des öfteren vom Mond und ihrer eigenen Basis zu vertreiben. Sie umkreisten unsere Raumschiffe, durchkreuzten unsere Kommunikationen und versuchten, uns durch ihre physische Präsenz zu drohen. Aber wir machten weiter und hielten durch. Am Ende erreichten wir den Mond als erste, um die Mondoberfläche zu erforschen und den EBEs wirkungsvoll die Kontrolle über unseren Himmel und die Erdatmosphäre streitig zu machen. Genau das hatte General Trudeau zehn Jahre zuvor mit seinem Memorandum beabsichtigt.

Und obwohl der Horizon-Vorschlag eine Mondlandung für 1967 vorsah, hätte das vorausgesetzt, daß die Armee mit den nötigen Vorbereitungen schon 1959 begonnen hätte. Wegen der NASA und des zivilen Managements der Weltraumerforschung haben die Vereinigten Staaten länger gebraucht, um den Mond zu erreichen, als wir ursprünglich annahmen. Und natürlich ist diese ständige Basis niemals gebaut worden, die wir in dem ursprünglichen Horizon-Vorschlag geplant hatten.

Ich wußte, auch wenn ich 1969 schon nicht mehr der Armee angehörte, daß unser Erfolg in der Monderforschung gezeigt hatte, daß wir die Macher blieben und die EBEs nicht mehr die unumschränkte Herrschaft über unseren Himmel besaßen.

Zu Beginn der 70er Jahre, als die Apollo-Mondlandungen fortgesetzt wurden, hatten sich die Zeiten geändert. Wir konnten im Umgang mit den EBEs Boden wettmachen, was wir damals in den 50er Jahren schon versucht hatten.

Aber mir wurde 1961, als ich das Mammutprojekt »Horizon« auf meinem Schreibtisch anstarrte und feststellte, daß das gesamte zivile wissenschaftliche Establishment gegen dieses Vorhaben mobil machte, klar, kleine Siege müßten ausreichen, um die großen zu gewinnen. Und ich holte die bedruckten Silizium-Cracker hervor, die wir aus dem Roswell-Wrack gezogen hatten, und sagte mir, daß dies das nächste Projekt sein würde, das ich in die Entwicklung einbrächte. Ich wußte nur, was die Wissenschaftler in White Sands über dieses Zeug gesagt hatten. Allerdings würde das ein Sieg werden, den wir noch genießen könnten, wenn die politischen Schlachten um das Projekt »Horizon« längst geschlagen und vergessen wären.

12

Der Chip – von Roswell zum Silicon Valley

Während das Nachtsichtgerätprojekt in Fort Belvoir in Arbeit war und das Horizon-Team gegen den Strom der zivilen Raumfahrtbehörde zu schwimmen versuchte, wandte ich meine Aufmerksamkeit dem nächsten Fragment aus dem Roswell-Absturz zu, das besonders verwirrend aussah: die versengten Halbleiter-Cracker, die aus einem größeren Gerät herausgebrochen schienen. Ich hatte sie nicht zuerst benutzen wollen, weil ich nicht wußte, was sie eigentlich bedeuteten, bis General Trudeau mich bat, sie mir genauer anzuschauen.

»Sprich mit jemandem von den Raketenspezialisten in Alamogordo über diese Dinger, Phil«, sagte er, »ich glaube, sie werden wissen, was wir damit machen sollen.«

Ich wußte, daß in den unmittelbar auf den Absturz folgenden Tagen General Twining die Alamogordo-Gruppe im Air Materiel Command getroffen und ihr einige der Trümmer beschrieben hatte. Ich wußte aber nicht, wie detailliert seine Beschreibung war oder ob überhaupt von den Crackern die Rede war, die wir in unserer Akte hatten.

»Ich möchte auch mit ein paar Wissenschaftlern hier sprechen«, sagte ich. »Vor allem will ich einige der Ingenieure unserer Waffenproduzenten sehen. Vielleicht können sie sich vorstellen, wie der Produktionsprozeß dieser Dinger aussieht.«

»Geh zu den Bell Labors hinüber, Phil«, schlug General Trudeau vor. »Der Transistor ist aus ihrem Laden gekommen, und diese Dinger sehen sehr nach transistorähnlichen Schaltkreisen aus.«

Ich hatte gehört, daß General Twining sehr eng sowohl mit den Bell Labors als auch mit Motorola in der Kommunikationsforschung während des Krieges zusammengearbeitet hatte, anschließend auf dem Alamogordo-Testgelände wegen der V2-Abschüsse und auch nach dem

Roswell-Absturz. Ob er ihnen nur Material von dem Absturz gebracht oder ihnen die dünnen Silizium-Chips gezeigt hatte, blieb eine Frage der Spekulation. Ich wußte nur, daß auf dem ganzen Gebiet der Schaltkreisminiaturisierung 1947 mit der Erfindung des Transistors und den ersten Solid-state-Komponenten ein gewaltiger Schritt nach vorne gemacht wurde. Ende der 50er Jahre hatten die Transistoren die Röhren in den Radios ersetzt und die riesigen Holzgeräte der 40er Jahre in die tragbaren Plastikradios verwandelt, die man an heißen Julitagen am Strand weithin jaulen hören konnte. Die Elektronikindustrie hatte ebenfalls in weniger als zehn Jahren einen großen technologischen Sprung nach vorn gemacht, und ich hatte mich privat gefragt, ob da nicht irgendwelche Roswell-Technologie im Spiel war, von der ich nichts wußte, bevor ich die Ausländische Technologie 1961 dann übernahm.

Dieser Zusammenhang war mir zuerst nicht klar, als ich die Silizium-Cracker General Trudeau zeigte. Aber dann bekam ich sehr schnell mit der aufstrebenden Computerindustrie engen Kontakt, und ein kleines, unscheinbares Rädchen in die Hand, das 15 Jahre später zu dem ersten Mikrocomputersystem und der Revolution der PCs führen sollte.

Im Laufe der Jahre, seit ich 1942 in die Armee eingetreten war, hatte ich die Entwicklungsstadien der Röhrengeräte miterlebt, angefangen bei den Radios und Radaranlagen im Zweiten Weltkrieg bis hin zu den Komponentenchassis. Das waren große Schaltkreiseinheiten, die, wenn sie zusammenbrachen, in Sektionen aufgeteilt werden konnten, noch kleinere Sektionen und schließlich in winzige Transistoren und Transistor-Elektronik-Komponenten. Die ersten Armeecomputer, die ich sah, waren zimmergroße, rasselnde Röhrenmonster, die immer zusammenbrachen und, verglichen mit dem heutigen Standard, eine Ewigkeit brauchten, um die einfachsten Antworten zu finden. Es waren einfach mit Öl gefüllte Datentöpfe. Aber sie versetzten diejenigen von uns in Erstaunen, die niemals zuvor Computer arbeiten gesehen hatten.

In Red Canyon und in Deutschland wurden die Ortungs- und Zielradaranlagen von transistorisierten Chassis-Computern kontrolliert, die so kompakt waren, daß sie auf einen Lkw paßten und mit dem Bataillon fahren konnten. Als ich also meinen ›Nußschrank‹ öffnete und die angesengten, mattgrauen, münzgroßen Silizium-Cracker sah, mit dem eingeätzten Gitternetz, wie die kleingedruckten Zeilen auf einem Streichholzheftchen, konnte ich eine Vermutung über ihre Funktion anstellen, obwohl ich nie zuvor etwas Ähnliches gesehen hatte. Ich wußte jedoch, daß unsere Raketenwissenschaftler und Universitätsforscher, die in den Labors von Bell, Motorola und IBM arbeiteten, mehr von der Funktion dieser Chips verstehen würden und sich vorstellen könnten, was wir tun müßten, um selbst welche herzustellen.

Aber zuerst rief ich Professor Hermann Oberth an, um Hintergrundinformationen über die Entwicklungen zu bekommen, die möglicherweise seit dem Roswell-Absturz eingetreten sind. Dr. Oberth kannte die Wissenschaftler in Alamogordo und hatte wahrscheinlich aus zweiter Hand wesentliche Informationen über die Gespräche zwischen General Twining und seiner Alamogordo-Gruppe in den Stunden nach der Bergung des Fahrzeugs erhalten. Und hatte mit General Twining über die Trümmer gesprochen, dann hatte er auch die kleinen Silizium-Chips beschrieben? Oder etwa nicht? Und wenn er es tat, in jenen Monaten, als der ENIAC – der erste funktionierende Computer – auf dem Aberdeen Ordnance Testing Ground (Testgelände) in Maryland seine Arbeit aufnahm, was haben die Wissenschaftler sich bei den Chips gedacht?

»Sie sahen sie im Walker Field Hangar«, erzählte mir Dr. Oberth. »Sie alle aus Alamogordo flogen mit General Twining rüber nach Roswell, um den Transport nach Wright Field zu überwachen.«

Oberth beschrieb, was an dem Tag nach dem Absturz passierte, als ein Team von AMC-Raketenspezialisten sich auf die Trümmer und Geräte aus Roswell stürzte. Ein Teil wurde für den Flug mit der B29 verpackt. Das andere Material, besonders die Kisten, die in Fort Riley landeten, wurden auf Lastwagen verladen. Dr. Oberth sagte, Wernher von Braun habe ihm Jahre später erzählt, wie die Wissenschaftler buchstäblich Schlange gestanden hätten, um ihre Gleichungen von dem experimentellen Computer in Aberdeen ausrechnen zu lassen und baß erstaunt waren über die mikroskopischen Schaltkreise, die auf die versengten Cracker-Chips geätzt waren.

Von Braun hatte General Twining wohl gefragt, ob er irgend jemanden in den Bell Labors wegen der Funde kontaktieren würde. Twining schien zuerst überrascht zu sein, aber als von Braun ihm über die Experimente mit Solid-state-Komponenten – Material, dessen Elektronen nicht durch Wärme angeregt werden, Strom zu leiten – berichtete, war Twining interessiert. Ob jene Chips etwa Komponenten von sehr weit fortgeschrittenen Solid-state-Schaltkreisen wären? fragte von Braun ihn. Vielleicht wäre das der Grund, weshalb die Armee keine elektronischen Drähte in dem Fahrzeug fände. Man müsse in diesen Schichten von Chips suchen, die in dem Schiff zu finden waren. Diese Schaltkreis-Chips könnten das Nervensystem des Fahrzeugs sein, das Signale befördere und Kommandos weitergäbe genau wie das Nervensystem in einem menschlichen Körper.

General Twinings einzige Erfahrung beruhte auf den schweren Röhrengeräten des Zweiten Weltkriegs, bei denen die Drahtbündel mit Gewebe isoliert waren. Er hatte niemals zuvor metallisch bedruckte Chips gesehen. Wie arbeiteten sie? hatte er von Braun gefragt.

Der deutsche Wissenschaftler war nicht sicher, aber er schätzte, daß sie nach denselben Prinzipien arbeiteten wie die Transistoren, die von den Labors schon so weit entwickelt waren, daß sie kommerziell hergestellt werden konnten. Das würde die Elektronikindustrie vollständig revolutionieren, erklärte von Braun dem General. Die Deutschen hätten verzweifelt versucht, Schaltkreise dieser Art während des Krieges herzustellen, aber Hitler, überzeugt, daß der Krieg 1941 zu Ende sein würde, sagte den deutschen Computerforschern, daß die Wehrmacht keinen Bedarf an Computern hätte, die mehr als ein Jahr für ihre Entwicklung brauchten. Sie würden alle vor Jahreswende in Berlin den Endsieg feiern.

Aber die Forschung über die Solid-state-Komponenten, die von den Deutschen betrieben wurde, und die frühen Arbeiten in den Bell Labors wären nichts im Vergleich zu dem Wunder, das Twining von Braun und den anderen Raketenspezialisten in New Mexico gezeigt hätte. Unter dem Vergrößerungsglas glaubte die Gruppe, sie sähe nicht nur einen einzigen Solid-state-Schalter, sondern ein ganzes System von Schaltern, die alle ineinander integriert waren und danach aussahen, als würden sie einen vollständigen Schaltkreis oder ein System von Schaltkreisen abgeben. Sie konnten nicht sicher sein, weil noch niemand etwas annähernd Ähnliches gesehen hatte. Aber es gab ihnen ein Bild von dem, was die Zukunft der Elektronik bedeuten sollte, wenn man einen Weg fände, um derartige Schaltkreise auf der Erde herzustellen. Mit einem Schlag könnten die riesigen Lenkkontrollsysteme, die für den Flug der Raketen 1947 noch notwendig waren, und die zu groß waren, um in die Raketen gepackt zu werden, miniaturisiert werden, damit die Rakete ihr eigenes automatisches Lenksystem hätte. Wenn wir imitieren könnten, was die EBEs hatten, bekämen wir auch die Möglichkeit an die Hand, das Weltall zu erforschen. Tatsächlich begann das Nachbauen der Solid-state-Teile schon in den Wochen und Monaten nach dem Absturz, obwohl William Shockley in den Bell Labors an einer Version seines Transistors schon seit 1946 arbeitete.

Im Sommer 1947 kannten die Wissenschaftler in Alamogordo nur den Stand der Forschung der Solid-state-Komponenten in den Bell Labors und bei Motorola. Folglich verwiesen sie General Twining dorthin und versprachen, ihm bei den ersten Untersuchungen der Roswell-Funde behilflich zu sein. Die Armee schickte, absolut geheim, einige Komponenten an Forschungsingenieure zur Beurteilung. Und Anfang der 50er Jahre war der Transistor erfunden und Transistorschaltkreise tauchten sowohl in Konsumgütern als auch in militärischen Elektroniksystemen auf. Die Ära der Radioröhren, Kernstück einer 80 Jahre alten Technologie, auf dem eine ganze Generation von Kommunikationsgeräten, einschließlich des Fernsehens und digitaler Computer aufgebaut war, ging mit der Entdeckung dieser völlig neuen Technologie aus der Wüste ihrem Ende entgegen.

Die Radiovakuumröhre stellte ein Erbe der Experimente des 19. Jahrhunderts mit elektrischem Strom dar. Wie so viele historische wissenschaftliche Entdeckungen wurde auch die Theorie der Vakuumröhre durch Zufall entdeckt. Und niemand erkannte sofort ihre Bedeutung. Die Röhre erreichte ihre technische Blütezeit zwischen den 30er und 60er Jahren, bis die Technik, die wir in Roswell entdeckten, sie überflüssig machte. Das Prinzip der Vakuumröhre wurde zuerst 1880 von Thomas Edison entdeckt, während er an seiner Glühbirne herumexperimentierte. Dieses Prinzip bestand darin, daß Strom, der in der Regel durch leitendes Material, wie Draht, in beide Richtungen floß, dazu gebracht werden konnte, nur in eine Richtung zu fließen, sobald er durch ein Vakuum geführt wurde. Dieser gelenkte Stromfluß, der Edison-Effekt, bewirkt ein Leuchten des Drahtes im Vakuum einer Glühbirne. Aber die Glühlampentechnik, die Edison 1880 entdeckte, wurde auf Eis gelegt und erst zu Beginn unseres Jahrhunderts weiterentwickelt.

Sie besaß noch eine, ebenso wichtige Funktion. Weil der Elektronenfluß durch einen einzigen Draht nur in eine Richtung erfolgte, funktionierte die Vakuumbirne auch als eine Art automatischer Schalter. Regt man den Stromfluß durch einen Draht an, dann fließt der Strom in die Richtung, die man wünscht. Man brauchte nicht erst einen Schalter zu drehen, um manuell einen Stromfluß zu erzeugen. Das tat die Vakuumbirne für einen. Edison hatte praktisch das erste automatische Schaltgerät erfunden, das für Hunderte elektronischer Produkte Anwendung fand, angefangen bei Radioapparaten bis hin zu Kommunikationsnetzen und Radaranlagen des Zweiten Weltkrieges sowie den ersten Fernsehgeräten der 50er Jahre. Die Radioröhre ließ sich als die Komponente einsetzen, die es uns möglich machte, das weltweite Kommunikationsnetzwerk aufzubauen, das es in seinen Anfängen schon zu Beginn des 20- Jahrhunderts gab.

Die Radiovakuumröhren besaßen noch eine wichtige Anwendungsmöglichkeit, die aber erst entdeckt wurde, als Experimente in der Computertechnologie gemacht wurden, die damals noch in den Kinderschuhen steckte. Und ihren Nutzen wußte man zuerst 1930 und dann wieder 1940 zu schätzen. Da es sich um Schalter handelte, also sich öffnende und schließende Stromkreise, konnten sie programmiert werden, um einen Computer zu konfigurieren. Der Computer blieb vorerst derselbe Typ Rechenmaschine, wie sie Charles Babbage zuerst 1830 erfunden hatte. Sie bestand aus einer Reihe von Zahnrädern oder Rädchen, die als Zähler fungierten und in eine Art »Gedächtnis« die Zahlen speicherte. Babbages »Computer« wurde noch manuell von einem Techniker gehandhabt, der mechanische Schalter betätigte, um Zahlenmaterial einzugeben und das Programm auszuführen, durch das die Zahlen verarbeitet wurden.

Das einfache Prinzip dieses ersten Rechners, von seinem Erfinder die »Analytische Maschine« genannt, war, daß die gleiche Maschine jedes nur denkbare logische oder rechnerische Problem mit Hilfe von Schaltmechanismen lösen konnte. Die Maschine besaß eine Komponente für die einzugebenden Zahlen oder Anweisungen an den Prozessor. Der Prozessor selbst führte die Berechnungen aus. Es handelte sich dabei um eine zentrale Kontrolleinheit, welche die Aufgaben organisierte und in die richtige Reihenfolge brachte, um sicherzugehen, daß die Maschine die richtige Arbeit zur richtigen Zeit erledigte. Deshalb besaß diese Maschine auch schon eine Art Gedächtnisbereich zur Speicherung von Zahlen. Sie verfügte sogar über eine Komponente, welche die Ergebnisse der Berechnungen über eine Art Drucker bekanntgab – eigentlich die gleichen grundlegenden Komponenten, wie man sie selbst heute noch in allen Computern findet.

Die Maschine konnte addieren, subtrahieren, multiplizieren oder dividieren und sogar eine riesige Zahlenmenge von einem arithmetischen Prozeß zum nächsten speichern. Sie vermochte sogar, die arithmetischen Berechnungsinstruktionen selbst von einer Aufgabe zur nächsten zu speichern. Und Babbage übernahm die Lochkarten, die von Joseph Jacquard für die Programmierung automatischer Webstühle erfunden worden waren. Das Programm Babbages konnte auf einer Reihe von Lochkarten gespeichert und in die Maschine eingegeben werden zur Kontrolle verarbeiteter Zahlensequenzen.

Obwohl sich dies alles wie eine erstaunliche Erfindung anhört, war es eigentlich eine technische Notwendigkeit der ersten industriellen Revolution gegen Ende des 18. Jahrhunderts. Die britische Armee benötigte schon damals derartige Hilfsmittel, um ihre Datenmengen in den Griff zu bekommen. Das völlig neue Prinzip dieser Maschine leitete zudem in aller Stille die digitale Revolution ein.

Weil Babbages Maschine von Hand betrieben wurde und plump war, geriet sie im 19. Jahrhundert in Vergessenheit wie Babbage selbst auch. Der praktische Umgang jedoch mit Elektrizität bei mechanischen Geräten, beispielsweise der Transport elektrischer Energie durch Überlandleitungen, von Edison erfunden und durch Nikola Tesla verbessert, wiederbelebten Theorie und Praxis der » Analytischen Maschine«. Das Konzept automatischer Rechenmaschinen inspirierte amerikanische Erfinder, ihre eigenen elektrischen Rechner an einem Wettbewerb zum Ausrechnen vieler Zahlen für den US-Zensus von 1890 teilzunehmen. Der Sieger des Wettbewerbs hieß Hermann Hollerith, dessen elektromechanische Datenverarbeitungsmaschine damals wie ein Monster aus einer anderen Welt bestaunt wurde. Dieses Gerät konnte nicht nur Zahlen verarbeiten, sondern auch gleichzeitig den Vorgang des Rechenprozesses auf großen Uhren für jedermann sichtbar machen. Hollerith arbeitete so erfolgreich, daß große Eisenbahngesellschaften ihn für ihre Buchhaltung unter Vertrag nahmen. Um die Jahrhundertwende war Holleriths Firma, die Computing Tabulating and Recording Company, der größte private Hersteller von automatischen Rechenmaschinen. 1929, als Hollerith starb, war aus seiner Company der Konzern IBM geworden.

Zur selben Zeit versuchte der deutsche Ingenieur Konrad Zuse sich an den gleichen technischen Themen, die Charles Babbage schon 100 Jahre zuvor angegangen war: Wie könnte man eine eigene universelle Rechenmaschine bauen für alle Rechnungsarten, die der Anwender benötigte. Zuse beschloß, statt mit einer Dezimalrechenmaschine, die arithmetische Rechenarbeiten sehr begrenzte, eine binäre Maschine zu entwerfen, die nur mit zwei Zahlen arbeitete, mit 0 und 1, dem binären System. Er konnte so jede mathematische Gleichung lösen, einfach nur durch Öffnen oder Schließen einer Reihe elektromagnetischer Relais oder Schalter. Diese fungierten als Ventile oder Tore, je nachdem, ob man den Strom durchließ oder sperrte. Diese Relais waren dieselben Vorrichtungen, die von den großen Telefongesellschaften wie Bell in den Vereinigten Staaten als Basis ihres Telefonnetzes benutzt wurden. Der Einsatz einer elektrischen Energiequelle und elektrischer Schalter in Verbindung mit Babbages Analytischer Maschine sowie die Übernahme des binären Systems versetzten Zuse in die Lage, den ersten europäischen Digitalcomputer zu bauen. Alles fand drei Jahre vor Ausbruch des Zweiten Weltkriegs statt.

In den Vereinigten Staaten, gerade als Zuse seinen ersten Computer im Wohnzimmer seiner Eltern zusammenbaute, bemühte sich der Harvard Mathematiker Howard Aiken, eine theoretische Version von Babbages Computer zu erstellen, wobei auch er elektromagnetische Relais als Schalter und das binäre Zahlensystem anwandte. Der Unterschied zwischen Aiken und Zuse bestand nur darin, daß Aiken einen akademischen Hintergrund hatte. Als innovativer Mathematiker bekam er im Büro von Thomas Watson, Präsident der IBM, einen Job. Dem Präsidenten unterbreitete er seinen Vorschlag für den ersten amerikanischen digitalen Computer. Watson ließ sich überzeugen und stellte eine Million Dollar zur Verfügung. Kurz vor dem Angriff auf Pearl Harbour begann man mit der Konstruktion des Projekts in Cambridge, Massachusetts. Während des Krieges arbeitete man im Hauptquartier von IBM in New York weiter.

Wegen seiner Fähigkeit, große Zahlenreihen in relativ kurzer Zeit berechnen zu können, nahm man den digitalen Computer in Großbritannien zum Knacken der Codes in Kriegszeiten zu Hilfe. So griffen schon 1943, als der erste glänzende, aus rostfreiem Stahl hergestellte Computer von Aiken in Endicott, New York, aufgestellt wurde und arbeitete, die Briten mit ihren krypto-analytischen Colossus-Computern ins Kriegsgeschehen ein, um Codes der berühmt berüchtigten deutschen Chiffriermaschine Enigma zu entziffern. Anders als der IBM-Computer von Aiken und Zuses experimenteller Computer in Berlin benutzte der Colossus Vakuumröhren als Relaisschaltungen und war daher hundertmal schneller als irgendein experimenteller Computer, der elektromagnetische Relais benutzte. Der Colossus galt daher als ein echter Durchbruch, denn er verband die Geschwindigkeit der Vakuumröhrentechnologie mit der Komponentenkonstruktion der Analytischen Maschine. Der erste moderne Digitalcomputer hatte so das Licht der Welt erblickt.

Der erste britische Colossus arbeitete dermaßen effektiv, so daß im Eiltempo mehrere Exemplare gebaut wurden. Der Umfang deutscher Geheimbotschaften nahm im Verlauf des Krieges ständig zu. Doch die Deutschen ahnten nicht, daß die Alliierten jedes Wort entschlüsselten. Auch ich bin heute der Meinung, daß der technologische Vorsprung der Alliierten auf dem Gebiet der Nachrichtenbeschaffung, besonders der Dechiffriercomputer und des Radars, uns in die Lage versetzte, den Krieg zu gewinnen, trotz Hitlers anfänglicher Erfolge und Waffenüberlegenheit.

Die amerikanische und britische Erfahrung mit Computern im Zweiten Weltkrieg und der Einsatz erhöhter finanzieller Mittel für die Entwicklung einsatzfähiger Digitalcomputer führte in der Nachkriegszeit zur Schaffung eines Computers, der nun »Elektronischer numerischer Integrator und Berechner« oder kurz ENIAC genannt wurde. Obwohl ENIAC mit einem Dezimal- und nicht mit einem Binärsystem arbeitete und nur über einen sehr kleinen Speicher verfügte, basierte er auf der Schaltertechnik mit Vakuumröhren. In seiner Zeit ein richtiger »Zahlenfresser«. Allerdings verglichen mit PCs von heute ist ENIAC wirklich so etwas wie ein Dinosaurier. Laut, heiß, plump und anfällig brauchte dieser Computer den Strom einer ganzen Stadt zu seinem Betrieb. Er hatte keine lange Laufzeit, da die Radiovakuumröhren, von Haus aus unzuverlässig, selbst unter besten Arbeitsbedingungen nach wenigen Stunden Betrieb durchbrannten und ersetzt werden mußten. Aber die Maschine funktionierte. Sie zeigte den Weg zum nächsten

Modell, das die ausgeklügelte, symbolische, architektonische Handschrift von John von Neumann aufwies.

Von Neumann schlug vor, nicht immer bei jeder Inbetriebnahme den Computer von neuem mit dem gewünschten Programm zu laden, sondern dieses ständig im Computer zu speichern. Programme als Komponenten der Maschine sollten fest installiert werden. So hätte das Gerät selbst die Möglichkeit, zwischen Haupt- und Subprogrammen zu wechseln, falls dies zur Lösung der eingebenen Aufgabe beitrug. Bei komplexen Fragestellungen sollten die Programme andere Programme immer wieder abrufen – ohne Hilfe des Anwenders. Und sie sollten sogar Subprogramme eigenständig verändern, um den Anwendungszielen gerecht zu werden. Von Neumann hatte die Speicherprogrammierung erfunden, die Basis für komplizierte Software – Ende der 50er, Anfang der 60er Jahre –, eine Art Ururgroßmutter heutiger projektorientierter Programmierungen. Bis 1947 hatte man die gesamte elementare Computertechnologie beieinander: Aufbau der Maschine, Stromversorgung, Radiumvakuumröhrentechnik, Herstellungstechnologie, von Neumanns mathematische Architektur sowie die praktische Anwendung zur Computernutzung. Aber bis etwa um 1950 verhaftete die Computertechnik immer noch in einem Denken des 18. und 19. Jahrhunderts. Und in Anbetracht der technischen Schwächen der Radioröhre, des enormen Energiebedarfs und Kühlbedürfnisses, damit der Computer in Gang blieb, schien die Entwicklung des Computers in eine Sackgasse geraten zu sein. Obwohl IBM und die Bell Labors riesige Summen an Enwicklungsgeldern zum Bau eines modernen Computers einsetzten, schienen sich keine Auswege zu eröffnen. Der Computer verursachte hohe Herstellungskosten, blieb aber regelrecht ein sterbender Schwan. Und genau in dieser Zeit fiel ein außerirdisches Raumschiff vom Himmel in die Nähe von Roswell. Und am besagten Tag danach sollte sich vieles verändern.

1948 wurde der erste spezielle Verbindungstransistor von dem Physiker William Shockley entworfen. Die Erfindung wurde zur Verwertung den Bell Telephone Laboratories übertragen, und wie ein Wunder wurde damit auch der tote Punkt in der ENIAC-Generation von Computern überwunden. Man arbeitete mit einer völlig neuen Generation miniaturisierter Schaltkreise. Wo die Radioröhrenschaltung sehr viel Energie brauchte, benötigte der Transistor bedeutend weniger. Er bedurfte auch keiner Aufwärmzeit, da der Transistor den Strom, der in seinem Sockel fließt, verstärkt. Er verbrauchte nur wenig Energie, deshalb konnte er mit Batterien betrieben werden. Diese Erfindung trieb die Miniaturisierung der Schaltkreiskomponenten ungemein voran. Der neue Vorteil damals. Der Transistor brannte nicht wie die Röhre durch, sondern arbeitete viel zuverlässiger. Folglich entfielen innerhalb von Monaten nach dem Roswell-Absturz die Einschränkungen Größe und Leistungsfähigkeit, denen Computer bislang unterlagen. Die nächste Computergeneration konnte so stark verbessert auf den Markt kommen. Dies gab der Army R&D, besonders während meiner dortigen Tätigkeit, die Möglichkeit, diese Entwicklung noch durch Rüstungsaufträge zu fördern. Man benötigte dringend integrierte Schaltkreisgeräte für die neuen Waffengenerationen.

Verschiedene Computerkenner haben geschrieben, niemand vor 1947 hätte diese Erfindung des Transistors voraussehen können. Man habe noch nicht einmal im Traum an diese völlig neue Halbleitertechnologie denken können. Diese Neuheit basierte auf Silizium und nicht auf Kohle wie ehedem die Glühbirne von Edison. Gewaltiger als die Idee einer universellen Rechenmaschine oder eben einer modernen analytischen Maschine wie diese Kombination von Komponenten erwies sich die Erfindung des Transistors. Diese Evolution hin zum Silizium-Chip mit integrierten Schaltkreisen bedeutete wirklich einen »großen Schritt für die Menschheit«.

Die gesamte Entwicklungsdauer betrug nur ungefähr 50 Jahre. Die Entwicklung des Silizium-Transistors kam uns allen wie ein Sprung in die Zukunft vor. Und hätte ich nicht diese »Cracker« von dem Roswell-Absturz mit eigenen Augen gesehen, mit meinen Händen gespürt, würde ich geglaubt haben, die Erfindung des Transistors wäre ein göttliches Wunder. Ich weiß heute, wie das »Wunder« entstanden ist.

Zum Zeitpunkt, als ich 1961 persönlich damit zu tun hatte, erlebte der amerikanische Markt bereits die Nachwehen des wirtschaftlichen Aufbaus in Deutschland und Japan sowie in Korea und Taiwan. General Trudeau zeigte sich darüber besorgt, nicht etwa, weil er diese Staaten als unsere Wirtschaftsfeinde betrachtete, sondern weil er glaubte, die amerikanische Industrie ließe in ihren Bemühungen um ständige Grundlagenforschung nach. Er äußerte oft diese Befürchtungen, denn Selbstzufriedenheit ist ein Feind jeglicher Innovation.

General Trudeau glaubte, die amerikanische Industrie habe in den Nachkriegsjahren eine Fülle neuer Technologien entwickelt, deren Schubkraft noch in den 60er Jahren zu spüren gewesen sei. Doch die würde nun geringer, da die R&D beispielsweise in den Augen der staatlichen Sparkommissare eine sündhaft teure Angelegenheit wäre und nicht unbedingt zum Profit eines Unternehmens – wie einem Staat – beiträgt. Man müsse immer eine gute wirtschaftliche Grundlage vorweisen, meinte General Trudeau immer, um die Aktionäre bei Laune zu halten, sonst revoltierten sie und schmissen das bestehende Management einfach raus. Die großen amerikanischen Industrien lebten im Moment leider vom Kapital, sagte Trudeau, und würden dadurch sich selbst zerstören, genau wie eine Familie, die alle ihre Ersparnisse verpulvert.

»Man muß auch in sich selbst investieren, Phil«, sagte der General gern, wenn er von seiner Zeitung, die er vor unseren morgendlichen Zusammenkünften las, aufschaute. »Sicher, diese Firmen müssen Profit machen, aber schau dir die Japaner und die Deutschen an, sie kennen den Wert der Grundlagenforschung«, sagte er einmal zu mir.

»Die amerikanischen Firmen erwarten von der Regierung, daß sie die Forschung bezahlt und das Ergebnis sich privatwirtschaftlich ausbeuten läßt. Es wird jedoch eine Zeit kommen, in der wir es uns einfach nicht mehr leisten können, das alles zu bezahlen. Wer begleicht dann die Rechnungen?«

Eine andere Sorge General Trudeaus galt der Nachfrage nach neuen Elektronikprodukten mit miniaturisierten Schaltkreisen. Diese Nachfrage schuf völlig neue Märkte, von denen amerikanische Firmen weitgehend ausgeschlossen blieben. Er sagte, für viele Hersteller von Elektronikgeräten sei es rentabler, ihre Produkte in Asien herzustellen, wo neue, preiswert arbeitende Firmen nach dem Krieg mit neuen Maschinen begonnen hätten.

Trudeau wußte, daß die Erfordernisse für die Weltraumerforschung, um die feindlichen EBEs auf ihrem eigenen Gebiet herausfordern zu können, auf der Entwicklung integrierter Schaltkreise beruhte, damit die elektronischen Komponenten von Raumfahrzeugen weiter verkleinert werden konnten. Der irdische Rüstungswettlauf erforderte ebenfalls die Entwicklung neuer Schaltkreise. Die japanische und deutsche Industrie waren allerdings die einzigen, die unmittelbaren Vorteil aus dem neuen Wirtschaftszweig »Elektronik« ziehen konnten.

Damit die amerikanische Industrie wieder mithalten könnte, müßte die Grundlagenforschung von der Armee bezahlt werden. Das war etwas, wofür General Trudeau bereit war, im Pentagon zu kämpfen. Er wußte genau, dies wäre der einzig richtige Weg, um die technologische Superwaffe zu bekommen, von der nur eine Handvoll Leute wußte, wie dringend wir sie bei einem eventuellen Krieg gegen die Außerirdischen brauchten.

Arthur Trudeau, ein Pragmatiker, mußte wie ein Einzelkämpfer vorgehen. Darüber reden durfte er nicht, die nationale Politik und die Geheimhaltungsgesetze verboten das. Seine ehemaligen Mitstreiter verstarben alle, der Roswell-Absturz geriet immer mehr in Vergessenheit, und der so sehnlich erwartete wirtschaftliche Aufschwung Amerikas blieb aus. General Trudeau war aber davon überzeugt, nur eine starke Wirtschaft könnte in einem kommenden militärischen Konflikt Amerika aus der Patsche helfen. Der Militärhaushalt der Regierung und die Erfordernisse der Weltraumerforschung hatten bereits 1961 den transistorisierten Komponentenschaltkreis begünstigt. Die Radaranlagen und Raketen, wie ich sie noch 1958 in Red Canyon, New Mexico, kommandiert hatte, gab es nicht mehr. Man hatte sie aus Gründen der Zuverlässigkeit mit diesen miniaturisierten Komponenten versehen. Neue Generationen von Radaranlagen, die 1960 auf den Reißbrettern lagen, arbeiteten noch raffinierter und elektronisch intelligenter als die Waffen, die wir in Westdeutschland auf sowjetische Objekte gerichtet hatten.

In den Vereinigten Staaten beherrschten japanische und taiwanesische handgroße Radios den Markt. Computer wie ENIAC, einst so groß wie ein kleines Warenhaus, nahmen jetzt nicht mehr Platz ein als ein Klosett. Minicomputer, deren Entwicklung durch R&D-Gelder finanziert wurde, waren noch nicht marktreif, aber schon in der Konstruktionsphase. Fernsehgeräte und Stereoplattenspieler mit Solid-state-Elektronik kamen langsam auf den Markt. Firmen wie IBM, Sperry-Rand und NCR brachten allmählich elektronische Büromaschinen in den Handel. Das war der Anfang eines neuen Zeitalters der Elektronik, das teilweise durch staatliche Unterstützung der Grundlagenforschung möglich wurde.

Aber die eigentliche Krönung, die Entwicklung dessen, was in Roswell geborgen worden war, sollte erst einige Jahre später stattfinden.

Als es soweit war – den Anstoß gaben wiederum Waffenindustrie und Raumfahrt –, rief dies eine neue Revolution hervor.

Die Geschichte des Halbleiters und des Mikroprozessors ist auch die Geschichte einer Verkleinerungstechnologie. Es ist die Geschichte des integrierten Chips, der in den 60er Jahren entwickelt wurde. Anfang der 70er Jahre hochstilisiert zu hochintegrierten Schaltkreisen, Ende der 70er Jahre zu höchstintegrierten Schaltkreisen, kurz vor dem Auftauchen der ersten echten Personal Computer (PC), führte er Anfang der 80er Jahre zu ultrahochintegrierten Schaltkreisen. Die heutigen Multigigabyte-hard-drive-desktop-Computer sind das Ergebnis der integrierten Schaltkreistechnologie, die in den 60er Jahren einsetzte und bis zum heutigen Tage immer weiterentwickelt wird. Der Sprung von elementaren transistorisierten integrierten bedruckten Schaltkreisen der 60er Jahre zum hochintegrierten Schaltkreis wurde durch die Entwicklung des Mikroprozessors 1972 ermöglicht, als die Ingenieure den bei Intel entwickelten ersten Mikroprozessor 4004 fertiggestellt hatten. 1972 gilt als das eigentliche Geburtsjahr der Mikrocomputerindustrie, obwohl die ersten Personalmikrocomputer erst nach der Entwicklung von Intels 8080A auf den Markt kamen. Jener Computerchip bildete das Herz des Altair Computers, der eine Version der Programmiersprache BASIC laden konnte, das erlaubte, die Maschine aufgabenspezifisch zu programmieren. Bald hatten Firmen wie Motorola und Zilog ihre eigenen Mikroprozessoren auf dem Markt. 1977 brachte Motorola den 6502-powered Apple II auf den Markt, dem der 8080A Radio Shack, der Commodore PET, der Atari und der Heathkit folgten. Im Grunde, von der Funktionsweise her, teilt der Mikroprozessor dieselbe binäre Verarbeitungsfunktion und die großen Reihen digitaler Schalter mit seinen Vorfahren, den riesigen Maschinen der 50er und 60er Jahre und den Transistorminis der späten 60er und frühen 70er Jahre. Funktionell hat der Mikroprozessor auch die gleichen Aufgaben wie Charles Babbages Analytische Maschine von 1830: Zahlen lesen, Zahlen speichern, logisch Zahlen verarbeiten und die Ergebnisse auswerfen. Der Mikroprozessor erledigt nur alles auf viel engerem Raum und arbeitet sehr viel schneller.

1979 hatte Apple Computer mit dem Verkauf von Floppy-Disk-Daten und Programmspeichersystemen für Heimcomputer begonnen, einem Katalysator für die Mikrocomputerrevolution. Der Benutzer konnte nicht nur Daten über eine Tastatur oder einen Kassettenspieler eingeben, sondern auch relativ große Datenmengen speichern, wie etwa Dokumente oder mathematische Projektionen auf transportablen, löschbaren und austauschbaren Mylar-Disketten, die der Computer lesen konnte. Jetzt wurde aus dem Elektronikhobby ein Arbeitswerkzeug. Am Ende des Jahres veränderten MicroPros Einführung des ersten voll einsatzfähigen Textverarbeitungsprogramms WordStar und die Ausgabe von Personal Softwares erstem elektronischen Spreadsheet VisiCalc den Arbeitsplatz derart, daß der PC für jeden jungen Angestellten, der vorwärts kommen wollte, zu einer Notwendigkeit wurde. Und Anfang 1980 mit der Einführung des Apple Macintosh und des objektorientierten Computerzubehörs, sah nicht nur der Arbeitsplatz sondern die ganze Welt völlig anders aus als zu Anfang der 60er Jahre.

Es scheint aber, als habe von 1947 bis 1980 ein grundlegender Wertewandel und eine Steigerung der Fähigkeit der Menschen bei der Informationsverarbeitung stattgefunden. Die Computer selbst wurden so etwas wie eine eigene Lebensform auf Siliziumbasis. Mit computergesteuerten, Verarbeitungskontrollprogrammen in allen großen Industriezweigen, die mit Software arbeiten, ließen sich mikroskopisch dünne Chips auf Siliziumbasis in der Schwerelosigkeit der Erdumlaufbahn herstellen. Sie könnten Vorläufer einer Zeit sein, in der vollautomatisierte Orbital-Fabriken routinemäßig neues Silizium-Material für Mikroprozessoren produzieren. Falls all diese Gedanken stimmen, könnte man dann nicht argumentieren, daß die Siliciumplättchen, die wir in Roswell bargen, die eigentlichen Herren und Raumfahrer waren und die EBE-Wesen nur ihre Gäste und Diener? Könnte es nicht sein, daß ein solches Silizium-Programm, erst einmal erfolgreich auf der Erde installiert, uns an einen Punkt führt, wo wir fast eine symbiotische Beziehung mit dem Silizium-Material eingehen könnten? Immerhin könnte das Material unsere gesamten Daten speichern und uns vielleicht sogar befähigen, kreativer und erfolgreicher zu sein?

Mag sein, daß uns der Roswell-Absturz dazu verhalf, die technologische Basis für Waffensysteme zu schaffen, um unseren Planeten vor den EBEs zu schützen. Vielleicht aber handelte es sich auch um einen Organismus für die erfolgreiche Implantation einer uns vollständig fremden, nicht menschlichen Lebensform, die von einem Wirt zum nächsten überlebt wie ein Virus, ein digitaler Ebola, den wir Menschen eines Tages zu einem anderen Planeten bringen werden. Und was wäre, wenn ein Feind das perfekte Spionage- oder Sabotagesystem in unsere Kultur implantieren wollte? Dann wäre die Implantation des Mikrochips in unsere Technologie durch die EBEs die perfekte Methode. Wurde es als Sabotageakt implantiert oder war es so etwas wie das Geschenk des Feuers? Vielleicht war der Roswell-Absturz 1947 ein Ereignis, das passieren mußte, wie eine vergiftete Frucht, die vom Baum auf einen Spielplatz fällt. Einmal hineingebissen, wird das Gift wirksam.

»Nun brems dich mal, Phil«, sagte General Trudeau immer, wenn ich zu viel spekulierte. »Denk dran, du hast da eine Menge Wissenschaftler, mit denen du sprechen mußt und die Leute in den Bell Labors warten darauf, deinen Bericht zu sehen, sobald du mit der Alamogordo-Gruppe gesprochen hast.«

Man schrieb 1961 und die Miniaturisierung des Computer- und elektronischen Schaltkreises hatte bereits begonnen. Mein Bericht für den General und die Treffen, die er für mich bei Sperry-Rand, Hughes und Bell Labs arrangierte, galten Gesprächen mit Wissenschaftlern, um herauszufinden, welche Fortschritte ihre jeweiligen Gesellschaften bei der Anwendung von miniaturisierten Schaltkreisen in Waffensystemen machten. Die Inspiration für die Mikroschaltkreise war aus dem Himmel über Roswell gefallen und lenkte die Entwicklung des Digitalcomputers in eine völlig neue Richtung. Mein Job bestand darin, den Waffenentwicklungsprozeß zu nutzen, um Mikroschaltkreise in die Leitsysteme für ballistische Raketen einbauen zu lassen. General Trudeau und ich gehörten zu den Pionieren dieser Entwicklung. In den 80er Jahren würde diese zu einem Kampf auf dem elektronischen Markt führen.

»Keine Sorgen, General, meine Absprachen sind alle eindeutig«, sagte ich ihm. Ich wußte, wie die Pferde mit mir durchgehen konnten, aber ich war in erster Linie ein Geheimdienstoffizier und das bedeutete, daß man mit einer leeren Seite anfängt, die man auszufüllen hat. »Aber ich glaube, die Leute im Bell Labs haben diese Dinge schon vorausgesehen.« Und das hatten sie – damals 1947.

13

Der Laser

Als ich meine Nußschrankliste durchging und Berichte sowie Empfehlungen über das Potential jedes einzelnen Teils für General Trudeau schrieb, verlor ich jedes Zeitgefühl. Als ich die Uferstraße am Potomac entlang nach Fort Belvoir rauf- und runterfuhr, um Fortschritte in der Entwicklung des Nachtsichtgeräts bei Martin Marietta zu verfolgen, konnte ich sehen, wie der Sommer zu Ende ging und die Blätter schon ihre Farbe wechselten. Es war schon dunkel, wenn ich das Pentagon verließ und auch noch, wenn ich morgens wieder zum Pentagon fuhr. Ich hatte es mir zur Gewohnheit gemacht, verschiedene Wege zur Arbeit zu nehmen, um dem CIA die Arbeit so schwer wie möglich zu machen, falls sie mich beschattete.

General Trudeau und ich hatten uns eine zeitaufwendige Routine im R&D angewöhnt. Wir hielten unsere morgendlichen Treffen über die Roswell-Akte – er nannte sie auch »Müllakte« –, weil mein Schrank mit so vielen Trümmern und Teilen gefüllt war, so gut wie möglich geheim. Wir hatten jedoch die Entwicklungsprojekte aus dem Roswell-Material so gut unter regulären R&D-Funktionen versteckt, daß nicht einmal die Beamten, die mit uns täglich zu tun hatten, wußten, was eigentlich los war. Unsere Arbeit hatten wir so sorgfältig katalogisiert. Immer, wenn wir miteinander etwas über Roswell zu diskutieren hatten, achteten wir darauf, daß niemand sonst im Büro anwesend war oder wir uns an einem Ort befanden, an dem wir frei sprechen konnten.

In meiner Verantwortung bei der Ausländischen Technologie lag es, die laufenden Entwicklungsprojekte beim R&D mit Informationen und Geheimmaterial aus Quellen zu füttern, die außerhalb der regulären Kanäle der Armee lagen. Es handelte sich einmal um Informationen aus dem Pentagon und um Kontakte zu Forschern an Universitäten oder unabhängigen Laboratorien, mit denen wir Verträge hatten. Entwickelten wir Methoden, um Nahrungsmittel haltbar zu machen und eine bessere Technik zur Aufbereitung von Feldrationen, dann war es meine Aufgabe, mehr darüber zu erfahren – und beispielsweise deutsche und italienische Informationen in den Entwicklungsprozeß einzubringen. Das Entscheidende dabei war, eine perfekte Tarnung für das, was ich mit der Roswell-Akte tat, zu schaffen. Ich mußte Tag für Tag Mittel und Wege finden, die Roswell-Technologie in den Entwicklungsprozeß so unsichtbar einzufügen, daß niemand in der Lage sein würde, auf dem Informationsfluß eine Roswell-Spur zu finden.

Für jedermann sichtbar trafen General Trudeau und ich uns regelmäßig, um die laufenden Projekte von Army R&D durchzusprechen. Alte wie neue. Offiziere, die vor uns im R&D ihren Dienst begonnen hatten, beschäftigten sich mit ihren eigenen Projekten. Der General hatte mir die Aufgabe übertragen, auch jene Projekte mit Informationen und Daten zu füttern. Meine Arbeit war nicht einfach, weil ich im dunklen arbeiten mußte, getarnt selbst vor meinen Kollegen, deren Ruf zerstört würde, wenn herauskäme, daß sie mit fliegendem Untertassen-Zeug hantierten. Gleichzeitig wußten die meisten hohen Offiziere im Pentagon und die Schlüsselleute ihres Stabs, daß Roswell-Technologie in den meisten der neuen Entwicklungsprojekte steckte. Sie waren sich im klaren darüber, wenn auch nicht so genau, was in Roswell passiert war, und kannten die gängige Version der Hillenkoetter-Arbeitsgruppe, deren Mitglieder teilweise im Pentagon arbeiteten, um über das informiert zu sein, was das Militär machte.

Außer meinem offiziellen Tagesjob, wie ich ihn nannte, im R&D mit den regulären Projekten und meinem Tarnjob mit der Roswell-Akte hatte ich eine offizielle, oft genug auch informelle Rolle als Vertreter General Trudeaus in der Abteilung zu spielen. In dem Job führte ich die Befehle General Trudeaus aus, die nicht an ein besonderes Projekt gebunden waren. Wenn General Trudeau Informationen brauchte, um seine budgetären Prioritäten neu zu bestimmen oder um Ergänzungsbudgets aufzustellen, bat er mich oft um Hilfe oder zumindest um meinen Rat. Ich fungierte auch als Geheimdienstoffizier des Generals, indem ich ihn für seine Zusammenkünfte mit Informationen versorgte, ihm half, Positionspapiere zu erstellen, ihm bei Lagebesprechungen oder Treffen mit Kongreßkomitees beistand sowie ihn und die Abteilung gegen die beinahe wöchentlichen Angriffe auf unser Revier von anderen Waffengattungen oder von zivilen Entwicklungsbehörden verteidigte. Alle wollten wissen, was wir wußten, was wir ausgaben und wofür wir es ausgaben. Und wir hatten keine Mühe, jedem, der es wissen wollte, genau anzugeben, welche Güter das amerikanische Volk für sein Geld bekäme. Das Roswell-Thema kam dabei nie zur Sprache. Dann breitete sich der Mantel des Schweigens darüber, woher gewisse Dinge stammten, wie im Fall der Verbesserung der Nachtsichtgeräte nach dem Sommer 1961.

Selbst unsere eigenen Leute frustrierten wir mit unserer gespielten Unwissenheit. Wenn etwa General Trudeau sich während einer Zusammenkunft an mich wandte und sagte: »Du weißt doch, diese Nachtsichtinformation, die du denen in Fort Belvoir vor einiger Zeit rübergeschickt hast? Wo hast du die Akte gefunden, Phil?«

Und wenn ich dann den Dummen spielen mußte und antwortete: »Ich weiß nicht, ob mir das je untergekommen ist. War wohl jemand anderes, der damit zu tun hatte.« Dann zuckte ich einfach die Schultern und ergänzte: »Ich weiß nicht, General, muß irgendwo in den Akten gewesen sein. Ich müßte gehen und nachschauen.«

Viele Offiziere, die argwöhnten, daß wir irgendwo ein geheimes Informationslager hatten, wußten genau, daß wir irgend etwas verheimlichten. Aber wenn es Berufsoffiziere waren, wußten sie auch, wie sie sich zu verhalten hatten: Wir besaßen etwas und wir versteckten es, und niemand würde etwas finden, wenn wir es nicht wollten. Folglich überließ der General alles mir, was mit militärischen Geheiminformationen zu tun hatte, und ich konnte mir einen Weg aussuchen, entweder die Antwort zu vergessen oder auch die Frage. Wir arbeiteten allmählich geschickt, völlig neue Erfindungen auf ihren Weg in die Entwicklung an viele verschiedene Orte gleichzeitig zu bringen, ohne daß jemand jemals die Quelle der Technologie erfuhr, noch nicht einmal der Offizier, der innerhalb unserer Abteilung als Projektmanager tätig war.

Der CIA war so frustriert, weil er aus uns keine Informationen herausholen konnte, daß er engeren Kontakt mit den russischen Attachés aufnahm, die in Washington herumschwirrten und unter KGB-Fuchtel in den Botschaften und Konsulaten arbeiteten. Da der CIA wußte, wie gründlich unsere Universitäten unterwandert waren, glaubte er, Informationen zu bekommen, wenn er das fotografierte, was als Fotokopie in den Schränken der sowjetischen Botschaft in Washington lag. Und natürlich drehte sich die Gerüchtemühle um den Austausch von Wissenschaftlern zwischen Industrie und akademischen Lehranstalten, daher wußte der CIA, daß wir im Army R&D etwas auskochten und schlug einen möglichst engen Spionagering um uns. Ich mußte also den General gut überwachen, durfte ihn nicht schutzlos auf Zusammenkünfte gehen lassen, am besten waren keinerlei Zusammenkünfte. Ich mußte immer dafür sorgen, daß der CIA wußte, daß er an mir vorbei mußte, wenn er etwas vom General wissen wollte. Und der CIA wußte, daß ich wußte, was er tat und wo er seine Loyalität hatte, und auch wußte, daß es eines Tages zu einem Showdown kommen mußte.

1961 hatten General Trudeau und ich schnell unseren Arbeitsryhthmus gefunden, und unsere Arbeitseinteilung schien zu funktionieren. Das Nachtsichtgerät steckte in Fort Belvoir in der Entwicklung, und die Forscher, die mit uns arbeiteten, hatten die Silizium-Plättchen ihren Kollegen von Bell Labs weitergegeben und uns versichert, daß eine neue Generation von transistorisierten Schaltkreisen schon im Entstehen begriffen war. Die Silizium-Chips stellten in dem Fall nur eine getarnte Wiedereinführung bei Bell Labs dar, weil die ursprüngliche Einführung des integrierten Chips von dem Roswell-Absturz schon 1947, genau in den Wochen, nachdem das Material Wright Field erreicht hatte, geschehen war.

Eine ähnliche Geschichte der Einführung und Wiedereinführung geschah mit der Stimulated-energy-Strahlung, einer Waffe, von der die Analytiker annahmen, sie hätten diese im Wrack des Roswell-Fahrzeugs gesehen. Da die Directed-energy-radiation eine Technologie aus dem Zweiten Weltkrieg war, dachten die Analytiker, dies wäre eine superfortgeschrittene Version dieser Technologie. Sie meinten, sie wäre so fortgeschritten, daß sie einem vollständig anderen Bereich anzugehören schien. Die Analytiker zeigten sich so begeistert in Wright Field, daß sie diese Technologie so schnell wie möglich in die Hände der Wissenschaftsforscher geben wollten, was auch geschah. Und Anfang der 50er Jahre kam eine Version der Stimulated-energy-Strahlung in Form neuer Produkte, die mit dem Mikrowellenprozeß arbeiteten.

Viele Amerikaner erinnern sich an 1950. In diesem Jahr fand die Einführung des Mikrowellenofens in unsere Küchen statt. Eines der Wunderdinge, die in den 50er Jahren auf den Markt kamen, versprach das

Essen in weniger als der Hälfte der Zeit zu kochen als die konventionellen Küchenherde. Auch Tiefkühlkost ließ sich so unaufgetaut garen. Er arbeitete mit winzigen Wellen elektromagnetischer Strahlung, die nur etwa einen Zentimeter lang sind. Sie dringen in die Nahrung ein und bringen deren Moleküle in Schwung, so daß sie von innen heraus Hitze schaffen.

Die Theorie über die Verwendung der Mikrowellen, die uns auf den langen und profitablen Weg der Stimulated-energy-Forschung brachte, wurde 1945 formuliert. Erste kommerzielle Mikrowellenöfen rollten schon 1947 bei Raytheon in Massachusetts vom Fließband, lange vor irgendeiner Verbreitung von Informationen oder Material über den Absturz des Roswell-Flugzeuges.

In dem Wrack, so berichteten die Wissenschaftler von Alamogordo, schien die Besatzung eine sehr fortgeschrittene Wellenerregungsapparatur benutzt zu haben. Diese schien eng verwandt mit der Physik der elementaren Mikrowellengeneratoren. Das Bergungsteam fand auch eine kurze, gedrungene Taschenlampe, die einen bleistiftdünnen, intensiven Lichtstrahl auf kurze Distanz abgab, der sogar Metall durchschneiden konnte. Diese Funktionsweise, so glaubten die Ingenieure in Wright Field, basiere ebenfalls auf Wellenerregung. Die Frage erhob sich, wie die EBEs diese Wellenerregung nutzten, und wie wir dieses Prinzip für militärische Zwecke nutzen oder in die bereits vorhandene Produktentwicklung einbringen könnten.

1954, als ich im Weißen Haus arbeitete, erhielt der Nationale Sicherheitsrat bereits Berichte über eine schon drei Jahre alte Theorie, die von Charles H. Townes und anderen entwickelt worden war. Diese sprach davon, wie Gasatome auf außerordentlich hohes Energieniveau durch die Anwendung von Energiestößen gebracht werden könnten. Das Gas gäbe seine überschüssige Energie in Form von Mikrowellen mit sehr genauer, kontrollierbarer Frequenz ab. Unsere weitere Überlegung ging dahin, daß der Energiestrahl auch ein Signal sein könnte, um Kommunikation herzustellen oder Signale zu verstärken. Als ein Maser Mitte der 50er Jahre bei Bell Labs fertiggestellt wurde, setzte man ihn als Atomuhr ein, wegen seiner sehr exakten Kalibrierung der Wellenfrequenz. Der Maser war jedoch nur der Vorläufer eines kommenden Produkts, des Lasers, der jeden Aspekt der von ihm berührten Technologie revolutionieren sollte. Er sollte sich auch als eine wirksame Waffe erweisen, die eine realistische Drohung für die EBEs darstellte, die geneigt schienen, einen Atomwaffenkrieg zwischen den Supermächten auszulösen. War der Maser eine Verstärkung von Mikrowellen, so war der Laser eine Verstärkung von Licht, und Theorien darüber, wie er erzeugt werden könnte, zirkulierten weithin in Kreisen der Waffenhersteller, lange bevor Bell Labs seinen Maser produzierte.

Ich hatte die Beschreibungen des EBE-Lasers in Berichten über den Roswell-Absturz gelesen: Ein Lichtstrahl, so dünn, daß man ihn nicht sehen konnte, wenn er nicht auf einen festen Gegenstand traf. Was war der Zweck dieses Lichtgenerators? Das fragte sich die Alamogordo-Gruppe. Das Ding sah wie ein Ziel- oder Kommunikationsgerät aus, schien eine beinahe unbegrenzte Reichweite zu haben und, wenn die richtige Energiequelle gefunden werden könnte, um den Lichtstrahl zu verstärken, bis er Metall durchdringen könnte, dann ließe sich das Gerät als Bohrer, Schweißmaschine oder als verheerende Waffe einsetzen.

Noch während meiner Dienstzeit im Weißen Haus, arbeiteten alle drei Waffengattungen mit Forschern in Universitätslaboratorien zusammen, um einen funktionierenden Laser herzustellen. Theoretisch wurden beim Laser Atome eines Elements zur Lichtherstellung auf die gleiche Weise erregt, wie die Atome eines Gases, um Mikrowellen herzustellen. Dadurch bot sich der Laser als ein lenkbarer Energiestrahl an, ungemein vielseitig anwendbar, daß man ihn zum Universalwerkzeug für sämtliche Abteilungen der Streitkräfte machen könnte. 1958 schließlich, als ich meinen Dienst im Weißen Haus quittierte, setzte urplötzlich ein Forschungsschub ein, insbesondere an der Columbia-Universität, wo zwei Jahre später der Physiker Theodore Maiman den ersten einsatzfähigen Laser konstruierte.

Die erste praktische Demonstration des Lasers fand 1960 statt. Als ich dann ins Pentagon versetzt wurde, hatte General Trudeau den Laser schon auf die Prioritätenliste zur Entwicklung für militärische Zwecke gesetzt. Weil sich Geräte mit dieser Stimulated-energy-Strahlung auch unter den Dingen aus dem Roswell-Absturz befanden, gehörte die amerikanische Entwicklung des Lasers zu meinen vordringlichen Aufgaben. Ich schrieb für General Trudeau Berichte über die EBE-Laser-Technologie und wie sie möglicherweise bei ihren Missionen auf diesem Planeten benutzt wurde. Außerdem stellte ich Überlegungen an, welche Anwendungsbereiche unter dem Deckmantel konventioneller Entwicklungsprogramme sich dafür finden ließen. Mit anderen Worten: Hätten wir erst einmal enträtselt, wie die Außerirdischen den Laser eingesetzt haben, könnte er uns als Modell für ähnliche Verwendungsmöglichkeiten dienen.

Wir glaubten, die EBEs verwendeten erstens den Laser zur Navigation, zweitens zur Kommunikation, indem sie den Laserstrahl als Trägersignal benutzten oder als Signal selbst. Und drittens zur Überwachung, indem sie potentielle Ziele mit einem Strahl bestrichen und außerdem noch zur Kraftübertragung, Beleuchtung und sogar zur Datenspeicherung. Die Stärke und Reinheit des Laserstrahls muß den EBEs als Kommunikationsmittel über weite Entfernungen gedient haben oder auch zur Speicherung von Informationen. Die Anwendung dieser Laserstrahlen, voll lenkbar im medizinischen wie militärischen Bereich, jagte uns Schauer über den Rücken. Denn wir blieben von den feindlichen Absichten der Außerirdischen überzeugt. Ob sie uns als ihre wirklichen Feinde ansahen, die vernichtet werden müßten, oder alles Leben auf unserem Planeten als eine Art Versuchslabor betrachteten, konnte uns letztlich gleich sein.

Im Pentagon zwischen 1961 und 1963 schaute ich Berichte lokaler und staatlicher Polizeibehörden über die Entdeckung toter Kühe durch, deren Leichen aussahen, als wären sie systematisch verstümmelt worden. Und ich las auch Berichte von Personen, die behaupteten, von Außerirdischen entführt worden und Experimenten unterworfen gewesen zu sein. Eines war diesen Berichten der Entführten gemeinsam, daß sie Tests oder eine Art Operation erlebten mit einem hauchdünnen Lichtstrahl. Lokale Polizeistationen berichteten, daß Veterinäre, welche die toten Kühe untersuchten, oft Beweise fanden, daß nicht einfach nur das Blut abgezapft worden war, sondern auch ganze Organe mit solcher Meisterschaft entfernt worden waren, daß es sich nicht um das Werk von Raubtieren oder Vandalen handeln konnte. Hatte sich jemand einen üblen Scherz erlaubt, dann sah man es sofort an der Plumpheit der Ausführung und der gewollten Inszenierung. Und bei einer überwältigenden Mehrzahl der Fälle, bei der das Tier von Raubtieren getötet wurde, die sein Blut verzehrt und die inneren Organe weggeschleppt hatten, gab es deutliche Spuren von Reißzähnen und Anzeichen eines kurzen Kampfes auf Leben und Tod, was eindeutig genug für das Vorgefallene war. Aber in den Fällen, wo die Untersuchungsbehörden behaupteten, sie seien von den Funden verblüfft gewesen, da waren die Tiere ohne große Verletzung der Außenhaut auf unerklärliche Weise regelrecht ihrer inneren Organe beraubt worden. Anfang der 60er Jahre spekulierte man in hohem Maße darüber, wie und womit die EBEs das anstellten. Wir hatten keine medizinischen Instrumente, die nur im entferntesten das konnten, was die EBEs konnten. Die Kühe sahen aus, als ob irgendein Gerät die Organe einfach herausgeschnitten hätte mit Techniken jenseits unserer chirurgischen Möglichkeiten.

Ich erinnere mich auch noch gut daran, daß sowohl zivile wie auch militärische Geheimdienstleute, die in den 50er Jahren Mitgliedern der Hillenkoetter- und Twining-Arbeitsgruppe zur Erforschung des UFO-Problems zugeteilt waren, sich aktiv an der Erforschung dieser chirurgischen Methoden beteiligten. Könnten die Russen gewesen sein, dachten die Wissenschaftler zuerst. Angesichts des gespannten politischen Klimas während des Kalten Krieges kursierte die Angst, daß die Sowjets mit amerikanischem Vieh experimentieren, um irgendeine biologische Waffe zu entwickeln, die unser Vieh vernichten würde. Es sei noch erwähnt, ohne weiter ins Detail zu gehen, daß wir häufig über die gleichen Waffen nachdachten. Wir projizierten eben auch unsere eigenen Endzeitstrategien auf die Sowjets.

Aber es waren nicht die Sowjets, die hinter unserem Vieh her waren. Die sowjetische Strategie der Destabilisierung der Vereinigten Staaten war so ausgeklügelt, daß uns nur die Strategie blieb, mit ihnen das Atomspiel zu spielen, was sie am Ende zum Aufgeben zwang. Es waren die EBEs, die mit der Organentnahme experimentierten, wahrscheinlich für die Transplantation in andere Lebewesen oder zur Verarbeitung als Nahrungsmittel. Vielleicht wollten sie sogar irgendeine Art von Hybrid-Lebewesen schaffen.

So sahen die Überlegungen der Arbeitsgruppe in den 50er und 60er Jahren aus. Wir gingen von der Annahme aus, niemand würde ein Organ aus purem Vergnügen entnehmen. Obwohl in der Öffentlichkeit erst 1967 Berichte über Rinderverstümmelungen in Colorado auftauchten, lasen wir im Weißen Haus schon Mitte der 50er Jahre Berichte darüber, die aber der Presse vorenthalten wurden.

Einige Beobachter meinten, pharmazeutische Betriebe seien dafür verantwortlich, denn sie könnten die Organe und Gewebe für biologische Experimente verwenden. Wir verwarfen diesen Gedanken, weil die Pharma-Gesellschaften ihre eigenen Farmen hatten, wo sie ihren Bedarf problemlos decken können. Unsere Geheimdienste und besonders die Arbeitsgruppe waren fest davon überzeugt, die Viehverstümmelungen ließen sich nicht auf üble Streiche, Raubtiere oder rituelle Schlachtungen zurückführen, sondern gehörten zum Programm der Außerirdischen. Wenn unser Vieh also für die EBEs so wichtig war, daß sie solche Spuren hinterließen, dann mußten wir verstehen, weshalb sie das taten. Die EBEs zeigten sich uns kalt und klinisch effizient und sie verschwendeten keine Zeit auf unserem Planeten, da sie hier Angriffen oder Gefangennahmen ausgesetzt waren.

Damals in den 50er und 60er Jahren kannten wir ihre Beweggründe nicht. Und auch heute können wir nur Vermutungen über sie anstellen. Damals jedoch verbreiteten sie Angst und Schrecken. Falls es nicht gelänge, uns gegen die EBEs zu verteidigen, würden wir von ihnen eingefangen werden und für Versuche oder als Nahrung dienen.

Heute mag sich dies wie eine Horrorvision aus einem unserer Horrorfilme über fliegende Untertassen anhören. 1957 jedoch dachten wir sowohl im Weißen Haus als auch in den Streitkräften so. Wir wußten nichts Genaues, aber wir hatten unwiderlegbare Beweise, daß die EBEs auf Farmen landeten, sich lebenswichtige Organe von Rindern holten, und dann die Kadaver einfach liegenließen, weil sie wußten, daß wir das nicht verhindern konnten.

Die Verstümmelungen, für die sich der Nationale Sicherheitsrat interessierte, wiesen alle dasselbe Verfahren auf. Wer immer hinter dem Vieh her war, schien sich vor allem für die Euter, für die Verdauungs- und Geschlechtsorgane und besonders für die Gebärmutter der Kühe zu interessieren. In vielen Fällen waren die Augen oder Kehlen mit einer Art Chirurgie entfernt, bei der die Schnittlinien mikroskopisch dünn waren. Das umgebende Gewebe zeigte: Der Einschnitt war überhitzt und beim Abkühlen schwarz geworden. Aber Kriminologen und Gerichtsmediziner sagten, daß man bei jeder Art Schnitt durch ein Raubtier oder einen Menschen – selbst von einem geschickten Wundarzt – auf jeden Fall eine Verletzung des umgebenden Gewebes vorfände, zumindest aber Schwellungen, Quetschungen oder Abschürfungen. In diesen Berichten über Verstümmelungen und deren gerichtsmedizinischen Untersuchungen fanden sich keine Beweise für Verletzungen oder Entzündungen. Deshalb glaubte man, die Schnitte seien so schnell ausgeführt und wieder geschlossen worden, daß das umgebende Gewebe nicht weiter beschädigt wurde. Das bedeutete, wer immer die Operationen an den Tieren vornahm, daß es eine Sache von Minuten gewesen war. Es wäre daher unwahrscheinlich, daß die Polizei jemals jemanden auf frischer Tat ertappen würde. Folglich konnten wir weder unser Vieh schützen noch adäquat auf die Entführungen von Mitbürgern reagieren. Wir konnten das Kind beim Namen nennen oder die Entführten dazu bringen, sich selbst für verrückt zu erklären. Und wir mußten Waffen entwickeln, um den EBEs Widerstand leisten zu können. Eine dieser Waffen, die einen potentiell weiten Anwendungsbereich hatte, war der Laser – das Gerät, das die Armee in dem Roswell-Flugobjekt fand und später in Zusammenarbeit mit Hughes Aircraft zu einer Waffe entwickelte.

Kurz nach der ersten erfolgreichen Demonstration eines rubinroten Lasers an der Columbia University war allen drei Waffengattungen klar, daß sie einen Volltreffer gelandet hatten. Im folgenden Jahr kamen die Ergebnisse der Tests in Columbia, das Interesse der Industrie an der Entwicklung von Laserprodukten und der Roswell-Bericht auf meinen Tisch. Jetzt war ich an der Reihe, mich zu engagieren und die Informationen miteinander zu verknüpfen und die Entwicklung von Laserprodukten mit militärischen Geldern zu fördern, bevor die ganze Operation in die Hände eines R&D-Spezialisten geriet. Wir mußten die Fäden in der Hand behalten.

Ich begann eine Liste aufzustellen mit denkbaren Anwendungen für die Armee. Auf Grundlage der Berichte der Armeeanalytiker über das Roswell-Fahrzeug schien mir klar zu sein, daß der Strahl, wenn er ein Schneide- und Operationsinstrument war, auch als eine fortgeschrittene Schnellfeuerwaffe verwendet werden könnte. Mit so einem präzise lenkbaren Strahl könnte man auch einen ausgezeichneten Entfernungsmesser und ein Zielmeßgerät für die Artillerie herstellen. Wenn der Strahl sekundenschnell eingestellt werden könnte und in einen Computer eingegeben würde, dann müßte er auch das perfekte Zielsystem für einen Panzer abgeben können, besonders für Panzer in Bewegung. Normalerweise muß ein Panzer anhalten, bevor er feuern kann, weil der Kanonier einen festen Punkt braucht, von dem aus er den Abstand, die Richtung und andere Faktoren messen kann. Der Laser könnte das alles tun, während sich das Fahrzeug fortbewegt und feuert. Und wenn ein Laser ein Ziel vom Panzer aus markieren kann, dann müßte dasselbe auch bei einem Hubschrauber funktionieren.

Ich schlug General Trudeau vor, daß die ganze Forschung, die wir in die Hubschrauberentwicklung steckten, auch die Möglichkeiten der Lasertechnik einbeziehen sollte. Wir wären in der Lage, im Kampf befreundete Truppen und unsere Feinde besser zu identifizieren. Außerdem ließen sich potentielle Ziele mit Laserstrahlen anvisieren, für alle unsichtbar, doch für den Kanonier voll lenkbar. Gleichzeitig könnten unsere Bomben oder Raketen auf einem Laserstrahl direkt ins Ziel fliegen, wie etwa ein hitzesuchender Marschflugkörper. Wäre es erst einmal markiert, könnte das Zielobjekt der lasergeführten Rakete nur schwer entkommen. Für ein festes Ziel, wie eine Befestigung oder eine Artilleriestellung würden lasergelenkte Granaten besonders verheerend sein, weil wir sie mit ein oder zwei Runden ausschalten könnten, statt immer wieder schießen zu müssen, um sicherzugehen, daß wir getroffen hätten.

Als Signalträger ist der Laser dermaßen zuverlässig, daß er sich durch nichts umleiten läßt. Aus diesem Grund, schrieb ich General Trudeau, müssen die EBEs eine weiterentwickelte Form des Lasers für ihre Kommunikation benutzt haben. Und das könnten wir auch tun. Die Intensität des Strahls und sein haarscharfer Brennpunkt bedeuten, daß er mit äußerster Präzision ausgerichtet werden kann. Die Vergrößerung der Energie zur Verstärkung des Strahls dürfte das Ziel des Strahls nicht verändern, so daß er ein perfektes, geradliniges Kommunikationsmittel über weite Distanzen sein dürfte.

Laser haben auch große Kapazitäten zur Beförderung von Mehrfachsignalen. Deshalb, schrieb ich dem General, sollten wir eine größere Zahl von Nachrichten besser in ein Lasersignal packen als auf einen traditionellen Signalträger. Das bedeutete, daß wir ein Kampfgebiet buchstäblich mit den unterschiedlichsten Arten von Kommunikationskanälen überfluten könnten. Für die Führung und Kontrolle der zunehmend komplizierteren elektronischen Kampfmittel, so sagte die Armee 1970 voraus, würde der Laser zum Grundstock des Signalcorps werden.

General Trudeau meinte, er wäre auch an einer Sache interessiert, über die von anderen Militärbeobachtern geschrieben worden wäre.

Darin ging es um die Anwendung des Lasers auch als Projektionsgerät für großflächige Displays. Laserstrahlen wären so hell, daß man einen Raum nicht verdunkeln müßte, um Displays zu zeigen. Den Computeroperatoren erlaubte das, ihre Tastaturen zu bedienen, die Displays zu sehen und gleichzeitig der Lagebesprechung zuzuhören.

Meiner Meinung nach sollte sich die militärische Kartographenabteilung für den Laser wegen seiner unschlagbaren Meßgenauigkeit besonders interessieren. Dieselben genauen Messungen könnten auch digitale Daten für Hubschrauber und niedrig fliegende Flugzeuge liefern, die zur Unterstützung der Infanterie eingesetzt würden. Flugzeuge, die dicht über der Erde fliegen, könnten so dem Radar des Gegners entgehen und für den Gegner bis zur letzten Sekunde verborgen bleiben. Aber bevor es nicht Möglichkeiten für exakte topographische Messungen gäbe, liefen Flugzeuge Gefahr, Baumwipfel zu streifen oder in Hügel zu rasen. Sobald ein Laser exakt topographische Kennzeichen den Höhenkontroll- und Navigationscomputern an Bord der angreifenden Flugzeuge übermitteln würde, könnte das Flugzeug in sicherem Abstand zu allen Bodenhindernisse fliegen und dem feindlichen Radar verborgen bleiben. Diese Fähigkeit für dichten Bodenkontakt hatte ich aus den Analysen über die UFOs herausgelesen, die ebenfalls diese Fähigkeit besaßen. Das ermöglichte ihnen, dicht über dem Boden zu schweben und mit Geschwindigkeiten von ein paar tausend Kilometer pro Stunde in Baumhöhe zu fliegen, ohne irgendwo anzustoßen. Die laserähnlichen Geräte an Bord der UFOs fütterten blitzschnell das Flugzeug mit den topographischen Daten der Landschaft, und das Flugzeug paßte sich automatisch dem Terrain an.

Ende 1961 bat mich General Trudeau, Fort Belvoir erneut zu besuchen. Diesmal sollte ich Dr. Mark Johnston treffen, den Aeronautik-Spezialisten von Hughes Aircraft. Fort Belvoir war eines der sicheren Häuser für das R&D, um Zusammenkünfte zu arrangieren, weil es eine gesicherte militärische Anlage war. Mein Kommen und Gehen dort in Army R&D-Angelegenheiten war schon zur Routine geworden, selbst für die CIA-Überwacher, die sich manchmal an meinen Wagen hängten, wenn ich aus dem Pentagon kam.

Mein Treffen mit Johnston zum Beispiel galt einem Gespräch über das Hubschrauberentwicklungsprogramm und nicht der Übergabe meiner Berichte über die Lasermessgeräte, von denen wir glaubten, daß sie im Roswell-Fahrzeug gewesen seien. Ich informierte Johnston darüber, was das wissenschaftliche Team in Alamogordo über das Raumfahrzeug herausgefunden hatte, bat ihn, nicht darüber zu sprechen, und schlug vor, daß das Hughs-Team zur Entwicklung des Navigationsradars für das Hubschrauberprojekt erwägen möge, ob man die kürzlich entwickelten Laser als Terrainmeßgeräte und Zielerkennung einsetzen könnte.

»Natürlich«, versicherte ich ihm, »könnte das R&D ein Budget zur Entwicklung des Laserprojekts bereitstellen, wenn das R&D-Team bei Hughes meinte, unsere Idee sei durchführbar und durchaus zu entwickeln.«

Und genau das ist auch passiert. Unter Benutzung der positiven Ergebnisse der Tests an der Columbia University und der Waffenbeschreibungen der Armee, die wir erstellt hatten – Entfernungsmesser, Ziel- und Suchwaffe –, sowie mit Forschungsgeldern vom Pentagon konnte Hughes als einer der ersten Vertragspartner für den militärischen Laser einen Kontrakt schließen. Heute ist aus dem Laser der HEL geworden, der Hochenergielaser, der vom Weltraumverteidigungskommando unter anderem als Anti-Satelliten- bzw. Anti-Atomsprengkopf-Waffe eingesetzt wird.

Mein Treffen mit Johnston ging kurz und bündig vonstatten. Wie so viele der Forschungswissenschaftler von Hughes, Dow, IBM und Bell, die ich getroffen habe, verschwand Johnston hinter den Werkbänken, Computerschirmen oder Teströhren in den Hinterräumen der Firma und aus meinem Gesichtsfeld für immer. Als General Trudeau einige Monate später mich bat, den Fortgang des Projektes zu prüfen, traf sich ein anderer Angestellter der Firma mit mir, und das Projekt sah nicht anders aus als so viele andere vom R&D initiierten Forschungsprojekte. Alle Spuren von Roswell und dem ›Nußschrank‹ waren wie ausgelöscht, das Projekt war in die normale Forschung überführt. Natürlich stammte dieses Gerät nicht aus dem Roswell-Zwischenfall – nach offizieller Lesart. Der Zwischenfall blieb ein Mythos, der niemals stattgefunden hat. Dieses Gerät aus dem Ressort für Ausländische Technologie war also etwas, woran die Italiener oder Franzosen gearbeitet hatten, und das wir über unseren Geheimdienst bekommen hatten.

Unsere Arbeit mit Lasertechnik wurde gegen Ende 1961 so erfolgreich, daß General Trudeau mich drängte, ihre Anwendung auf so vielen Armeebasen wie möglich zu verbreiten. Ich sprach zum Beispiel mit Waffenexperten in Fort Riley, Kansas, über die Benutzung von Lasern für die Truppen im Feld. Vielleicht als Entfernungsmesser, schlugen wir vor, oder als eine Methode, sich an ein Ziel »anzuhängen« nach Art der Luftwaffe, die mit etwas experimentierte, was sie »smart bombs« (intelligente Bomben) nannte.

Schon 1964, nachdem alle unsere in Auftrag gegebenen Studien zufriedenstellend ausgefallen waren, wurden auf allen Basen im Land die ersten handlichen Entfernungsmesser getestet und heute benutzt die Polizei Lasersichtgeräte auf ihren Waffen. Der Laser wurde zu einem der großen Erfolge der Armee.

Bei einem unserer letzten Einsätze für Laserwaffensysteme, konnten wir ein Budget zur Entwicklung von Erkennungstechnologie für herannahende Flugkörper verabschieden. Für dieses Projekt mußten wir hart kämpfen, um politische Gegner als auch Gegner in den anderen Waffengattungen zu überwinden, die unsere Methode als konventionelle Methode zur Aufspürung von Marschflugkörpern ansahen. Der Laser wäre zu neu, argumentierten sie. Atmosphärische Interferenzen wie dicke Wolken würden den Laser über weite Entfernungen ablenken, sagten sie. Oder sie behaupteten, das Ganze würde zu viel Energie erfordern und keine Tragbarkeit haben. General Trudeau und ich hatten andere Absichten mit diesem Projekt, die wir natürlich niemandem mitteilen konnten. Wir glaubten, daß Laser nicht nur herannahende Flugkörper erkennen könnten – das war offensichtlich. Wir betrachteten den Laser auch als unsere beste Waffe, nicht nur zur Erkennung der UFOs vom Boden, vom Flugzeug oder von Satelliten aus, sondern auch zu ihrem Abschuß, wenn man die Energie auf das notwendige Maß verstärken könnte. Ein paar von ihnen abschießen, so dachten wir, und sie würden unseren Luftraum nicht mehr so unverschämt verletzen. Mit Laser ausgestattete Kampfflugzeuge oder Abfangjäger könnten für sie sicher eine Bedrohung sein. Würden wir unsere Satelliten mit Laserkanonen ausstatten, dann wären wir in der Lage, die UFOs derart unter Beschuß zu nehmen, daß sie unseren Weltraumfahrzeugen nur zu gern fernblieben. Aber 1961 war das alles noch Spekulation.

Nur ganz wenige Leute in den anderen Abteilungen von R&D hatten überhaupt eine Ahnung, was wir vorschlugen. Die NASA verfolgte ihre eigenen Pläne zur Entwicklung von Erkennungsgeräten auf Laserbasis.

Da sie ihre Entwicklungsgelder ganz gewiß nicht mit der Armee teilen wollte, war von dort keine Hilfe zu erwarten.

Die Luftwaffe und die Marine hatten ihre eigenen Entwicklungsbudgets für Laserwaffen. Und den zivilen Geheimdiensten durften wir nicht über den Weg trauen. Folglich entwarfen General Trudeau und ich einen getarnten Finanzierungsplan für die Entwicklung eines Laseraufspürsystems und andere Überwachungsprojekte. Eigentlich unerhört, aber so fand unser Plan bald Zustimmung, und der eigentliche Zweck konnte gut vertuscht werden. Allerdings durften wir ihn niemals Anti-UFO-Waffe nennen, deshalb hieß er Studie zur Antiraketen-Rakete. Es wurde eines der erfolgreichsten Projekte, das jemals vom Army R&D herauskam. Viele seiner theoretischen Grundlagen verdankte es unserer Entdeckung des Lasers im Roswell-Wrack.

14

Das Antiraketen-Raketen-Projekt

Während meiner Dienstzeit im Pentagon gab es Zeiten, in denen manche Dinge aus der Roswell-Akte derart in mein Leben eingriffen, daß ich mich manchmal fragte, ob in meiner Arbeit ein höherer Sinn läge. In den Jahren nach meinem Abschied aus der Armee habe ich viel darüber nachgedacht und auch darüber, wie Dinge oder Ereignisse dazu neigen, sich um einen gemeinsamen Kernpunkt zu konzentrieren. Einen dieser Punkte bildete die Entwicklung der Antiraketen-Rakete, die in meinen Arbeitsbereich beim Army R&D im Pentagon fiel.

Anfang 1963, ich hatte gerade das Pentagon verlassen, bat mich Senator Strom Thurmond, seinem Stab als Gutachter und Berater in militärischen und Fragen der nationalen Sicherheit beizutreten. Der Kongreß hatte gerade 300 Millionen Dollar bewilligt, um die vorbereitenden Pläne zur Entwicklung der Antiraketen-Rakete in ein formales, konkretes Entwicklungsprojekt umzuwandeln. Aber sobald die Vorlage den Senat passiert hatte, stieß sie auf eine Betonmauer der Ablehnung. Verteidigungsminister Robert McNamara weigerte sich rundheraus, das Geld auszugeben, weil, wie er sagte, es nicht nur den amerikanisch-sowjetischen Rüstungswettlauf beschleunigen würde, sondern auch den Kreml provozierte. Mit dieser Waffe nämlich würden wir die Fähigkeit zum Erstschlag erringen. Wir könnten dann die sowjetischen Interkontinentalraketen neutralisieren. Außerdem, teilte McNamara dem Kongreß mit, brauchten die Vereinigten Staaten diese Waffe vorläufig nicht.

Senator Thurmond reagierte wütend, und ich war zutiefst betrübt. McNamara hatte einfach nichts begriffen. Er war vollkommen falsch informiert, wie die Sowjets auf jede Waffeneinsatzfähigkeit unsererseits reagierten. Sie verhandelten mit uns nicht in einem kooperativen Sinn, sondern nur gezwungenermaßen, sobald sie glaubten, es sei in ihrem eigenen Interesse. Sobald sie erführen, daß wir ihre Interkontinentalwaffen ausschalten könnten, würde sie das mehr als alles andere dazu anhalten, ehrlich zu sein. Waren sie nicht in Kuba zurückgewichen, als sie sahen, daß Kennedy es ernst meinte und der Marine befahl, die Blockade zu verschärfen? Aber McNamara hörte auf den CIA, der ihm genau die Informationen gab, die ihm die Desinformationsspezialisten im Kreml zukommen lassen wollten: Entwickelt nicht die Antiraketen-Rakete.

General Trudeau und ich hatten schon im Jahr zuvor, als ich noch im Pentagon war, den geheimen Plan ausgearbeitet. Eine Antiraketen-Rakete mit Lasererkennungs- und Aufspürtechnik würde der beste Mechanismus sein, um die Gelder zur Entwicklung einer Laserkanone zu bekommen, mit der wir letztlich die UFOs abschießen könnten. So zumindest hatten wir es geplant. Der General hatte den Plan durch die Pentagon-Bürokratie geschleust, während ich ihm auf der parlamentarischen Seite den Rücken deckte. Ich sagte vor dem Komitee der Streitkräfte über die Effektivität einer Waffe aus, die in der Lage wäre, die amerikanischen strategischen Streitkräfte mit einem Schirm zu schützen. Falls irgendein Land den Wahnsinn begänne, die Vereinigten Staaten anzugreifen, würde die Antiraketen-Rakete diese Offensive abwehren und die aggressiven militärischen Kräfte vernichten.

Im Gegenteil, meinte das Verteidigungsministerium. Die Aufstellung der Antiraketen-Raketen würde unsere Feinde ermutigen, zuerst unsere Städte anzugreifen und unsere Zivilbevölkerung zu vernichten. Was hätte es dann noch für einen Sinn zurückzuschlagen, wenn der Schaden bereits geschehen wäre? Das einzige, was Sicherheit für unsere Zivilbevölkerung brächte, wäre die Fähigkeit beider Seiten, die gegenseitigen Atomstreitkräfte in einer Balance zu halten. Falls beide Seiten erst die Atomstreitkräfte des anderen vernichteten, würden sie mit Sicherheit die Zivilbevölkerungen verschonen.

Aber der Verteidigungsminister verstand nichts vom Krieg. Vor allem hatte er nicht erkannt, welche Lektionen die Sowjets im Zweiten Weltkrieg gelernt hatten, als ihre Bevölkerungszentren vernichtet wurden und das Volk an den Rand des Hungertodes gedrängt wurde. An solchen Erfahrungen zerbricht man nicht, sondern wächst. Die einzige Hoffnung der Sowjets auf einen Sieg im Kalten Krieg bestand darin, daß wir in unserer Wachsamkeit nachließen und kapitulierten. Mit seiner Weigerung, die Antiraketen-Rakete zu bauen, hörte der Verteidigungsminister auf Argumente, die ihm eingetrichtert wurden, ohne daß er wußte von wem – von Personen aus dem Geheimdienst, die vom KGB manipuliert wurden.

Senator Thurmonds Reaktion auf Bob McNamaras Weigerung, die Gelder für das Antiraketen-Raketen-Projekt freizugeben, war die Einrichtung und Durchführung eines Subkomitee-Hearings zu dieser Frage, um herauszufinden, warum das Verteidigungsministerium sich nicht in der Lage sah, geheime Informationen über die technischen Eigenschaften vorgeschlagener Waffen und unsere Verteidigungspolitik in einer öffentlichen Sitzung des Kongresses zu diskutieren. Deshalb schlug Fred Buzhardt, der Jahre später Präsident Nixons Anwalt wurde, Senator Thurmond vor, das Senatsprivileg für eine geschlossene Senatssitzung in Anspruch zu nehmen, damit die Frage der Antiraketen-Rakete vor dem gesamten Senat vertraulich behandelt werden konnte. Zuerst aber brauchten wir vom Verteidigungsministerium spezifische Informationen, und diese Aufgabe fiel mir zu, da ich des Senators Ratgeber für militärische Angelegenheiten war. Niemand wußte, daß ich eigentlich der Offizier war, der ursprünglich die Informationen für das Antiraketen-Raketen-Programm zusammengestellt hatte.

Das erste Treffen mit dem Verteidigungsministerium fand in meinem neuen Büro im Erdgeschoß des Capitols statt. Minister McNamara schickte seinen wissenschaftlichen Berater Harold Brown, der später selber Verteidigungsminister wurde, begleitet von einem Armeeobersten, dem designierten Projektoffizier für das Antiraketen-Raketen-Programm. Brown kannte mich nicht, doch offensichtlich sein Assistent von der Armee.

Nachdem ich vom Projektoffizier Informationen verlangte und er mich mit Oberst anredete, setzte sich Brown kerzengerade in seinen Stuhl. Nach und nach stellte ich dem Projektoffizier spezielle Fragen über das Antiraketen-Raketen-Programm: Wieviel von den ursprünglich vom Pentagon veranschlagten Geldern sind bereits ausgegeben? Wie sieht der Zeitplan für die Projektfinanzierung aus? Wie weit ist die Forschung für das Boden- und Satellitenradar gediehen? Welche Überlegungen gibt es zur sowjetischen Strategie der Konter-Antiraketen-Raketen und zur sowjetischen Entwicklung noch größerer und mobilerer Interkontinentalraketen? Da wir diese nicht mit einem Erstschlag ausschalten könnten, würde man diese Raketen auf Eisenbahnwaggons oder Lkws laden, und es wäre uns beinahe unmöglich, sie zu treffen, auch wenn sie zum Auftanken stillstehen müßten.

»Ich höre, daß mein Assistent sie ständig Oberst nennt, Herr Corso«, sagte Harold Brown, »und Sie scheinen eine Menge Details über den Gegenstand zu kennen.«

»Ja, Sir«, sagte ich. »Ich habe erst vor ein paar Monaten meinen Abschied aus der Armee genommen, als ich im Pentagon der Projektoffizier für das Antiraketen-Raketen-Programm war.«

»Dann hat es wohl keinen Zweck, hinter dem Berg zu halten«, sagte Harold Brown und lächelte zum ersten Mal während des Treffens. Er griff in seine Tasche und holte einen geschlossenen Umschlag hervor. »Hier sind die Kopien aller Details über das Projekt, über das wir Präsident Kennedy informiert haben. Da ist alles drinnen. Und ich nehme an, daß es das ist, was Sie suchen, offiziell«, sagte er mit besonderer Betonung auf offiziell. Beide wußten wir, was in dem Umschlag steckte. Aber ich durfte dies nicht vor dem Senat bekanntgeben, weil es Geheiminformationen waren, und ich würde gegen das Gesetz über nationale Sicherheit verstoßen.

Indem er mir jedoch das Material gab, das großenteils auf Informationen basierte, die ich selbst entwickelt und worüber ich Generalstaatsanwalt Robert Kennedy 1962 privat informiert hatte, autorisierte mich Brown, darüber zu sprechen. Er war sich wohl im klaren darüber, daß ich privat ganz allgemein darüber gesprochen hatte, was in der Akte der Armee über das Antiraketen-Raketen-Programm stand – das war ein Senatsprivileg, solange es nicht mißbraucht wurde –, daß ich es aber formell nicht konnte. Jetzt konnte ich es, und ich war Harold Brown dankbar für seine Offenheit.

Die Schlacht um die Gelder hatte begonnen, aber ich konnte den Inhalt des Umschlags nicht durchsehen, ohne an die Ereignisse zu denken, die zu diesem Treffen und dem Projekt geführt hatten. Es begann schon im Jahr 1962, als ich die Liste der Prioritäten abarbeitete, die ich mir aus dem »Nußschrank« zusammengestellt hatte. Dazu gehörte auch ein medizinischer Bericht über die Wesen, den ich mir für den Abschluß meiner arbeitsreichen Bilanz aufhob, bis alle konkreten Dinge des Roswell-Absturzes in irgendeinen Entwicklungsprozeß eingebracht wären.

Es war ein Bericht über die mögliche Funktion und die sichtbare Struktur des Gehirns der Außerirdischen. Dieser beschäftigte sich begeistert mit den Ähnlichkeiten zwischen einem EBE-Gehirn und dem Gehirn eines Menschen. Eine Sache in dem Bericht machte mich jedoch stutzig. Der Mediziner schrieb, daß die Meßergebnisse der Gehirntätigkeit bei dem Außerirdischen, der in Roswell kurze Zeit noch lebte, zeigten, daß seine elektronische Signatur, soweit man das 1947 mit der damaligen Ausrüstung feststellen konnte, ein Signal abgab, das wir lange Niedrigfrequenzwellen nennen würden. Und der Mediziner bezog sich auf eine Beschreibung eines Arztes vom Roswell Army Air Field, daß die Gehirnlappen des Wesens nicht nur physiologisch und neurologisch, sondern auch durch einen elektromagnetischen Strom integriert wären.

Ich hätte dies zu gerne als Spekulation eines Arztes abgetan, der keine Ahnung mit derartigen Analysen und mit außerirdischen Wesen hat. Dann wäre alles, was er geschrieben hatte, Unsinn und nicht der Mühe wert, darauf einzugehen. Man könnte es zurück in den Schrank legen und sich mit anderen Dingen beschäftigen, die in handfeste Projekte umgewandelt werden könnten. Aber der Arztbericht war viel beunruhigender, als ich zugeben wollte, weil er mich in eine Zeit zurückversetzte, als ich Adjutant des Generalstabs in Rom war und mich mit einigen Doktoranden der Universität von Rom anfreundete.

Ich war damals Hauptmann und 24 Jahre alt, ehemaliger Ingenieursstudent, vollauf beschäftigt, täglich die Verantwortlichkeiten meines Jobs genau zu lernen, immer einen Schritt meinem Boß voraus, damit er nicht merkte, daß ich eigentlich nichts wußte. Bei einem meiner Besuche der Universität traf ich Dr. Gislero Flesch, Professor der Kriminologie und Anthropologie, der mir einen Vortrag hielt über das, was er seine Theorie und Experimente über »die Basis des Lebens« nannte. Es war eine wilde und, wie ich meinte, übernatürliche Theorie über die Fasern in jeder Zelle. Die Fasern würden durch eine kosmische Wirkung oder eine Form von elektromagnetischer Strahlung aktiviert, mit der die Erde ständig aus dem Weltall bombardiert würde und an der ständig erneuerten elektrischen Aktivität des Gehirns in Resonanz geriet.

»Capitain«, sagte er immer zu mir, wenn er mit seinen Erklärungen begann. Er war auch immer wieder überrascht, daß eine so junge Person wie ich aus der Neuen Welt rübergeschickt wurde, um Gesetz und Ordnung in Rom, der Hauptstadt der alten Welt, wiederherzustellen.

»Die elektromagnetischen Kräfte im Körper sind am wenigsten erforscht«, erklärte der Professor. »Gleichwohl sind sie mehr für Aktivitäten verantwortlich, als man sich das vorstellen kann.«

Als Ingenieursstudent, der nur über empirische Erfahrungen verfügt, blieb ich zuerst mehr als skeptisch. Wie kann man elektrische Aktivität im Gehirn messen, die man nicht sehen kann? Wie können unsichtbare Energiewellen, die man weder fühlen noch sehen kann, bestimmte Gebiete der menschlichen Zelle erregen, und was hat es damit überhaupt für eine Bewandtnis?

Professor Flesch stellte mich Professor Casmiro Franck vor, einem der ersten Wissenschaftler, der Gehirnwellen fotografierte. Professor Franck wurde mein Freund, zu einer Zeit, in der ich noch in einem Kleinkrieg steckte: Täglicher Kampf gegen die Gestapo-Agenten, gegen kommunistische Partisanen und die Mafia. Aber sobald ich Zeit fand, wollte ich mich mit Menschen umgeben, die meinen Horizont erweiterten, und auch die Stadt meiner Vorfahren besser kennenlernen.

Professor Franck war genau so ein Mann. Bei seinen ersten Experimenten hatte Franck das Gehirn eines Kaninchens untersucht. Er maß die langen Niedrigfrequenzwellen, die von Tiergehirnen erzeugt werden. Es gelang ihm zu beschreiben, welche Wege die Wellen zu den willkürlichen Muskeln des Tieres nahmen. Gewisse Muskeln, dozierte Professor Franck, reagierten nur auf bestimmte Wellenlängen des Gehirns, Wellen mit bestimmter Frequenz. In manchen Fällen der Muskelparalyse ist nicht der Muskel selbst beschädigt, sondern sein Empfangsmechanismus funktioniert nicht. Er kann dann nicht mehr die richtigen Frequenzen empfangen. Es sei wie beim Radio, meinte er. Wenn das Radio ein Signal nicht aufnimmt, ist nicht unbedingt das Radio kaputt, vielleicht muß nur seine Antenne oder sein Kristall auf die richtige Frequenz eingestellt werden. Mehr als einmal weilte ich als Gast in seinem Labor und schaute zu, wie er seine Experimente an lebenden Kaninchen durchführte. Der Professor griff auch in die Übertragung der elektromagnetischen Wellen des Gehirns ein, indem er Elektroden einpflanzte, und dann feststellte, welche Muskeln kataleptisch wurden und welche reagierten. Er betonte, das beruhte nur auf der Veränderung der Frequenz. Sobald man das Tier von dem Experimentiertisch befreite, konnte es wieder springen und hüpfen, als wäre nichts passiert.

Eines Tages stellte mich Professor Franck einem seiner Kollegen vor, dem gefeierten Biologen und Physiker Dr. Castellani, der viele Jahre zuvor den Erreger der Schlafkrankheit identifiziert und isoliert hatte, und in den 30er und 40er Jahren die sogenannten »Castellani-Salben« zur Behandlung bestimmter Hautkrankheiten hergestellt hatte. Während andere Ärzte sich darauf konzentriert hatten, die Symptome zu behandeln, die sie auf der Haut sahen, waren die Probleme, so Dr. Castellani, vieler Hautkrankheiten, wie Psoriasis oder Entzündungen, die wie bakterielle Infektionen aussahen, durch Veränderung des elektromagnetischen Feldes der Haut korrigierbar. Dafür hätte er seine Salben entwickelt.

Diese drei Männer benutzten die elektromagnetischen Wellen, um Heilungsprozesse auf eine Weise anzuregen, die ich für erstaunlich hielt. Sie behaupteten auch, daß elektromagnetische Behandlungen in der Lage seien, die Geschwindigkeit zu verändern, mit der Zellen sich teilen und Tumore wachsen könnten. Sie behaupteten, daß sie durch Ausstrahlung gezielter elektromagnetischer Wellen Herzkrankheiten, Arthritis, alle Arten bakteriologischer Infektionen, die in die Zellfunktion eingriffen, und sogar gewisse Formen von Krebs heilen könnten. Man kann sich vorstellen, wie das in den Ohren eines jungen und unerfahrenen Geheimdienstoffiziers 1944 klang.

Ich verbrachte mit den Professoren Flesch, Franck und Castellani in Rom viele Stunden und beobachtete ihre Experimente voller Interesse. Sie verfügten über keinerlei Finanzmittel und auch nicht über die Billigung der medizinischen Gesellschaften, um ihre Arbeit auszuweiten oder um Patienten mit ihren unkonventionellen Methoden zu behandeln. Viele ihrer Arbeiten wurden in Forschungsmonographien oder akademischen Zeitschriften veröffentlicht oder dienten zu Vorlesungen und Symposien. Ich verließ im Frühjahr 1947 Rom, verabschiedete mich von meinen Freunden an der Universität und verbannte ihre Arbeiten als übernatürlich aus meinem Gedächtnis, als ich mich auf meine neuen Aufgaben in Fort Riley, dem Weißen Haus, Red Canyon, Deutschland und dem Pentagon konzentrierte.

Dann, eines Tages, als ich auf den spekulativen Bericht über die Struktur des Gehirns des Außerirdischen aus Roswell stieß, kam alles, was die Professoren Flesch, Franck und Castellani damals gesagt hatten, blitzartig wieder in mein Gedächtnis. Da saß ich, starrte auf ein loses Blatt Papier, und zwang mich, die Ideen und Begriffe von vor über zehn Jahren zu erwägen, die alles anzweifelten, was uns die Wissenschaft damals darüber erzählte, wie das Gehirn arbeitet.

Während ich die Autopsieberichte über das Gehirn des Außerirdischen durchlas und was der Mediziner glaubte, wie die Niedrigfrequenzwellen agierten, wenn der Strom durch das Gewebe floß, schaute ich mir auch die Berichte eines Armeegeheimdienstoffiziers an, der im Konsulat in Stalingrad arbeitete. In dessen Aufzeichnungen über sowjetische Versuche mit medial veranlagten Personen ging es um Telekinese, also darum, eine geistige Gewalt über Objekte auszuüben, welche von einer Stelle zur anderen durch die Luft flogen. Diese Berichte am Ende der 50er Jahre beunruhigten General Trudeau zutiefst. Die Sowjets schienen irgendeiner Sache auf der Spur zu sein.

»Die Burschen verschwenden nicht ihre Zeit, Phil«, sagte mir der General auf einer unserer morgendlichen Zusammenkünfte, nachdem ich ihm die Berichte am Tage zuvor zur Durchsicht gegeben hatte. »Wenn die sich damit beschäftigen, dann wissen sie auch, daß etwas daran ist.«

»Glauben Sie nicht, daß dieser Bericht viel Spekulation enthält?« fragte ich. Ich merkte an seinem Gesichtsausdruck, daß ich diese Frage nicht hätte stellen sollen.

»Wenn Sie der Meinung wären, daß es nur Spekulation sei, Oberst«, sagte er abrupt, »dann hätten Sie mir die Sachen wohl nicht reingereicht.« General Trudeau hatte seine eigene Art, es einem unter die Nase zu reiben, wenn man etwas Dummes gesagt hatte. Und was ich gesagt hatte, war sehr dumm für einen Offizier mit meinem Training und meiner Erfahrung. Er wußte genau, daß dieses Thema mich auch beunruhigte.

»Sie haben ganz recht, darüber beunruhigt zu sein«, und Trudeaus Stimme wurde weicher, als er sah, wie ich ihn anschaute. »Und Sie täten gut daran, in Ihrem Büro zu sitzen und des Rätsels Lösung zu suchen. Und Sie wissen genau, was uns beide beunruhigt. Muß ich es sagen?«

Nein, das mußte er nicht. Es war offensichtlich. Wenn die Sowjets irgendeines der Flugobjekte in die Hände bekommen hatten, die seit 1947 abgestürzt waren – ich wußte nicht, wie viele es insgesamt waren –, dann waren die Sowjets inzwischen ebenfalls darauf gekommen, daß die Außerirdischen irgendeine Form von Gehirnwellenkontrolle für die Navigation benutzt hatten. Wie die Außerirdischen ihre Gedanken steuerten oder sie in elektronische Schaltkreise übertragen hatten, das wußten wir auch nicht. Aber wir wußten, es hatte keine Steuerknüppel oder konventionelle Kontrollmethoden in dem Fahrzeug gegeben. Die Stirnbänder mit den elektronischen Sensoren, die wir gefunden hatten, sahen allerdings so aus, als könnten sie Signale des Gehirns empfangen. Die Analytiker in Wright Field glaubten, daß die Sensoren an den Stirnbändern mit Punkten an den mehrlappigen Gehirnen der Außerirdischen korrespondierten, von denen die Niedrigfrequenzwellen erzeugt wurden, so daß die Stirnbänder als integraler Bestandteil des Schaltkreises funktionierten. Wenn wir in der Lage waren, uns so etwas vorzustellen, dann konnten die Sowjets das auch. Der General brauchte es auch deshalb nicht auszusprechen: Was wäre, wenn die Sowjets, die in den frühen 60er Jahren allein im Weltraum waren, mit den Außerirdischen irgendeine Kommunikation hergestellt hätten, die wir nicht hatten? Wer sagte, daß die EBEs Antikommunisten sein müßten?

General Trudeau hatte mir auch einige Geheimdienstberichte gegeben, die von Antiraketen-Raketen-Tests sprachen, die von den Sowjets mit sehr starken Aufspürradaranlagen durchgeführt worden seien. Wir wußten von diesen Anlagen, weil ich sie bei unseren Manövern in Deutschland hatte arbeiten sehen. Jede Seite testete schließlich die Bereitschaft der anderen. Ihr Radar und ihre Fähigkeit, sich Flugzeuge zu »klemmen«, waren genausogut wie bei uns. Aber die Berichte, die mir der General zeigte, beschrieben, wie die Sowjets Abfangraketen auf herannahende Interkontinentalraketen abfeuerten und die Sprengköpfe explodieren ließen, um das Navigationssystem der angreifenden Rakete außer Betrieb zu setzen. Einer dieser Abfangtests war erfolgreich verlaufen, direkt durch eine Atomwolke auf einem ihrer Testgelände in Asien. Dies war besonders beunruhigend, weil jeder, der nur etwas Ahnung über die Natur einer Atomwolke hat, weiß, daß der elektromagnetische Impuls sofort jede Art von Elektronik ausschaltet. Daher kannten wir auch die Signaturen der UFOs, die unsere Schiffe und Basen umschwirrten. Es wurden derart viele unserer ungesicherten Energiesysteme durch diesen Impuls ausgeschaltet, daß wir wußten, uns hatte eine elektromagnetische Welle getroffen. Konnten also die Sowjets ihr Antiraketen-Raketen-Leitsystem derart sichern, daß sie durch eine elektromagnetisch geladene Atomwolke ihr Ziel treffen konnten, dann benutzten sie eine Technologie, die bedeutend weiter entwickelt war als die unsere. Und das bedeutete Ärger.

»Als Sie in Deutschland waren und das Nike-Bataillon führten«, fragte mich der General und hatte immer noch die Berichte in Händen, »da haben Sie doch mit scharfen Ausweichmanövern und durch Funk ferngesteuerte Ziele experimentiert oder nicht?«

Sein Gedächtnis ließ den General nie im Stich. Unser Flugabwehrbataillon hatte die Nike, eine der modernsten gelenkten Bodenluftraketen ihrer Zeit. Die Nike wurde durch Radar ins Ziel gelenkt. Und die Hawk war eine hitzesuchende Rakete, die durch Zielsuchradar auf ein Ziel ausgerichtet werden konnte. Nach dem Abschuß suchte sie dann den Hitzeausstoß des Ziels. Selbst wenn der Pilot versuchte, der Rakete auszuweichen, holte ihn die schnelle Hawk ein und zerstörte seine Maschine. Befanden sich die Triebwerke am Ende des Flugzeugs, dann mußte der Pilot sich mit dem Schleudersitz retten. Saßen die Triebwerke an den Flügeln, dann mußte er, wenn eine Maschine getroffen war, unweigerlich so schnell wie möglich den Heimathafen anfliegen, da er dann nicht mehr vermochte, seine Bombenladung ins Zielgebiet zu fliegen.

»Wenn wir auf ›Drohnen‹ (durch Funk ferngesteuerte Ziele) in simulierter Bomberformation schossen, dann konnten wir sie immer wieder perfekt abschießen. Doch falls die Piloten extrem schnelle Ausweichmanöver vor unseren Raketen machten, dann konnten wir sie nicht treffen.«

»Erkläre mal, wie das funktionierte«, bat er mich.

»Die Nike-Bodenluftraketen bewegen sich wie Schiffe im Wasser«, erklärte ich. »Sie fliegen weite Bögen, um einen Winkel zu finden, ihre Ziele zu vernichten. Jedes frühzeitige Ausweichmanöver des Piloten wird von der Rakete kompensiert. Aber wenn es dem Piloten gelingt, in der allerletzten Minute der Nike-Bahn auszuweichen, dann fliegt die Rakete vorbei und kann ihn nicht mehr einholen. Bomberpiloten müssen ihre Formation und ihren Kurs beibehalten, wenn sie ihre Ziele treffen wollen und genug Treibstoff haben, um heimkehren zu können. Deshalb sind ihre Ausweichmöglichkeiten sehr gering. Für Jägerpiloten ist es viel leichter. Deshalb kann jede MIG, genau wie unsere Phantom, eine Nike jederzeit ausmanövrieren.«

»Wenn die Sowjets also etwas haben, das Raketensprengköpfe durch Atomwolken bringen kann, und Geräte benutzen, die vielleicht aus außerirdischer Technologie stammen, dann wird uns das Kopfschmerzen machen«, stöhnte der General.

»Das ist alles noch milde ausgedrückt«, stimmte ich zu. »Wir haben dem nichts auch nur entfernt Vergleichbares entgegenzuhalten, außer das Laserzielsuchsystem. Aber da vergehen noch Jahre bis zum Einsatz. Selbst dann, wenn wir mal annehmen, daß wir den Präsidenten dazu bringen können, den Kongreß zu bitten, uns das Geld für diese Entwicklung zu geben.«

General Trudeau drosch mit der Faust auf den Tisch, daß das ganze Büro erzitterte. Ich bin sicher, der Sekretär draußen dachte, ich würde heruntergeputzt. Das war aber die Art des Generals, seine Entscheidungen zu bekräftigen. »Phil, du bist vorläufig der Projektoffizier für das Antiraketen-Raketen-Projekt. Und mir ist egal, was du sonst noch zu tun hast. Aber du schreibst mir einen Bericht über das, was wir hier diskutiert haben, und setzt einen Vorschlag auf, den ich benutzen kann, um für uns zur Entwicklung dieses Dings Geld zu beschaffen«, sagte er. »Ich weiß, wir sind auf der richtigen Spur, auch wenn wir uns auf fremdem Terrain bewegen. Gedankenkontrolle.« Er spekulierte darüber, wie die Energieströme des menschlichen Gehirns zur Lenkung einer Rakete nutzbar gemacht werden könnte. »Nun gut, wenn die Russen ernsthaft danach forschen, dann ist es am besten, wenn wir das auch tun, bevor sie uns wie beim Sputnik überraschen.«

»Warum immer ich?« fragte ich mich, als ich die Stufen zu meinem Büro hinunterging. Die Aufgabe hieß, einen Abschlußbericht anzufertigen, obwohl es keine Quellen zu diesem Thema gab, die man benutzen konnte. Also mußte ich über die Hardware schreiben und Anwendungssysteme zur Navigationskontrolle, nicht über medizinische oder biologische Funktionen an sich. Aber das machte das Ganze noch schwieriger. Mir fiel ein, wie mein Sohn kaputte Benzinmotoren und elektrische Motoren, die den Geist aufgegeben hatten, reparieren konnte, weil er meinte, die beweglichen Teile sprächen zu ihm. Im Vergleich zu dem, womit die Sowjets herumspielten, hörte sich das, was mein Sohn sagte, gar nicht so verrückt an. Dem mußte ich nachgehen.

Wenn die Informationen, die ich Jahre zuvor von den Professoren Flesch, Franck und Castellani in Rom anvertraut bekommen hatte, irgendwelche Gültigkeit besaßen, dann hatten die vagen Andeutungen in dem Roswell-Bericht, den ich gelesen hatte, wahrscheinlich auch Gültigkeit. Also ging ich an die Arbeit.

»Vermutungen über die Gehirnfunktionen der EBEs in dem medizinischen Bericht aus Roswell«, schrieb ich in meinem Memo für General Trudeau, »zeigen uns neue Forschungswege auf für die Lenk- und Navigationskontrolle von Maschinen. Die elektromagnetische Integration der Gehirnlappen der Außerirdischen mit anderen Gehirnfunktionen, einschließlich der telekinetischen Fähigkeiten – die Fähigkeit, Gegenstände zu bewegen –, über große Entfernungen ist erschreckend und hört sich eher nach Science-fiction denn nach Fakten an. Aber wenn wir eine Korrelation mit langen Niedrigfrequenzwellen und dieser elektromagnetischen Integration herstellen können, ist das eine Möglichkeit, ein meßbares Phänomen durch einen Prozeß, den wir nicht verstehen, zu identifizieren. Zuerst sollten wir das Phänomen studieren und dabei unsere Erkenntnisse sowie alle vorhandenen Daten über Niedrigfrequenzwellen sowie elektromagnetische Integration zusammenfassen, um sie am Ende mit unseren bestehenden Leit- und Kontrollsystemen verbinden zu können. Und damit eine völlig neue Ära der Raketenzielsuche schaffen.« Weiter schrieb ich:

»Hier eine Warnung: Der CIA hat ein parapsychologisches Versuchsprogramm begonnen, in dem er mit Sehern arbeitet, wie diese Personen genannt werden. Er glaubt, diese Menschen würden dieselben Fähigkeiten haben wie die Personen des Psychotronic Technology-Trainings des KGB. Beide Geheimdienste sind dem Hirnforschungsprogramm der Militärs auf der Spur. Wir müssen sehr vorsichtig sein, damit unsere Forschung ihnen nicht in die Finger gerät. Wir würden diskreditiert und möglicherweise in unseren Anstrengungen gestoppt werden, sowohl von unseren eigenen Leuten als auch durch sowjetische Proteste, falls sie es herausfänden. Daher empfehle ich dringend, das Material über unsere Experimente mit Niedrigfrequenzwellen und alle Quellen vollständig zu löschen.«

Die Basis für unseren Antiraketen-Raketen-Vorschlag bildete der Erfolg der Sowjets bei einem Test mit einem ICBM-Sprengkopf, der im Flug herannahende Sprengköpfe mit ihren Antiraketen-Raketen ausmachte.

»Vor einigen Monaten«, schrieb ich, »haben wir erfahren, daß die Sowjets die Flugbahn einer ICBM nach ihrem Abschuß auf dem Weg zum Ziel verändern können. Außerdem haben die Sowjets zweimal eine Antiraketen-Rakete getestet, die durch eine Atomwolke auf eine herannahende ICBM gefeuert wurde. Daher müssen so schnell wie möglich technische Vorschläge ausgearbeitet werden für:

1. Eine Antiraketen-Rakete, die in der Lage ist, eine herannahende ICBM unveränderbar anzupeilen, unabhängig von allen Ausweichmanövern, bevor sie ihr Ziel erreicht.
2. Alle Schaltkreise müssen gegen Strahlung, Explosionen, Hitze und elektromagnetische Impulse von Atomexplosionen bis zu der Stärke russischer Bomben von 60 Megatonnen gesichert werden.

Voraussetzung:
Unsere gegenwärtigen Flugabwehrraketen, wie die Nike-Ajax, Nike-Hercules und die Hawk sind gegen ICBMs nicht ausreichend, deshalb sind wir gegenüber einem solchen Angriff schutzlos. Die gegenwärtigen Systeme können eine herannahende ICBM nicht festhalten oder ihr Ziel treffen, sobald es seine Flugbahn verändert. Unsere Spionagesatelliten werden in der Lage sein, sowjetische Sprengköpfe nach ihrem Abschuß zu lokalisieren, aber die Sowjets entwickelten auch Techniken, unsere Spionagesatelliten außer Gefecht zu setzen, entweder mit orbitalen Atomwaffen, um sie zu zerstören, oder aus der Orbitalbahn zu schleudern. Zumindest könnten die Sowjets einen elektromagnetischen Impuls durch eine Atomexplosion im Weltraum herstellen, der unsere Satellitenelektronik total ausschaltet. Geheimdienstberichte bestätigen, daß die Sowjets bereits zwei unserer Satelliten und einen englischen ausgeschaltet haben. Wir haben daher ein zweifaches Problem: Wir müssen nicht nur die Schaltkreise unserer Antiraketen-Raketen sichern, sondern die Schaltkreise der Spionagesatelliten müssen auch gegen Strahlung, Ionenemissionen und ELM-Impulse gesichert werden. Aber wegen des Atomteststoppabkommens werden die Vereinigten Staaten keine Gelegenheit haben, Tests durchzuführen, weshalb wir von unseren vorhandenen Testergebnissen ausgehen und sie hochrechnen müssen, um Daten zu erlangen, von denen wir annehmen können, daß sie stimmen.«

Als General Trudeau meinen Bericht ganz durchgelesen hatte, bat er mich, mit den Wissenschaftlern zu sprechen, die zu unserem Braintrust gehörten, und eine technische Diskussion anzuregen, ohne irgendwelche Einschränkungen, in die wir einfließen lassen, was wir an Material in der Roswell-Akte haben, sowie die Geheimberichte über die Art von Tests, die von den Sowjets durchgeführt werden.

»Mach dir keine Sorgen über die Verbreitung, Phil«, versicherte mir der General. »Ich will es nur ein paar Mitgliedern der Verteidigungsausschüsse von Kongreß und Senat zeigen, und sie haben versprochen, die Sache vertraulich zu behandeln.«

»Ich weiß, daß Sie dies hier sofort haben wollen, General«, sagte ich. »Kann ich noch den heutigen Tag daran arbeiten?«

»Du kannst noch bis morgen früh daran arbeiten«, sagte er. »Erst morgen nachmittag werden du und ich uns mit dem Senatsausschuß treffen und ich will, daß sie diesen Bericht lesen.«

Ich sagte meiner Frau am Telefon, daß ich am späten Vormittag heimkäme, um die Uniform zu wechseln, und zum Capitol wegen eines Treffens führe. Dann bestellte ich ein paar Sandwiches, kochte eine Kanne Kaffee und richtete mich im Büro auf eine lange Nacht ein.

»Die gegenwärtige Konstruktion und Ausrüstung unserer ICBMs ist adäquat«, schrieb ich auf meinen Block, strich den Satz aus und schrieb ihn nochmals. »Jedoch sind Veränderungen im Innern notwendig, besonders im Sprengkopf.«

Ich wollte nichts weniger als eine radikale Änderung vorschlagen. Wir brauchten ein völlig neues Navigationscomputersystem, das die transistorisierten Schaltkreise ausnutzen sollte, die gerade entwickelt wurden und auf den Markt kommen sollten.

Ich schlug vor, daß wir den Bordcomputer der Rakete nach dem Muster der Gehirnhemisphären umgestalten, wobei die eine Hemisphäre (Lappen) die globalen Positionsdaten von den Orbital-Satelliten empfängt. Die andere Hemisphäre soll die Raketenfunktionen kontrollieren, wie etwa die Hilfstriebwerke, die Lageregelung und das Abstoßen der Antriebsraketen. Ihr werden die Daten durch Niedrigfrequenzwellen von dem anderen Lappen übermittelt. Der Kontrollappen wird auch die Raketenflugtelemetrie an den Positionslappen übermitteln, so daß die beiden Computer wie ein Tandem funktionieren. Dies, so argumentierte ich, würde es schwierig machen, das System auszuschalten.

Wenn unser globaler Positionssatellit die Gefahr einer herannahenden Antiraketen-Rakete erkennte, würde er die Information an den Sprengkopf weiterleiten, dessen Kontrollcomputer die Hilfstriebwerke zum Zünden bringen würde, zur Durchführung eines Ausweichmanövers vor dem Anfliegen des Ziels.

In Anbetracht der Tatsache, daß ich glaubte, die EBEs hätten ihr Fahrzeug, das wir in Roswell fanden, durch Verwendung und Verstärkung von Niedrigfrequenzgehirnwellen gesteuert, könnte unsere Umsetzung dieser Technologie uns befähigen, auch unsere Gehirne zur Kontrolle des Flugs der Objekte einzusetzen. Wir könnten irgendeine Form von Gehirnwellensystem benutzen, um die letzte Stufe unserer ICBM-Sprengköpfe zu steuern, wenn ihr Bordradar eine Antiraketen-Rakete entdeckte. Wir könnten dieses System auch benutzen, um herannahende Mehrfachsprengkopfraketen anzupeilen, selbst wenn sie gewisse Ausweichmanöver machten.

Wenn wir die Rakete konstruierten, wie ich es vorschlug, würde, sobald eine die endgültige Flugbahn auf das Ziel eingeschlagen hätte, die Zündung so eingestellt werden, daß sie, selbst wenn man sie vom Kurs ablenkte, auf jeden Fall losginge und genügend Zerstörung im Umfeld anrichten würde, daß es als Treffer gelten könnte. Es würden genügend von unseren ICBMs durchkommen, so meinten wir, um nicht nur die sowjetischen Lenkraketen zu überwältigen, sondern auch eine realistische Bedrohung für ihre Bevölkerungszentren zu sein. Die Technologie, die wir entwickelten, um die Flüge unserer ICBMs ändern zu können, könnten wir auch als Schablone für unsere Antiraketen-Raketen benutzen, um die sowjetische Raketendrohung zu neutralisieren.

Meine Schlußfolgerung: »Für ein Sofortprogramm der FY 1963 müßten dringend 300 Millionen Dollar bewilligt werden.«

Ich sah meine eigene Schrift auf dem Umschlag, den mir Harold Brown reichte, und schaute ihn an.

»Oberst«, sagte Browns Assistent, »wir verstehen die Dringlichkeit Ihrer Forderung vom vergangenen Jahr, und wir schätzen Ihre Gründe, wenn Sie jetzt dafür eintreten.«

»Aber das Verteidigungsministerium wird der Armee einfach nicht erlauben, gegenwärtig eine eigene Antiraketen-Rakete zu entwickeln. Nicht jetzt«, sagte Brown.

»Wann?« fragte ich.

»Zu dem Zeitpunkt«, sagte der Armeeoberst, »wenn die Wirkung des Einsatzes eines solchen Systems größer als jetzt sein wird. Die Sowjets wissen, daß wir die Satelliten, die sie jetzt hochschicken, aufs Korn nehmen, und daß wir sie im Handumdrehen herunterholen können, schneller als sie unsere.«

Ich wollte antworten, aber Harold Brown war am Gehen. Wir schüttelten uns die Hände, und er ging zur Tür. Der Armeeoberst blieb vor meinem Tisch stehen. »Vielleicht könnten Sie und ich noch ein Wort miteinander wechseln, Oberst Corso«, sagte er. Mein Mitarbeiter in Senator Thurmonds Komitee verließ auch das Büro.

»Im Pentagon wissen wir, daß Ihre frühere Forschung über die Technologie der Antiraketen-Raketen der eigentliche Grund für Ihre Unterstützung ist«, sagte der Projektmanager. »Da ist sie in guten Händen.«

Aber ich behaupte, daß er den eigentlichen Grund nicht kannte: die EBEs. Nur General Trudeau verstand den eigentlichen Sinn, der hinter der Forschung mit diesem Projekt steckte.

»Aber wann glauben Sie, wird die Entwicklung beginnen?« fragte ich.

»In ein paar Jahren werden wir Mond-Raumflugraketen haben, die den Mond umkreisen«, sagte er. »Wir werden Orbital-Satelliten haben, die jeden Zentimeter der Sowjetunion vermessen werden. Wir werden sehen, was sie gegen uns aufstellen können. Dann werden wir genau die Art von Antiraketen-Rakete besitzen, die Sie vorgeschlagen haben, weil dann auch der Kongreß den Grund dafür einsehen wird.«

»Aber bis dahin ...« fing ich an.

»Bis dahin«, sagte der Oberst, »können wir nur warten.«

Es sollte noch zwanzig Jahre dauern, bis eine Antirakete einsatzfähig war. Und es brauchte auch einen Präsidenten, der die Bedrohung durch die Außerirdischen begreifen konnte, um in einem ablehnend eingestellten Kongreß eine Antiraketenprogramm durchzusetzen.

15

Mein letztes Jahr im R&D

Die Hoover-Akte, Fiberoptik, Superreißfestigkeit und sonstige Dinge

In den Wintermonaten 1961 konnte ich selten von den Bergen mit technischen Vorschlägen auf meinem Schreibtisch loskommen. Selbst über die Weihnachtsfeiertage ging die Arbeit weiter, wenn die meisten Leute in Washington gern eine Pause machen und in die Berge von West Virginia oder aufs Land nach Maryland fahren. Ich war in den letzten Monaten von 1961 viel gereist, begutachtete Waffentests auf den Testgeländen im ganzen Land, traf Forscher an Universitäten, die sich mit der Haltbarmachung von Nahrungsmitteln beschäftigten oder mit der Umwandlung von abgebrannten Atombrennstäben in Waffen. Und ich schrieb Berichte für General Trudeau über solche Technologien, die zu Waffenentwicklungen im nächsten Jahrzehnt führen könnten.

Aber ich hatte auch ein Auge auf irgendwelche Berichte, die beim Luftwaffengeheimdienst über UFO-Sichtungen eingehen und von Interesse für den Armeegeheimdienst sein könnten. Der AIC (Luftwaffengeheimdienst) hatte eine höhere Geheimhaltungsstufe als die Blue-Book-Leute. Die Aufgabe des AIC bestand darin, dringende UFO-Berichte eine Stufe höher auf der Geheimhaltungsleiter zu schieben, wo sie hinter einem Schleier der Tarnung verschwinden würden. Außerdem mußte er die Art des Ereignisses oder Zwischenfalls einstufen. Das bedeutete in der Regel, die Sichtung echter Flugzeuge, die für rein militärische Geheimdienstzwecke untersucht werden mußten, von echten UFO-Sichtungen zu trennen, die von dem, was von der ursprünglichen Arbeitsgruppe übriggeblieben war, bearbeitet werden mußten, oder von falschen Sichtungen, die an das Blue Book zum Entlarven zurückgeschickt werden mußten. Dem AIC gefiel es, falsche Sichtungen zurückzuschicken: Ein Meteorit, der bestätigt werden konnte, eine visuelle Anomalie, die mit der Planetenstellung zu tun hatte, oder, am besten, ein paar Clowns, die sich einen Schelmenstreich ausgedacht hatten, um die Leute zu erschrecken. Es gab Kerle, die rannten mit Schneeschuhen durch Weizenfelder oder legten den örtlichen Zeitungen Fotos von fliegenden Blechen mit gefrorenem Kuchen vor. Dann konnten die Leute von Blue Book die Story der Presse weitergeben und alle klopften sich selbst auf die Schulter, was für einen tollen Job sie doch taten. Das Leben konnte Anfang der 60er spaßig sein, vor allem, wenn man nicht die Wahrheit kannte.

Zu Beginn des Jahres 1962 wurde der Armeegeheimdienst durch Gerüchte über potentielle Bedrohungen aufgescheucht. Kubanische Castro-Gegner waren wütend über die Weigerung des Präsidenten, die Schweinebuchtinvasion zu unterstützen, und dachten an Rache. Castro selbst war über die Schweinebuchtinvasion wütend und wollte sich an uns rächen. Chruschtschow war immer noch wütend über die U2 und die Schweinebucht und glaubte, daß Kennedy ein Schwächling wäre, den man bald zu einem erniedrigenden Kompromiß zwingen könnte. Die Russen waren drauf und dran, bemannte Raumfahrzeuge auf ausgedehnte Orbital-Flüge hochzuschicken und mit Robotern die Venus zu erforschen. Wir lagen im Weltraumwettrennen weit zurück und keine der Waffengattungen hatte die Gelder oder besaß die Fähigkeit, uns wieder wettbewerbsfähig zu machen. Die NASA erzählte dem Präsidenten, sie müsse sich zurückhalten, also erst die notwendige Technologiebasis entwickeln, um es in der Mitte des nächsten Jahrzehnts der ganzen Welt zeigen zu können. Aber jetzt, zum Jahreswechsel, lief alles still vor sich hin, und es würde dauern, bis wir etwas hätten, womit wir uns brüsten könnten.

Die Armee schlug Alarm über die Ereignisse in Südostasien. Je mehr die Armee drängte, Truppen einzusetzen, um so mehr weigerte sich die Kennedy-Administration, das zu verantworten. Die Armee warnte den Präsidenten, wir würden am Ende in einen Krieg gezogen werden, den wir nicht gewinnen könnten. Die Ereignisse würden uns kontrollieren, und nicht wir die Ereignisse. Später in demselben Jahr wurde mir der Posten als Geheimdienstchef der Spezialeinheiten der Armee angeboten, die bereits auf dem südostasiatischen Kriegsschauplatz operierten. Etwa zur selben Zeit gab die Armee bekannt, daß sie General Arthur

Trudeau zum Kommandeur aller US-Streitkräfte in Südvietnam ernennen würde.

Als unsere beiden Namen gehandelt wurden, vertraute mir General Trudeau an, er würde bezweifeln, daß wir die Jobs bekämen. Und wenn, sagte er, würde es sehr ungewiß sein, wer darüber besonders unglücklich wäre, die US-Armee oder der Vietkong.

»Wenn sie uns hinüberschicken, Phil«, sagte er bei einer unserer morgendlichen Lagebesprechungen, »passiert folgendes: Entweder kommen wir beide vor das Kriegsgericht oder wir werden den verdammten Krieg gewinnen. Aber egal wie, der Armee wird es nicht gefallen, wie wir die Sache angehen werden.«

Wie gewöhnlich hatte General Trudeau recht. Noch vor Ende 1962 und genau zu der Zeit, als der alte Mann sich überlegte, ob er den Abschied nehmen sollte oder nicht, wurde sein Name als Kommandeur aller US-Truppen in Südvietnam gestrichen, und mir wurde gesagt, an meinem Schreibtisch sitzen zu bleiben. Das Menetekel stand an der Wand: Vietnam würde ein politischer Krieg sein, der von den Desinformationsspezialisten im CIA geführt würde mitten in einer Wolke von Unwissenheit.

Die Geschichte gab uns unglücklicherweise recht. Zu dem Zeitpunkt, als Nixon sich mit den Chinesen arrangierte, und wir uns ein paar Jahre später aus Südostasien davonschlichen, hatten wir lernen müssen, was es heißt, im Feld erniedrigt und dann am Verhandlungstisch wie eine Weihnachtsgans ausgenommen zu werden.

Im neuen Jahr kam J. Edgar Hoover ins Pentagon. Der FBI-Chef machte sich immer größere Sorgen um die vielen zirkulierenden Roswell-Stories in der NASA und bei den zivilen Geheimdiensten. Irgend jemand braute eine Verschwörung zusammen, und das bedeutete, daß das FBI hineingezogen würde, vor allem, wenn der CIA in die Innenpolitik hineinpfuschte. Hoover mochte den CIA nicht und vor allem nicht die enge Beziehung zwischen Kennedy und CIA, weil er glaubte, sein Boß, der Bruder des Präsidenten, hielte ihn an der kurzen Leine, wenn es darauf ankäme, gegen den CIA in Kompetenzfragen anzugehen. Hoover wußte, wollte es aber nicht glauben, daß Kennedy nach der Invasion in der Schweinebucht gegenüber Informationen, die er vom CIA erhielt, sehr mißtrauisch geworden war. Ende 1962 erfuhr der Präsident von seinem eigenen Bruder, der es von mir erfahren hatte, wie bewußt entstellt die Informationen des CIA waren. Und ich sollte erfahren, als ich 1964 für Senator Russell in der Warren-Kommission arbeitete, wie das über das Schicksal John F. Kennedys entschieden hat.

Aber 1962, noch auf dem Höhepunkt seiner Macht, vertrat J. Edgar Hoover seine Ansprüche wie jeder andere Beamte in Washington. Und wenn ihm jemand auf die Zehen trat oder wenn er glaubte, ihm sei jemand auf die Zehen getreten, dann trat er denjenigen, bis er tot war. Selbst seine eigenen Agenten wußten, was es bedeutete, sich mit ihm anzulegen.

Ich hatte auf meine Weise genauso meine Revieransprüche wie der FBI-Chef auf seine Weise. Während meiner Jahre im Weißen Haus unter Präsident Eisenhower gingen wir professionell miteinander um. Wollte Hoover etwas wissen, das sich auf einen KGB-Agenten bezog, der in der Regierung herumschnüffelte, dann half ich ihm. Wenn ich etwas über jemanden herausfinden mußte, den ich rauswerfen wollte, dann erzählte er mir, was er wußte. In den 50er Jahren stellten wir nie eine formelle Beziehung her, aber wir ließen es den anderen wissen, wen wir, unserer Meinung nach, für gefährlich hielten.

In den 50er Jahren interessierte sich Hoover für die Gerüchte über Roswell, weil alles, in das der CIA seine Nase steckte, ihn nervös machte. Wenn es nur die Armee war, die eine Tarnung aufbaute, so konnte er damit leben, obwohl er der Meinung war, daß die Armee im Zweiten Weltkrieg niemals die OSS hätte führen dürfen. Aber als er den Verdacht hatte, daß der CIA Teil der Roswell-Story wäre, wollte er dabeisein. Aber während meiner Jahre im Weißen Haus konnte ich ihm nicht allzu viel erzählen. Erst 1961 bekam ich das in die Hände, was wirklich in Roswell passiert war, und da brauchte ich ihn nicht kontaktieren. Er rief mich an. Wir fanden, daß wir einander helfen konnten.

Hoover hatte nicht nur seine Revieransprüche, er war auch ein Informationsfanatiker. Wenn irgendwo ein Stück Information herumschwirrte, egal ob Gerücht oder Tatsache, dann mußte Hoover es unbedingt in seine Akten bekommen. Information war für ihn eine so wertvolle Angelegenheit, daß er bereit war, mit jedem in der Regierung, dem er vertraute, darüber zu verhandeln. Auch ich wollte Informationen. Ich mußte Wissenschaftler und Universitätsprofessoren treffen, deren Loyalität ich nicht überprüfen konnte. Ich mußte mit den technologischen Informationen, die ich herausgab, sehr vorsichtig sein, und oft mußte ich wissen, ob ein bestimmter Chemiker oder Physiker jemals verdächtigt worden war, mit den Kommunisten zu tun gehabt zu haben oder, schlimmer noch, auf der Lohnliste der CIA stand.

Rückblickend kann ich schon verstehen, wie all dies nach dem Denken von Senator Joe McCarthy riecht, aber ich war im Weißen Haus während der McCarthy-Hearings, und ich kann geradeheraus sagen, daß Joe McCarthy – unbewußt – der beste Freund war, den die Kommunisten je in der Regierung hatten. Eigenhändig verhalf Senator Joe McCarthy einer Horde von Leuten zur Publicity. Die wären auf andere Weise nie dazu gekommen.

Die echten Kommunisten benutzten McCarthy, um sich eine gute Presse zu verschaffen und sich einen Bereich zu öffnen, wo sie in Ruhe arbeiten konnten, während die Antikommunisten als Idioten dastanden.

Aber im Januar 1962 hatte ich nur im Sinn, die Beziehung zu J. Edgar Hoover neu zu knüpfen, damit ich meinen Plan verfolgen konnte und gleichzeitig im Auge behalten konnte, wer in der akademischen Gemeinde gefährlich werden könnte. Jetzt hatte ich etwas anzubieten im Tausch für die Informationen, die ich brauchte. Ich hatte nicht nur alle Einzelheiten und Teile aus der Roswell-Geschichte, von denen ich wußte, daß Hoover sie wollte, sondern ich hatte auch Informationen über die Aktivitäten des CIA auf heimatlichem Boden. Hoover war äußerst interessiert, Informationen zu teilen, und wir hielten das ganze Jahr 1962 regelmäßigen Kontakt, bis ich die Armee verließ und zu Senator Thurmonds Stab überwechselte. Unsere Beziehung dauerte auch 1963 noch an. Und 1964, als ich Berater für Senator Russell in der Warren-Kommission war, und Hoover seine eigene unabhängige Untersuchung der Ermordung des Präsidenten machte, konnten wir beide uns nur einander über dem Abgrund des Verbrechens anstarren. Angesichts der Ungeheuerlichkeit des Geschehens verstanden Hoover und ich, daß es Schlachten gibt, die man nicht gewinnen kann. Also geht man ihnen aus dem Wege, damit man bei anderer Gelegenheit kämpfen kann.

Ich bin mir nicht sicher, ob J. Edgar Hoover jemals glaubte, daß die Roswell-Story wahr wäre, oder nicht vielmehr eine Verschwörung, um etwas anderes zu tarnen, oder nur eine Irreführung, die dort in der Wüste zu einer Massenhysterie führte. Es gab so viele Details, die in Armeememos und unter dicken Schichten von Tarngeschichten versteckt waren, die von den militärischen Geheimdienstleuten fabriziert worden waren, daß er unmöglich die Wahrheit kennen konnte. Aber als der gute Polizist, der er war, griff er nach jeder Information, wo immer er sie finden konnte, und suchte weiter nach etwas, das einen Sinn ergeben könnte. Wenn die Armee eine Bedrohung unserer Gesellschaft sähe, dann glaubte Hoover, daß es eine Bedrohung gäbe. Und wann immer er einen Bericht von einer Sichtung kontrollieren konnte, indem sehr diskret ein paar FBI-Leute auftauchten und die Zeugen befragten, ohne daß es jemand merkte, dann tat er es. Er war immer bereit, diese Informationen mit mir zu teilen, und auf diese Weise erfuhr ich auch zu Beginn der 60er Jahre von den unveröffentlichten Berichten über Verstümmelungen von Rindern.

Mein Draht zu J. Edgar Hoover war wichtig für mich, als ich in den ersten Wochen von 1962 meine Arbeit begann, weil die Menge der Nachforschungen bei der Art von Projekten, die wir entwickelten, sehr groß wurde. Die Gerüchte über General Trudeaus Ernennung zum Kommandeur in Südostasien und meine Wahl zum Geheimdienstchef der Green Berets in Südostasien, so vage und unbestätigt sie waren, setzten dem General und mir eine Deadline zur Durchsetzung unserer Projekte, weil wir wußten, daß wir nur noch etwa ein Jahr unseren Job im R&D innehätten. Für das Gespräch mit dem FBI-Chef hatte ich meine Fragen gut vorbereitet. Die Informationen, die wir teilten, legten wir niemals schriftlich nieder, und Notizen, die ich während unserer Gespräche machte, zerstörte ich, nachdem ich sie gut memoriert oder in Handlungen umgesetzt hatte. Selbst bis zum heutigen Tag, obwohl mich FBI-Agenten wegen Aufzeichnungen, die wahrscheinlich noch in alten Akten lägen, kontaktierten, weiß ich nicht, welche Aufzeichnungen der FBI-Boß von unseren Gesprächen machte und ob sie zu bestimmten Aktionen führten. Weil wir einander vertrauten und alle sechs Monate zusammentrafen, selbst nachdem ich den öffentlichen Dienst verlassen hatte, forschte ich niemals nach, was ich sagte und bat niemals um eine Nachprüfung von Informationen in den Akten. Ich glaube, daß Hoover das zu schätzen wußte.

Im Februar 1962 hatte ich meine »Nußschrank«-Projekte aufgelistet, mit denen ich mich bis Ende des Jahres beschäftigen müßte. Danach entweder Südvietnam oder der Abschied. Die erste Mappe auf dem Schreibtisch enthielt die »Glasfibern«.

Glasfiberoptik

Mitglieder des Bergungskommandos, die in dem Raumfahrzeug herumstöberten, sagten Oberst Blanchard vom 509., daß sie erstaunt wären, keine konventionellen Drähte zu finden. »Wo sind die elektrischen Verbindungen?« fragten sie. Das Fahrzeug besaß offensichtlich Elektronik. Sie verstanden nicht die Funktion der bedruckten Schaltkreisplättchen, die sie fanden. Völlig verblüfft waren sie über die Glasstränge, die sich durch die Armaturen des Raumschiffes zogen. Zuerst glaubten einige Wissenschaftler, daß sie die fehlenden Drähte darstellten, was auch die Ingenieure so verwirrt hatte, als sie das Fahrzeug für den Transport verpackten. Vielleicht gehörten sie zu dem kabelbaumähnlichen Ding, das bei dem Absturz abgebrochen war. Aber die Glaskabel hielten sie für sehr merkwürdig.

Der Kabelbaum schien von einer Kontrollarmatur abgebrochen zu sein. Er war in zwölf ausgefranste Drähte aufgeteilt, die etwa wie Quarz aussahen. Im Hangar hielt man Licht an das eine Ende und dann erschien am anderen Ende eine Farbe. Die verschiedenen Fasern ergaben verschiedene Farben. Die Fasern – in Wirklichkeit Glaskristallröhren – führten zu einer Art Kabelkasten, wo sich die Fasern trennten und zu verschiedenen Teilen der Kontrollarmatur liefen, welche die verschiedenen Farbimpulse durch die Röhren elektrisch zu registrieren schien. Da die Ingenieure, die das Material in Roswell einzuschätzen hatten, wußten, daß jede Farbe eine bestimmte Wellenlänge hatte, schätzten sie, daß die Frequenz der Lichtwelle eine spezifische Komponente der Kontrollarmatur des Raumschiffs aktivierte.

Davon mal abgesehen waren die Wissenschaftler und Ingenieure verwirrt. Sie konnten nicht einmal die Energiequelle des Raumschiffs bestimmen, geschweige denn, woher die Energie für die Lichtröhren kam. Und das Allererstaunlichste war, daß die »Röhren« nicht nur flexibel waren, sondern auch Licht abgaben, selbst wenn sie hin- und hergebogen wurden wie ein Papierschnitzel. Wie konnte Licht gebogen werden? fragten sich die Ingenieure. Das war eines der physikalischen Mysterien des Roswell-Fahrzeugs, das die ganzen 50er Jahre verborgen blieb, bis jemand vom Signalcorps, der mit General Trudeau routinemäßig eine Lagebesprechung über die Dinge hatte, nach denen das Signalcorps suchte, uns von Experimenten mit Glasfibern erzählte, die bei Bells stattfänden.

Die Technologie sei noch sehr neu, sagte mir Hans Kohler bei einer privaten Besprechung Anfang 1962, aber die Aussicht, Licht als Träger für alle Arten von Signalen durch einsträngige Glasfasern zu benutzen, war vielversprechend. Er erklärte, daß die Prämisse für optische Fibern wäre, so feine und von jeder Unreinheit gereinigte Fäden herzustellen, daß nichts den Lichtstrom um die Achse der Fiber beeinträchtigen würde. Man müßte auch an dem einen Ende eine sehr starke Lichtquelle haben, erklärte er, um ein Signal zu erzeugen, und ich dachte an den erfolgreichen Rubinlaser, der an der Columbia University getestet worden war. Ich wußte, daß die EBEs die beiden Technologien für ihre Glaskabelübertragung im Innern des Fahrzeugs integriert hatten.

»Aber wie kommt es zur Beugung des Lichts?« fragte ich Professor Kohler, immer noch ungläubig, daß die Außerirdischen in der Lage gewesen zu sein schienen, einem unserer physikalischen Gesetze zu trotzen. »Ist es eine Art Illusion?«

»Es ist überhaupt kein Trick«, erklärte der Wissenschaftler. »Es sieht nur wie eine Illusion aus, weil die Fiber so fein ist, daß man die verschiedenen Schichten ohne ein Mikroskop nicht sehen kann.«

Er zeigte mir, als ich ihm die zerbrochenen Glasstränge gab, die ich noch in meinem »Nußschrank« hatte, daß jeder Strang, der wie ein festes Materialstück aussah, das eine feine Röhre einschloß, de facto aus zwei Schichten bestand. Dr. Kohler erklärte, daß die einzelnen Lichtstrahlen von der Glasschicht um die Fiber herum zum Zentrum der Achse zurückgestrahlt werden, so daß kein Licht entweichen kann. Wenn man die Fiber um Ecken legt oder wie beim Raumschiff durch das Innere der Wände, konnten die Außerirdischen das Licht beugen und es fokussieren, genauso wie man einen Wasserfluß durch eine Leitung führen kann. So etwas hatte ich niemals zuvor in meinem Leben gesehen.

Kohler erklärte, daß das Licht, genau wie der Laser, jede Art von Signalen transportieren könne: Licht, Laute und sogar digitale Informationen.

»Es gibt keinen Widerstand für das Signal«, erklärte er. »Nur kann man in einem Lichtstrahl mehr Informationen unterbringen.«

Ich fragte ihn, wie die EBEs diese Art von Technologie benutzt haben könnten. Er meinte, daß die gesamte Kommunikation des Schiffes, visuelle Bilder, Telemetrie und jedes verstärkte Signal, das die Schiffe sendeten oder von anderen Fahrzeugen oder von Basen auf dem Mond oder der Erde empfingen, diese Glasfasern benutzen würde.

»Sie scheinen eine enorme Kapazität zum Transport jeder Art von Ladung gehabt zu haben«, meinte er. »Und wenn ein Laser das Signal verstärken kann, könnten diese Kabel in ihrer verfeinertsten Form eine Vielzahl von Signalen zur selben Zeit befördern.«

Ich war sehr beeindruckt. Schon bevor ich ihn über die verschiedenen Anwendungsmöglichkeiten in der Armee befragte, war mir klar, daß sie Informationen auf dem Schlachtfeld sicherer machen könnten, weil die Signale stärker wären und nicht so leicht gestört werden könnten. Dann schlug Professor Kohler die Nutzung dieser Fasern vor, um visuelle Bilder zu transportieren, die von winzigen Kameras auf den Waffen selbst fotografiert würden, wodurch auf der Abschußrampe die Geräte kontrolliert werden könnten.

»Stellen Sie sich vor«, sagte er, »in der Lage zu sein, Raketen abzuschießen und durch das Auge der Rakete zu sehen, wohin sie geht. Stellen Sie sich vor, das Zielobjekt wirklich sehen zu können, auch, falls es versucht zu entkommen, kann man es sehen und Korrekturen vornehmen.« Und Kohler beschrieb das Potential noch ausführlicher: Wie Sensoren auf Glasfiberoptikbasis eines Tages feindliche Bewegungen auf der Erde genau verfolgen oder visuelle Datenmassen von Überwachungssatelliten transportieren könnten oder sehr komplizierte Kommunikationssysteme mit mehreren Kanälen auf engem Raum verstaut werden könnten.

»Das ganze Weltraumprogramm ist von Daten-, Stimmen- und Bildübertragung abhängig«, sagte er. »Aber jetzt nimmt es noch zu viel Platz in Anspruch, alle Schaltungen und Hebel unterzubringen, und das Signal hat zuviel Widerstand. Das setzt unseren Missionen Grenzen. Aber stellen Sie sich vor, wir könnten diese Technologie für unsere Zwecke nutzen.«

Dann schaute er mir gerade in die Augen und sagte genau das, was ich dachte: »Sie wissen, daß es ihre außerirdische Technologie ist, ein Teil dessen, was sie befähigt, Forschungsmissionen durchzuführen. Wenn wir es zu unserer Technologie machten, könnten wir das auch, und vielleicht würden wir in der Lage sein, mit ihnen gleichzuziehen.«

Dann fragte er, welche vertraglichen Bindungen die Armee habe. Er erklärte, daß einige unserer Forschungslabors bereits die Eigenschaften von Glas als Signalleiter untersuchten, und die Forschung müßte nicht bei Null beginnen. Ein Start bei Null machte uns im R&D immer Kummer, falls wir nicht eine phantastische Tarnung hätten. Weil es dann wie ein vollständiger Bruch in der Entwicklung aussah. Wie sollte man das erklären? Aber wenn in dem Bereich schon geforscht wurde, ganz gleich wie elementar, dann könnte man durch bloßes Zeigen der Teile irgend jemanden in einer Firma dazu bringen, es zu reproduzieren, damit es zu unserer Technologie würde. Aber wir müßten es als Teil unserer Forschung zur Waffenentwicklung unterstützen, falls die Firma nicht schon ein Budget dafür hätte. Das wollte ich mit dieser Glasstrangtechnologie tun.

»Wo wird die beste Forschung über Glasfiberoptik gemacht?« fragte ich ihn.

»Bell Labs«, antwortete er. »Es wird 30 Jahre dauern, es zu entwickeln, aber eines Tages wird der Telefonverkehr über Glasfasern laufen.«

Army R&D hatte Kontakte zu Bell wie zu anderen Vertragsfirmen, mit denen wir arbeiteten. Ich schrieb also ein kurzes Memo und einen Vorschlag für General Trudeau über das militärische Potential der Fiberglasoptik und ihre Anwendungsmöglichkeiten, die Professor Kohler und ich diskutiert hatten. Ich beschrieb die Eigenschaften des sogenannten Kabelbaumes, erklärte, wie es Lasersignale transportierte, und vor allem, wie diese Fasern tatsächlich einen Lichtstrom um eine Ecke lenken konnten und das Licht auf dieselbe Weise transportierten, wie ein Kabel Strom transportiert. Man stelle sich vor, daß wir einen Strahl Licht von hoher Intensität und ein und derselben Frequenz wie eine Wasserleitung in ein neues Badezimmer legen könnten, schrieb ich. Man stelle sich vor, mit welcher Energie und Flexibilität die EBEs ausgestattet waren, besonders, wenn sie das Lichtsignal als Träger für andere verschlüsselte Informationen benutzten.

Das würde unsere Armee in die Lage versetzen, ihre gesamte Kommunikationsinfrastruktur neu zu schaffen und unseren neuen Überwachungssatelliten erlauben, potentielle Zielinformationen entweder zu lagern oder direkt in die Kommando- und Kontrollinstallationen an der Front einzugeben. Die Marine wäre in der Lage, den Einsatz einer ganzen feindlichen Flotte zu sehen, die Luftwaffe könnte auf herannahende Feindeinheiten herunterschauen und sie von oben aufs Korn nehmen, wenn unsere Flugzeuge noch auf dem Boden wären, und der Armee würde es einen nie erträumten strategischen Vorsprung verschaffen. Wir könnten ein ganzes Schlachtfeld überwachen, die Truppenbewegungen von der kleinsten Einheit bis zu ganzen Divisionen kontrollieren und den Einsatz von Panzern, Artillerie und Helikoptern gleichzeitig planen. Der Wert der Glasfiberoptik für die Armee wäre unschätzbar. Und, fügte ich hinzu, es wäre beinahe sicher, daß eine Entwicklungsförderung durch die Armee die Forschung über die bereits veralteten Telefonnetze beschleunigen würde, was bestimmt keine Firma als unerwünschte Einmischung betrachtete. Ich brauchte nicht lange auf die Antwort des Generals zu warten.

»Mach das«, befahl er. »Und bring es schnell auf den Weg. Ich werde für alle notwendigen Entwicklungsgelder sorgen. Das kannst du ihnen sagen.«

Und noch vor dem Ende der Woche hatte ich eine Verabredung mit einem Systemforscher in der Forschungsstelle der Western Electric außerhalb von Princetown, New Jersey. Ich erzählte ihm, das Material käme aus der Ausländischen Technologie, unser Geheimdienst hätte das aus neuen Waffen der Ostdeutschen entnommen.

»Wenn es das ist, was Sie meinen«, sagte er am Telefon, »dann ist es interessant und zeigt uns, wohin unsere Forschung geht, und es wäre dumm, Ihnen nicht einen Nachmittag lang zuzuhören.«

»Ich brauche weniger als einen Nachmittag, um Ihnen zu zeigen, was ich habe«, sagte ich. Dann packte ich meine Roswell-Berichte in meine Aktentasche, besorgte ein Flugticket zum Newark Flughafen, und schon war ich unterwegs.

Superreißfeste Fibern

Schon vor 1960, als ich noch im Stab des Nationalen Sicherheitsrates arbeitete, hatte die Armee begonnen, nach Stoffen für Fliegerjacken, schußsichere Westen, für Fallschirme und eine Schutzhaut für andere militärische Zwecke zu suchen. Seide war bislang das bevorzugte Material für Fallschirme gewesen, weil sie leicht war und dennoch eine unglaubliche Reißfestigkeit hatte.

Ich weiß nicht, ob die Forschungsvorhaben der Armee allein aus Fürsorge für die ihr anvertrauten Soldaten erfolgte oder wegen der Funde in Roswell. Ich habe jedoch den Verdacht, daß der motivierte Forschungsdrang der Armee mit den Entdeckungen an dem Absturzplatz begann.

Unter den Dingen in meinem Roswell-Schrank gab es auch Fiberstränge, die selbst Rasierklingen nicht durchtrennen konnten. Ich betrachtete sie unter einem Vergrößerungsglas: Der langweilige Grauton und der stumpfe Glanz wurde von den beinahe übernatürlichen Eigenschaften dieser Fiber Lügen gestraft. Man konnte sie dehnen, um Gegenstände wickeln und konnte sie derart extrem drehen, daß jede andere Faser reißen würde. Dann, sobald die Spannung nachließ, schnellte sie in ihre ursprüngliche Länge zurück, ohne die geringste Veränderung ihrer Form. Sie erinnerte mich an die Fäden eines Spinnennetzes. Wir waren an diesem Material sehr interessiert und begannen, eine Vielzahl von Technologien zu studieren.

Als die Wissenschaftler in Roswell sahen, wie diese Fiber – kein Stoff, keine Seide, sondern so etwas wie Keramik – das ganze Flugzeug umgab und die Außenhaut der EBEs bildete, war ihnen klar, welch vielversprechendes Forschungsgebiet sich da auftat. Als ich das Material untersuchte, vermutete ich eine Ähnlichkeit mit Spinnfäden – ein Ansatzpunkt, an dem man sich bei der kommerziellen Herstellung eines solchen Materials orientieren konnte. General Trudeau ermutigte mich, Kunststoff- und Keramikhersteller zu kontaktieren, vor allem Monsanto und Dow, und herauszufinden, wer Forschungen über superreißfeste Materialien betrieb, vor allem auch in den Universitätslabors. Dieser Weg war erfolgreich.

Ich fand nicht nur heraus, daß Monsanto nach einer Methode suchte, eine Massenproduktion für simulierte Spinnenseide aufzunehmen, sondern erfuhr auch, daß man bereits mit der Armee zusammenarbeitete. Forscher der Armee vom Medical Corps versuchten, die chemische Zusammensetzung der Spinnengene zu reproduzieren, um das für die Reißfestigkeit und Produktion der natürlichen Spinnenfäden zuständige Seidenprotein herstellen zu können. Jahre später, als ich den Abschied aus der Armee genommen hatte, begannen Forscher an der University of Wyoming und bei Dow Corning mit Experimenten, die seidenherstellenden Gene zu klonen und einen Prozeß zu entwickeln, die Seidenfibern in eine nutzbare Substanz zu pressen, die zu Stoff verarbeitet werden könnte.

Unsere R&D-Verbindung im Medical Corps sagte mir 1962, daß die Reproduktion einer superreißfesten Fiber noch Jahre dauern würde, aber daß jede Hilfe, die wir von der Ausländischen Technologie geben könnten, ihren Weg zu den Firmen fände, mit denen sie zusammenarbeiteten, so daß man wahrscheinlich nicht einmal gesondertes R&D-Budget brauchen würde. Die Entwicklungsgelder von der US-Regierung für die medizinische und biologische Forschung waren mehr als ausreichend, sagte mir der Offizier vom Medical Corps, um diese Forschung zu finanzieren, es sei denn, wir wollten ein Sofortprogramm aufstellen.

Aber es faszinierte mich nach wie vor, daß so etwas Ähnliches wie eine Spinne die Fäden des superreißfesten Materials um das Raumschiff gesponnen hatte. Ich wußte, daß ein Hautamalgam aus einer Art Stoff oder Keramik, zum Bau unserer Flugzeuge verwendet, ihnen den gleichen Schutz geben würde, den das Roswell-Objekt hatte. Das Gesamtgewicht wäre aber dennoch nicht hoch.

Viele Jahre später erfuhr ich, daß die Forschung auf diesem Gebiet zu jener Zeit schon längst im Gange war, betrieben von einem Wissenschaftler, der viel später einen Nobelpreis erhielt. Auf einer Versammlung der Amerikanischen Physikalischen Gesellschaft formulierte Dr. Richard Feynman eine Theorie über mögliche Herstellung einer Substanz, deren Molekularstruktur so verdichtet wäre, daß das Material radikal andere Eigenschaften haben würde, als ein Material mit nicht verdichteten Molekülen. Falls die Wissenschaftler zum Beispiel, schlug Feynman vor, ein Material herstellen könnten, in dem die Molekularstrukturen nicht nur komprimiert, sondern anders als die konventionellen Molekularstrukturen angeordnet wären, könnte man die physikalischen Eigenschaften der Substanz je nach den Erfordernissen verändern.

Dies erschien der Amerikanischen Physikalischen Gesellschaft wie ein brandneuer Stoff. In Wirklichkeit waren die komprimierten Molekularstrukturen eine der Entdeckungen, die von der ursprünglichen Analytikergruppe sowohl in Alamogordo – direkt nach dem Roswell-Absturz – als auch im Air Materiel Command in Wright Field gemacht wurden. Als junger Atomphysiker war Richard Feynman einer unter vielen Atomspezialisten der Nachkriegszeit, die zuerst in dem Lenkraketenprogramm der Armee und später der Luftwaffe, und 1950 an dem Atomwaffenprogramm mitarbeiteten. Obwohl ich keine Dokumente darüber las, hieß es, daß Feynman Kontakt mit Mitgliedern der Alamogordo-Gruppe beim Air Materiel Command gehabt und einige der Funde vom Roswell-Absturz gekannt haben soll. Ich weiß nicht, ob diese Entdeckungen ihn dazu inspirierten über mögliche Eigenschaften von komprimierten Molekularstrukturen nachzudenken. Vielleicht waren seine Ideen auch Teile der Erweiterung eigener Theorien über das quantenmechanische Verhalten von Elektronen, wofür er letztendlich den Nobelpreis erhielt. Aber die Theorien von Dr. Feynman über komprimierte Molekularstrukturen paßten genau zu den Anstrengungen der Armee, die Zusammensetzung der superreißfesten Fibern nachzuahmen. Mitte der 60er Jahre war die Arbeit in Gang, nicht nur in den großen chemischen und industriekeramischen Firmen in den Vereinigten Staaten, sondern auch in den Unilabors und in Europa, Asien und Indien.

Nachdem meine Fragen, wer über superreißfeste Fibern forsche und wo man die Forschung betreibe, beantwortet waren, konnte ich meine Aufmerksamkeit anderen Anwendungsbereichen dieser Technologie zuwenden und sehen, ob die Armee der Entwicklung weiter auf die Sprünge helfen könnte oder ob eine begleitende Entwicklung möglich wäre, um Produkte mit einer superreißfesten Faser zu schaffen. Unsere Wissenschaftler sagten uns, es gäbe einen Weg, den Effekt extremer Reißfestigkeit zu erzielen, indem man gemischte Gewebeschichten kreuzweise übereinanderlege. Diese Idee bildete die Grundlage für die Forschung der Armee nach einem Körperschutz gegen Hautverletzungen durch Schrapnells und Gewehrfeuer.

»Dies schützt aber nicht vor Quetschungen«, sagte General Trudeau zu mir nach einem Treffen mit Forschern des Army Medical Corps im Walter-Reed-Hospital. »Die Wucht des Aufpralls wird immer noch groß genug sein, um jeden zu töten. Zumindest werden Schüsse nicht den Körper zerfetzen.«

Ich dachte an die vielen stumpfen Traumata, die man auf dem Schlachtfeld sieht, und konnte mir vorstellen, welche Wirkung eine Gewehrsalve haben würde, selbst wenn sie nicht die Haut durchdringen könnte. Aber durch die Anregung des Generals und die Kontakte, die er mit DuPont und Monsanto herstellte, trieben wir die Entwicklung von kugelsicheren Westen aus kreuzweise geschichtetem Material voran. Ich brachte die Beschreibungen des Materials aus Roswell zu meinen Treffen bei diesen Gesellschaften mit und die Fiber selbst zeigte ich den Wissenschaftlern, die uns in Washington besuchten. Dieser Stoff war uns zu kostbar, als daß er durch das Land geschickt werden konnte.

1965 stellte DuPont sein Kevlar-Produkt vor, das 1973 zu einer kugelsicheren Weste verarbeitet worden war, die heute in den Streitkräften und bei der Polizei allgemein in Gebrauch ist. Ich weiß nicht, wieviel tausend Leben dadurch gerettet worden sind, aber jedesmal, wenn ich von einem Polizisten höre, dessen Kevlar-Weste ihn vor einem tödlichen Brust- oder Rückenschuß gerettet hat, denke ich an jene Tage zurück, als wir die Vorteile von kreuzweise gelegten Schichten von superreißfestem Material zu bedenken begannen. Ich bin dankbar, daß unser Büro bei der Entwicklung dieses Produktes eine Rolle gespielt hat.

Unsere Suche nach superreißfesten Materialien resultierte auch in der Herstellung von zusammengesetzten Kunststoff- und Keramikmaterialien, die hitzebeständig waren und dem Druck von Hochgeschwindigkeitsluftmanövern widerstehen konnten und vom Radar nicht zu erfassen waren. Die über Kreuz verwobenen, superreißfesten Fibern auf der Außenhaut des Roswell-Fahrzeugs, von denen ich glaube, daß sie direkt daraufgewoben wurden, gaben auch den Anstoß für eine völlig neue Generation von strategischen und Jagdflugzeugen sowie für zukünftige Jagdhubschrauber.

Eines der großen Gerüchte, die jahrelang umherliefen, nachdem die Roswell-Story durch die Zeugenaussage des pensionierten Majors der Armeeluftwaffe Jesse Marcel publik gemacht wurde: Die Stealth-Flugzeuge sollten ein Ergebnis dessen seien, was wir in Roswell gelernt hatten.

Der Armeegeheimdienst wußte, daß unter bestimmten Bedingungen das EBE-Raumschiff die Fähigkeit besaß, sich für Radar unsichtbar zu machen, aber wir wußten nicht, wie dies funktionierte. Wir besaßen auch Stücke von der superreißfesten Außenhaut des Flugzeuges. Soweit ich weiß, ist es bis heute nicht gelungen, den genauen Prozeß zur Herstellung dieses Roswell-Materials nachzumachen, genausowenig wie es uns gelungen ist, das elektromagnetische Antriebs- und Navigationssystem nachzumachen, mit dem das Roswell-Flugzeug fliegen konnte, obwohl wir das Roswell-Flugobjekt und auch andere ähnliche Fahrzeuge entweder in Norton, Edwards oder dem Nellis-Fliegerhorst haben. Aber durch die Untersuchung, wie diese Materialien wirkten und was ihre Eigenschaften waren, konnten wir diese in ähnlicher Weise produzieren und so eine ganz neue Generation von Flugzeugen vom Band laufen lassen.

Obwohl die amerikanische Öffentlichkeit über die Existenz einer Stealth-Technologie erst 1976 in der Kampagne Präsident Jimmy Carters gegen Präsident Ford erfuhr, konnten wir die Stealth erst bei den Luftangriffen gegen Irak im Golfkrieg in Aktion sehen. Dort flogen die Stealth-Jäger, völlig unsichtbar für das irakische Radar, ihre ersten Angriffe gegen das irakische Luftverteidigungssystem und operierten unbehelligt. Unsichtbar für das Radar, unsichtbar für hitzesuchende Raketen, schlugen die Stealth-Jäger aus dem Nachthimmel wie Dämonen zu. Mit ihrer Halbmondform sehen sie unverkennbar wie das Raumfahrzeug aus, das außerhalb von Roswell abstürzte. Aber abgesehen von dem Aussehen, wurde die Außenhaut des Stealth, die dazu beiträgt, es beinahe gegen jede Form der Entdeckung unsichtbar zu machen, inspiriert von der Außenhaut des Roswell-Flugobjektes, das wir zur Untersuchung auf die Laboratorien im ganzen Land verteilten.

Unsichtbare Artilleriegranaten

Für die Luftwaffe bedeutete die Stealth-Technologie, daß Flugzeuge für das Radar unsichtbar das Ziel anfliegen konnten und diesen Vorteil während des gesamten Einsatzes beibehielten. Für die Armee liefert die Stealth-Technologie ihren Hubschraubern einen unglaublichen Vorteil bei der Search-and-destroy-Taktik (Such-und-Zerstör-Taktik), bei der Rekognoszierung der Special Forces (Spezialeinheiten) oder bei der Bekämpfung von Aufständischen im Landesinneren. Aber eine Stealth-Artillerie-Granate, dachten wir 1962 im R&D, würde uns etwas liefern, nach dem schon ganze Armeen sich seit Jahrhunderten die Finger leckten: eine unsichtbare Granate.

Eine Granate kann in Artillerieschlachten, wenn sie erst einmal abgefeuert ist, für einen Beobachter zu ihrer Quelle zurückverfolgt werden, so daß man dann genau dorthin zurückfeuern kann. An diesem Prinzip änderte das Auftauchen des Radars auf dem Schlachtfeld recht wenig. Man stelle sich vor, die Granate wäre aus einem Material, das sie für das gegnerische Radar unsichtbar macht. Das war eine Möglichkeit, die ich General Trudeau bei einer morgendlichen Lagebesprechung vorschlug: die unsichtbare Granate. Auf einem nächtlichen Schlachtfeld könnte man in Zukunft Waffen einsetzen, die selbst für Flugzeuge, die es überfliegen würden, unsichtbar wären. Die Granaten würden einschlagen, und der Feind wüßte erst einmal nicht, woher sie kämen. Bis man alles richtig registriert hätte, wäre der Schaden durch das Überraschungsmoment schon geschehen. Würden wir mechanisierte Artillerie einsetzen, könnte man nach ein paar Salven die Geschütze in eine neue Position bringen und erneut feuern.

Die Lösung zur Entwicklung dieser Waffe lag nicht in der Stealth-Technologie für Flugzeuge, sondern in der Entwicklung einer eigenen Stealth-Keramik, die dem ungeheuren Explosionsdruck im Geschützrohr widerstehen könnte und trotzdem die Granate bei ihrem Flug auf einer stabilen Bahn halten würde. Die Suche nach genau solch einem zusammengesetzten Keramikmaterial mit linear angeordneten Molekülen war von dem zusammengesetzten Material des Roswell-Flugzeuges inspiriert worden. Mit zahllosen Analysen versuchte die Armee herauszubekommen, wie die Außerirdischen das Material hergestellt hatten, die das Raumschiff einhüllte, aber es glückte ihr nicht. Die Suche danach begann schon in den 50ern, noch bevor General Trudeau Chef vom Army R&D geworden war. Sie ging weiter, während ich in der Ausländischen Technologie arbeitete, als bei Lockheed die ersten Stealth-Experimente begannen, die im Jäger F1 17 und im Stealth-Bomber ihren Niederschlag fanden. Und sie hält bis zum heutigen Tag an.

Der General interessierte sich auch sehr für die Sprengköpfe, die ich für diese Granaten vorschlug. Die kamen 1961 in Gebrauch und wurden erfolgreich im Golfkrieg eingesetzt. Wir schlugen auch vor, ausgebrannte Uranbrennstäbe für die Sprengköpfe zu benutzen, was unserer Meinung nach militärische Auseinandersetzungen, die uns mit dem Warschauer Pakt bevorstanden, zu unseren Gunsten entscheiden würde. Außerdem wäre das eine Möglichkeit, die Lager von ausgebrannten Brennstäben zu räumen. Sie stammten aus kommerziellen Atommeilern, Reaktoren der US-Flotte sowie aus den Reaktoren, die von der Armee auf ihren Basen und in Übersee betrieben wurden.

Ausgebranntes Uran ist ein dichtes, schweres Metall, in der Tat so dicht, daß man die konventionelle Panzerung mit Hochgeschwindigkeitsgranaten, die eine solche Spitze hätten, ohne Probleme durchschlagen könnte. Die Fähigkeit, selbst die härteste Panzerung zu durchbrechen und in dem Fahrzeug zu detonieren, bedeutete, daß ein Schuß von einem unserer mit Laserentfernungsmessern ausgerüsteten Panzer einen feindlichen Panzer außer Gefecht setzen oder vollständig zerstören würde. Ausgebranntes Uran würde uns einen entscheidenden Vorteil auf dem europäischen Schlachtfeld geben, wo wir mit einem Kräfteverhältnis von 2:3 dem Warschauer Pakt damals im konventionellen Waffenbereich unterlegen waren. Auch in Asien, speziell China, blieb uns bei der zahlenmäßigen Unterlegenheit eigentlich nur der Griff zu Atomwaffen. Das ausgebrannte Uran hülfe dann zu verhindern, einen Atomkrieg führen zu müssen.

Privat meinte ich zu General Trudeau , daß abgebranntes Uran auch unsere heimliche Absicht erfülle, eine weitere Waffe in unserem potentiellen Arsenal gegen die Außerirdischen zu besitzen. Wenn abgebranntes Uran Panzerungen durchschlagen könne, würde dann die Schwere des Metalls nicht auch die Außenhaut des Raumschiffes durchdringen können, vor allem dann, wenn es am Boden wäre? Ich schlug vor, daß man das auf dem nahegelegenen Aberdeen-Testgelände in Maryland ausprobieren solle und wenn das erfolgreich sei, sollte die Waffe einsatzbereit gemacht werden.

Auch wenn die zusammengesetzte Keramik-Stealth-Granate noch ein Traum der Waffenentwicklung ist, so sahen wir, wie der Einsatz von Granaten mit Spitzen aus abgebranntem Uran während des Golfkrieges die irakischen Panzer in Stücke riß. TOW-Raketen, von Abrams-Panzern mit Laserentfernungsmessern abgefeuert oder auch von Hedgehog-Flugzeugen, die die Infanterie unterstützen und über Sprengkappen aus abgebranntem Uran verfügten, richteten in der Golfregion schwerste Zerstörungen an. Sie waren eine der großen Erfolge der Waffenentwicklung von Army R&D, die auf dem basierte, was wir aus dem Roswell-Absturz lernten.

HARP – The High-Altitude Research Projekt, das Forschungsprojekt in extremer Höhe

HARP war ein weiteres Projekt, das seine Entstehung der Herausforderung durch fliegende Untertassen verdankte. Sie flogen bei weitem schneller als unsere Flugzeuge, wir hatten keine Lenkraketen, die sie herunterholen konnten, und wir hatten keine Geschütze, die sie abschießen konnten.

Wir erforschten auch Waffensysteme mit einer doppelten oder dreifachen Nutzanwendung, und HARP oder »die große Kanone« war ein solches System. Im wesentlichen war das Projekt HARP das geistige Kind des kanadischen Geschützexperten und Wissenschaftlers Dr. Gerald Bull. Bull hatte die Bedrohung studiert, die im Ersten Weltkrieg durch die deutsche »Dicke Berta« und die V3 der Nazis am Ende des Zweiten Weltkrieges entstanden war. Seine Überlegung war, daß weitreichende, großkalibrige Artillerie nicht nur eine praktische Lösung zum Abschuß von schweren Granaten sei, sondern auch preiswert, wenn erst einmal die ursprüngliche Forschungs- und Entwicklungsphase abgeschlossen wäre. Massenproduzierte große Kanonen und ihre Ausrüstung, die direkt vor Ort zusammengesetzt würden, könnten weit hinter der Front eine enorme Feuerkraft entwickeln. Sie könnten zu einer strategischen Waffe werden, um Atomgeschosse auf feindliche Bevölkerungszentren oder militärische Anlagen regnen zu lassen.

Dr. Bull hatte auch vorgeschlagen, die Kanone auch als Abschußrampe zu nutzen. Sie könnte riesige Geschosse in die Erdumlaufbahn schießen, wo dann ihre verschiedenen Stufen von Trägerraketen abgeworfen werden könnten, um den Sprengkopf selbst in Position zu bringen. Dies würde eine minimale Menge an Raketentreibstoff erfordern und könnte effektiv eine Kette von Satelliten schnell auf die Umlaufbahn bringen, beinahe wie Artilleriesperrfeuer. Wenn die Armee in aller Eile Spezialsatelliten oder explosive Satelliten auf die Umlaufbahn bringen müßte, die für außerirdische Raumfahrzeuge gefährlich wären, stellte die große Kanone eine Methode dar, um diese Aufgabe zu erfüllen.

Es gab noch eine dritte Möglichkeit für die Superkanone. General Trudeau sah die Fähigkeit dieser Waffe voraus, Granaten abzufeuern, die letztlich auf eine Mondumlaufbahn gebracht werden könnten. Vor allem, wenn Feindseligkeiten zwischen den Vereinigten Staaten und der UdSSR ausbrechen sollten, oder, wie wir erwarteten, zwischen irdischen Streitkräften und Außerirdischen, könnten wir eine militärische Mondbasis mit Nachschub versorgen, ohne auf Raketenabschußrampen angewiesen zu sein, die lange Überholungszeiten brauchten und anfällig für Angriffe wären. Eine getarnte Superkanone oder eine Reihe von ihnen gäbe uns alle Vorteile der Feldartillerie oder der Flak, aber auch die Möglichkeit, Nutzlasten in den Weltraum zu schießen. Diese Kombination von Fähigkeiten entzückte General Trudeau, weil dadurch ein einziges R&D-Projekt die verschiedenartigsten Systeme schaffen konnte.

Die Streitkräfte der Vereinigten Staaten, Kanadas und Großbritanniens unternahmen gemeinsame Anstrengungen, um Dr. Bulls Superkanone zu entwickeln, wobei General Trudeau, wie ich glaube, zu Dr. Bulls entschiedensten Förderern gehörte. Aber als die Entscheidungen für das Militärbudget getroffen werden sollten, hatte sich das gesamte militärische Establishment der Regierung für die Lenkraketen und Trägerraketen für Raumfahrzeuge entschieden und gegen die Superkanone. Außerdem waren die Vereinigten Staaten, Kanada und Großbritannien zu weit mit ihren Raketenprogrammen gekommen, um ein völlig neues Waffensystemprogramm zu beginnen. Schließlich entschloß man sich, die diesbezügliche Forschung zu beenden, wobei man gleichzeitig genau Bulls Bemühungen beobachtete, seine Technologie an andere Mächte zu verkaufen, besonders an Regierungen im Nahen Osten.

In den 80er Jahren steckte Gerald Bull, den ich 1986 auf einem Empfang zu Ehren General Trudeaus persönlich getroffen hatte, in Verhandlungen sowohl mit den Israelis als auch den Irakern, vielleicht sogar mit den Iranern. Der 10 Jahre lange Krieg zwischen Saddam Hussein und Iran erwies sich als günstiges Verkaufsklima für Waffenhändler im allgemeinen und für Gerald Bull im besonderen, der von beiden Seiten umworben wurde. Am Ende kam er mit den Iranern zum Abschluß. Man hatte Prototypen getestet und plante, eine Monsterwaffe zu bauen. Doch die Briten intervenierten rechtzeitig und beschlagnahmten die Materialladungen, bevor sie außer Landes gebracht wurden. Zu dem Zeitpunkt war Dr. Bull zu einem Risikofaktor für die Iraker, aber auch für die Israelis und die Vereinigten Staaten geworden, und er wurde vor seiner Wohnung in Belgien bei Ausbruch des Golfkrieges erschossen.

Wie die Jules-Verne-Figur Barbicane hatte Bull eine Vision von dem Potential einer weitreichenden Kanone. Anders als Barbicane war er nahe dran zu beweisen, daß es eine praktische Methode wäre, Fahrzeuge ins Weltall zu schießen. Der Mord an Dr. Bull ist niemals aufgeklärt worden, und alle Geheimnisse, die er möglicherweise über den Bau einer Kanone zum Abschuß von Raumfahrzeugen noch im Kopf hatte, starben mit ihm vor seiner Wohnung.

Liste von Versäumnissen

Als ich den Berg von Projekten auf meinem Schreibtisch im Frühjahr 1962 durchging, merkte ich, daß ich mehr Zeit für die Roswell-Akte aufwendete als für die anderen Entwicklungsprojekte. Es war offensichtlich, daß der Schatz, den wir in Roswell geborgen hatten, sich in einer Weise auszahlte, die nicht einmal ich für möglich gehalten hatte. Nachtsichtgerät, Laser und Glasfiberoptik seien eindeutig nachvollziehbar, sagte ich zu General Trudeau. Und ich sei mir sicher, es gäbe bestimmt noch andere Gebiete, die nutzen könnten. Wir müßten auch die Fragen betrachten, vor die uns die Funde in Roswell stellten, nicht nur das, was wir aus dem Wrack geborgen hatten.

»Drück dich genauer aus, Phil«, sagte der General. »Was meinst du?«

»Wenn man mal überlegt, was wir nicht in Roswell gefunden haben«, sagte ich. »Das hat weitgehend mit dem zu tun, was wir sind und was sie sind. Es zeigt uns auch, was wir entwickeln müssen, wenn wir uns auf langwierige Raumfahrten vorbereiten.«

»Kannst du mir eine Liste machen?« fragte der General. »Wir haben eine Menge laufender Forschungsverträge, die von einer Liste mit diesen Dingen profitieren könnte, sobald wir die nächsten 50 Jahre unserer Raumfahrt planen.«

Nach dieser Unterredung hatte ich General Trudeau versprochen, eine Liste über die »Versäumnisse« in Roswell aufzustellen. Außerdem forderte der General einen kurzen Bericht über die Bereiche, die meiner Meinung nach entwickelt werden müßten. Daraufhin packte ich alle Berichte und Informationen der Roswell-Akte auf einen Stapel und begann danach Ausschau zu halten, was fehlte, was ich aber eigentlich an der Absturzstelle eines Raumschiffes finden müßte.

Kurz: Es fehlte in allen Berichten das Ernährungsthema. Niemand entdeckte Geräte zur Nahrungszubereitung oder Lebensmittellager an Bord des Raumschiffes. Kühl- oder Haltbarmachungsanlagen gab es auch nicht. Es fehlte Wasser, weder zum Trinken, noch zum Waschen oder zur Abfallbeseitigung, und es gab auch keine Müllentsorgung. In den Roswell-Feldberichten hieß es, daß die Bergungstruppe etwas fand, was sie für einen Erste-Hilfe-Kasten hielt, weil es Dinge barg, von denen ein Arzt sagte, daß es zum Bandagieren diene. Sonst aber gab es keine ärztlichen Einrichtungen, auch keine Medikamente. Und schließlich hätte man auch keine Ruhemöglichkeiten an Bord gefunden, nichts, was einer Bank oder einem Bett ähnlich sah.

Aus diesen Informationen entnahm die Armee, daß dieses UFO ein Aufklärungsfahrzeug war und schnell zum Mutterschiff zurückkehren konnte, wo alle die fehlenden Dinge vorhanden wären. Eine Erklärung, die Dr. Hermann Oberth in die Diskussion warf, es handle sich um ein Zeitdimensionsfahrzeug, das keine großen Entfernungen im Weltraum zurücklegte. Es würde vielmehr aus einem Zeit-Raum in den nächsten »springen« oder aus einer Dimension in eine andere und augenblicklich zu seinem Ursprungsort zurückkehren können. Aber das war nur Dr. Oberths Spekulation.

Ich glaubte jedoch, daß die EBEs keine Nahrung oder Abfallanlagen brauchten, weil sie künstliche Wesen waren, wie Roboter oder Androide, die speziell für Raumfahrten und die Durchführung bestimmter Aufgaben auf den von ihnen besuchten Planeten geschaffen worden seien. Genau wie unser Mondfahrzeug 1970, das einen Roboter beinhaltete, seien diese Wesen mit bestimmten Aufgaben programmiert worden, die sie ausführten. Vielleicht konnten ihre Programme von einer entfernten Quelle auf den neuesten Stand gebracht werden, aber sie waren keine Lebensformen, die irgend etwas zu ihrem Unterhalt brauchten. Sie stellten perfekte Wesen dar für lang dauernde Reisen durch das Weltall und zum Besuch anderer Planeten. Menschliche Wesen sind jedoch keine Roboter und brauchen Nahrung. Deshalb wäre es notwendig, sich um eine langfristige Versorgung und um Abfallentsorgung zu kümmern, falls Menschen einmal weite Entfernungen im Weltall zurücklegen wollten.

Andere Wissenschaftler aus unserem Braintrust meinten, es handle sich um ein Aufklärungsflugzeug, das entweder von unserem Zielradar auf dem 509. oder Alamogordo eingefangen oder von einem Blitz des Sturms in jener Nacht getroffen wurde. Andere Wissenschaftler waren der Auffassung, wir sollten es zuerst mit irgendeiner Art von atomarem Ionenantrieb versuchen, bis wir in der Lage wären, die nötige Energie zu erzeugen, um ein derartiges Antriebssystem zu entwickeln.

Was das Fehlen von Nahrungsmitteln anging, meinten die Wissenschaftler, daß dies ein entscheidender Schwachpunkt bei lang an dauernden Forschungsreisen für Menschen im Weltall wäre. Folglich schlug ich in meinem hastigen und nicht ins reine geschriebenen Bericht an General Trudeau vor, die Armee müßte die Entwicklung von mindestens zwei Dingen zu Ende bringen, von denen ich wußte, daß sie seit mindestens zehn Jahren im Army R&D System waren: ein Nahrungsmittel, das nie verdirbt und keiner Kühlung bedarf, und ein Atomantrieb, der im Weltraum aus Teilen zusammengesetzt werden könnte, zur Energieerzeugung für ein interplanetares Raumschiff.

Bestrahlte Nahrung

Der General las meine Aufzeichnungen ein paar Tage später und schien beeindruckt zu sein. Aber er sagte nichts direkt dazu. Statt dessen griff er zum Telefon und sprach mit jemandem. Dann schaute er mich an. »Hole Hut und Mantel«, sagte er. »Wir treffen uns oben beim Hubschrauberlandeplatz. Wir sind zum Essen eingeladen.«

Zehn Minuten später holte uns der Hubschrauber des Generals ab, wir kreisten einmal um das Pentagon und wurden zum Quartermaster (Quartiermeister) Center geflogen.

Ein Offizier, der anonym bleiben muß, erwartete uns am Landeplatz. Er salutierte: »Danke, daß Sie gekommen sind.«

Er nahm uns mit hinunter in den Lagerraum, wo er uns Regale über Regale mit allen Arten von Nahrungsmitteln zeigte, von Fleisch über Früchte bis zu Gemüsen. »Schauen Sie sich dieses Schweinefleisch an«, meinte er stolz. »Es lagert hier seit Monaten ungekühlt und ist frei von Trichinen.« Er hielt ein paar Eier und eine Hühnerbrust hoch. »Eier, ungekühlt. Und Huhn. Absolut frei von Salmonellen. Das gleiche gilt für den Fisch.«

Er führte uns an den Regalen entlang und pries fast wie ein Verkäufer die Vorteile der Lebensmittel an. Sie waren in Cellophanpapier eingepackt, um sie staubfrei zu halten, aber nicht vakuumverpackt und auch nicht weiter haltbar gemacht, soweit ich das erkennen konnte.

»Frei von Pilzen und Sporen«, pries er die Gemüse an. »Kein Schimmel oder Insektenbefall bei den Früchten«, fuhr er fort. »Und die Milch steht schon seit über zwei Jahren in diesem Regal und wird nicht im geringsten sauer. Wir haben große Fortschritte gemacht beim Haltbarmachen von Lebensmitteln ohne sie zu salzen, zu räuchern, zu kühlen oder tiefzugefrieren.«

»Beantwortet das eine Ihrer Fragen, Oberst?« fragte General Trudeau, als wir uns die Lebensmittel anschauten, die völlig resistent gegen das Verderben zu sein schienen.

Der kommandierende General der Quartiermeisterei gesellte sich zu uns. »Wählen Sie Ihr Essen aus, meine Herren«, sagte er, und er wählte selbst ein dickes Steak. »Ich möchte dies hier, wenn Sie nichts dagegen haben, und ich nehme mir die Freiheit, für Sie dasselbe zu bestellen, General Trudeau, und für Sie auch, Oberst. Wie wär's mit Kartoffeln als Beilage und Stachelbeeren zum Nachtisch? Alles frisch, köstlich und vor allem unschädlich.«

Wir gingen nach oben in den Speisesaal, wo einige weitere Offiziere, zivile Wissenschaftler und Lebensmittelspezialisten sich uns anschlossen. Sie beschrieben uns den Prozeß der Ionenbestrahlung, um die schädlichen Bakterien zu vernichten, damit die Lebensmittel ohne Konservierung oder Räucherung haltbar gemacht werden konnten. Dieses Verfahren war so perfekt, daß die Lebensmittel, wenn man sie dann in einer antiseptischen und staubfreien Atmosphäre aufbewahrte, nicht verdarben. Weil hier jedoch die Luft ebenso schmutzig sei wie in jedem anderen Gebäude, würde man die Eßwaren in Cellophanpapier einpacken. Andere Lebensmittel wiederum würden in Klarsichthüllen aus Kunststoff gesteckt und Besuchern vorgeführt, als lägen sie im Supermarkt.

»Wir wollten zuerst feststellen, ob das ganze Konzept bestrahlter Nahrung funktioniert«, erklärte einer der Ingenieure. »Bei unseren ersten Experimenten bestrahlten wir die Lebensmittel und froren sie dann ein. Wir verfütterten die Nahrung an Ratten und Mäuse und stellten keine schädlichen Effekte fest. Dann machten wir dasselbe, erhöhten aber die Strahlung, und kühlten die Nahrung wieder tief. Wiederum keine nachteiligen Effekte.«

Seine Darstellung ging weiter, während wir aßen, begleitet von Tabellen, die zeigten, wie die Sterilisationsrate erhöht wurde, um nachteilige Effekte festzustellen. Dann wurden die bestrahlten Lebensmittel mit Freiwilligen getestet.

»Einen Moment«, unterbrach ich. »Ich verstehe nicht, warum die Nahrung zuerst bestrahlt und dann tiefgekühlt wurde.«

Der Ingenieur hatte auf diese Frage schon gewartet und die Antwort parat. Wahrscheinlich war sie schon oft gestellt worden. »Weil wir nur die nachteiligen Effekte der Strahlung herausfinden wollten. Wir testeten nicht die Haltbarkeit der Nahrung, nicht ihren Geschmack, nicht einmal nachteilige Effekte der Nahrung selbst, obwohl wir wußten, daß sie sterilisiert und vollständig frei von Bakterien blieb, sobald sie tiefgefroren war. Wir mußten in Feldstudien nachweisen, daß der Bestrahlungsprozeß für Tier und Mensch sich als ungefährlich erwies.«

Dann beschrieb er die Versuche, die bewiesen, daß bestrahlte Nahrung sich auch bei Zimmertemperatur hielt. »Wir wählten sehr empfindliche Nahrungsmittel aus«, betonte er, »wie Fleisch, Hühnchen und vor allem Meeresfrüchte und Fisch. Wir stellten auch Gerichte wie Aufläufe her und verfütterten sie an Ratten und Hunde neben rohem Fleisch und rohem Thunfisch. Wir bestrahlten die Nahrung zuerst mit drei Megarad, dann mit sechs Megarad und untersuchten die Tiere sechs Monate lang, ob die Strahlung in ihren Organen oder Knochen zu überhöhten Konzentrationen geführt hatte.« Er machte eine Pause, denn er war sich der Wirkung seiner Ausführungen bewußt. Unterdessen bissen wir herzhaft mit gesundem Appetit in die bestrahlten Steaks – das Ergebnis von Experimenten in den 50er Jahren.

»Keinerlei toxische Effekte. Und wir waren sehr gründlich, bevor wir die Nahrung mit Menschen testeten.«

»Was kam danach?« fragte ich.

»Dann machten wir Geschmacksversuche mit beliebten Speisen in Fort Lee, Virginia, um herauszufinden, wie die Soldaten darauf reagieren. Wir glauben, daß wir bis Ende dieses Jahrzehnts eine Vielzahl von Fertiggerichten für die Truppen im Feld haben werden, die keine Möglichkeit zum Kochen oder zum Kühlen haben.«

General Trudeau schaute mich über den Tisch an, und ich nickte. Dies hier war ausgezeichnete Nahrung, die allen Qualitätsmaßstäben genügte.

»Meine Herren«, sagte General Trudeau beim Aufstehen. Als ein Drei-Sterne-General war er der höchste Offizier im Saal, und als er sprach, hörte jeder zu. »Mein Assistent ist der Meinung, daß Ihre Arbeit von größter Bedeutung für die US-Armee, unsere Nation und die Welt ist und einen Beitrag für unsere Weltraumreisen leisten wird. Ich bin derselben Ansicht. Wir sind von Ihren Testergebnissen beeindruckt und wollen Ihnen helfen, Ihre Tätigkeit auszuweiten und Ihre Tests zu beschleunigen. Die Armee braucht das, was Sie entwickelt haben. Unterbreiten Sie mir in den nächsten zwei Wochen ein Ergänzungsbudget zur Erweiterung Ihrer Tätigkeit, und ich möchte, daß dieses Entwicklungsprojekt auch in das nächste Budget aufgenommen wird.« Dann wandte er sich an mich, nickte, und wir dankten dem kommandierenden General für das Essen und gingen hinaus zu dem Hubschrauber von General Trudeau.

»Na, hat es geschmeckt, Phil?« fragte er. »Ich denke, wir haben da ein paar der Dinge auf deiner Liste auf der Stelle abgehakt.«

Der Pilot half dem General in seinen Sitz und ich stieg auf der anderen Seite ein.

»Was meinst du also?« fragte er nochmals.

»Ich meine, wenn wir noch schneller vorankommen, dann werden wir bald die EBEs hier haben, die etwas von unserer bestrahlten Nahrung abhaben wollen«, meinte ich lächelnd.

General Trudeau lachte, als wir abhoben und zurück zum Pentagon flogen. »Jetzt mußt du dich an den nächsten Punkt machen und alles über dein Atomantriebssystem herausfinden. Wenn die NASA es endlich mal auf die Reihe kriegt, den Bau einer Raumstation zu beschleunigen, dann hätte ich gern, daß die Armee über eine Energiequelle verfügt, die uns dort oben eine Weile über Wasser hält. Wenn wir ein Beobachtungsfenster für unsere Besucher haben, wäre es mir noch lieber.«

Und noch vor Ende der Woche befand ich mich wieder einmal in Fort Belvoir, Virginia, um zu kontrollieren, welche Fortschritte die Armee bei der Entwicklung eines tragbaren Atomreaktors gemacht hatte.

Tragbare Atomreaktoren

Eine Aufgabe, die uns direkt durch die Bergung des Roswell-Flugobjekts und die Entdeckung, daß es nicht von einer konventionellen Maschine angetrieben wurde – weder Propeller, Düsen oder Raketen – erwartete, war die Feststellung, daß wir ein ähnliches Antriebssystem für große Reichweiten haben müßten, wenn wir es mit den außerirdischen Wesen im Weltraum aufnehmen wollten. Bislang besaßen wir das nicht. Die annähernde Energieform, die wir hatten, die nicht ständigen Nachschub von Brennstoff erforderte, war die Atomenergie, aber selbst die war noch lange nicht fertig entwickelt. Bei Kriegsende hatte jedoch die Armee die operative Kontrolle über die Atomwaffen, da sie unter General Leslie Groves, Direktor des Manhattan-Projekts, eine Forschungsabteilung auf die Beine gestellt hatte, um die Atombombe zu entwickeln und in Japan einzusetzen.

Für die Ingenieure der Armee, die sich abmühten herauszufinden, wie das Roswell-Fahrzeug angetrieben wurde, lag die Atomenergie als die einfachste Energieform auf der Hand. 1947 jedoch war bereits ein Kampf innerhalb der Truman-Administration darüber ausgebrochen, wer die Atomenergie kontrollieren sollte, eine zivile Kommission oder das Militär. Als die Nation den Übergang von der Kriegs- zur Friedenszeit vollzog, erschreckten die Berater von Präsident Truman die Visionen eines General Groves, der gedanklich jonglierte, wie und auf welche Weise die Atomkraft angewandt werden sollte. Schließlich beschloß Präsident Truman, die Kontrolle über das nationale Atomprogramm einer zivilen Dienststelle zu übertragen. Folglich befand sich die Armee 1947 nicht mehr im Atomgeschäft, aber das bedeutete nicht, daß die Forschung zur militärischen Nutzung der Atomkraft aufhörte. Wir mußten Atomreaktoren entwickeln, nicht nur, um Atomantriebssysteme für die Marine und beliebig Kraftstationen bauen zu können, sondern auch zu Forschungszwecken. Wie konnte man tragbare Systeme herstellen, die sich im Weltraum leicht aus Einzelteilen zusammensetzen ließen? Dadurch könnten wir Langzeitaußenposten im Weltraum unterhalten und auch interplanetare Raumschiffe antreiben – zur Verteidigung gegen die feindlichen Außerirdischen. Heute hört sich das wie Science-fiction an. Man sollte aber bedenken, 1947 hatte die

Nation eben den Zweiten Weltkrieg hinter sich, als schon der Kalte Krieg begann. Krieg, nicht Frieden hatten die Offiziere im Kopf, die mit der Roswell-Bergung und der Analyse des Wracks beauftragt waren.

In den Berichten über die »Army Atomic Reactors« (Armee-Atomreaktoren) in Fort Belvoir entdeckte ich, daß die Armee nicht nur ein ausgeklügeltes Programm für tragbare Atomreaktoren aufgestellt hatte, sondern sogar schon einen in Zusammenarbeit mit der Luftwaffe gebaut hatte, der 1962 in der Sundance Radar Station, 10 km außerhalb von Sundance, Wyoming, aufgestellt wurde. Dies war ein für damalige Verhältnisse sehr fortschrittlicher Apparat zur Energieerzeugung, der Dampf für die Radarstation, elektrischen Strom für die Basis und eine getrennte Energiezufuhr für die komplizierte Radarausrüstung lieferte. Aber dies war nicht das allererste tragbare Kraftwerk, wie viele glaubten.

Der erste tragbare Atomreaktor wurde für eine Forschungseinrichtung in Grönland unter der arktischen Eiskappe hergestellt. Es war ein Projekt des Ingenieurarmeecorps in Camp Century, 1500 km vom Nordpol entfernt. Camp Century wurde vom Army Polar Research and Development Center (Polarforschungs- und Entwicklungszentrum) unterhalten, das im arktischen Winter Experimente durchführte. Außerdem arbeitete man im Camp Century an einem wichtigen Beobachtungsposten im Frühwarnsystem, der jede sowjetische Aktivität am oder in der Nähe des Nordpols und jede Aktivität von UFO-Manövern und -Landungen registrierte.

Während meiner Jahre im Weißen Haus hatte die UFO-Arbeitsgruppe kontinuierlich Präsident Eisenhower gedrängt, eine Kette von Horchposten zu errichten – elektronische Wachen, bemannt mit Armee- und Luftwaffenbeobachtern in den entlegensten Gegenden der Erde –, um über UFO-Aktivitäten zu berichten. General Twinings Arbeitsgruppe hatte argumentiert, daß für den Fall, daß die EBEs einigermaßen dauerhafte Basen auf der Erde errichten wollten, es bestimmt nicht in bevölkerten Gegenden täten oder an Orten, wo das Militär präsent wäre. Es würde an den Polen geschehen, in den entlegensten Gegenden, die sie finden könnten, vielleicht sogar in der Tiefe des Ozeans. Die Polkappen schienen am geeignetsten, weil wir dort in den 50er Jahren keine Überwachungssatelliten besaßen, die aus dem Weltall kommende außerirdische Aktivitäten ausmachen konnten, und wir hatten auch keine permanente Präsenz an den Polen. Man glaubte, wir wären technisch nicht in der Lage, empfindliche Ausrüstungen an den Polen zu installieren, da wir nicht die erforderlichen Energiemengen dorthin transportieren könnten. Das Nuclear-Power-Program der Armee jedoch, das in Fort Belvoir entwickelt wurde, gab uns allerdings die Möglichkeit, überall auf der Erde Basen mit Atomkraftstationen zu installieren.

1958 wurde die Arbeit im Camp Century aufgenommen, um das Atomkraftwerk unter dem Eis von Grönland zu installieren. Ursprünglich sollte es topgeheim sein, weil wir nicht wollten, daß die Sowjets wüßten, was wir machten. Letztlich erwies sich das jedoch als nicht durchführbar, weil zu viele fremde Vertragsfirmen involviert waren. Die Logistik und der Transport der Ausrüstung nach Thule und die Installation mit Gleitkufen unter dem Eis sorgte für Schlagzeilen. Deshalb ließ der Armeegeheimdienst die Geheimhaltung fallen und behandelte das Ganze als eine wissenschaftliche Forschungsexpedition der Polar Research Group.

Genau wie die Tarnoperation, mit der die Arbeitsgruppe geschützt wurde, lieferte Camp Century die perfekte Tarnung zum Testen eines Bauverfahrens, in dem ein vorfabrizierter, verpackter und eingeflogener Atomreaktor unter schwierigen Bedingungen aufgestellt werden sollte. Die Armee hatte auch die Möglichkeit, die Funktion des Reaktors zu testen und seine Erhaltung an einem entlegenen Ort unter härtesten Klimabedingungen auf unserem Planeten zu testen.

Diese Anlage war die erste ihrer Art. Sie hatte eine Modulkonstruktion mit separat verpackten und aufstellbaren Komponenten für Luftkühlung, Wärmeaustauscher, Schaltvorrichtungen und den Turbinengenerator. Sie hatte auch einen Mechanismus, um den Dampf zum Schmelzen von Eis zu verwenden, um damit den Wasserbedarf des Camps zu decken. Die ganze Konstruktion wurde in nur 77 Tagen fertiggestellt, und das Camp wurde vom Oktober 1960 bis zum August 1963 unterhalten. Alles wurde auseinandergenommen und 1964 eingelagert, und das Gelände von Camp Century wurde wieder in den ursprünglichen Zustand versetzt.

Gegen Ende 1962 erhielt ich Informationen über die Operationen des Camps. Nachdem General Trudeau mich wegen der Durchführbarkeit des transportablen Atomprogramms der Armee angesprochen hatte, suchte ich nach einer Möglichkeit, Atomreaktoren auf die Erdumlaufbahn zu bringen, um Energie im Weltraum herzustellen. Ich war so begeistert von dem Erfolg unserer transportablen Atomreaktoren und der anschließenden Entwicklung mobiler Reaktoren, daß ich den General drängte, alle nur erdenklichen Gelder von R&D für das Army-Nuclear-Power-Program in Fort Belvoir locker zu machen, um so viel mobile Atomkraftwerke wie nur möglich zu bauen und zu testen.

Jedes Atomkraftwerk ließe sich als eine Art Brückenkopf in den entlegenen Teilen der Erde errichten. Sollten die EBEs versucht sein, Basen zu errichten, da sie glaubten, wir würden sie nicht entdecken, so hätten sie sich geschnitten. Sobald wir einmal die Fähigkeit demonstriert hätten, daß wir auch entlegene Gegenden der Erde schützen können, wären wir in einer weit besseren Position, Basen im Weltall zu errichten.

Das atomare Programm, das teilweise die direkte Folge unserer Roswell-Analyse war, half uns letztlich, transportable Atomkraftwerke zu bauen, die heute als Antrieb für Erdsatelliten und Kriegsschiffe dienen. Sie vergrößerten damit auch den Wirkungsbereich der Armee, was niemand für möglich gehalten hätte. Wir konnten dadurch auch bemannte Überwachungs- und Horchposten in abgelegenen Gegenden der Erde unterhalten. Diese bildeten auch die Forschungsbasis für den Abschuß von Atomkraftwerken in das Weltall als Energiegrundlage für eine neue Generation von interplanetaren Fahrzeugen. Die transportablen Atomkraftwerke könnten auch als Antrieb für Fahrzeuge zur Erforschung des Weltalls dienen, die uns, wie wir meinten, die Möglichkeit gäben, Militärbasen auf dem Mond und nahegelegenen Planeten des Sonnensystems zu errichten.

Danach richteten wir unsere Aufmerksamkeit auf die Entwicklung von Spezialwaffen, die wir auf die Überwachungssatelliten in der Erdumlaufbahn montieren könnten, Waffen, die wir direkt aus dem entwickelt haben, was wir in den fliegenden Untertassen in Roswell gefunden haben.

16

Teslas Todesstrahlen und die beschleunigten Teilchenstrahlwaffen

Inmitten aller Berichte und Analysen über das Roswell-Wrack gab es Beschreibungen, wie das Fahrzeug welche Form von Energie genutzt haben könnte, die als »gelenkte Energie« bekannt ist, nämlich sehr starke Strahlen angeregter Elektronen, die präzise auf jedes beliebige Ziel gelenkt werden könnten. 1947 wußten wir nicht viel über gelenkte Energie, genauer gesagt, wir wußten nicht, wieviel wir wußten, denn in Wahrheit wußten wir schon eine ganze Menge. Aber die Informationen, die seit 1930 bekannt waren, lagen beschlagnahmt in einem Lager, das der Bundesregierung gehörte, und zwar auf der Lower Side of Manhattan. Dort befanden sich die Aufzeichnungen des mysteriösen Erfinders Nikola Tesla, dessen Experimente und berühmte Entdeckungen zum Stoff bizarrer, aufregender Legenden geworden sind.

Das chirurgische Laserschneidegerät aus dem Roswell-Wrack produzierte eine Art von gelenktem Energiestrahl, mit dem man schnell und präzise schießen konnte, und der bewies, daß die Außerirdischen Waffen hatten, die unseren bei weitem überlegen waren. Jedoch, wenn das Fahrzeug durch einen Blitz – in sich selbst ein gelenkter Energiestrahl – abgestürzt ist, dann zeigte das ihre Anfälligkeit gegen Elektronenstöße. Das regte die Phantasie der Wissenschaftler und Forscher der Armee zu einer Analyse über die Möglichkeiten von gelenkten Energiestrahlenwaffen an. Heute, 50 Jahre nach dem Absturz des Raumfahrzeugs, sind diese Waffen weit mehr als nur Waffen. Sie sind Wirklichkeit. Sie können getrennt von den Antriebsstufen auf Lenkraketen montiert werden und, versehen mit einem internen Computerleitsystem, auf jede herannahende ICBM oder Raumfahrzeuge gerichtet und mit verheerenden Folgen abgefeuert werden. Diese Waffe ist eine echte Erfolgsstory der Armee gewesen.

»Die Vorteile für die Armee sind enorm«, schrieb ich für General Trudeau in meiner Analyse von 1962 über die gelenkten Strahlenwaffen. »Obwohl, wie wir gesehen haben, das rudimentärste Produkt mit gelenkten Strahlen, der Mikrowellenofen, die anfänglichen Forschungs- und Entwicklungskosten durch den Verkauf als Gebrauchsgegenstand mehr als eingebracht hat, wird gleichwohl das Militär den größten Vorteil von gelenkter Energie haben. Man kann schon jetzt die projizierten Anwendungsmöglichkeiten des Lasers sehen, obwohl er erst zwei Jahre alt ist.«

Das Konzept einer Waffe, die auf einem gelenkten Energiestrahl beruhte, war für die Militärs kein vollständig neues Konzept, obwohl seine Ursprünge ein vollständiges Geheimnis waren. Der erste Test mit einer gelenkten Energiewaffe, ein Teilchenbeschleuniger mit dem Kodenamen Seesaw, dessen Strahl auf eine Lenkrakete gerichtet wurde, fand erst 1958 durch das Advanced Research Projects Agency (ARPA, Behörde für wissenschaftliche Forschungsprojekte) statt, zwei Jahre nach der erfolgreichen Demonstration des Lasers. Obwohl der Test in dem Jahr stattfand, als ich in Red Canyon, New Mexico, war, habe ich darüber erst im Nationalen Sicherheitsrat im Weißen Haus erfahren und später nach den erfolgreichen Experimenten gegen simulierte Ziele.

In der Theorie sah die Teilchenstrahlenwaffe aus, als könnte sie funktionieren, angesichts der technischen Entwicklung von Energiegeneratoren, elektrischen Lagergeräten und der Computersoftware zum Zielen und Abfeuern. Ein grobes Modell einer Teilchenstrahlenwaffe hatten wir bereits in der Natur: Der Blitz ist ein reiner, intensiver Elektronenstrahl zwischen entgegengesetzten Polen, der alles zerstört, auf das er trifft, wenn es nicht geerdet ist. Wissenschaftler, angefangen bei Benjamin Franklin bis Nikola Tesla hatten versucht, die Kraft des Blitzes als Energiequelle zu bändigen. Die ARPA-Wissenschaftler meinten, wenn man die Hardware bauen und die Software schreiben könnte, würden sie in der Lage sein, einen intensiven Strahl aus Elektronen oder neutralen Wasserstoffatomen zu erzeugen, ihn auf ein Ziel zu richten und den Teilchenstrahl in Impulsen abzufeuern. Sie würden sich fast mit Lichtgeschwindigkeit bewegen und die Atome des Ziels so lange erregen, bis es buchstäblich auseinanderfliegen würde. Was nicht explodiert, das würde elektronisch zerstört und nutzlos gemacht werden.

Offiziell sollte das Projekt geheimgehalten werden, bis die Finanzierung gesichert und die technologische Entwicklung der Komponenten so weit gediehen wäre, daß man Prototypen bauen könnte. Die große Angst der Forscher bei ARPA war, daß die Sowjets, wenn sie erführen, was wir bauten, ihre Anstrengungen verdoppeln, um auch eine solche Waffe, vielleicht noch vor uns, zu bauen, wodurch unsere kürzlich entwickelte Atlas ICBM überflüssig würde, bevor sie überhaupt die Abschußrampen erreichte.

Die ARPA war ein sehr geheimes Netzwerk von Kriegswissenschaftlern, Mitgliedern des militär-industriellen Komplexes und von Universitätsforschern, die entweder mit einem Regierungsbudget arbeiteten oder im stillschweigenden Einverständnis des Verteidigungsministeriums, das ihre Ergebnisse zum geeigneten Zeitpunkt unter seine Kontrolle nähme.

ARPA wurde 1958 gegründet, teilweise deshalb, glaube ich, weil bis dahin die Army R&D eine zerrüttete Behörde war, die kaum in der Lage war, die Grundlagenforschung zu betreiben, die notwendig war, um uns technologisch vor unseren Feinden zu schützen. Dadurch entstand in der Forschung eine Lücke, die von der ARPA geschlossen werden sollte. Da sie militärisch orientierte Forschung betrieb, häufig jedem konkreten Vorschlag für die Entwicklung eines Waffensystems weit voraus, agierte ARPA häufig als eine Art vorgeschobene Frontlinie zur Entwicklung militärischer Waffen. Diese Behörde erleichterte auch die grundlegende Forschung, die für konkrete Dinge nötig war. ARPA stand jedoch häufig im Konflikt mit dem Militär, weil sie eigene Zwecke verfolgte, besonders nachdem General Trudeau den ganzen militärischen R&D-Apparat reorganisiert und so ausgerichtet hatte, daß er wie am Schnürchen lief.

1969, in der Ära der Riesencomputer, wurde ARPANET geboren mit der Absicht, ein Netzwerk der Netzwerke zu schaffen, indem Universitäten, Rüstungsindustrie und das Militär miteinander verbunden werden sollten. Und in den 70er Jahren, nachdem ARPA in DARPA umbenannt worden war, schuf man ein Projekt, um ein »internetting« aller vorhandenen Computer in ihrem System zu schaffen und richtete die

Software ein, um Netzwerke, die mit unterschiedlichen Systemen arbeiteten, miteinander zu verbinden. 1974 wurde das Transmitting Control Protocol (Übertragungs-Kontroll-Protokoll) geboren, und aus dem ARPANET wurde das INTERNET. Ende der 80er Jahre entwickelte das Europäische Labor für Teilchenphysik eine Hypertextsprache, ursprünglich von Vannevar Bush konzipiert, als einen Suchmechanismus im Internet, und 1990 wurde sie mit einem Grafikbenutzer-Interface zusammengefügt, das Hypertext und Grafik miteinander verbanden. Das World Wide Web (WWW) war geboren.

1958, als das Konzept der Teilchenstrahlenwaffe entwickelt wurde, war ARPA erst ein Jahr alt. Sie wurde 1957 gebildet, als ich noch im Weißen Haus war, als Antwort auf den erfolgreichen Start des Sputnik durch die Sowjetunion. Die Regierung beschloß, die Vereinigten Staaten brauchten dringend eine unabhängige Forschungsorganisation, um alle Ressourcen akademischer, wissenschaftlicher und industrieller Bereiche zu koordinieren. ARPA wurde gegründet, um Grundlagenforschung zu finanzieren und, obwohl sie nach außen nicht militärisch orientiert war, wurde sie schnell in militärische Projekte eingebunden, da die Regierung dort den größten Nachholbedarf sah.

Es gab noch einen weiteren Grund für die Bildung von ARPA, der zumindest theoretisch viel mit den vermeintlichen Gefahren für die Vereinigten Staaten und dem daraus entstehenden Bedürfnis nach Grundlagenforschung zu tun hatte. ARPA, als ein Netzwerk mit tiefen Verzweigungen in der Regierung und letztlich dem Verteidigungsministerium, konnte sich mit Forschung beschäftigen, die weit von den unmittelbaren Bedürfnissen der Streitkräfte entfernt war, deren Forschungseinrichtungen selbst Teil der Kommandostruktur waren. Das genau war ARPA nicht. Obwohl sie dem Verteidigungsministerium und dem Weißen Haus Rechenschaft ablegen mußte, gehörte es nicht zur Kommandostruktur und mußte sich nicht auf die Vorhaben der Chefs der verschiedenen Waffengattungen beschränken.

ARPA entstand nicht aus dem Nichts heraus. Ihr Vorgänger, der Nationale Forschungsrat (NRC), unter Präsident Wilson gebildet, hatte die wissenschaftliche Forschung für Verteidigungszwecke zu organisieren. Der NRC trat als Rivale zum Naval Consulting Board (Marineberatungsausschuß) auf, der von Thomas Edison geleitet wurde. Edison hatte einmal gesagt, die Nation brauche einen solchen Ausschuß gar nicht. Er lud Wissenschaftler, die er eine Horde von »perfessors« nannte, in sein Laboratorium in New Jersey ein, und führte sie durch seinen »scrap heap« (Müllhaufen), damit sie sähen, wie wirkliche Erfindungen entstünden. Die Universitätsforscher waren natürlich entsetzt über das, was Edison über regierungsgeförderte Forschung für die Kriegsanstrengungen dachte, und gingen zum NRC. Wissenschaftler, die für Firmen arbeiteten, die für Grundlagenforschung, egal welchem Zweck sie diente, Hilfe brauchten, wurden Mitglieder in der neuen Organisation, falls die Regierung Gelder für grundlegende Verteidigungsforschung bereitstellen sollte.

Universitätsprofessoren forderten im Rahmen der renommierten National Academy of Sciences (Nationale Akademie der Wissenschaften), daß der NRC ein »Arsenal der Wissenschaft« sein sollte, um die Vereinigten Staaten zu schützen, indem man sich seines Braintrusts bei Fragen nationaler Verteidigung mit Hilfe seiner Technologie bediene. Präsident Wilson stimmte zu, und der NRC wurde gebildet. Eine seiner ersten Aufgaben galt der Entwicklung einer U-Boot-Verteidigung. Die Luftwaffe hatte zu Beginn des Ersten Weltkrieges auf dem Schlachtfeld noch keine entscheidende Rolle gespielt, aber die deutschen U-Boote fügten den atlantischen Flotten große Verluste zu. Die Marine suchte verzweifelt nach einer Methode, U-Boote zu entdecken, und obwohl Nikola Tesla Pläne für einen Energiestrahlendetektor vorgelegt hatte, der Niedrigfrequenzwellen durch das Wasser schicken sollte, die von versteckten Objekten reflektiert würden, hielt der NRC die Idee für zu esoterisch und suchte nach einer mehr konventionellen Methode. Teslas Niedrigfrequenzwellen funktionierten auch nicht gut im Wasser, aber Jahre später wurde Teslas Beschreibung seiner Erfindung die Basis für eine der wichtigsten Geräte im Zweiten Weltkrieg: Radar.

Der NRC hatte ein Muster für Regierungsunterstützung für Grundlagenforschung erstellt, das für solche Projekte galt, die eventuell militärischen Zwecken dienen könnten. Es war das erste Mal, daß Forscher aus dem privaten Sektor, aus Firmen, Akademiker, Bürokraten und Militärs zusammengebracht wurden, um gemeinsame Probleme zu lösen. Sowohl ARPA als auch DARPA waren die natürliche Folge der ständigen Kontakte zur Regierung.

Das Problem mit ARPA war, daß sie sich politisch engagierte und ihre eigenen Absichten verfolgte. Es kam nicht selten zu Konflikten zwischen General Trudeaus Office of the Chief of Research and Development (Chefbüro für Forschung und Entwicklung), der innerhalb der militärischen Befehlsstruktur fungierte, und ARPA wegen Geld und politischer Fragen. Die Stäbe von ARPA und vom Pentagon gerieten mehr als einmal aneinander, und mehr als einmal versuchte ARPA, die Schuld für ihre eigenen Fehler und Versäumnisse dem Militär anzulasten. In den ersten Jahren des Vietnam-Krieges zum Beispiel versuchte ARPA, General Trudeau für die Fehler bei der Entwicklung von Agent Orange verantwortlich zu machen. Aber General Trudeau und R&D waren überhaupt nicht für Agent Orange zuständig. Das war ein Kind von ARPA – von Anfang an. Aber als die Feldberichte hereinkamen über die Opfer, die Agent Orange unter den eigenen Truppen verursachte, wollte ARPA vor dem Kongreß aussagen, daß General Trudeau verantwortlich sei. Da ging ich an die Decke. Ich ließ die ARPA-Leute wissen, daß ich, Protokoll hin oder her, in den Kongreßausschuß über militärische und Veteranenangelegenheiten stürmen und Himmel und Hölle in Bewegung setzen würde, bis alle wüßten, daß ARPA versuchte, sich der Verantwortung für ein schlechtes Präparat zu entziehen. ARPA machte einen Rückzieher, aber die Spannungen blieben bestehen.

Als das ARPA-Konzept erstmals im Weißen Haus diskutiert wurde, sah ich sowohl die Chancen als auch die Probleme. Mir war klar, daß es die Politik der UFO-Arbeitsgruppe bestimmte. ARPA war für sie nutzbringend, da sie ein Netzwerk zwischen allen Universitäten flechten konnte, um sämtliche Informationen über UFOs herauszufinden, die dem Militär nicht mitgeteilt wurden. Außerdem sollte sich ARPA über Technologien informieren, die etwas mit dem UFO- oder EBE-Problem zu tun hatten, und welche Theorien unter Wissenschaftlern und Akademikern über die Existenz oder die Absichten der EBEs entwickelt wurden. Mit anderen Worten war ARPA, außer einer Verteilstelle für Forschungsgelder, auch ein weiterer Geheimdienst, dessen Zielgruppe Akademiker und Wissenschaftler waren.

Als daher 1957 das dringende nationale Bedürfnis entstand, die Herausforderung des sowjetischen Raumfahrtprogramms anzunehmen, war es für niemanden eine Überraschung, daß eine Organisation wie ARPA den Auftrag erhalten würde, den Sowjets die militärische Antwort zu geben. Und eine Teilchenstrahlenwaffe bedeutete den Schritt in die richtige Richtung.

Die Vereinigten Staaten mußten eine Abwehrwaffe entwickeln, die theoretisch wie praktisch die sowjetischen Satelliten ausschalten oder blenden konnte, damit diese keine Überwachungsfotos machen könnten. Man mußte in akademischen Kreisen nach Talenten suchen, um eine solche Waffe zu entwickeln. Damals wollte man auf keinen Fall die militärische Forschung kaltstellen, solange das Militär noch versuchte, eigene Satelliten auf die Umlaufbahn zu schicken. Statt also den Plan direkt in die Hände der militärischen R&D zu legen, folgte man einem Schaukelkurs, der zwischen UFO-Arbeitsgruppe und Selbstorganisation angesiedelt war. Als ich im Weißen Haus war, konnte ich dahinter wieder die Hand des CIA erkennen. Ich wußte, die Regierung würde nur wieder ein neues Budget und eine Bewilligungsbürokratie schaffen, die letztlich vom CIA kontrolliert werden würden.

Der neue Waffentyp richtete sich gegen Satelliten und Flugobjekte, die in die Atmosphäre der Erde eindrangen. Der teilchenbeschleunigte Strahl hatte in Nikola Tesla seinen ursprünglichen Schöpfer, von dem einige Papiere sich in meiner Akte befanden, als ich die Ausländische Technologie 1961 übernahm.

Tesla stellte Theorien über gelenkte Energiestrahlen auf, einschließlich Teilchenstrahlwaffen, noch bevor das 20. Jahrhundert begann. Seine heute berühmten »Todesstrahlen« waren im wesentlichen die Version einer Teilchenstrahlwaffe, von der er glaubte, daß sie der ganzen Welt Frieden bringen würde, da sie ganze Städte an jedem beliebigen Punkt der Erde auf der Stelle zerstören könnte, sowie Luftflotten, Schiffsflotten und ganze Armeen vollständig überflüssig machen würde. Aber weit vor der Ankündigung der Todesstrahlen, machte Tesla von sich reden. Durch seine Experimente mit drahtloser Übertragung von Elcktrizität und seinem gelenkten Elektronenstrahl. 1890 experimentierte Tesla mit einem Gerät, aus dem ein Gerät zur Beschleunigung geladener Elementarteilchen und Ionen, das Zyklotron, wurde. Daraus entwickelte sich der Fernsehapparat. Tesla formulierte in seiner Zeit die Ideen für das, was heute als weltweites Fernseh- und Radionetzwerk bezeichnet wird. Die Biographie Teslas ist wichtig für jede Geschichte der Wissenschaft und der Waffen im 20. Jahrhundert. Sein Denken war dem aller Wissenschaftler seiner Zeit überlegen, einschließlich Thomas Edison, und die politischen Verflechtungen von Teslas Entdeckungen spielten eine Rolle bei den wütenden Verschleierungsmanövern der Regierung über die UFOs und ihr technologisches Potential in den Tagen und Monaten nach dem Roswell-Absturz.

Nikola Tesla, Sohn eines serbisch-orthodoxen Ministers, kam 1884 aus Paris in die Vereinigten Staaten. Hier traf er Thomas Edison, das anerkannte Genie seiner Zeit, und arbeitete für ihn. Beide Männer gingen schließlich wie Titane wegen der Meinungsverschiedenheiten über Vor- und Nachteile von Wechselstrom bzw. Gleichstrom aufeinander los. Ihre Büros und Labors lagen dort, wo sich heute der West Broadway befindet, südlich der West Houston Street in New York City.

Die beiden Persönlichkeiten waren auch sehr verschieden in der Art, wie sie ihre Erfindungen angingen. Edison, der Denker, hatte eine Idee. Dann experimentierte er, baute, baute um und experimentierte so lange, bis es funktionierte. Oft, wie im Fall seiner Glühbirne, machte er Tausende Experimente, und er schob beharrlich jeden Fehlschlag beiseite, bis er am Ende Erfolg hatte.

Tesla dagegen entwickelte das ganze Projekt im Kopf, sah es vollständig vor seinem geistigen Auge, und baute es dann nach dieser Vision real zusammen. Tesla, ein kritischer, gut ausgebildeter Akademiker, liebte es, Theorien zu diskutieren, während Edison ein Autodidakt, ein Pragmatiker an der Werkbank blieb, der oft tagelang in denselben Klamotten schlief und arbeitete.

Die Rivalität zwischen den beiden Männern führte zu fruchtbaren Ergebnissen, beide hinterließen bei ihrem Tod patentierte Erfindungen. Die zwei großen konkurrierenden Unternehmen – General Electric und Westinghouse –, deren Rivalitäten bis heute weitergehen, gehören ebenfalls zu diesem Erbe. Edison starb 1931 und Tesla 1943 in New York.

Tesla, dieses anerkannte Genie, war ein Wunder an Gelehrsamkeit, dessen Patente ihn als einen Mann kennzeichneten, der seiner Zeit voraus war. Lange bevor der tschechische Theaterschriftsteller Karel Čapek das Wort »Roboter« in seinem Stück »R.U.R.« benutzte, und der amerikanische Science-fiction-Autor Isaac Asimov den Ausdruck »robotics« in seinem Buch mit der Kurzgeschichte »Robot« prägte, hatte Nikola Tesla vor der Jahrhundertwende schon den ersten »Automaton« oder mechanischen Soldaten erfunden sowie ein Modellschiff, das von einem Roboter kontrolliert wurde.

Tesla, ein großer, dunkelhaariger, nachdenklicher, gut erzogener und kultivierter Serbe, war jedoch häufig sein eigener größter Feind. Er wurde mit 32 Jahren Millionär, verschwendete aber enorme Geldsummen, die von einigen der größten Industriellen und Bankiers ihrer Zeit, wie George Westinghouse, J. Piermont Morgan, A. Stanford White und John Jacob Astor, aufgebracht wurden, und starb notleidend und mittellos in einem Zimmer eines New Yorker Hotels. Dies war kurz die Biographie des Mannes, dessen Ideen sich die ARPA-Wissenschaftler zuwandten, als sie es mit der Gefahr des ersten sowjetischen Sputniks zu tun hatten – und mit der noch größeren Gefahr, daß die EBEs sich von den Sowjets durch deren Satelliten beeindrucken ließen und möglicherweise einen gemeinsamen Versuch unternehmen könnten, sich den gesamten Planeten als Kolonie einzuverleiben.

Woraus bestand Teslas Idee? Um 1890 arbeitete Tesla ununterbrochen an der Theorie der drahtlosen Übertragung von elektrischem Strom und hielt auch darüber Vorlesungen. Wie das drahtlose Radio von Marconi, das die Kommunikation revolutionierte, würde Teslas drahtlose Übertragung von Elektrizität das Wachstum und die Entwicklung ganzer Städte revolutionieren. Nicht einfach als eine näherungsweise Bestimmung von Funktionswerten eines Intervals, einer Extrapolation, seiner drahtlosen Energie, sondern als eigenständige Theorie gab Tesla bekannt, daß er mit einem Strahl elektrischer Energie experimentiert habe, ohne Draht gelenkt, der die Atome in einer Substanz bis zu dem Punkt erregen könne, wo die Substanz, selbst wenn sie der Hitze in konventionellen Öfen widerstehen könnte, zusammenfiele. Eine derartige Strahlenwaffe, sagte Tesla, würde die Kriegführung revolutionieren. Zumindest in der Theorie war das Laserschneidegerät, das die Armee in Roswell gefunden hatte, ein solches Gerät.

Eine der erstaunlichen Aspekte an Nikola Teslas Leben und Karriere ist, daß er nicht nur über diese Objekte theoretisierte, sondern tatsächlich auch mit ihnen experimentierte, wobei er oft auf verblüffende Weise Erfolg hatte. Wichtige, bahnbrechende Erfindungen, die sich aus diesen Experimenten ergaben, ließ er patentieren. Aber seine Ideen als solche waren für seine Zeit so radikal, so weit dem voraus, was seine Zeitgenossen dachten, daß sie beiseite geschoben wurden, entweder als Fieberphantasien eines verrückten Wissenschaftlers oder als derart unpraktisch empfunden, daß sie zu nichts nutze waren. Geht man allerdings mal seine Patente durch, seine Beschreibungen der Systeme, die er entwarf, oder die Ergebnisse öffentlicher Experimente oder Ausstellungen, die er durchführte, muß man zugeben, daß selbst seine verrücktesten Ideen wie die eines Bombers, der senkrecht starten und landen konnte, den Eindruck machen, als könnten sie funktionieren. In manchen Fällen, wie sein Atomzertrümmerer, arbeiteten sie besser und effektiver als die modernen Äquivalente der Maschinen, die später anfangs gebaut wurden.

Als ich sah, daß Tesla bereits um die Jahrhundertwende das Modell eines Bootes gezeigt hatte, das per Funk ferngesteuert werden konnte, und Torpedos auf feindliche Schiffe abschießen konnte, war ich doch sehr erstaunt, daß die Marine nicht schon vor dem Ersten Weltkrieg diese Idee aufgegriffen hatte. Ich mußte geradezu den Kopf schütteln, daß wir nicht einmal im Zweiten Weltkrieg von Tesla diese Konstruktion übernahmen, als wir wußten, daß die Deutschen damit experimentierten. Und heute geben wir Hunderte von Millionen Dollar aus, um ein ferngesteuertes Fahrzeug zu entwickeln, ähnlich dem Typ, den Tesla vor beinahe hundert Jahren gebaut hatte, nur für ein Tausendstel der heutigen Kosten.

Und 1915 schon hatte Tesla an das US-Kriegsministerium geschrieben, daß man außer seinem ferngesteuerten Schiff auch dringend seine ferngesteuerten »Luftmaschinen ohne tragende Flügel, Querruder, Propeller und andere äußere Anhängsel, die zu ungeheuren Geschwindigkeiten in der Lage wären, und sehr wahrscheinlich mächtige Argumente für Frieden in der nächsten Zukunft bieten ... [bauen sollte]. Eine solche Maschine, die allein durch Schubraketen getragen und angetrieben würde, könnte entweder mechanisch oder durch drahtlose Energie [Funk] kontrolliert werden.«

Teslas Beschreibung der ferngesteuerten düsengetriebenen Raketen, die weiter entwickelt waren als die deutschen V2, bildeten die Grundlage für die heutigen ICBMs, die noch nach dem Abschuß mit Informationen über das Ziel versehen werden können. Als taktische Waffen, die Tesla mehr als ein halbes Jahrhundert zuvor beschrieben hatte, haben die ferngesteuerten TOW-Antipanzer-Raketen Panzerdivisionen der Armee Saddams am Persischen Golf zerstört.

Teslas Experimente mit der Erzeugung und Ausrichtung von Teilchenstrahlen waren 1890 schon weit gediehen, als er aufgefordert wurde, eine experimentelle Station zu bauen, die beweisen könnte, daß er elektrische Energie unter Benutzung der Erdatmosphäre als Medium statt eines schweren Kabels übertragen könnte. Sollte man Energie auf diese Weise lenken können, darin waren sich seine Förderer, der Industrielle George Westinghouse und der Finanzier J. P. Morgan einig, dann würde sie die noch in den Kinderschuhen steckende Energieindustrie revolutionieren und würde jeden, der die Energiequelle kontrollierte, über alle Maßen reich machen. Tesla glaubte, er könnte diese Energie kontrollieren und, mit 600 000 Dollar von seinen Förderern, reiste er nach Colorado Springs, nicht zufällig heute der Sitz der Air Force North American Air Defense Command (NORAD = Luftverteidungskommando Nordamerikas) und des United States Army's Space Commando (Raumfahrtkommando), um seine Kraftübertragungsstation zu bauen.

Tesla beschrieb seine Experimente in einem Artikel, den er 1904 zum 30. Jahrestag der Zeitschrift »Electrical World and Engineer« schrieb. Darin sagte er: »Es war nicht nur durchführbar, telegraphische Botschaften drahtlos über beliebige Distanzen zu schicken, wie ich vor langer Zeit erkannt hatte, sondern man konnte auch die feinen Modulationen der menschlichen Stimme über die ganze Welt verbreiten, und mehr noch, Energie in unbeschränkter Menge an jeden Punkt der Erde übertragen, fast ohne jeden Verlust.«

Nach Teslas Vision sollten elektrische Übertragungsstationen rund um die ganze Welt verteilt stehen, die Energie speichern und weiterleiten von einer Station zur nächsten, um den gesamten Planeten mit Energie zu versorgen, ohne Zuhilfenahme von über- oder unterirdischen Leitungen, Zubringerkabeln und Hochspannungsleitungen. Er stellte sich auch ein Netzwerk von Relaisstationen vor, die alle wichtigen Nachrichten der Welt in Sekundenschnelle um den Globus empfangen und an Taschenempfänger weiterleiten könnten, »ein einfaches und billiges Gerät, das man in seiner Tasche haben kann«, das auch besondere Botschaften empfangen könnte. Tesla hatte schon ein modernes Mikrowellenzellentelefon beschrieben und ein Fernpaginiersystem. Er meinte auch, daß mit derartigen Relaisstationen »die Erde in ein gewaltiges Gehirn verwandelt wird, das in allen seinen Teilen Antwort geben kann«, mit anderen Worten ein Internet. Zu seiner Zeit machte Tesla jedenfalls Furore, indem er aufzeigte, daß elektrische Energie als ein Strahl ohne Draht gelenkt werden kann.

1899 ging das Gerücht, daß Tesla in Colorado Springs mit einem »Todesstrahl« experimentiere. Aber Tesla stellte niemals Besitzansprüche und bewahrte über alle Experimente, die er mit Strahlen durchgeführt hatte, sogar dann Schweigen, als die englischen, deutschen, russischen und die amerikanischen Wissenschaftler in den 20er Jahren Patente für diese Erfindung anmeldeten. 1930 schrieb Tesla jedoch in seiner Monographie, daß er eine neue Entdeckung gemacht habe, die Kriege sinnlos machen würde, weil jede Nation dieselbe Macht hätte, die militärischen Waffen des anderen zu zerstören. Es würde einer großen Anlage bedürfen, um die Energie zu erzeugen, aber eine solche Anlage würde in der Lage sein, ganze Armeen und ihre Maschinen auf 320 km Abstand in allen Richtungen zu halten. »Sie wird«, so schrieb er, »eine mächtige Mauer bilden, die für jede Aggression ein unüberwindliches Hindernis darstellen wird.«

Aber es wäre keineswegs ein »Todesstrahl«, betonte er, weil Strahlen dazu neigten, auf Entfernungen zu streuen und noch etwas erfunden werden müßte, um die Intensität im Brennpunkt beizubehalten, wie Wissenschaftler in den 70er Jahren dann auch herausgefunden haben. Er sagte: »Vielmehr wird mein Apparat Teilchen herausschleudern, die relativ groß oder von mikroskopischer Größe sein mögen, mit denen wir ein kleines Gebiet in großer Entfernung mit trillionenfach mehr Energie eindecken können, als es mit jeder Form von Strahlen möglich wäre. Viele Tausende Pferdekräfte können auf diese Weise übertragen werden mit einem Strom, dünner als ein Haar, so daß nichts standhalten könnte.«

Tesla führte weiter aus, wie dieser Strahl Fernsehübertragungen und die Projektion von Bildern verbessern wird. Er beschrieb tatsächlich eine gerichtete, teilchenbeschleunigte Strahlenwaffe, die man bei ARPA mit allen Mitteln 25 Jahre nach Teslas ersten Aufzeichnungen zu entwickeln versuchte, und 11 Jahre, nachdem sowohl verkohlte Fragmente eines gelenkten Energieapparats als auch ein Laserwerkzeug im Wrack des Roswell-Fahrzeugs gefunden wurden und jahrelang in meinem »Nußschrank« verstaubten.

Wir versuchten immer noch, einen funktionierenden Strahl zu entwickeln, als ich 1962 im Pentagon arbeitete. Unter der Reagan-Administration wurde gerade mal eben ein Prototyp als Teil des Plans zur strategischen Verteidigung fertiggestellt.

In den 30er Jahren sah Tesla die Welt auf einen Krieg zutreiben. Er schrieb an J. P. Morgan über seine Vision eines H. G. Wells-Alptraumes von der Zerstörung der zivilisierten Welt durch Fliegerangriffe. Er sagte, daß seine Teilchenstrahlenwaffe Flugzeuge im Flug abschießen und die Städte schützen könnte. Er machte den Russen Vorschläge, solch eine Waffe zu entwickeln, weil Stalin eine Invasion Japans fürchtete. Er schrieb auch an den britischen Premierminister über die Nutzungsmöglichkeit seines Strahls, London vor Angriffen der Deutschen zu schützen. Aber niemand hielt seine Energiestrahlwaffe für realisierbar, nicht einmal die Westinghouse Company, die, hätte sie ihm das Geld für die Patente vorgeschossen, auch alle Rechte erworben hätte, und die Waffe noch vor dem Zweiten Weltkrieg hätte bauen können.

Jedenfalls hat Tesla seinen Todesstrahl, den beschleunigten Teilchenstrahl, bei dem die Teilchen von einem Energiefeld erregt und mit beinahe Lichtgeschwindigkeit auf ein Ziel gerichtet werden, zu seinen Lebzeiten nicht mehr erleben können. Die bloße Vorstellung jedoch, daß Teslas Theorien den Deutschen oder Russen in die Hände fallen könnten, beunruhigte die US-Bundesregierung und besonders das FBI derart, daß das FBI sofort nach Teslas Tod im Januar 1943 alle seine Papiere, Schriften und Konstruktionszeichnungen beschlagnahmte und im Büro für ausländisches Eigentum deponierte, wo sie offiziell versiegelt wurden, bis sie dem jugoslawischen Botschafter, dem Testamentsvollstrecker, überlassen wurden. Sie blieben aber in Manhattan eingelagert, bis Anfang der 50er Jahre und wurden dann erst nach Jugoslawien transportiert. Aber die jugoslawische Regierung glaubte, das FBI habe Teslas Papiere im Lager geplündert und fotografiert oder auf Mikrofilm aufgenommen. J. Edgar Hoover bestritt dies, aber Fotokopien von Fotografien von Teslas Papieren befanden sich im Besitz des Army R&D, als ich 1961 meinen Dienst antrat. Wie waren sie dahin gekommen?

Teslas Eigentum war offiziell von der US-Regierung zwei Tage nach seinem Tod beschlagnahmt worden. Obwohl das FBI wußte, daß Tesla öffentlich gesagt hatte, er habe seinen Todesstrahl fertiggestellt – eine unabhängige Bestätigung gab es darüber nicht –, hatte die Regierung keine Schritte unternommen, ihn daran zu hindern, seine Pläne von dem Todesstrahl fremden Mächten zu überlassen. Vizepräsident Henry Wallace jedoch sagte dem FBI, daß die Regierung ein großes Interesse an allen Papieren Teslas hätte, und wies das FBI an, sie wie auch immer herbeizuschaffen. Deshalb beauftragte das FBI das Büro für ausländisches Eigentum, Teslas Hotelzimmer am 9. Januar 1943 zu betreten und die Papiere mitzunehmen. Auch die Papiere, die Tesla in einem Lager untergebracht hatte, wurden von der OAP mitgenommen.

In den folgenden Wochen des Januar 1943, nach entsprechender diplomatischer Hektik zwischen der jugoslawischen Botschaft und J. Edgar Hoovers Büro, übertrug das FBI die ganze Angelegenheit dem OAP. Hoover wollte sich so dem diplomatischen Gezerre zwischen Belgrad und dem Außenministerium entziehen. Das OAP handelte nach wie vor im Auftrag des Vizepräsidenten, daß Papiere, die dem Feind nützlich sein könnten, nicht das Land verlassen dürfen, und kontaktierte Dr. John Trump, der Vorsitzender des künftigen Office of R&D (National Defense Research Committee of the Office of Scientific Research and Development = Forschungskomitee der Nationalen Verteidigung des Büros für wissenschaftliche Forschung und Entwicklung) werden sollte.

Dr. Trump untersuchte die Papiere, entschied, daß nicht viel Brauchbares darunter sei, befahl aber, von einigen Papieren, die Tesla vor seinem Tod schrieb, Fotokopien zu machen. Trump schrieb auch eine Zusammenfassung einer undatierten Monographie über Nikola Tesla mit dem Titel »New Art of Projecting Concentrated Non-Dispersive Energy through Natural Media« (Neue Methode, konzentrierte, nicht streuende Energie durch natürliche Stoffe zu führen), Teslas Beschreibung, wie er einen Elektronenstrahl von hoher Energie erzeugen und auf ein Ziel richten könnte. Obwohl von Trump als unrealisierbar abgetan, waren in dem Papier Teslas nichts weniger als seine letzten Gedanken über eine »Beschleunigte Teilchenstrahlwaffe« niedergelegt worden.

Nachdem das OAP Fotos und Zusammenfassungen von Teslas Papieren gemacht hatte, blieb Teslas gesamtes Eigentum weiterhin eingelagert. In den 50er Jahren wurde es nach Belgrad geschickt. 1945 jedoch, kurz nach Ende des Krieges, suchte das Air Technical Service Command in Wright Field außerhalb von Dayton, Ohio, um Kopien von Teslas Papieren beim OAP in Washington nach. Man schickte einen Kurier, um sie in Besitz zu nehmen und nach Wright Field zu bringen. Zwischen dem OAP und dem Air Technical Service Command kam es in den folgenden zwei Jahren zu regem Briefaustausch über die Aushändigung der Papiere. Einer der Offiziere aus General Nathan Twinings

Stab kontaktierte das Air Materiel Command das OAP im November 1947 und teilte ihm mit, daß das AMC in Wright Field die Papiere im Besitz hätte und sie mindestens bis zum 1. Januar 1948 behalten wolle. Danach schienen die Papiere, einschließlich der Monographie über die Beschleunigte Teilchenstrahlwaffe, vollständig verschwunden gewesen zu sein, bis sie 1961 wieder in meinen Akten auftauchten. Aber das war nur eine der Kopien.

Zumindest eine weitere Kopie von Teslas Monographie war im Besitz der Arbeitsgruppe unter General Twining geblieben und von dort aus im Laufe der folgenden zehn Jahre zum Advanced Research Projects Agency (Behörde für wissenschaftliche Forschungsprojekte) in Washington gelangt. Sie wurde hervorgezogen, als die Arbeitsgruppe merkte, daß die Vereinigten Staaten nach dem Start des Sputnik über keine Verteidigung bei einem eventuellen Weltraumkrieg verfügten, der von den Russen begonnen wurde, und auch von den EBEs. Wir besaßen jedoch einen wichtigen Schlüssel zu diesem Thema, den elektromagnetischen Feldantrieb. Diesen konnten wir nach unserer Meinung auch gegen die Außerirdischen benutzen: Eine Teilchenstrahlenwaffe, welche die elektromagnetische Wellenformation um das Raumschiff unterbrechen und das Antischwerkraftfeld durchbrechen könnte. Und wir mußten das Raumschiff nicht mit Mikrowellen bestrahlen, indem wir die Moleküle in dem Schichtmaterial erregten, weil die teilchenbeschleunigte Waffe einen sehr starken elektromagnetischen Impuls austeilte. Der Effekt davon war – derselbe Effekt, den jeder elektromagnetische Impuls auf elektrische Ausrüstung hatte –, daß das Anti-Schwerkraftfeld unterbrochen wurde. Der Zusammenhang der elektromagnetischen Wellen des Raumfahrzeugs wurde so zerstört. Ohne das Fahrzeug zur Explosion zu bringen, konnte der Teilchenstrahl es zum Absturz bringen, weil er dessen Fähigkeit zerstörte, die Schwerkraft auszugleichen. In seiner Rolle als reine konventionelle Waffe gegen herannahende Sprengköpfe oder feindliche Satelliten konnte der Teilchenstrahl nicht nur die Elektronik durch seinen elektromagnetischen Impuls zerstören, sondern auch die Atome des Ziels anregen, bis sie sich auflösten und das Ziel explodierte. So gesehen, besitzt die Teilchenstrahlenwaffe doppelte zerstörerische Fähigkeit.

Tesla begriff, daß die Teilchenstrahlenwaffe wie ein Blitz funktionierte, und zwar etwa mit der gleichen Zerstörungskraft, nur sehr viel kontrollierter. Ein Blitz ist ein massiver Elektronenstrahl. Wissenschaftler haben die Theorie aufgestellt, daß man die gleiche Zerstörungskraft mit einem Protonenstrahl erzielen könne. Da Elektronen eine negative Ladung haben und Protonen eine positive, haben wieder andere Wissenschaftler argumentiert, daß sie für Ablenkung im irdischen Gravitationsfeld empfindlich seien, weil der Strahl entweder von der gegenteiligen Ladung angezogen oder von der gleichen Ladung abgestoßen würde. Außerdem würde ein Strahl von gleichen Teilchen eine natürliche Streukraft haben, weil die gleichen Teilchen in dem Strahl einander abstoßen. Ganze Wasserstoffatome sind jedoch elektrisch neutral und könnten einen funktionierenden Strahl für alle Waffen außerhalb der Erdatmosphäre abgeben, weil neutrale Strahlen über sehr weite Entfernungen wirken könnten, die sie von einem Raumfahrzeug aus zurücklegen müßten. Auch bedürfte ein neutraler Strahl nicht die Energie, um die Streuung zu kontrollieren, weil die Teilchen in einem neutralen Strahl nicht geladen sind und einander nicht abstoßen.

Forschungen und Experimente mit Prototypen von Teilchenstrahlenwaffen, die nach 1980 durchgeführt wurden, ergaben zwei Grundtypen von Waffen: Diejenigen, die ausschließllich im Weltraum benutzt und jene, die auf der Erde eingesetzt würden gegen Ziele wie herannahende Raketensprengköpfe. Beide haben so viel verschiedene Eigenschaften, daß sie durchaus als getrennte Waffensysteme angesehen werden können, nur die Teilchenstrahlen sind beiden gemeinsam. Als ich mit der Entwicklung der grundlegenden Forschung über Teilchenstrahlenwaffen begann, sagten mir meine Wissenschaftler, daß die Waffen sechs grundlegende Eigenschaften haben müßten, um ein Ziel zerstören zu können.

- Erstens: Der Strahl muß sich mit solch hoher Geschwindigkeit fortbewegen – nahe Lichtgeschwindigkeit –, daß die Ziele ihm nicht entkommen können. Selbst UFOs bewegen sich langsamer als das Licht, so daß der Strahl auf jeden Fall gewinnt. Gleichzeitig ist es so, daß je schneller der Strahl sich bewegt, um so kürzer ist der »Feuerstoß«, den man haben muß, um das Ziel auszuschalten.

- Zweitens: Der Strahl muß lange genug auf dem Ziel »stehen«, um Schaden anzurichten. Wir schätzten, daß ein starker Strahl den Sprengkopf einer herannahenden Rakete fast augenblicklich an der Explosion hindern würde und ihn innerhalb weniger Sekunden zerstören würde. Im Weltraum jedoch, wo die Entfernungen größer sind, müßte der Strahl längere Zeit auf dem Ziel »stehen«, aber auch da würde der Strahl die Wellenübertragung des Raumfahrzeugs in einem sehr kurzen Zeitraum unterbrechen. Selbst wenn er das Fahrzeug nicht zerstören könnte, würde er es mit Sicherheit der Fähigkeit berauben, irgendwelche offensiven Missionen auszuführen.

- Drittens: Man mußte in der Lage sein, den Strahl unmittelbar auf sein Ziel ausrichten zu können, um effektiv zu sein, vor allem, wenn es sich um herannahende Trägerraketen mit Mehrfachsprengköpfen handelte, wie der Typ, den die Russen und auch wir anwendeten. Wenn man nicht die Trägerrakete selbst traf, während sie noch auf der Erdumlaufbahn war, müßte man den Strahl auf jeden einzelnen Sprengkopf sehr schnell nacheinander richten, nachdem sie sich geteilt hatten und bevor sie in die Erdatmosphäre eintauchten. Folglich müßte man zielen und feuern, zielen und feuern, zielen und feuern, alles in Sekundenschnelle und sicherstellen, daß jedes Ziel zerstört wird. Eine einzige Detonation von 50 KT über New York City zum Beispiel würde das gesamte amerikanische Finanzsystem lahmlegen und würde in Sekundenschnelle das Leben, wie wir es kennen, für einen beträchtlichen Zeitraum verändern. Eine Trägerrakete, die vier 60 KT Sprengköpfe aus der Erdumlaufbahn auf die vier Ziele Boston, New York, Washington und Miami abschießen würde, könnte die Vereinigten Staaten für die folgenden fünf bis sieben Jahre außer Gefecht setzen. Und es müßten nicht die Russen sein, die solch eine Rakete abschießen. Sie könnte ebensogut aus China, Nordkorea oder selbst aus einem der fanatischen Terroristenländer des Nahen Ostens wie Libyen kommen, die genug Geld haben. Eine Teilchenstrahlenwaffe, die schnell zielen und feuern könnte, um alle vier Sprengköpfe abzuschießen, entweder vor und kurz nach dem Eintritt in die Erdatmosphäre, könnte die Vereinigten Staaten effektiv schützen und jedes Land oder jede Terroristengruppe abschrecken.

- Viertens: Der Strahl muß die Oberfläche des Ziels durchdringen können, um wirklichen Schaden am Mechanismus im Sprengkopf anzurichten. Daher muß der Strahl, sobald er die Außenschicht des Ziels trifft, sofort die Moleküle nicht nur der Außenschicht, sondern auch die der Elektronik tief im Inneren der Rakete erregen. Auch wenn sie dann nicht explodiert, so wird sie in größere Teile zerfallen oder einfach stillstehen und als Blindgänger zur Erde fallen.

- Fünftens: Der Strahl muß auch in der Lage sein, durch seinen elektromagnetischen Impuls zu zerstören, um die Elektronik des Ziels unbrauchbar zu machen, indem entweder das Navigationssystem oder sein Sprengprogramm ausgeschaltet und es zu einem Blindgänger wird. Als Waffe im Weltall wird der elektromagnetische Impuls einen ähnlichen Effekt auf den feindlichen Satelliten haben, indem dessen Kontrollprogramme und Computerleit- und Orientierungsprogramme unbrauchbar gemacht werden. Auf feindliche Weltraumschiffe würde die Waffe rein defensiv wirken; sie würde sie zur Umkehr zwingen, weil ihre Wellenerzeugung nicht mehr funktionieren würde.

- Sechstens: Der Strahl könnte, anders als ein Laser, bei jedem Wetter und unter allen atmosphärischen Bedingungen eingesetzt werden. Der Laser wird von Wolken und Nebel reflektiert und funktioniert nur bei absolut klarem Wetter. Teilchenstrahlen können alles durchdringen und unter allen Bedingungen operieren.

Als die Wissenschaftler in den 50er Jahren überlegten, wie sie einen Prototyp herstellen könnten, war ihnen klar, daß sie einen riesigen Energiegenerator bauen müßten, um die notwendige Teilchenbeschleunigung zu erzielen und einen Strahl erzeugen zu können; ferner irgendeine Form von Zieleinrichtung, nicht nur, um das Ziel schnell erfassen zu können, sondern auch um die Waffe schnell neu ausrichten zu können, falls der erste Schuß danebengeht. Nachdem ich das Pentagon verlassen hatte, ging die Arbeit an der Theorie, die dieser Waffe zugrunde liegt, weiter, aber es wurde nicht viel getan, um die sehr teuren Ergänzungstechnologien herzustellen, wie etwa den atomaren Teilchenbeschleuniger, Zielcomputer, Hochenergielaser und eine Methode, um das Ganze transportabel zu machen.

Heute jedoch sind Niedrigenergieversionen dieser gelenkten Richtenergiewaffen, teilweise die Ururenkel von Teslas Strahlenidee und die

Nachkommen des Richtenergieapparats aus dem Roswell-Fahrzeug, auf dem Markt zur Installation in Polizeifahrzeugen als Waffe gegen fliehende Fahrzeuge. Die Flucht wird so verhindert, bevor sie überhaupt begonnen hat. Der Polizist in dem verfolgenden Fahrzeug zielt mit dem Richtenergieteilchenstrahl auf das fliehende Fahrzeug und schaltet ein. Der elektromagnetische Impuls des Elektronenstroms greift in das Zündungssystem des Motors ein und der Wagen, dessen Kerzen keinen Strom mehr erhalten, kommt zum Stillstand. Keine wilden Verfolgungsjagden mehr in den 23-Uhr-Nachrichten, sondern eine effektivere und sicherere Weise, fliehende Verdächtige in ihren Wagen zu schnappen. Dieses Gerät wurde ursprünglich von der Armee entwickelt und dann vom Raumfahrtkommando auf Raketen als kinetischer Energiestrahl montiert, um feindliche Satelliten zu zerstören. Jetzt ist es an die Polizei weitergegeben worden. Aber seine Wurzeln gehen auf die Vision von Nikola Tesla zurück und auf die Teile aus dem abgestürzten Raumschiff in Roswell, die in meinem »Nußschrank« landeten.

Für mich gab es immer eine merkwürdige Duplizität der Ereignisse zwischen den Entdeckungen eines Nikola Tesla und der Technologie, die von den Außerirdischen nach unserer Einschätzung des Roswell-Wracks entwickelt worden war. Tesla hatte mit drahtloser Übertragung von Energie experimentiert, und die Außerirdischen schienen eine Art von drahtloser Energieübertragung für Navigations- und Verteidigungszwecke besessen zu haben. Tesla schrieb über die Theorie der Verzerrung oder Manipulierung eines Gravitationsfeldes durch die Verbreitung elektromagnetischer Wellen, und die Außerirdischen schienen genau diese Art Technologie für ein Antriebssystem angewandt zu haben. Und Teslas Beschreibungen der Theorie der Todesstrahlen, die er behauptete fertiggestellt zu haben, wurde die Basis für die Verteidigungswaffen, die wir einsetzten, um dem feindlichen Eindringen der Außerirdischen in unseren Luftraum zu begegnen.

Was in Roswell für uns eine Bedrohung war und was wir schließlich aus Teslas Schriften lernten, das wurden zwei zusammenfließende Ströme wissenschaftlicher Theorien, die am Ende zur einheitlichen Basis einer strategischen Verteidigungsinitiative verschmolzen, eine antiballistische Rakete und die Raumfahrzeugwaffe.

Während die Wissenschaftler seit den 50er und die ganzen 70er Jahre hindurch darüber stritten, was solch eine Waffe kosten würde und ob eine antiballistische Rakete die stabile Welt der gegenseitigen nuklearen Abschreckung destabilisieren könnte, haben andere Personen, welche die wirkliche Bedrohung aus dem Weltraum erkannten, immer gesagt, daß es noch Feinde außer der Sowjetunion gäbe. Diese würden vielleicht eines Tages die Technologie entwickeln, um Atomraketen auf die USA abzuschießen. Niemand wagte öffentlich zu sagen, daß wir uns gegen fliegende Untertassen verteidigen mußten. Erst bei der Wahl von Ronald Reagan 1980 erhielt die Teilchenstrahlwaffe einen neuen Entwicklungsschub als Teil der heiß diskutierten, aber am Ende erfolgreichen »Strategischen Verteidigungsinitiative« (SDI), des »Kriegs der Sterne«. Unter dem Gelächter bestimmter politischer Kreise und dem Geschreibe von Leuten, die meinten, das Ganze koste einfach zu viel Geld, gelang es Ronald Reagan, sich durchzusetzen. Gerade die Strategie des Sternenkriegs selbst und die begrenzten Einsätze und Tests einiger Komponenten reichten aus, um die Vereinigten Staaten mit den EBEs gleichziehen zu lassen und den Sowjets zu zeigen, daß wir schließlich über eine echte nukleare Abschreckung verfügten.

Die ganze Geschichte hinter SDI und wie sie den Kalten Krieg veränderte und die Außerirdischen zwang, ihre Strategie bezüglich dieses Planeten zu ändern, ist eine Geschichte, die nie erzählt worden ist. Aber so spektakulär und phantastisch sie auch klingen mag, ist die Geschichte hinter dem begrenzten Einsatz von SDI die Geschichte, wie die Menschheit ihren ersten Sieg gegen einen mächtigeren und technologisch weit überlegenen Feind gewann, der feststellen mußte, daß er dort unten auf der Erde keine Chance hatte.

17

Krieg der Sterne

Im Frühling 1962 sagte mir einmal General Trudeau, daß er in Ruhestand gehen wolle. Er war darüber in Kenntnis gesetzt worden, daß er nicht Oberkommandierender der US-Streitkräfte in Vietnam sein werde. Jene, die ihn kannten, respektierten ihn oder sie fürchteten ihn, aber niemals ließ er jemanden gleichgültig. Ein West Point Absolvent, aufgewachsen in einer Familie mit militärischer Tradition, in der man niemals Zweifel hatte, was richtig oder falsch ist. Er machte zwei Kriege mit und mehrere Kommandos, einschließlich als Chef des Armeegeheimdienstes, und er war stets sicher, auf der richtigen Seite gewesen zu sein. Dies mögen zwar große Qualitäten für einen kommandierenden Offizier im Krieg sein, aber im Kalten Krieg mit einer Armee von selbstsüchtigen Politikern, die nach Macht gierten, herrschte eine andere Kampfmoral.

»Es wird keine Pork Chop Hills mehr geben, Phil«, sagte General Trudeau, als er erfuhr, daß ihn General Maxwell Taylor für den Kommandoposten in Südvietnam ausgebootet hatte, mit Unterstützung der Heeresleitung. Das bedeutete, dies war sein letzter Dienst, und er würde als Generalleutnant in den Ruhestand gehen. »Und ich fürchte, daß dies in Vietnam ein Krieg ist, den die Armee mit politischen Mitteln führen wird, statt auf dem Schlachtfeld.«

»Wir würden gewinnen, wenn wir dorthin gingen, General«, meinte ich, wobei in mir die Wut hochstieg. »Sie und ich wissen, was wir in Korea gelernt haben.«

Vielleicht sah der General, wie sich mein Gesicht rötete, weil er sagte: »Nein, wir würden wahrscheinlich vor das Kriegsgericht gestellt, gerade weil wir in Korea gelernt haben. Stell dir nur vor, was sie mit uns machen würden, wenn wir den Krieg gewinnen würden.« Dann lachte er so befreit, daß mir klar wurde, er sah sich schon im Ruhestand.

Wie wir so sprachen an jenem Nachmittag, lag wieder mal ein weiterer sowjetischer Trawler vor der Hafeneinfahrt von Havanna, Kuba, und wartete auf Instruktionen, das Schiff zu entladen. Unsere Überwachungsflugzeuge in großer Höhe machten Aufnahmen, wie die Planen von den ICBMs gerollt wurden. Damit begann eine Folge von Ereignissen, die mich regelrecht in eine Lebenskrise stürzten. Ein Showdown zeichnete sich ab. Dicht hinter dem Horizont. Niemand konnte es sehen, aber eine Handvoll von uns wußte, daß etwas in der Luft lag.

General Trudeau zählte die Tage, bis er seine Uniform gegen seinen Anzug eintauschen konnte, und er drehte seine Abschiedsrunden. Er tauschte sein Büro im Pentagon gegen eine Suite in der Geschäftsleitung einer Aktiengesellschaft ein – ein durchaus standesgemäßer Wechsel. Obwohl der General sich nicht explizit zu den unglaublichen Tatsachen äußerte, die wir in der Roswell-Akte entdeckt hatten, da er dieses Thema einfach als Teil seines Jobs ansah, scherzte er darüber von Zeit zu Zeit mit seinem alten Freund, Senator Strom Thurmond. Mehr als einmal, wenn ich zur rückwärtigen Tür seines Hinterzimmers hineinging, fand ich Senator Thurmond und General Trudeau auf der Couch sitzen und mich von Kopf bis Fuß mustern.

»Art«, konnte Senator Thurmond gedehnt sagen, »was meinst du, in welchen gespenstischen Geschichten Phil wieder steckt?«

»Hast du in deiner Mottenkiste gesteckt, Phil?« konnte der General fragen.

»Ich würde schätzen, daß du in der Lage bist, die Zukunft vorauszusagen, Phil«, sagte Senator Thurmond. »Was du alles liest, da kannst du auch alles vorhersagen.«

»Ich handle nur als ein guter Geheimdienstoffizier, Senator«, erwiderte ich so korrekt wie möglich in Gegenwart meines Chefs. »Mein Job ist es, Geheimberichte zu lesen und Analysen zu erstellen.«

»Nun, sie werden dir nichts vorwerfen können, Phil«, sagte der Senator und jeder im Raum wußte, was genau er mit »sie« meinte, selbst wenn es nicht erlaubt war, in der Öffentlichkeit über »sie« zu sprechen.

Und ich? Ich bereitete die Akten für General Beech vor, den nächsten Chef für Forschung und Entwicklung, und wußte, daß mein Ausscheiden aus dem Dienst Ende 1962 bevorstand. Also bereitete ich mich darauf vor, Roswell dem Vergessen anheim zu geben, und setzte mir noch eine Frist von sechs Monaten, in denen ich so viele Projekte wie möglich durchdrücken wollte, vor allem alles, was noch in meinem »Nußschrank« übrig war. Nur nannte ich es nicht mehr Nußschrank oder sonstwie, nachdem General Trudeau gegangen war. Mein neuer Boß und ich hatten ein stillschweigendes Übereinkommen geschlossen, wir ließen nichts über Roswell oder die Akten verlauten.

Als der Sommer 1962 zu Ende ging, kursierten in Washington ominöse Gerüchte über sowjetische Frachter in kubanischen Gewässern. Unsere Geheimdienstleute rückten nicht so recht mit der Sprache heraus. Der CIA blieb völlig stumm, und im Pentagon hieß es, wir würden von den Sowjets an der Nase herumgeführt und müßten stillhalten. Was auch immer es war, so sagten meine Freunde im Armeegeheimdienst, der CIA wolle es herunterspielen, weil die Kennedy-Administration keine offene Konfrontation mit den Sowjets wolle.

Worum ging es? So fragte ich ständig, wußte aber, daß die Sowjets in Kuba mit irgend etwas herumspielten und deshalb so viele Schiffe dort auftauchten. Zogen sie dort Truppen zusammen? War es eine Serie von Truppenübungen? Die Antwort erhielten wir in einer schockierenden Serie von Fotos, unmißverständliche Fotos, von Überwachungsflugzeugen geschossen. Diese supergeheimen Fotos wurden mir von meinen Freunden in einem Büro des Armeegeheimdienstes, so tief im Pentagon und so geheim, daß es dort nicht einmal erlaubt war, Notizen zu machen, in die Hände gespielt. Die Offiziere, die vielleicht noch leben und deshalb ungenannt bleiben sollen, beschworen mich, ich solle mir die Fotos genau anschauen, die sie von Spionageflugzeugen über Kuba aufgenommen hatten. Sie sagten: »Merken Sie sich dies gut, denn niemand darf hier Kopien machen.«

Ich traute meinen Augen nicht, als ich mir die Glanzfotos anschaute und sie auch mit dem Vergrößerungsglas betrachtete, um sicher zu sein, daß ich keine Fata Morgana sah. Da waren sie, die sowjetischen Mittelstreckenraketen neuester Bauart. Die Dinger konnten innerhalb von Minuten Washington zerstören, und sie waren da, vor ihren Hangars, nur wenige Kilometer von unserer Basis Guantanamo Bay entfernt.

Hatte General Curtis LeMay diese Fotos gesehen, fragte ich mich. LeMay, ein Veteran des Koreakrieges, würde einen Luftsprung machen bei der Aussicht, Castro in die Hölle zu bomben. Allein deshalb, weil er es wagte, so nahe der US-Grenze Mittelstreckenraketen aufzustellen. Die Armee war unbefugt, die Luftwaffe war unbefugt und die Marine nicht zuständig. Irgend jemand hielt auf dieses Pulverfaß den Deckel drauf, und ich machte mir große Sorgen. Ich rief einen meiner Freunde an, den Senator von New York, Kenneth Keating, und fragte ihn, was er wüßte.

»Was meinen Sie mit Raketen, Oberst Corso?« fragte er. »Was für Raketen, wo?«

Es war Oktober 1962.

»In Kuba, Senator«, erwiderte ich. »Sie sind in Kuba und warten nur darauf, auf Abschußrampen gestellt zu werden. Wissen Sie das nicht?«

Er wußte es tatsächlich nicht, auch nicht der Abgeordnete Mike Feighan, den ich anschließend anrief. Beide Volksvertreter hüteten sich, mich zu fragen, wo ich die Fotos gefunden oder wer sie mir gegeben hätte. Bevor sie etwas sagten, wollten sie wissen, wieso ich glaubte, daß sie authentisch seien.

»Sie kommen von unseren besten Hilfsmitteln«, versicherte ich ihnen. »Ich konnte sie selbst identifizieren. Ich weiß, wie sie aussehen. Und es ist nicht nur ein einziges Foto, sondern eine ganze Serie über Wochen, von ihrer Anlieferung auf Deck sowjetischer Frachter. Sie sind unverwechselbar, verdammt.«

Senator Keating fragte, ob ich mir sicher wäre, daß Präsident Kennedy über die Anwesenheit der Raketen informiert worden sei oder nicht. Ich sagte ihm, daß das niemand sagen könne. Insgeheim wäre ich schockiert gewesen, falls der Geheimdienst ihm diese Information vorenthalten hätte. Es gab so viele Geheimdienstkontakte zum Oval Office (Ovalen Zimmer) des Präsidenten, daß er diese Ungeheuerlichkeit auf jeden Fall herausfinden müßte, gleich, wie sehr jemand versuchte, ihm diese Schweinerei vorzuenthalten. Nach diesen Gesprächen war ich mir ziemlich sicher, daß die Administration diese Nachricht dem amerikanischen Volk vorenthielt, damit weder die Sowjets noch die Kubaner beunruhigt und mit dem Rücken zur Wand gestellt würden.

Ich wußte auch, daß ich ein großes Risiko einging, Senator Keating und den Abgeordneten Feighan zu kontaktieren. Ich ließ Informationen nach draußen sickern. Aber in jenem April hatte ich bereits beim Gesetzgebungsverfahren zur inneren Sicherheit ausgesagt: Es wäre meine Überzeugung – und dafür hätte ich auch Beweise –, daß unsere Geheimdienste, besonders der Board of Estimate (Gruppe zur Einschätzung der strategischen Lage), vom KGB unterwandert wäre und wir deshalb den Krieg in Korea verloren hätten, den wir hätten gewinnen müssen. Meine Aussage wurde geheimgestempelt und niemals freigegeben. Aber sie gelangte in die Hände von Senator Robert Kennedy, der mir versprach, bei einer privaten Unterhaltung im Justizministerium, er würde persönlich dafür sorgen, daß sein Bruder, der Präsident, sie lesen würde. Jetzt waren etwas mehr als sechs Monate vergangen. Welche Geheimdienstinformation der Präsident auch immer bekäme, so war es klar, daß die Sowjets, falls sie niemand stoppen würde, ungestraft davonkämen. Nicht mit mir.

Präsident Kennedy war in Hyannis Port und der Vizepräsident Lyndon Johnson, ein Freund von Kenn Keating aus seiner Zeit als Mehrheitsführer im Senat, blieb vom Entscheidungsprozeß im Weißen Haus völlig ausgeschlossen. Deshalb riet mir Keating, nicht zu Johnson mit dieser Information zu gehen. Außerdem mußten wir sie direkt in die Öffentlichkeit tragen, damit sie nicht unter den Teppich gefegt werden konnte. Dies war ein Glücksspiel natürlich, weil die Hölle los sein würde, aber ich wußte, daß den Russen eine Lektion erteilt werden mußte. Hätten wir so in Korea reagiert, so wie MacArthur es wollte, dann hätten wir wahrscheinlich keinen Vietnamkrieg gehabt.

Einer meiner alten Freunde bei der Presse in Washington war Paul Scott, ein politischer Kolumnist, der in der »Boston Globe« und der »Washington Post« schrieb. Gäben wir ihm die Story, dann würde sie in die »Boston Globe« und die »Post« gleichzeitig kommen, direkt vor die Nase des Präsidenten, was ihn dann zum Handeln zwänge.

Das Vorgehen machte mir keinen Spaß, aber ich sah keine andere Möglichkeit. Also koordinierten Senator Keating, Mike Feighan und ich unsere Strategie. Ich rief Scott an und sagte ihm, daß ich ein paar Fotos gesehen hätte und möchte, daß er meine Interpretation höre. Wir trafen uns, nicht im Pentagon, und ich beschrieb ihm die Fotos, die ich gesehen hatte und erklärte in allgemeinen Wendungen und ohne ihm Einzelheiten über unseren geheimen Überwachungsapparat zu verraten, wie sie und wo sie aufgenommen worden waren und was sie bedeuteten.

»Wissen Sie, als ich diese Zylinder sah«, sagte ich ihm und zeichnete die Dinger vom Schiffsdeck auf ein Blatt Papier, »war mir klar, daß es Mittelstreckenraketen sind, die Washington, New York oder Boston innerhalb von 15 Minuten nach dem Abschuß erreichen können. Wir können sie nicht einmal entdecken, bevor sie nicht aus der Umlaufbahn herunterkommen. Dann haben wir vielleicht fünf Minuten Zeit, um unter unsere Schreibtische zu kriechen. Aber wenn sie Atomspitzen haben, wird dich nichts, was sich irgendwo in der Nähe befindet, in irgendeiner Weise schützen können.«

»Und wo liegt der Sinn?« fragte er. »Weshalb sollten die Kubaner einen Krieg mit den Vereinigten Staaten wünschen?«

»Nicht die Kubaner«, erklärte ich. »Es sind die Sowjets. Sie werden nicht ein Bündel Raketen Fidel Castro überreichen und ihn an den Drücker lassen. Die Sowjets werden die vollständige Kontrolle darüber behalten. Sie werden ihre eigenen Truppen auf der Insel stationieren und jedem drohen, wer auch immer versuchen sollte, Castro zu verjagen.«

»Warum erzählst du ausgerechnet mir das?« fragte er kopfschüttelnd.

»Weil«, ich hoffte eine wütende Reaktion seinerseits brächte ihn zum Handeln, »es der Präsident bereits weiß und nichts unternehmen will.«

Ich behielt recht. Der Journalist zeigte sich geschockt. Er äußerte den Verdacht, der Präsident wolle alles und jede Konfrontation vermeiden, bis er seine zweite Amtszeit erreicht hätte. Doch diese Reaktion wäre die reine Kapitulation, meinte er. »Damit darf er nicht durchkommen.«

»O doch, kann er«, warnte ich ihn. »Wenn wir die Story nicht veröffentlichen, kommt er damit durch. Der Präsident steckt seinen Kopf in den Sand und hofft, daß ihn niemand herauszieht. Du mußt das im »Globe« rausbringen, wenn er in Massachusetts ist und ihn damit konfrontieren. Dann fliegt er nach Washington und es steht in der »Post«. Dann wissen die Sowjets, daß er es weiß, und alles ist in Bewegung.«

»Und was, wenn dies zu einem Krieg führt?« fragte Scott.

»Wegen Kuba? Hör mal, nicht einmal Chruschtschows eigene Leute sind bereit, Moskau für Havanna zu opfern«, beruhigte ich ihm. »Das ist ein russisches Roulett. Der KGB hat Chruschtschow gesagt, er käme damit durch. Er bestraft uns für die U2 und die Schweinebucht. Wir müssen den Sowjets jetzt die Stirn bieten. Wenn wir es nicht tun, dann ist der Kalte Krieg verloren. Es dreht sich alles um Einflußsphären, und wenn wir nicht unsere eigene Hemisphäre verteidigen, verlieren wir. Wenn wir sie zum Rückzug zwingen, sie erniedrigen, gewinnen wir.«

Die Story kam innerhalb von wenigen Tagen im »Boston Globe« und in der »Washington Post«, und zwang den Präsidenten, sich mit der Krise auseinanderzusetzen, die in die Geschichte als eine der entscheidendsten Momente der Kennedy-Administration einging. Robert Kennedy wußte, daß das Weiße Haus vom CIA falsche Informationen bekam, und John F. Kennedy wußte, daß er einen mittleren Weg finden mußte zwischen den CIA-Leuten, die ihm rieten, Chruschtschow in Ruhe zu lassen, und seinem eigenen Luftwaffenchef Curtis LeMay, der eine Invasion Kubas verlangte.

Klugerweise fand Kennedy eine angemessene Reaktion. Er machte auch keinen Rückzieher, zumindest nicht öffentlich. Unsere Blockade Kubas zwang die russische Flotte zur Umkehr und erniedrigte Nikita Chruschtschow, dessen Kalkül fehlgeschlagen war.

Präsident Kennedy zog ein paar überflüssige Raketen aus der Türkei ab, damit Chruschtschow im Kreml sein Gesicht wahren konnte. Gleichzeitig wußten wir aber, unsere Polaris U-Boote in der Nordsee und im Mittelmeer besäßen mehr Feuerkraft gegen die Sowjets als wir jemals in der Türkei hätten stationieren können. Außerdem wußten wir, die Türken würden uns niemals Raketen von ihrem Territorium gegen die Sowjets abschießen lassen. Sie fürchteten, die Sowjets nähmen die Raketen zum Vorwand, die Türkei anzugreifen, aber der Kreml wußte das auch. Ihm war bekannt, daß wir einen Vorwand brauchten, um uns aus der Türkei zurückzuziehen und das Gesicht wahren zu können.

Es funktionierte alles wunderbar. Der Präsident konnte damit prahlen, quer über den Ozean eine Linie gezogen zu haben, welche die Russen nicht überqueren durften, indem er ihnen auf offener See einen Schuß vor den Bug gab und sie zwang, wieder nach Hause zu fahren. Vor der ganzen Welt hatten die Russen einen Rückzieher gemacht. Und Präsident Kennedy war zu einem Helden geworden.

Aber ich hatte mir ein paar mächtige neue Feinde gemacht und konnte das Ende meiner Karriere in der Armee absehen. Ich widmete mich fortan der Aufgabe, die Roswell-Akte für meinen Nachfolger zusammenzustellen, und ich machte mir Notizen für die Arbeit, die ich nach meinem Abschied aus der Armee vorhatte. Ich war immer noch – und in erster Linie – Soldat in einem Kalten Krieg. Ich kämpfte immer noch den Krieg gegen die EBEs, die immer aggressiver über unseren Verteidigungsanlagen, Städten und bemannten und unbemannten

Raumfahrzeugen auftauchten. Sogar die russischen Geheimdienstleute hatten begonnen, über die mysteriösen Vorkommnisse bei ihren Raumunternehmungen zu klagen. Aber sie durften nicht mit der Sprache herausrücken und uns die Gründe nennen. Die mußten wir ganz alleine herausfinden.

Wieviel schwieriger war es, in diesem politisch-ideologischen Kalten Krieg den Faktor dieses andern kalten Krieges mit einzubeziehen oder – wie er manchmal genannt wurde – der »wirkliche kalte Krieg« gegen die Außerirdischen.

Mit anderen Worten: Der Umgang mit den Sowjets war eine große Schweinerei, an die wir uns gewöhnen mußten, während wir alle am selben Tisch saßen. Die Sowjets und die Amerikaner gaben vor, miteinander zu speisen, um nicht die Welt in die Luft zu jagen. Doch jeder schaute auf seinen Vorteil, während er die Hände des anderen nicht aus den Augen ließ. Du achtest auf die Hände des anderen, er achtet auf deine, und was immer man mit den Füßen machen kann, das tut man. Während dein Gegner genau dasselbe macht.

Die Hände der Armee waren an die Tarnung gebunden, die Weigerung der Regierung, die Außerirdischen mit allen unseren Ressourcen anzugehen, weil wir wie die Katze um den heißen Brei herumreden mußten. Aber viele Kongreßmitglieder wußten von der Tarnung, waren ebenso besorgt über das Eindringen der EBEs, die Menschenentführungen und die Viehverstümmelungen, und unterstützten die Pläne der Militärs, das Waffenprogramm für das Weltall zu beschleunigen.

Wir waren weiterhin überzeugt, daß die Außerirdischen auf unserem Planeten sich breitmachen wollten, ungestraft operierten und uns ständig insgeheim manipulierten. Aber es blieb deshalb ein Geheimnis, weil wir nicht willens waren, die Wahrheit zuzugeben und uns auf Krieg einzulassen. Diejenigen von uns im Militär, die wußten, was geschah, besaßen das ungute Gefühl, daß wir einer Invasion ausgesetzt werden könnten, die schlimmer als eine Infiltration wäre.

»Wenn die EBEs schon lange auf unserem Planeten in irgendeiner Form präsent sind,« sagte ich einmal zu General Trudeau, »dann haben sie vielleicht auch die Trojaner gesehen, wie sie das riesige hölzerne Pferd, das die Griechen zurückgelassen hatten, durch die offenen Tore der Stadt gezogen haben.«

General Trudeau seinerseits trat mehrfach, bevor er in den Ruhestand ging, vor dem Kongreß auf. Er forderte unablässig, die Armee müsse ihren gebührenden Platz im Weltraum haben und benötigte dort Raketenverteidigungsbereitschaft, wie er sie in Los Alamos und in Huntsville, Alabama getestet hätte. Es ginge auch nicht darum, wer das größte Budget bekäme, erklärte General Trudeau. Er bot sogar in einem Schreiben an das Kongreßkomitee für Wissenschaft und Astronautik an, das Raumprogramm, wenn es schon der Armee vollständig entzogen werden sollte, zumindest mit allem Drum und Dran der Luftwaffe zu übergeben. Die Luftwaffe wäre eine militärische Waffengattung mit Offizieren und Soldaten, die zu kämpfen wüßten. Aber der Kongreß und der Präsident, zumindest in den ersten Jahren, beschlossen, die NASA solle das Raumprogramm weiterhin unter ihrer Führung behalten. Ende der 60er Jahre jedoch wurde diese Entscheidung umgestoßen, als man merkte, daß die Raumforschung einen äußerst wichtigen militärischen Aspekt in sich barg.

General Trudeau konnte auch unter den Firmen der Kriegsindustrie, mit denen er zusammenarbeitete, Alliierte vorweisen. Nicht nur Wissenschaftler, sondern auch Direktoren argwöhnten, daß die Armee einen dringenden Grund hatte für die Entwicklung von Weltraumwaffen. Einige von ihnen schlußfolgerten sogar messerscharf, wir müßten einen geheimen Plan haben, weil jedes der Projekte, das wir vorschlugen, wie »Horizon« und die Energiewaffen, für einen Krieg mit weit mächtigeren Feinden als den Sowjets vorgesehen schien. Wenn Trudeau mit Leuten von der Industrie über Angelegenheiten technischer Intelligenz und angepaßter Konstruktion sprach, erhielt der General so etwas wie ein »wissendes« Echo, anders kann ich es nicht nennen. Er selbst schrieb einmal in einem Bericht, daß bei einem Vortrag, den er in einer Firma halten sollte, mit der er zusammenarbeitete, alle Entscheidungsträger anwesend waren. Er schrieb:

»Ich glaube, daß immer, wenn ich sprach, der Vorsitzende des Vorstands da war, der Präsident und die meisten der verantwortlichen Mitarbeiter und Direktoren. Ich kann sogar sagen, daß bei Sperry-Rand sogar jemand wie General MacArthur mich beim Essen mit seiner Anwesenheit beehrte, der sich sonst sehr selten öffentlich zeigte.«

General Trudeau war der Vater der ballistischen Rakete und jene Person, die von den 50er bis Ende der 60er Jahre sicherstellte, daß unsere bewaffneten Streitkräfte die ballistische Rakete den tatsächlichen Erfordernissen anpaßte. Trudeaus Anwesenheit bei Sperry-Rand zusammen mit MacArthur, seinem Boß in Korea, war um so wichtiger als General MacArthur die Wahrheit über die UFOs kannte und glaubte, die Armee rüste auf, um im Weltall zu kämpfen. Und er meinte nicht, daß wir im Weltall gegen die Sowjets kämpfen würden, sondern er dachte an die Außerirdischen.

Aber wir waren so tief in das Dunkel unserer eigenen offiziellen Leugnung gehüllt, daß wir manchmal an unserem eigenen Verstand zweifelten. Wenn man sich jedoch das anschaut, was ich als die »geheime Geschichte der Vereinigten Staaten seit 1947« bezeichne, dann wußte man, daß der unsichtbare Feind vorhanden war. Eine hilfreiche Analogie zur Frage der Außerirdischen ist das Konzept von den Schwarzen Löchern, diesen ultradichten Überbleibseln von Sternen, die in sich selbst zusammengefallen sind, die selbst Licht und Schwerkraft schlucken und derart zusammenpressen, daß nur Atomphysiker diesen Zustand beschreiben können, und die man nicht »sehen« kann. Nur ihre Auswirkungen können festgestellt werden durch die Art, wie Licht und Schwerkraft reagieren. Folglich läßt sich erraten, wo ein Schwarzes Loch an einer bestimmten Stelle im Weltall vorhanden sein muß.

So etwa sah die Wahrheit in diesem strategischen Kalten Krieg aus, die Entwicklung von Ultra-Hightech- oder exotischen Waffen eingeschlossen.

In Ermangelung einer klaren Politik, die von einer Generation zur nächsten durchgezogen wurde, verwickelte sich die Strategie der Auseinandersetzung mit den EBEs in ihrem eigenen Netz.

Nach dem Dezember 1947, als General Hoyt Vandenberg, Stabschef der Luftwaffe, die Luftwaffe anwies, UFO-Sichtungen zu registrieren und einzuschätzen – um den Wünschen der Arbeitsgruppe zu entsprechen –, begann das Projekt »Sign« (Zeichen) beim Technischen Geheimdienstzentrum der Luftwaffe Gestalt anzunehmen. »Sign« arbeitete derart sorgfältig, daß sogar J. Edgar Hoover 1947 die Anweisung Nummer 59 erließ, alle künftigen Berichte über UFOs nicht von FBI-Agenten untersuchen zu lassen. Statt dessen sollte »Sign« das erledigen.

Obwohl das Luftwaffenprojekt »Sign« offiziell nicht nach UFOs Ausschau hielt, untersuchte es dennoch 243 Sichtungen und legte einen Bericht im Februar 1949 vor. Zur gleichen Zeit, als »Sign« seine Einschätzung machte, veröffentlichte das Technische Geheimdienstzentrum sein eigenes Dokument und nannte es »Einschätzung der Situation«. Im Grunde und naiverweise gelangte das Dokument zu der Schlußfolgerung, daß wir es mit außerirdischen Eindringlingen zu tun hätten, die uns von UFOs aus beobachteten. Aber General Vandenberg, den ich später im Pentagon kennenlernte, hatte einen Tobsuchtsanfall.

»Er war so wütend«, sagte dieser Offizier, »daß Dampf aus den Ohren des alten Mannes kam, Oberst. Seien Sie froh, daß Sie nicht dabei waren.«

Ich fragte den Offizier, warum General Vandenberg so wütend gewesen sei. Schließlich hatte er doch den Bericht angefordert. Warum war er nicht einfach mit General Twining und Admiral Hillenkoetter einverstanden, dem Präsidenten zu empfehlen, die Information häppchenweise freizugeben?

»Sind Sie verrückt?« konterte der Offizier.

Wir schrieben das Jahr 1956, und ich war vom Weißen Haus zu einer Lagebesprechung ins Pentagon geschickt worden.

»Wissen Sie nicht mehr, was passierte, als »Der Krieg der Welten« von Orson Welles über den Rundfunk gesendet wurde? Die Sendung bewirkte beinahe Panik in den Städten. Können Sie sich vorstellen, was passiert wäre, wenn es wirklich geschehen wäre? Wenn unsere eigene Regierung sagte, daß fliegende Untertassen gelandet wären, so wie im Radio, nur diesmal hätten wir eins erwischt, und sie würden wiederkommen? Denken Sie nur an das totale Chaos, an Krawalle, Plünderungen und Leute, die durchdrehen, weil sie denken, Außerirdische würden den Planeten zerstören.«

Er hatte recht. Und was noch schlimmer war: Die Außerirdischen bereiteten irgendeinen feindlichen Akt vor.

Als General Vandenberg die »Einschätzung der Situation« las, befahl er wütend, den Bericht sofort zu verbrennen, bevor ein Unbefugter ihn lesen könnte. Es handelte sich um eine der letzten offiziellen Regierungseinschätzungen der UFO-Situation, die sogar fast veröffentlicht worden wäre, doch kurz vorher traten die Geheimhaltungsbestimmungen auf den Plan.

Aber das Gemurre über das Fehlen einer Regierungspolitik zu den UFO-Berichten ging weiter. Das Projekt »Grudge« (Groll) führte 244 UFO-Sichtungen auf und ihre Einschätzung. 1949 kam ein Memo vom

Office of Scientific Investigation (OSI = Büro für wissenschaftliche Nachforschungen) des CIA, das sich sehr besorgt über die unerklärlichen Sichtungen fliegender Objekte zeigte. 1952 kam ein weiteres CIA-Memo vom Chef des OSI ans Licht. Es beklagte unseren Mangel an Wissen und an Polizei in den Gebieten der UFO-Sichtungen. Jetzt war sogar der CIA, wie es schien, auf ihren verschiedenen Ebenen der Bürokratie unschlüssig, was man gegen die UFOs unternehmen sollte.

Schließlich hatten die Generäle Twining und Vandenberg die Nase voll. 1952 rief die Luftwaffe formell das Projekt »Blue Book« ins Leben. Zumindest, wenn wir schon nichts öffentlich gegen die UFOs unternahmen, mußten wir etwas haben, um der Öffentlichkeit die Angst vor den UFO-Sichtungen zu nehmen. Dieses Beruhigungsmittel hieß »Blue Book«.

Was auch immer die Arbeitsgruppe 1952 sich zur Aufgabe gemacht hatte, der Nationale Sicherheitsrat blieb unzufrieden. Er befahl dem CIA zu entscheiden, ob die Existenz der UFOs eine Gefahr für die Vereinigten Staaten bilden würde. Weil zwei ihrer Direktoren Mitglieder der Arbeitsgruppe waren, wußte der CIA natürlich schon, daß die UFOs in feindlicher Absicht kamen, und zwar nicht nur in den Vereinigten Staaten, sondern auch in der UdSSR, Italien und in den skandinavischen Länder. Die NATO versuchte, ein Konzept gegen die UFO-Gefahr zu entwickeln, ohne eine sowjetische Gegenreaktion auszulösen. Das war einer der Gründe, weshalb 30 Jahre später Präsident Reagan und Michael Gorbatschow sich einander über die UFOs verständigen konnten und endlich den Kalten Krieg beendeten.

Am 14. Januar 1953, kurz vor der Amtseinführung von Präsident Eisenhower, trafen sich CIA-Beamte und Luftwaffenoffiziere im Pentagon auf Einladung des CIA, um die UFO-Situation zu diskutieren und das, was die Arbeitsgruppe bis zu dem Zeitpunkt erfahren hatte. Die Gesprächsrunde wurde zuerst von Dr. H. P. Robertson, einem CIA-Mann und Dircktor dcr Gruppc zur Einschätzung von Waffensystemen im Büro des Verteidigungsministers, geleitet. Der Gruppe gehörte auch das Mitglied der Arbeitsgruppe Dr. Lloyd Berkner an, ein Physiker und einer der Direktoren der Brookhaven National Laboratories. Die Robertson-Gesprächsrunde brachte die nächsten drei Tage damit zu, Fälle von UFO-Sichtungen durchzugehen, die vom Luftwaffengeheimdienst gesammelt worden waren. Und sie sah sich zwei Filme von angeblichen fliegenden Untertassen an. Sie kam zum Schluß, daß die Vereinigten Staaten nicht bedroht wären und empfahl, die Regierung solle beginnen, Nachrichten über die UFO-Sichtungen freizugeben. Dies, stellte der CIA erst 1988 fest, war die einzige offizielle Stellungnahme der Regierung zu den UFO-Sichtungen.

Über ein Jahr danach stimmte das Weiße Haus zu, daß es notwendig wäre, irgendeine Politik zur Freigabe der UFO-Informationen an die Presse festzulegen. Um unautorisierte Beamte davon abzuhalten, Informationen herauszugeben, unterzeichnete General Nathan Twining, inzwischen Stabschef der Luftwaffe, die Air Force Regulation 200-2, die lautete, daß es nur erlaubt sei, Berichte an die Presse weiterzugeben, wenn das Objekt identifiziert sei, wie Sumpfgas oder ein Meteorit. Aber nur das Technische Geheimdienstzentrum der Luftwaffe (ATIC) konnte feststellen, welche Objekte identifizierbar sind und welche nicht. Mit anderen Worten, nur ATIC konnte die Freigabe von Informationen über die UFOs autorisieren. Sie tat es nur, wenn das Objekt eindeutig identifizierbar war als gewöhnliches Phänomen und nicht als fliegende Untertasse.

In den 50er Jahren wurde ich Zeuge, wie die Regierung immer schweigsamer zum UFO-Thema wurde. Insgeheim dachte ich mir, sie erhielte bessere Informationen, wenn sie in dieser Frage offener wäre. Aber ich war auch Armeeoffizier und begriff die Notwendigkeit, Informationen vertraulich zu behandeln, bis man genau wußte, was es war. Außerdem machten die Sowjets große Fortschritte beim interplanetarischen Wettrennen. Und wir wußten nicht, ob sie vielleicht nicht doch mit den EBEs zusammenarbeiteten. Um uns alle herum wurde es immer dunkler.

1961 begann die Luftwaffe mit zwei geheimen Projekten, die eigentlich schon 1947 aufgestellt, aber nie realisiert worden waren. »Moon Dust« (Mondstaub) hatte mit der Einrichtung von Bergungstrupps für abgestürzte oder gestrandete »fremde« Raumfahrzeuge zu tun. Aber für die Öffentlichkeit hielt die Luftwaffe nach sowjetischen Satelliten Ausschau, die vom Himmel gefallen und auf der Erde gelandet waren. Aber in Wirklichkeit stellte die Luftwaffe ein UFO-Bergungsprogramm zusammen nach dem gleichen Schema, wie die Armee 14 Jahre zuvor das abgestürzte UFO aus der Wüste von Mexico geholt hatte.

Mit dem Projekt »Blue Fly« (Blauer Flug) autorisierte die Luftwaffe die sofortige Auslieferung fremder abgestürzter Raumfahrzeuge und sonstiger Dinge von technischem Interesse an den Wright-Patterson-Fliegerhorst, Ohio, zur ersten Einschätzung. Das war die Neuauflage von General Twinings Überführung des Roswell-Fahrzeugs von dem 509. Horst zum Wright Field 1947.

1962 teilte Arthur Sylvester, einer der Abteilungsleiter im Verteidigungsministerium, der Presse auf einer Lagebesprechung mit, daß die Regierung, falls sie es aus Gründen der nationalen Sicherheit für notwendig erachte, nicht einmal dem Kongreß Informationen über die UFOs gäbe, geschweige denn der amerikanischen Öffentlichkeit. Damals arbeitete ich schon im Pentagon und konnte zusehen, wie die Luftwaffe allmählich die Kontrolle über die ganze UFO-Geschichte an sich riß. Die NASA hatte vom Präsidenten das Mandat, die Erforschung des Weltraums zu betreiben, aber das Militär mußte nach wie vor die Verteidigung gegen die UFO-Gefahr wahrnehmen, obwohl wir auf Schritt und Tritt von den Kollegen behindert wurden.

Die Luftwaffenprojekte »Saint« (Heiliger) und »Blue Gemini« (Blaue Gemini) Jahre später waren Nebenerscheinungen von USAF 7795, ein Kode für das erste Antisatellitenprogramm von USAF, eine Aggressivoperation mit dem Zweck, Überwachungssatelliten des Feindes oder, noch wichtiger, UFOs auf der Erdbahn zu lokalisieren, zu verfolgen und zu zerstören. Mit der Technologie, die wir im R&D entwickelt hatten, unternahmen die Luftwaffe und dann auch die Armee die ersten Schritte, das US-Raketensystem gegen sowjetische Angriffe aus dem Weltraum und den Planeten gegen UFO-Eindringlinge zu verteidigen.

»Saint« war ein UFO-Inspektions-Satellit, eine Version des Agenda B-Satelliten, den der CIA benutzte, der TV-Kameras sowie Radarsysteme zum Aufspüren und Anpeilen an Bord hatte. Er sollte potentielle feindliche Satelliten oder UFOs auf der Umlaufbahn finden und sich mit Kamera und Radar dranhängen. Danach würde »Blue Gemini«, der »Killer«-Satellit, in Aktion treten. »Blue Gemini« war eins der Projekte, das von Hughes Aircraft entwickelt wurde, einem wichtigen Kriegslieferanten und Satellitenbauer, und war die militärische Version von der bemannten Raumkapsel Gemini der NASA. Seine Aufgabe war einfach, aus einer höheren Umlaufbahn herabzustoßen und den feindlichen Satelliten oder ein UFO abzuschießen oder unbrauchbar zu machen. Wenn möglich würde Gemini versuchen, ein UFO auf der Umlaufbahn zu »fangen«, indem es manövrierunfähig gemacht würde und eine militärische Astronauten-Mission abgewartet würde, die einen »Raumspaziergang« machen und es bergen würde. Diese beiden Waffen wurden schließlich, natürlich mit anderen Missionen getarnt, eingesetzt und bilden heute eine der Verteidigungslinien in einem Antiraketen- und Anti-UFO-Überwachungssystem.

»Saint« und »Blue Gemini« waren wichtige erste Schritte in unserem Krieg gegen die UFOs. Die Technologie, die aus dem Army R&D in den 60er Jahren kam, von den Außerirdischen selbst gewonnen, führte direkt zu unserer Fähigkeit, eine derartige Verteidigung gegen die Außerirdischen aufzubauen, obwohl in den ersten Stunden nach dem Absturz unsere Situation vollständig hoffnungslos aussah. Wie viele andere Produkte, die durch das R&D entstanden und für militärische Zwecke genutzt wurden, dienten sie auch dem Konsumenten. Und heute, wenn man sich die kleinen Schüsseln für digitalen Fernsehempfang anschaut, die im ganzen Land vermarktet werden, dann sieht man ein Hughes-Erzeugnis. Dies ist ein Beispiel dafür, wie Technologie, die ursprünglich für das Militär vorgesehen ist, zu einem elementaren und alltäglichen Konsumprodukt werden kann.

Am 17. Dezember 1969 gab der Sekretär der Luftwaffe das Ende des Projektes »Blue Book« bekannt. Er sagte, die Durchsicht von mehr als 13 000 Fällen habe keine neuen Erkenntnisse erbracht, daß es irgendeine Bedrohung der nationale Sicherheit gäbe. Jede Sichtung, die von »Blue Book« bearbeitet wurde, galt als etwas Irdisches und nicht als Außerirdisches, unidentifizierte fliegende Objekte gäbe es nicht. Blue Book hätte seine Aufgabe erfüllt und könne nun berichten, daß unser Himmel sicher wäre. Aber »Blue Book« war von Anfang an nichts als Public Relations gewesen, und die militärische Einschätzung der UFOs ging ohne Unterbrechung weiter.

1975 und Anfang 1976 wurden die Atomwaffenlager der Luftwaffe in Loring AFB in Maine, die überaus wichtige Anlage der Strategic Air Command (Strategisches Luftkommando) in Minot, North Dakota sowie andere Anlagen in Montana, Michigan und sogar die Royal Canadian Air Force Base (Fliegerhorst der königlichen kanadischen Luftwaffe) in Falconbridge in Ontario ernsthaft von UFOs angeflogen. Das waren nicht einfach zufällige Sichtungen. UFOs führten tatsächlich

Überwachungs- und Scanningoperationen an den Basen durch, die zu Sicherheitsalarm und geheimen Berichten nach Washington über diese Luftraumverletzungen führten.

Dann brachte die NASA endlich ein Projekt in Gang, um Funksignale fortgeschrittener Zivilisationen aufzufangen. Es hieß Search for Extraterrestrial Intelligence (SETI = Suche nach außerirdischer Intelligenz) und war von dem verstorbenen Carl Sagan abgesegnet worden. Inzwischen ist es aufgegeben worden.

Über 50 Jahre lang dauert jetzt der Krieg gegen die UFOs, in dem wir versuchen, uns gegen ihr Eindringen zu verteidigen. Die Hughes Hunter-killer (Jägerkiller) Satelliten der 70er Jahre waren die ersten Schritte bei der Aufstellung eines Weltraumverteidigungssystems, das eine echte Bedrohung für die EBEs darstellte.

Als wir Ende der 70er Jahre merkten, daß eine gelenkte Energiewaffe und ein Hochenergielaser effektiver waren als explodierende Satelliten, wurde unser Verteidigungssystem noch besser. Wir wurden uns bewußt, daß wir durch die Verbindung beider Technologien, der bei Roswell gefundenen und der Tesla-Visionen von Teilchenstrahlen, mit unseren Antisatellitenraketen und unserer Laserzielausrüstung die Schnellfeuerfähigkeit erreichen konnten, die eine derartige Verteidigung erfordert. Aber wir spielten immer noch Tarnspiele, obwohl die Russen endlich darauf eingingen, eine Kooperation zwischen den Supermächten für sinnvoll zu halten, um die gemeinsame Bedrohung abzuwehren.

1980 erkannten sowohl Präsident Reagan als auch der Vorsitzende Gorbatschow die Notwendigkeit zur Kooperation gegen einen gemeinsamen Feind. Zwar gestand keiner offiziell die Gefahr der EBEs und außerirdischer Feindseligkeiten ein, aber beide gaben zu erkennen, daß die Vereinigten Staaten und die Sowjetunion profitierten, falls sie ihre Differenzen beiseite legen könnten und zu einer gemeinsamen Verteidigungspolitik des Luftraums um die Erde fänden.

Präsident Reagan seinerseits drängte auf die schnelle Entwicklung und den Einsatz einer weltraumgestützten Verteidigungstechnologie zum Schutz unseres Planeten, Strategic Defense Initiative genannt oder spöttisch von der Presse »Krieg der Sterne«. Reagan beschrieb 1985 die SDI als »einen Verteidigungsschild, der keine Menschen verletzt, sondern Atomwaffen zerstört, bevor sie Menschen verletzen können«.

Kurz gesagt, die SDI wurde vom Weißen Haus und vom Militär als weltraumbasiertes Verteidigungssystem beschrieben, um die Vereinigten Staaten vor einem bedingungslosen Atomangriff durch die Sowjetunion zu schützen. Dazu gehörten Satelliten, die einen massiven Atomraketenabschuß innerhalb von Sekunden entdecken konnten, Laser auf der Erdumlaufbahn, um die erste Welle von Raketen zu zerstören, laserbestückte U-Boote, die uns gegen die zweite Angriffswelle verteidigen konnten und ein bodengestütztes Raketensystem, das die letzte Verteidigungslinie darstellte. Außerdem gehörte zur SDI, was ich für die beste Waffe hielt, auch eine kinetische Energiestrahlenwaffe auf Raketen, die gegen herannahende Raketen abgeschossen wurden oder niedrig fliegende Raumfahrzeuge und ihre Elektronik mit einem Teilchenstrahl zerstörten. Der elegante Aspekt dieser Strahlenwaffe war, daß man sich gegen sie nicht wehren konnte. Laser, selbst Hochenergielaser, hatten ihre Nachteile, insofern ein Laser von einer Oberfläche zurückgeworfen wurde, die dann gegen nachfolgende Impulse durch eine entstandene Energiehülle geschützt wurde. Entweder schaltete man das Ziel auf einen Schlag aus, oder man schützte es gegen folgende Schläge. Aber mit einem Teilchenstrahl durchdringt man die Oberfläche, wie die Mikrowelle ein Stück Fleisch, zerstört die Elektronik und zerbricht das Ziel von innen oder bringt es zum Schmelzen.

Dann kamen all die Warnungen: SDI würde nicht funktionieren, es wäre ein gigantisches Glücksspiel und ein korporativer Betrug, sie könnte kein massiver Schild gegen Atomraketen sein, sie würde den ABM-Vertrag verletzen, den Präsident Johnson mit den Russen ausgehandelt hatte, und sie wäre eine gigantische Verschleuderung von Steuergeldern. Und das wirkte!

Wir mußten aber gar nicht Tausende sowjetischer Sprengköpfe abschießen und die Sowjets scherten sich niemals um den ABM-Vertrag, weil sie genau wußten, daß sie nicht einen Erstschlag führen würden, und wir auch nicht. Beide Seiten wußten um die wirklichen Ziele des SDI. Es handelte sich keineswegs nur um ein Bündel von ICBM-Sprengköpfen. Es waren die UFOs, die außerirdischen Raumschiffe, die sich für unverwundbar und für unsichtbar hielten, wenn sie an den Rändern unserer Atmosphäre entlangschwirrten, nach Belieben herabstießen, um unsere Kommunikation mit EMP-Stößen zu zerstören, unsere Raumschiffe umflogen, unsere Mondoberfläche kolonisierten, unsere Kühe zu schrecklichen biologischen Experimenten benutzten und sogar Menschen entführten für medizinische Tests und Hybridisierung der Art. Und was am schlimmsten war, daß wir sie gewähren lassen mußten, weil wir keine Waffen hatten, um uns zu verteidigen.

Diese Wesen waren keine wohlwollenden Außerirdischen, die gekommen waren, um den Menschen zu bessern. Sie waren genetisch veränderte Humanoide Automatons, geklonte biologische Wesen, die biologische Arten von der Erde für ihre Experimente holten. Solange wir unfähig waren, uns zu verteidigen, mußten wir es zulassen, daß sie bei uns nach ihrem Gutdünken eindrangen. Und damit hatte sich die Arbeitsgruppe auseinanderzusetzen. Wir hatten mit ihnen eine Art Übergabe ausgehandelt, solange wir sie nicht bekämpfen konnten. Sie diktierten die Bedingungen, weil sie wußten, daß wir am meisten die Enthüllung fürchteten. Verberge die Wahrheit und die Wahrheit wird zu deinem Feind. Enthülle die Wahrheit und die Wahrheit wird zu deiner Waffe. Wir verbargen die Wahrheit, und die EBEs nutzten sie gegen uns bis 1974, als uns der erste Abschuß eines außerirdischen Raumfahrzeugs über dem Ramstein-Fliegerhorst in Deutschland gelang.

Sie hatten versucht, jahrelang unser Raumfahrtprogramm zu verhindern – Mercury, Gemini, Apollo und sogar das Space Shuttle. Sie umschwirrten unsere Kapseln bei ihrem Flug durchs All, unterbrachen unsere Kommunikationen durch EMP-Stöße, so wie wir es mit Sowjetschiffen machten; wir verpaßten ihnen so massive Radarstöße, daß ihre Radar- und Sonartechniker, die Kopfhörer trugen, vor Schmerzen heulend in die Krankenstation rannten. Aber wenn die EBEs das mit uns machten, konnten wir uns nicht dagegen verteidigen. Das war vor der SDI.

Nach den Tests wurden unsere Hochenergielaser (HEL) auf der Erdumlaufbahn stationiert und funktionierten wie die Blitze in der Nacht vom 3. zum 4. Juli 1947, die die elektromagnetische Wellenerzeugung des Raumfahrzeugs über Roswell so nachhaltig unterbrachen, daß die Piloten die Kontrolle über ihr Fahrzeug verloren. Am Ende begriffen wir, was geschehen war: Eine natürliche Version eines Teilchenstrahlenstoßes hatte das UFO zum Absturz gebracht, obwohl es versuchte, zu entkommen. Als wir unsere Teilchenstrahlenwaffe einsetzten und sie auf der Erdumlaufbahn testeten, wußten die EBEs Bescheid, und wir wußten, daß sie wußten, daß wir unsere Verteidigung des Planeten an Ort und Stelle hatten.

Gorbatschow, man glaube es oder nicht, war auch zufrieden, weil Präsident Reagan garantierte, daß die Vereinigten Staaten ihren Verteidigungsschild auch über die Sowjetunion legen würden. Die beiden Führer schüttelten Hände und umarmten sich öffentlich. Was sie erreicht hatten, miteinander zu arbeiten, wo man doch vermutete, sie bekämpften einander, war ein Wunder. Worum wir uns auch stritten, war bedeutungslos angesichts der Bedrohung durch Wesen, die uns in ihrer Technologie so überlegen waren, daß wir ihre Nutztiere waren, derer sie sich bedienen konnten.

Aber als die USA und die UdSSR Anfang der 80er Jahre ein Einverständnis erzielten, einander nicht wegen dieses oder jenes Territoriums zu bekämpfen, sondern zu kooperieren, um den gemeinsamen Feind zu vernichten, wurden wir unschlagbar. Jetzt, wo das Space Shuttle an der »Mir« andockt und die Astronauten und die Kosmonauten gemeinsam einen Wodkatoast aus ihren Plastiktuben ausbringen und in die dunkelsten Regionen des Alls schauen, wissen sie, daß sie von einem elektronischen Schild beschützt werden.

Jetzt, wo der Krieg beinahe vorbei ist und wir unseren Brückenkopf verteidigen, wird die Wahrheit schließlich enthüllt werden. Die echte Wahrheit hinter der 50jährigen Geschichte eines Krieges, der zunächst wie eine endgültige Niederlage für die Menschheit aussah, inmitten eines Kalten Krieges, der uns mit atomarer Vernichtung bedrohte, kann schließlich erzählt werden, weil wir gewonnen haben. Und zwar deshalb, weil in den dunklen Stunden kurz vor Morgengrauen im Juli 1947 die Armee ein abgestürztes Flugzeug aus der Wüste holte, und nur dunkel erkannte, daß wir am Rande eines potentiellen verheerenden Ereignisses standen, und sich seine Teile zunutze machte, wie dessen Besatzung sich uns zunutze machen wollte. In jenen Momenten, obwohl wir manchmal in den folgenden fünfzig Jahren im dunklen über uns selbst stolperten, setzten wir jenen Prozeß in Gang, der uns zu einer Entschlossenheit führte gegenüber einer militärischen Macht, die größer war als wir. Dies half uns bei unserer Konfrontation mit den Russen und wird uns helfen, wenn wir unseren Kurs beibehalten, die künftigen Bedrohungen zu überwinden. Wenn diese Wahrheit der außerirdischen Intervention in die Angelegenheiten unseres Planeten und unserer fortlaufenden Kontakte mit einer außerirdischen Kultur schließlich enthüllt wird, wird sie keinen Schrecken hervorrufen, obwohl sie ein Schock sein wird.

»Und das denke ich über das alles, die UFOs, den Kalten Krieg, das alles«, sagte ich zu meinem Begleiter, der neben mir saß, als wir südwärts durch die Wüste von New Mexico nach Roswell fuhren. »Ich bin nun schon über achtzig, aber das ist nun mal meine Meinung.«

Die Nacht verschluckte uns, als unser Wagen die Kurven nahm. Die Straße war immer noch warm und feucht von Gewitterstürmen, und wir fuhren in Richtung der Lichter hinter dem Horizont, die wir nicht sehen konnten, von denen wir aber wußten, daß sie vorhanden waren.

»Der Kalte Krieg, die Raketenkrise von 1962, der weltweite Alarm 1973, alles ist Geschichte heute, meinst du nicht?« fragte ich. »Vielleicht hatte es etwas Gutes, daß uns die Außerirdischen zwangen, unseren Planeten zu verteidigen. Zumindest hat dies den Kalten Krieg aufrechterhalten, auch wenn wir richtige Kugeln verwendeten.«

»Und wieso glaubst du, daß der Kalte Krieg vorüber ist?« fragte mein Freund, als er eine Zigarette aus dem Etui nahm, sie anzündete und den Rauch zum Fenster hinausblies. »Amerikanische Zigaretten«, sagte er. »Bin ich nicht die bürgerlichste, dekadenteste Person, die du je getroffen hast? Aber was hätten die Amerikanskis nur ohne mich gemacht?«

Ich lachte in mich hinein und zählte die Millionen Sterne am Wüstenhimmel, soweit ich sie sehen konnte. Die Rinder schliefen neben dem Gestrüpp und den Zäunen entlang der Landstraße, ein Kojote tauchte ab und zu im Licht unserer Scheinwerfer auf und dazu das Geräusch meines Freundes, der den Rauch in die Wüstenluft blies. Es war damals eine Nacht wie diese, Blitze zuckten in der Ferne und ein Donnerschlag rollte über den Wüstensand.

Und etwas, das wie eine helle Sternschnuppe in einem weiten Bogen von Süden nach Norden aussah, verschwand über einem Hügel, als wir in der Dunkelheit der Nacht von New Mexico weiter Richtung Roswell fuhren.

Nachwort

Damals in den 50er Jahren sah ich eine Fernsehserie, die »Ich hatte drei Leben« hieß und von einem Helden in einer »phantastischen, aber wahren« Geschichte handelte, der ein Leben als Doppelagent, als Mitglied einer kommunistischen Parteizelle und als Geheimagent für das FBI, führte. Jahre später, als ich zum Army R&D kam, mußte ich daran denken, daß meine eigene Geschichte ebenfalls »phantastisch, aber wahr« daherkam, und vor allem, wie General Trudeau und ich mithalfen, den Lauf der Geschichte zu verändern. Nur ein paar Leute wußten, daß die Vorschläge, die aus dem Ressort Ausländische Technologie in den frühen 60er Jahren kamen, sich zum Teil auf den Absturz eines UFOs zurückführen ließen. Ein Ereignis, das offiziell nie stattgefunden hatte. Leben wurden verändert, Karrieren zerstört, Kinder durch Männer der Armeekonterspionage zum Schweigen gezwungen. Geschäftsleute in Roswell bedrohte man mit dem finanziellen Ruin und Schlimmerem, falls irgend jemand die wahre Geschichte erzählen sollte. Aber alle Beteiligten waren loyale Amerikaner. Trotz ihrer Zweifel ließen sie sich auf das ein, was die Armee von ihnen verlangte.

Viele Menschen haben in den vergangenen Jahren die Armee und die Regierung für die Aufrechterhaltung der Roswell-Tarnung kritisiert, nicht nur damals, sondern auch in den Jahren danach. Deshalb muß ich ein Wort einlegen für das, was die Armee tat. Es ist leicht zu kritisieren, wenn man damals noch ein Kind war, oder für jemanden, der die Politik nicht verstand.

Wir hatten damals den Übergang von einer Nation im Krieg zu einer Nation im Frieden noch nicht richtig vollzogen. Und da gab es den Präsidenten Harry Truman, noch schwindlig von seinem plötzlichen Aufstieg zur Präsidentschaft, eisern entschlossen, die Atombomben auf

Japan zu werfen, und dann konfrontiert mit dem monumentalen Ereignis eines Absturzes eines fremden Flugobjektes auf amerikanischem Boden. War es sowjetisch? Gehörte es einer fremden Macht an? War es feindlich? Wir wußten es einfach nicht und wollten nichts sagen, solange wir nicht wußten, was es war.

War es eine fliegende Untertasse? Das letzte Mal, als eine öffentliche Ankündigung von der Landung der Außerirdischen gemacht wurde, folgte eine Panik. In den Nachwehen des Krieges und mit den Ängsten, die den Kalten Krieg umgaben, wollten wir nicht das Risiko einer neuen Panik eingehen. Daher empfahl die Armee, jegliche Auskunft zu verweigern, und die Regierung war einverstanden. Wie bei dem geheimen Manhattan-Projekt drang kein Wort an die Öffentlichkeit. Und für die nächsten 50 Jahre beherrschte diese Politik das Verhalten der US-Regierung und des Militärs hinsichtlich der Existenz der UFOs und des Absturzes in Roswell.

Man kann sich auch fragen, wie die Regierung in der Lage war, das Geheimnis so lange zu wahren. Hat es eine weitere Tarnung gegeben, so effizient und gründlich, daß es einfach so weiterlief, ohne Wissen der nachfolgenden Präsidenten, Jahr für Jahr, bis es schließlich gestoppt wurde? Tatsächlich gab es eine solche Tarnung, die im Krieg eingerichtet, aber von Truman 1947 zur Politik erklärt wurde, mit dem Kodenamen »Shamrock« (Kleeblatt). Verteidigungsminister James Forrestal, eines der ursprünglichen Mitglieder der UFO-Arbeitsgruppe, überzeugte 1947 seinen Boß, Präsident Truman, die Zusammenarbeit mit der International Telephone and Telegraph, Western Union und RCA fortzuführen, um den internationalen Kommunikationsverkehr für die Spionage durch amerikanische Militärgeheimdienste überwachbar zu halten. Obwohl es die ursprüngliche Absicht war, alle Nachrichten von militärischer Bedeutung zu kontrollieren, wie etwa die Übersendung militärischer Geheimnisse, gab es keine Kontrolle darüber, was nun kontrolliert wurde und was nicht. Dieses Programm ging für die folgenden 28 Jahre weiter und wurde vor allen Präsidenten geheimgehalten, bis es unter der Ford-Administration beendet wurde.

Bedeutet »Shamrock«, daß die UFOs existieren? Natürlich nicht. Aber es enthüllt die Fähigkeit der US-Regierung, eine laufende Operation geheimzuhalten, selbst vor dem Präsidenten der Vereinigten Staaten, ganz ähnlich der UFO-Arbeitsgruppe unter James Forrestal.

Was denke ich also über all das, was geschah und was ich getan habe? Ich glaube, weil ich damals dermaßen in dieser Arbeitsroutine als Geheimdienstoffizier steckte, hörte ich nicht auf, über die Implikationen der UFOs und EBEs nachzudenken. Ich begriff, daß wir einen Kalten Krieg mit den Sowjets führten und ein Scharmützel mit den Außerirdischen. Ich glaubte, sie verfolgten feindliche Absichten, und tun dies immer noch, bis wir die notwendigen Schritte unternahmen, um die Waffen zu entwickeln, die ihre Bedrohung schwächen können. Tatsächlich hat das US-Militär bessere, genauere und mächtigere Waffen zum Abschießen der UFOs, als in dem Film »Independence Day« gezeigt wurden.

Wir können diese Burschen morgen mit Hochenergielasern und gelenkten Teilchenstrahlenwaffen abschießen, die direkt aus einem Star-Wars-Film stammen könnten. Und sie sind keine Fiktion mehr, sie sind harte Tatsachen. Falls Sie mehr wissen wollen, brauchen Sie nur die Website des US Army Space Command im Internet aufzusuchen. Diese Raketen mit den HELs sind der Stolz unseres planetaren Verteidigungssystems und ein direktes Ergebnis der mutigen Initiative Präsident Reagans, auf das SDI zu drängen, als jedermann höhnte, es würde doch nicht funktionieren. Und das SDI war das direkte Ergebnis der Arbeit, die General Trudeau und ich im Army R&D 1962 leisteten.

Manchmal laufen die Dinge genauso wie sie sollen. Manchmal, in großen Abständen, bekommt man die Chance im Leben, das eigene Land zu retten, den eigenen Planeten und sogar die eigene Art. Und ist dieser Zeitpunkt gekommen, dann handele, wie Davy Crockett einmal sagte:

Sei sicher, daß du recht hast,
und mach dich dann an die Arbeit.

MARLO MORGAN

Schon wenige Stunden nach ihrer Geburt wird die Aborigine Beatrice in die Obhut eines Waisenhauses gegeben. Als Erwachsene macht sie sich auf die Suche nach ihren Wurzeln. Eine Reise zwischen den Welten beginnt, die ihr Leben für immer verändern wird ...
Das bewegende Zeugnis einer Suche nach den eigenen Wurzeln – und eine Geschichte über die mythische Welt der Aborigines.

44879